Cottasche Buchhandlung

Die Geheimnisse des sächsischen Kabinetts, Ende 1745 bis Ende 1756, archivarische Vorstudien für die Geschichte des siebenjährigen Krieges

Erster Band

Cottasche Buchhandlung

Die Geheimnisse des sächsischen Kabinetts, Ende 1745 bis Ende 1756, archivarische Vorstudien für die Geschichte des siebenjährigen Krieges
Erster Band

ISBN/EAN: 9783743300132

Hergestellt in Europa, USA, Kanada, Australien, Japan

Cover: Foto ©ninafisch / pixelio.de

Manufactured and distributed by brebook publishing software (www.brebook.com)

Cottasche Buchhandlung

Die Geheimnisse des sächsischen Kabinetts, Ende 1745 bis Ende 1756, archivarische Vorstudien für die Geschichte des siebenjährigen Krieges

DIE GEHEIMNISSE

DES

SÄCHSISCHEN CABINETS.

ENDE 1745 BIS ENDE 1756.

ARCHIVARISCHE VORSTUDIEN

FÜR

DIE GESCHICHTE DES SIEBENJÄHRIGEN KRIEGES.

»Licht! ... Mehr Licht!« ...
Goethe's letzte Worte.

ERSTER BAND.

STUTTGART.
VERLAG DER J. G. COTTA'SCHEN BUCHHANDLUNG.
1866.

Das Recht der Uebersetzung in alle lebenden Sprachen ist vorbehalten.

Buchdruckerei der J. G. Cotta'schen Buchhandlung in Stuttgart.

VORWORT.

Es ist uns vergönnt gewesen, im Königlich Sächsischen Haupt-Staatsarchive von den Acten Einsicht zu nehmen, welche auf die Veranlassung und die Eröffnung des siebenjährigen Krieges Bezug haben.
Diese Acten sind bisher in ihrer Gesammtheit noch niemals wissenschaftlich durchforscht worden.
Neunundzwanzig daraus entnommene Urkunden (darunter Uebersetzungen und Auszüge) sind aber bekanntlich schon im September 1756 zur öffentlichen Kenntniss gelangt und seitdem immer als Hauptquellen für die Geschichte des siebenjährigen Krieges betrachtet worden. Wir meinen die Unterlagen der Preussischen Staatsschrift:

„*Mémoire raisonné sur la conduite des cours de Vienne et de Saxe, et sur leurs desseins dangereux contre S. M. le Roi de Prusse, avec les pièces originales et justificatives qui en fournissent les preuves;*"

dieselben „*Pièces justificatives*," auf welche sich Friedrich II. im dritten Kapitel seiner „*Histoire de la Guerre de Sept ans*" beruft und welche als Anhang zu diesem Kapitel u. A. im IV. Bande der neuesten Ausgabe der „*Oeuvres de Frédéric le Grand*" von J. D. E. Preuss,[1] Seite 40—79 zu finden sind.

Musste es nicht von Interesse sein, die Originalacten einzusehen, welchen die Hauptquellen der bisherigen Geschichtserzählung entnommen worden waren? War, ganz abgesehen davon, die Voraussetzung nicht gerechtfertigt, dass sich gerade im Dresdener Archive neue Aufschlüsse über die Genesis des siebenjährigen Krieges finden würden? Stand nicht Sachsen vor und bei Ausbruch des Kampfes politisch, geographisch und militärisch so recht eigentlich im Brennpunkte der Ereignisse?

Ja es durfte von vornherein erwartet werden, dass die zu hoffenden neuen Aufschlüsse nicht allein für die Sächsische Specialgeschichte von Bedeutung sein würden. Die Polnische Königskrone hatte dem Churfürsten eine Europäische Stellung gegeben, deren Bedeutung nicht überschätzt, aber auch nicht unterschätzt werden darf. Mit allen grossen Höfen unterhielt das Dresdener Cabinet regelmässige diplomatische Verbindungen, mit den meisten war das Königliche Haus verwandt und verschwägert. Die Königin — die älteste Tochter Kaiser Josephs I. — war die leibliche Cousine der Kaiserin Maria Theresia; die Churprinzessin — eine Tochter Kaiser Carls VII. — die Schwester des jungen Churfürsten

---

[1] Berlin bei R. Decker 1846.

von Bayern. Dieser hatte die zweite Tochter König Augusts III. zur Gemahlin, während die Aelteste mit dem Könige von Neapel (später von Spanien), die dritte mit dem Dauphin, dem einzigen Sohne Ludwigs XV., vermählt waren. Hierzu kam, dass ein Halbbruder des Churfürsten, der erst 1750 verstorbene Marschall von Sachsen, sich mit seinem Degen in Frankreich eine Stellung erworben hatte, die nicht ohne Rückwirkung auf sein Heimathland geblieben ist. Alle diese Beziehungen und Verhältnisse, die sich in den Sächsischen Acten abgespiegelt haben mussten, versprachen reiche archivarische Ausbeute.

Unsere Erwartungen sind übertroffen worden. Bei der notorischen Unordnung, welche die lange Verwaltung des Grafen Brühl in den Sächsischen Finanzen zurückgelassen, war kaum zu hoffen, dass sich seine Acten in so musterhafter Ordnung vorfinden würden. Aber die Kunst, Acten anzulegen, verstand man in jener schreibseligen Zeit in Sachsen vortrefflich. Darin war schon Graf Flemming, Brühls arbeitsamer und geistreicher Vorgänger, Meister gewesen. Es herrscht ein wahrer Luxus in der äussern Ausstattung. Jede irgend wichtige Verhandlung hat selbstverständlich ihr besonderes Fascikel und es wurden keine Kosten gescheut, um durch Abschriften und Extracte das zumeist sehr sorgfältig geführte Repertorium so vollständig zu machen als möglich.

Die Correspondenzen mit den Gesandtschaften

in Wien, Berlin, London, Paris, Petersburg u. s. w. sind meist doppelt vorhanden; da die Gesandtschafts-Acten nach einer gewissen Zeit abgeliefert und neben den Cabinets-Acten reponirt wurden.

Musste aber schon die ursprüngliche Anordnung, die Masse und Ausführlichkeit der Sächsischen Acten, so musste noch mehr die fast wunderbare Erhaltung dieser Geschichtsquellen überraschen. Erinnere man sich nur der Schicksale dieser Papiere. Nicht genug, dass sie durch unwissende Soldaten in Säcke verpackt, mitten im Kriege von Dresden nach Berlin, von Berlin wieder nach Dresden gewandert sind, wie oft haben sie nicht die damals nicht unbeschwerliche Reise zwischen Dresden und Warschau zu überstehen gehabt. Alle diese Hin- und Hersendungen sind wie alle Kriegs- und Elementarereignisse, von denen Sachsens Hauptstadt in den letzten hundert Jahren heimgesucht worden, spurlos daran vorübergegangen.

Die erste Bearbeitung eines jungfräulichen archivarischen Bodens bietet Schwierigkeiten, welche Diejenigen würdigen werden, die Aehnliches unternommen. Diese Schwierigkeiten, welche hauptsächlich im chaotisch Massenhaften des Stoffes wurzeln, wurden in unserm Falle noch erhöht durch die Kürze der Zeit, welche uns für die nachstehenden Studien zur Verfügung stand. Nur mit Hilfe der Stenographie ist es möglich gewesen, die Fülle des vorhandenen Materials in so weit zu bewältigen, um — was unser nächster Zweck war — uns selbst einigermassen klar zu werden über die Cabinetsgeheimnisse und historischen Streitfragen der Zeit, die uns beschäftigt. Indem wir diese Arbeiten, wie sie vorliegen, veröffentlichen, opfern wir gern die schriftstellerische Eitelkeit — der Sache, der wir dienen; ersuchen aber den Leser, unvergessen zu bleiben, dass stenographische Dictate einer Feile bedürfen, zu deren Anwendung Zeit gehört, die uns gefehlt hat.

Um zunächst der Pflicht zu genügen, von den Quellen Rechenschaft zu geben, aus denen wir geschöpft haben, geben wir am Schlusse dieses Vorworts ein Verzeichniss, welches die Titel (Rubra) und die Registranden-Nummern aller für die nachstehenden Studien benutzten amtlichen Acten enthält.

Wir hoffen uns durch dieses Verzeichniss vollständig zu legitimiren. Höhere Rücksichten verpflichten den Verfasser zur Anonymität. Gezwungen, geschlossenen Visirs in die Arena der Oeffentlichkeit zu treten, bieten wir Jedem das Mittel, die Aechtheit der Waffen zu prüfen, deren wir uns in dem Kampfe für die Wahrheit bedienen. Die Liberalität der Königlich Sächsischen Regierung ist bekannt. Die gesetzlichen Bedingungen, unter welchen die Benutzung des Königlich Sächsischen Haupt-Staatsarchivs gestattet wird, sind leicht zu erfüllen. Jeder namhafte Gelehrte wird daher unschwer Zugang zu den von uns durchforschten Original-Urkunden finden und sich mit eigenen Augen von der Gewissenhaftigkeit überzeugen können, mit welcher die in dem Anhange specificirten amtlichen Quellen behandelt worden sind.

Ausser den eben erwähnten amtlichen Acten liegen uns aber auch **unbenutzte Familienpapiere** vor, welche im vorigen Jahre im Gräflich Vitzthumschen Familienarchive auf dem Schlosse zu Wölkau bei Leipzig aufgefunden worden sind.

Für unsern Zweck konnten daraus zwei Actenhefte verwerthet werden.

Das Eine enthält **Privatpapiere, eigenhändige Briefconcepte, Aufsätze, Notizen** etc. des **Churfürstlich Sächsischen Generallieutenants Johann Friedrich Grafen Vitzthum von Eckstädt**,[1] **aus den Jahren 1756 bis 1763**, und verschiedene Druck- und Flugschriften etc. aus jener Zeit. An wen die Briefe des Generals, deren Concepte sich erhalten haben, gerichtet waren, hat sich nicht ermitteln lassen.

Das zweite Fascikel bilden Papiere und Correspondenzen des **Königlich Polnischen Churfürstlich Sächsischen Generalfeldmarschalls Grafen Rutowski.**[2] Dieser unglückliche Heerführer hatte sich — wie aus andern Quellen schon bekannt ist — nach der Capitulation der Sächsischen Armee im November 1756 mit seiner Familie und seinen Adjutanten nach Wölkau zurückgezogen, dessen

---

[1] S. Lebensabriss No. VI, S. 83 u. fg.
[2] S. Lebensabriss No. I, S. 71 u. fg.

Besitzer — der obenerwähnte Generallieutenant Graf Vitzthum — der Oheim der Gräfin Rutowska war. Der Feldmarschall muss mindestens bis November 1757 in Wölkau gelebt haben. Dieser Einjährige Aufenthalt hat im Wölkauer Archive mannichfache Spuren zurückgelassen. Es fanden sich u. A.:

1) Concepte — zuweilen eigenhändig corrigirt — zu amtlichen Schreiben, welche Graf Rutowski von Wölkau aus an den König August III. und den Grafen Brühl nach Warschau und an den König Friedrich II. nach Dresden gerichtet; sowie die Urschriften mehrerer darauf erhaltener Antworten, z. B. ein eigenhändig vollzogenes Cabinetsschreiben Friedrichs II., welches wir in der IX. Studie zum ersten Male veröffentlichen.[1]

2) Concepte zu Circularschreiben, welche Rutowski, ebenfalls von Wölkau aus, an die mit ihm zugleich in Kriegsgefangenschaft gerathenen Sächsischen Generale von Arnim, von Rochow, von Wilster, Prinz Eugen von Anhalt-Dessau, von Gersdorff, de Meagher, Vitzthum, von Dyherrn u. A. erlassen und die Originale einer grossen Anzahl der darauf eingegangenen Antworten. Endlich:

3) Die aus dieser Correspondenz hervorgegangene Rechtfertigungsschrift der Sächsischen Generalität

---

[1] Von diesen amtlichen Actenstücken fanden sich die correspondirenden Concepte und Reinschriften in den Cabinetsacten, von denen wir das Rubrum unter No. 25 des Verzeichnisses geben.

— das „*Exposé raisonné* — durch die bekannten Anschuldigungen des Grafen Brühl provocirt; nebst zahlreichen dazu verwendeten Materialien, Plänen, Listen etc. und den darin angezogenen Beilagen.[1]

Konnte uns selbst auch nicht der leiseste Zweifel über die Aechtheit der im Wölkauer Privatarchive entdeckten Geschichtsquellen beigehen, so haben wir doch nicht versäumen wollen, die beiden von uns benutzten Fascikel einem Sachverständigen vorzulegen, dessen Name — da der Verfasser den seinigen verschweigen muss — die beste Bürgschaft für die Authenticität der verwertheten Familienpapiere darbieten wird; es ist diess der Director des Königlich Sächsischen Haupt-Staatsarchivs, Herr Dr. von Weber.

Wir haben die unermüdliche Gefälligkeit dieses hochverdienten Mannes und der ihm untergebenen

---

[1] Von dieser **Rechtfertigungsschrift**, welche wir am Schlusse des zweiten Bandes — unseres Wissens zum ersten Male — veröffentlichen, besitzt das Wölkauer Archiv die einzige überhaupt vorhandene **Reinschrift**; im ehemaligen Feldmarschallsarchive — jetzt dem Königl. Sächsischen Haupt-Staatsarchive einverleibt — hat sich jedoch eine Abschrift davon, ein auf gebrochene Bogen geschriebenes sog. **Reinconcept** erhalten. Unter den **Beilagen** befinden sich die in unserer Vierten Studie beleuchteten Denkschriften Rutowski's, Piecen, die in den **Cabinetsacten fehlen**. Warum? ergiebt sich aus der nachstehenden Notiz: „*Les Projets du Veld-Maréchal auxquels cet Ordre* (nemlich das Königl. Rescript vom 5. Juli 1756) *se rapporte, ne sont pas parvenus à la Chancellerie, S. E. le Premier Ministre les ayant gardé chez Lui.*" S. Fol. 5 der Acten, deren Rubrum wir unter No. 16 unseres Verzeichnisses geben.

Archivbeamten während unserer Forschungen auf so schwere Proben stellen müssen, dass wir es uns nicht versagen können, diesen treuen Hütern noch ungehobener historischer Schätze unsern Dank hier auch öffentlich auszusprechen.

In der ersten Studie — welche als Einleitung gelten mag — ist nicht nur die Aufgabe, die wir uns gestellt, näher präcisirt, sondern auch das Ergebniss unserer Forschungen niedergelegt worden. Es wird sonach in dieser Einleitung gewissermassen unser Beweisthema formulirt, während die übrigen Studien die in chronologischer Folge übersichtlich zusammengestellten Beweismittel, die Thatsachen und Argumente enthalten, auf welche wir unsere Auffassung stützen. Wir wollen die Lösung — zu welcher wir zu unserer eigenen Ueberraschung gelangt sind — selbstverständlich Niemand aufdringen. Aber auch unsere Gegner, wenn wir sie auch nicht überzeugen können, dürften sich vielleicht gerade jetzt angeregt finden, das hundertjährige Räthsel des siebenjährigen Krieges einer neuen Prüfung zu unterwerfen. Haben wir doch erst in den jüngsten Tagen erfahren, wie tief dasselbe in unsere Gegenwart hineingreift. Der siegreiche Dualismus hat uns Deutsche von Sieg zu Sieg von Mollwitz über Hubertusburg nach Wien, von Wien über Ollmütz *post tot discrimina rerum* nach Gastein geführt; und noch streiten — wie die Geographen über die Quellen des Nils — die Historiker und die Politiker über den Ursprung des unheilvollen, hoffentlich nicht unheilbaren Zerwürfnisses.

Darüber aber sind Alle einig, dass die Ereignisse, welche wir in ihrem innern Zusammenhange darzulegen beabsichtigen, einen Wendepunkt bezeichnen, einen entscheidenden Wendepunkt in der Geschichte nicht nur Deutschlands, sondern Europas. Auch wird wohl heute Niemand die von Stuhr schon vor mehr als zwanzig Jahren ausgesprochene Wahrheit bezweifeln, dass eine Untersuchung der Entstehungsursachen des siebenjährigen Krieges in Deutschland mit einiger Aussicht auf Erfolg nur vom Europäischen, vom weltgeschichtlichen Standpunkte aus geführt werden kann. Wir haben uns bestrebt diesen Standpunkt allenthalben festzuhalten und in den Dresdener Acten den Schlüssel nicht bloss zu den Sächsischen, sondern auch zu den Europäischen Cabinetsgeheimnissen zu suchen, soweit Letztere der im Ganzen trefflich unterrichteten Sächsischen Diplomatie jener Zeit bekannt geworden sind.

Um Europäische Geheimnisse, um politische Räthsel, diplomatische Schachzüge, mit einem Worte um die politische Seite des Conflicts hat sich der geschätzte Militärschriftsteller wenig gekümmert, dem wir die einzige, auf archivarischer Forschung beruhende Monographie über das Lager von Pirna verdanken.[1]

---

[1] Beleuchtung der Kriegswirren zwischen Preussen und Sachsen von Ende August bis Ende October

Ueberhaupt ist der Europäische Standpunkt namentlich den Deutschen Historikern des siebenjährigen Krieges allzufremd geblieben. Die überwiegende Mehrzahl waren Preussen und es ist eben so begreiflich wie verzeihlich, dass sie unwillkürlich den Preussischen Standpunkt vertraten und verbreiteten. Der Zeitgenosse Archenholtz, ein Preussischer Offizier, hatte im reizend-naiven Tone alter Chronisten die Friedrichssage des siebenjährigen Krieges zuerst in Deutscher Sprache erzählt. Diese treuherzige, in ihrer Art vortreffliche Darstellung ist mit Recht populär geworden und die Hauptquelle geblieben, aus welcher noch heute die Geschichte der Kämpfe und Siege des Preussischen „Heldenkönigs" dem Volke in den Schulen gelehrt wird. Wir Alle haben daraus unsere ersten Eindrücke empfangen.

Das Bedürfniss nach kritischer und wissenschaft-

1756 u. s. w., von Heinrich Aster, Königl. Sächs. Obersten v. d. Armee (Dresden, Adler und Dietze, 1848), eine Schrift, deren Sächsische Quellen die Acten des ehemaligen Feldmarschallamtes, nicht die Cabinetsacten gewesen zu sein scheinen, verdient Allen, die sich für militärische Detailfragen interessiren, empfohlen zu werden. Ueber die politische Frage haben wir in dieser „Beleuchtung" wenig Licht gefunden. Aster scheint nur Abschriften der von ihm veröffentlichten Depeschen und Briefe gekannt zu haben. Die Uebersetzung ist nicht immer correct. Wir haben uns nicht entbrechen können, des Zusammenhanges wegen, einzelne Urkunden, die der Leser in Asters Schrift findet, wieder abzudrucken, aber wir richten uns dabei nur nach den Urschriften und geben stets unsere eigene Uebersetzung.

licher Erforschung der archivarischen Quellen trat bekanntlich erst in den ersten Jahrzehnten dieses Jahrhunderts mehr und mehr hervor. Einzelne Staatsarchive öffneten sich einzelnen Begünstigten. Wiederum waren es **Preussische** Gelehrte, welche den Reigen eröffneten. **Preuss** schrieb Friedrichs II. Lebensgeschichte, zumeist aus Preussischen Quellen. **Raumer** und **Ranke** wussten sich aber schon Zugang zu dem Londoner *State Paper Office* zu verschaffen. **Schlosser** und **Stuhr** durchforschten namentlich die noch immer sorgsam überwachten Pariser Archive.

Die Behauptung, dass Friedrich II. im Jahre 1756 nur zu den Waffen gegriffen habe, um einem wider Preussen geschlossenen Oesterreichisch-Russischen Offensivbündnisse zuvorzukommen, bildet bekanntlich den Kern der Preussischen Version, welche Graf Hertzberg im *Mémoire raisonné* zuerst gegeben und Friedrich II. selbst später in seinen Geschichtswerken wiederholt hat. Vergebens hatte Er freilich im Jahre 1756 in dem gewaltsam erbrochenen Sächsischen Archive den Beweis für diese Behauptung gesucht. Ebenso vergebens haben sich Neuere seither bemüht, diesen fehlenden Beweis aus Englischen, Französischen, Niederländischen, Schwedischen und Deutschen Quellen nachträglich herzustellen.

Als man sich endlich der Ueberzeugung nicht verschliessen konnte, dass jenes Oesterreichisch-Russische Offensivbündniss zu den zu allen Zeiten, aber im 18. Jahrhundert namentlich so häufig auftauchenden politischen Seeschlangen zu rechnen ist; dass sich sonach der König von Preussen getäuscht haben müsse, suchte man Friedrichs II. Verfahren wenigstens durch die Annahme zu rechtfertigen, Er müsse dennoch „im guten Glauben" gehandelt haben. Seine Vertheidiger vertieften sich, um die Thatsachen mit der Vorstellung, welche sie sich von ihrem Helden nun einmal gemacht hatten, einigermassen in Einklang zu bringen, in die Irrgärten der retrospectiven Conjecturalpolitik. Schlosser tröstete sich mit der Vermuthung, Kaunitz, der ja sein eigener Secretär gewesen und keine Vertrauten gehabt habe, werde wohl das „wahre Geheimniss" mit in das Grab genommen haben. Für Stuhr blieb es das Wahrscheinlichste, „dass es Kaunitz gewesen, der auf irgend einem Wege Friedrich II. den falschen Bericht habe zukommen lassen, in der Absicht, ihn aufzubringen und zu falschen Schritten zu verleiten."[1]

Wem fiele dabei nicht die Warnung ein, die Goethe seinem Mephistopheles in den Mund legt:

> . . . . ein Kerl, der speculirt,
> Ist wie ein Thier, auf dürrer Heide
> Von einem bösen Geist im Kreis herumgeführt,
> Und rings umher liegt schöne, grüne Weide.

[1] P. T. Stuhr, Forschungen und Erläuterungen über Hauptpunkte der Geschichte des siebenjährigen Krieges. (Hamburg 1842) I, S. 58.

Die „schöne grüne Weide" der Wahrheit ist eben desshalb oft so schwer zu finden, weil sie so nahe liegt.

Würde es z. B. nicht ganz unnöthig sein, jenes „wahre Geheimniss" mit Schlosser in der Gruft des Fürsten Kaunitz zu suchen, wenn es sich herausstellte, dass Friedrich II. dasselbe nicht mit in das Grab genommen hätte?

Wozu bedürften wir Stuhrs Hypothese von dem „falschen Berichte," den Kaunitz „auf irgend einem Wege" dem König von Preussen in die Hände gespielt haben könnte, wenn es sich darthun liesse, dass Friedrich jenen „falschen Bericht" entweder gar nicht erhalten oder wenigstens an dessen Inhalt selbst nicht geglaubt und seine Befürchtungen nur seinen Ministern und seinen Generalen vorgespiegelt hätte, um sie mit sich fortzureissen oder um dem eigenen Volke und der Welt gegenüber seine Eroberungsplane Anfangs verhüllen, später abläugnen zu können?

Der Herausgeber der Huschberg'schen Fragmente — in welchen der allgemein verbreiteten Preussischen Geschichtserzählung gegenüber zuerst — schüchtern genug — an das *Audiatur et altera pars* gemahnt wurde — lässt uns freilich keine Aussicht auf eine so einfache Lösung. Denn noch vor neun Jahren glaubte er die Behauptung, Friedrich II. habe im Jahre 1756 einen Eroberungskrieg beabsichtigt, als eine „gänzlich verschollene" perhorresciren zu müssen.¹ Und doch ist die „Verschollene" seitdem wieder aufgetaucht und hat schon sehr beachtenswerthe Lebenszeichen gegeben, u. A. in Onno Klopps kritischer Beleuchtung der in den Schriften Friedrichs II. aufbewahrten Selbstgeständnisse dieses Monarchen.²

Wir ehren jede ehrliche Ueberzeugung. Vor sogenannten Autoritäten können wir uns aber nicht beugen. *Amicus Plato, amicus Aristoteles, sed magis amica veritas.* Ein Wort des eingeweihten, wahrheitliebenden Zeitgenossen verbreitet oft mehr Licht über vergangene Ereignisse und wiegt oft schwerer, als hundert Folianten von gelehrten nachgeborenen Commentatoren.

Wir erkennen dankbarst die grossen Verdienste, welche sich Archenholtz, Tempelhof, Coxe, Preuss, Ranke, Raumer, Schlosser, Stuhr, Huschberg, Wuttke, Schöning, Menzel, Mailath, Stenzel, Macaulay, Knopp, Herrmann, Knesebeck, Renouard, Carlyle, Arneth³ und

[1] Heinrich Wuttke, Die drei Kriegsjahre 1756, 1757, 1758 in Deutschland. Aus dem Nachlasse J. A. Huschbergs (Leipzig 1856), Vorwort p. XXVII.

[2] Onno Klopp, König Friedrich II. von Preussen und die deutsche Nation (Schaffhausen 1860).

[3] Leider haben wir das gehaltreiche Werk des Ritter von Arneth, „Maria Theresia's erste Regierungsjahre" für diese Arbeit nur zu einem einzigen Citate benutzen können. Die ersten beiden Bände kamen uns erst zu Gesicht, als unser Manuscript dem Setzer überliefert werden sollte, der dritte (1745—1748) erschien erst, als unsere zweite Studie bereits gedruckt war. Es gereicht uns daher um so mehr zur Genugthuung, constatiren zu können, dass wir in diesen neuesten

XVIII VORWORT.

Andere um die Feststellung der Thatsachen und um die Ergründung der Entstehungsursachen des siebenjährigen Krieges bereits erworben haben. Nichts liegt uns ferner als „das Strahlende zu schwärzen." Aber wir fürchten auch nicht der Undankbarkeit geziehen zu werden, wenn wir es unternehmen, darzuthun, dass alle diese Arbeiten nur als Vorarbeiten zu betrachten sind. Ein Deutscher Tacitus der Zukunft wird vielleicht dermaleinst, wenn die Stunde gekommen, die Geschichte jener denkwürdigen Kämpfe

Aufschlüssen aus dem Kaiserlichen Staatsarchive zu Wien im Allgemeinen nur Bestätigungen gefunden haben. Der Zufall will, dass drei gleichzeitig in Dresden und Wien aufgefundene Actenstücke: die am 16. Februar 1748 dem Sächsischen Botschafter in Paris ertheilte Vollmacht der Kaiserin Maria Theresia zur Unterzeichnung Oesterreichisch-Französischer Friedenspräliminarien und die Entwürfe zweier dazu gehöriger Separatartikel von Arneth a. a. O. III, S. 479 und 480 veröffentlicht worden sind, während wir diese Piecen (Band I, S. 192) als ungedruckt bezeichnen zu dürfen glaubten.

Wer von der Masse des vorhandenen Stoffes und von der Schwierigkeit der Auswahl einen Begriff hat, der wird in diesem Zusammentreffen einen Beweis dafür erblicken, dass wir die geschichtliche Bedeutung dieser Actenstücke nicht überschätzt haben. Dasjenige, was wir im ersten Bande S. 132 u. fg. über die Einleitung jener geheimen Verhandlung aus Sächsischen Quellen beibringen konnten, dürfte aber selbst dem Oesterreichischen Forscher neu sein, jedenfalls seine Darstellung ergänzen.

Die von uns ausgesprochene Vermuthung über den Inhalt des dem Sächsischen Cabinet nicht mitgetheilten „article sécretissime" des Petersburger Vertrags hat Arneth III, S. 335 bestätigt.

zu schreiben, alle diese Strahlen in einen Focus sammeln, alle diese Vorstudien — an welchen sich Heroen der Wissenschaft betheiligt haben — zu einer erschöpfenden Darstellung verwerthen.

Vorläufig möchte es aber noch die Hauptaufgabe der jetzt lebenden und vielleicht der nächsten Generation bleiben, für die Herbeischaffung des „schätzbaren Materials" durch Erforschung der Archive Sorge zu tragen.

Wir liefern einen bescheidenen Beitrag zu dieser Arbeit durch Veröffentlichung der nachstehenden harmlosen Studien. Möchten dieselben die Nachsicht und die Geduld des Lesers nicht auf zu harte Proben stellen. Es handelt sich dabei um die Erschliessung einer geschichtlichen *terra incognita*. Nun giebt es aber zwei Wege, ein unbekanntes historisch-politisches Gebiet zu erschliessen. Man kann sich entweder darauf beschränken, die Resultate der gemachten archivarischen Entdeckungen zusammen zu stellen, oder man kann den Leser einladen, die Entdeckungen selbst mitzumachen und die Räthsel der Vergangenheit selbst zu lösen. Wir ziehen den letzteren Weg vor. Für die Objectivität bietet derselbe jedenfalls grössere Garantien. Auch ist die Freude, aus bekannten Grössen die Unbekannte, aus Lug und Trug, subjectiven Erfindungen, bewussten oder unbewussten Täuschungen, Fälschungen und Entstellungen den Kern der historischen Wahrheit herauszuschälen, zu gross, als dass wir diese Freude nicht mit denen theilen möchten, die sich unserer Führung durch das Labyrinth vergessener Verhandlungen anvertrauen wollen. Längen und Wiederholungen werden freilich nicht immer zu vermeiden sein. Wir gehen von der Voraussetzung aus, der Leser werde lieber diese oder jene Urkunde überschlagen, als ein Actenstück vermissen, welches Licht geben kann. Uebrigens werden wir die Klippe zu vermeiden suchen, ein ungeniessbares Blaubuch zu geben und diejenigen Urkunden oder Actenextracte, welche wir herausheben, so gruppiren und ordnen, dass sich das Verständniss jedem Gebildeten aus dem Zusammenhange von selbst ergiebt.

Der zeitlich und räumlich engbegrenzte Rahmen der Ereignisse, die wir zu betrachten beabsichtigen, bietet uns den Vortheil, das vollste Licht archivarischer Forschung auf die geheime und bisher geheim gebliebene Geschichte, auf die innern Fäden, auf Das, was die Franzosen *le dessous des cartes* nennen und Leibnitz *le pourquoi du pourquoi* nannte, werfen zu können. Die handelnden Personen selbst sollen uns Geheimnisse verrathen, welche sie Zeit ihres Lebens sorgfältig in die eigene Brust verschlossen oder nur ihren Vertrautesten in das Ohr geraunt haben, und so uns einweihen in die wirklichen, immer nur Wenigen bekannten, der Menge verborgen gehaltenen geheimen Triebfedern und Ursachen, offenkundiger Wirkungen und Handlungen.

Wir werden übrigens die reich fliessenden Quellen als blosses Material, als Mittel zum Zweck behandeln, und da wir für Deutsche schreiben, unbedenklich eine wortgetreue Uebersetzung geben, sobald es sich um die Geschichtserzählung, um die Eruirung des objectiven Thatbestandes handelt, ebenso unbedenklich aber den Französischen Urtext, da wo es auf den Wortlaut ankommt oder wo der Französische Ausdruck die subjective Auffassung des Schreibenden oder Sprechenden anschaulicher macht. Das angehängte Actenverzeichniss, unter welchem sich jede von uns publicirte einzelne Urkunde leicht für den Kundigen auffinden lassen wird, gestattet uns, dem Leser allzuhäufige Anmerkungen und Citate zu ersparen. Wir verweisen ein für alle Mal bei jeder Urkunde, deren Ursprung nicht besonders angeführt ist, auf jenes Verzeichniss. Die charakteristische antiquirte Orthographie ist in den abgedruckten Documenten in der Regel respectirt worden; nur hie und da haben wir uns erlaubt, Fehler zu verbessern, die das Verständniss erschwerten.

Die Eintheilung in zwei Bände war ursprünglich nicht beabsichtigt und erschien nur durch die Rücksicht auf die Bequemlichkeit des Lesers, aus äussern, nicht aus innern Gründen geboten.

Rom, im October 1865.

VERZEICHNISS

der für „die Geheimnisse des Sächsischen Cabinets" benutzten handschriftlichen Quellen des K. Sächsischen Haupt-Staats-Archivs.

1) Acta: Den mit der Krone England und den Vereinigten Niederlanden im Jahre 1745 geschlossenen Subsidien-Tractat betreffend, und die mit den Seemächten 1746 anderweit vorgewesene Truppen-Negotiation betreffend. (Loc. 2682.)

2) Acta: Des Geheimen Raths Grafens von Vitzthum Abschickung an den Russisch Kayserlichen Hof und dessen daselbst geführte Negotiation betreffend. Vol. I. und II. (Loc. 3031.)

3) Acta: Den zwischen Ihr. Königl. Maj. in Pohlen etc. Augusto III. und des Königs in Franckreich Ludovici XV. Majst. errichteten Neutralitäts- und Subsidien-Tractat betr. 1746—1751. Vol. I—IV. (Loc. 2728.)

4) Acta: Die von der Cron Franckreich von 1. Jan. 1746 bis ult. Decemb. 1750 jährlich zu erhebenden Subsidien, an zweymal Hundert Tausend Ducaten, und was diesem Tractat mehr anhängig betr. (Loc. 2728.)

5) Acta: (Geheime Kanzlei.) Gewisse den Russisch Kayserl. Hoff concernirende Tractate d. a. 1744, et 1746, Ingleichen Was wegen der verlangten Accession zu dem

Petersburger Tractat d. a. 1746 geschrieben worden. Vol. I. und II. (Loc. 5213.)

6) Acta: (Geh. Cab.) Des Geh. Legationsraths Pezold Correspondenz aus Petersburg 1746, 1747 und dieselbe 1748, 1749. (Loc. 3302.)

7) Acta: Den unserm Königl. Churfürstl. Hofe von den Höfen zu Wien und Petersburg gethanen Antrag wegen disseitiger Beytretung zum Petersburger Tractat betr. d. a. 1747—1753. Vol. I. und II. (Loc. 2886.)

8) Acta: Des Geheimen Legations-Raths von Saul Abschickung nach Wien, eine zwischen den Höfen zu Wien und Versailles zu bewürkende Aussöhnung betr. 1746—1748. Vol. I. II. III. (Loc. 2914.)

9) Acta: Den mit den See-Mächten England und den vereinigten Niederlanden im Jahre 1751 geschlossnen Subsidien-Tractat betr. Anno 1750—1755. (Loc. 2682.)

10) Acta: Die mit dem König in Preussen über die Steuer-Scheine am 8. November 1753 errichtete Convention betr. 1749 und f. (Loc. 1440.)

11) Acta: Die Negotiation wegen derer Preussischen Unterthanen zugehörigen Sächsischen Steuer-Capitalien betr. 1750, 1751. (Loc. 3298.)

12) Acta: Des General-Lieutenants Grafen von Flemming Abschickung an den Wiener Hof und dessen daselbst geführte Negociation betr. 1752—1763. Vol. I—XV. (Loc. 2930—34.)

13) Acta: Des würklichen Geheimen Raths Grafens Vitzthum von Eckstädt Abschickung an den Königlich Französsichen Hof, und dessen daselbst geführte Negotiation. 1755, 1756, Vol. I. und II, auch Acta: Vicedom à Paris 1757. (Loc. 2741.)

14) Acta: Die Erneuerung unsers Subsidien-Tractats mit England betr. und die dazwischen gekommenen Vorschläge der Krone Franckreich mit diesem letzteren Hofe einen Subsidien-Tractat zu errichten. 1755, 1756. (Loc. 2682.)

15) Acta: Den Preuss. Einfall in Sachsen, Ihro K. M. in Pohlen mit dem König von Preussen diesfalls geführte Correspondenz, ingl. das Schicksal der Sächsischen Armee nach erfolgtem Aufbruch aus dem Lager bei Struppen 1756 sq. (Loc. 3255.)

16) Acta: Die Preussische Invasion in Sachsen bei Eröffnung des siebenjährigen Kriegs betr., 1756. Vol. I. (Loc. 3254.)

17) Acta: Nachrichten vom Ein-Marsch der Königl. Preussischen Armée in Sachsen Ms. August et mit Sept. 1756. Ingleichen von denen Preussischen Gewaltthätigkeiten in Sachsen bis zu Ausgang des Jahres 1756. (Loc. 6491.)

18) Acta: Den Anfang des Preussischen Krieges Mens. August et Septbr. Anno 1756 und die desshalb gepflogene Negotiationes betr. (Loc. 6491.)

19) Acta: Die wegen der Preussischen Mouvements gestelten Ordres und genommene Praecautiones 1756 vom 21. bis 31. Augusti. (Loc. 10989.)

20) Acta: Concepte von Ordres des Gen.-Feld-Marschalls Gr. Rutowski Pro Septembri, Octbr. 1756 Varia im Lager bei Struppen. (Loc. 10989.)

21) Acta: Concepte von Ordres des Gen.-Feld-Marschalls Gr. Rutowski an den Herrn General-Major und Geheimen Kriegs-Rath von Zeutzsch als General-Kriegs-Commissarius Pro Septembri et Octobri 1756 im Hauptlager Struppen. (Loc. 10989.)

22) Acta: Preussische Proclamationen bei Eröffnung des 7jährigen Krieges 1756. (Loc. 10990.)

23) Acta: Ein Fascicul, die Capitulation von Ebenheit unter Lilienstein und was derselben anhängig betr. de Ao. 1756. (Loc. 10990.)

24) Acta: Briefe und Listen den 7jährigen Krieg betr. 1756. (Loc. 10990.)

25) Acta: Des Gen.-Feld-Marschalls Gr. Rutowski mit dem Premier-Minister Gr. von Brühl nach der auf dem Lilienstein geschlossenen Kapitulation geführte Korrespondenz. de Anno 1756 sq. (Loc. 3255.)

26) Acta: Correspondance de S. E. Monsgr. le Comte de Brühl et de S. E. Monsgr. le Comte de Wackerbarth de l'an 1756 et 1757. (Loc. 3255.)

27) Acta: Correspondance intéressante du Roi de Prusse avec etc. la Comtesse de Bruhl 1756. (Loc. 726.)

28) Acta: Die auf Königl. Preussische ordre erfolgte Verbrennung einer unter dem Titul:

"Kurtzer, doch gründlicher Beweiss, dass das Königreich Böhmen Ihr. Königl. Majst. in Preussen zustehe"

in Druck erschienenen Schrift durch den Dresdener Scharf-Richter und dessen Knecht auf dem alten Markte betr. Anno 1757. (Loc. 6484.)

29) Acta: Die nicht nur nach Böhmen sich salvirte ehemahlige Rutowsky'sche Dragoner, sondern auch den Ab-Marsch Dreyer Sächsischer Bataillons aus der Niederlausitz nach Pohlen betr. Anno 1757. (Loc. 6484.)

30) Acta: Die Ihro Majestät der Königin von Pohlen etc. Königl. Preussisch, Chur-Brandenburgischer Seits angemuthete Abziehung aus der Residenz-Stadt Dresden, nebst allen Dero Printzen und Printzessinnen und Begebung nach Pohlen betr. Anno 1757. (Loc. 6484.)

31) Acta: Eingekommene Nachrichten von dem Betragen derer fürstl. Sachsen Gothaisch, und Weymarischen Häusser, bey der, zu Ende des August-Monaths 1756 in hiesige Chur-Sächsische Lande von Königl. Preussischen Chur-Brandenburgischen Kriegs-Völckern geschehene Invasion betr. Anno 1757. (Loc. 6493.)

32) Acta: Die Wegnehmung eines gedruckten Scripti in Leipzig sub Rubro: Beschwerden Sr. Königl. Majst. in Pohlen und Churfürstl. Durchlaucht zu Sachsen über das Betragen der Sächs. Generalität etc. betr. Anno 1757. (Loc. 6484.)[1]

---

[1] Für die II. Studie: „St. Petersburg und Aachen," sind hauptsächlich benutzt worden die Nummern 1—12; für die III. „Westminster und Versailles," die Nummern 13 und 14; für die Studien IV—IX. die Nummern 15—32 des vorstehenden Verzeichnisses.

INHALT DES ERSTEN BANDES.

Erste Studie.

Das Problem.

	Seite
Ursachen, warum es eine Geschichte des siebenjährigen Krieges zur Zeit noch nicht geben kann	1
Zwei Hauptirrthümer der bisherigen Versuche	12
Europäische Bedeutung der drei Schlesischen Kriege wird überschätzt	12
Die politischen Resultate des achtzehnten Jahrhunderts	13
Skizze der drei Schlesischen Kriege	16
Politische Selbstständigkeit Friedrichs II. und Preussens wird in der Regel überschätzt	30
Die drei Perioden im politischen Leben Friedrichs II.	33
Die Russische Periode	35
Die Polnische *arrière pensée*	36
Präcisirung des Problems	41
Preussische Version der Veranlassung des siebenjährigen Krieges	42
Das „*Exposé du Gouvernement Prussien*"	46
Aus Briefen eines Sächsischen Generals vom December 1756	51
Ein Brief von demselben von 1762	58
Programm der Vorstudien	65
Genealogisch-biographische Notizen	67
Das Chursächsische Haus August 1756	67
Das Geheime Cabinet	70
Das Geheime Consilium	71

		Seite
I.	Friedrich August Graf Rutowski	71
II.	Johann George Chevalier de Saxe	76
III.	Heinrich von Brühl	77
IV.	Carl Georg Friedrich Graf von Flemming	80
V.	Carl Sigismund von Arnim	82
VI.	Johann Friedrich Graf Vitzthum von Eckstädt	83
VII.	Ludwig Siegfried Graf Vitzthum von Eckstädt	93
VIII.	Aemilius Friedrich von Rochow	95
IX.	George Carl Baron von Dyherrn	96
	Anhang	97

Zweite Studie.

St. Petersburg und Aachen.

1745—1754.

Verhandlung mit den Seemächten	104
Subsidienvertrag mit Frankreich, 21. April 1746	107
Misstimmung Russlands und Oesterreichs	116
Mittheilung des Französischen Vertrags an Sachsens Alliirte	122
Der Petersburger Tractat	123
Der vierte Geheime Separatartikel	126
Geheime Friedenspropositionen Frankreichs	132
Ein Brief des Marschalls von Sachsen	132
Sachsen übernimmt die Vermittlung zwischen Oesterreich und Frankreich	137
Von Sauls geheime Sendung nach Wien	139
„Le pétard a sauté." Argensons Sturz	145
Sachsen wird dem Petersburger Tractate beizutreten förmlich eingeladen	147
Bedenken der Sächsischen Minister dagegen	149
Instructionen der Sächsischen Bevollmächtigten	161
Verhandlungen in Paris	162
Verhandlungen in Petersburg	167
Die erste Conferenz	175
Die Zwischenverhandlung mit Oesterreich	183

	Seite
Sächsische Vermittlung in Wien und Paris	188
Der Subsidienvertrag von 1746 prolongirt	190
Das Friedenswerk macht Fortschritte	191
Graf Loss zur Unterzeichnung der Oesterreichisch-Französischen Präliminarien bevollmächtigt	194
Der Aachener Friede	194
Die Verhandlungen wegen des Petersburger Tractats fortgesponnen	196
Englands Beitritt	201
Chevalier Williams Sendung nach Warschau	210
Ein geheimes Rescript der Kaiserin Elisabeth	212
Neue Instructionen	214
Entwurf zu einer Sächsischen Beitrittserklärung	215
Subsidienvertrag mit den Seemächten von 1751; das „Accessionswerk" rückt nicht vorwärts	217
Verhandlungen mit Wien	219
Eine Correspondenz mit dem Britischen Premier	221
Convention mit Preussen wegen der Steuerscheine	224
Sachsens Beitritt zum Petersburger Vertrage unterbleibt	224
Kritik des „mémoire raisonné"	225

Beilagen.

Der erste Geheime Separatartikel	230
Schreiben des Marschalls von Sachsen an den Englischen General Ligonier	232

Dritte Studie.

Westminster und Versailles.

Januar 1755 bis August 1756.

Europäische Gewitterschwüle im Jahre 1754	236
Prolongation des Sächsischen Subsidienvertrags mit den Seemächten nachgesucht	238
Ein diplomatischer Angriff Preussens unter Französischer Flagge	242

	Seite
Instructionen des Sächsischen Gesandten in Paris	245
Französische Eröffnungen	247
Geheime Instruction des Sächsischen Gesandten in Paris	250
Eine Entdeckung	255
Der Geschäftsgang in Dresden	258
Verhandlungen in Paris	261
Graf Broglie in Hubertusburg	274
Englische Zustände aus Russischer Feder	279
Die Verhandlungen mit Frankreich zerschlagen sich	280
Ein Wink Starhembergs	288
Resumé der Sachlage im December 1755	290
Charakterisirung des Englisch-Preussischen Bündnisses von Westminster	290
Warum begab sich Friedrich II. unter Englands Schutz?	292
Abbruch der Verhandlungen Sachsens mit den Seemächten, eine Folge des Westminster Vertrags	293
Des Grafen Brühl erste Eindrücke	296
Pariser Stimmungen	297
Wie der Herzog von Nivernois in Berlin behandelt wurde	299
Der Sächsische Gesandte in Paris macht eine Insinuation	300
Er erhält einen Verweis	302
Vitzthums Rechtfertigung	304
Graf Brühl über die Sachlage	306
Die Sächsische Finanzlage Anfangs 1756	309
Die auswärtige Politik Sachsens	317
Die Stellung zu dem Wiener Hofe	318
Die Oesterreichische Politik. Graf Kaunitz	327
Das Defensiv-Bündniss von Versailles	331
Die geheimen Propositionen Oesterreichs	332
Keine Coalition vorhanden	334
Dieselbe wird erst durch Preussens Schilderhebung provocirt	336
Eine eigenhändige Rechtfertigung Maria Theresia's	338
Was man in Paris von Versailles wusste	339
Was Graf Brühl vom Versailler Bündniss dachte	346
Ein diplomatischer Schachzug des Grafen Vitzthum	350

	Seite
Wird vom Grafen Brühl desavouirt	370
Vitzthums Rechtfertigung	371
Graf Brühls Optimismus	372

Vierte Studie.

Der „ohnschädliche Durchmarsch" der Preussischen Armee.

29. August bis 6. September 1756.

Graf Rutowski's Mahnungen, Pro Memoria vom 8. Juni und 2. Juli	378
K. Rescript vom 5. Juli	380
Rutowski's Pro Memoria vom 8. und 19. August	380
Beschluss des Geheimen Consiliums vom 23. August	384
Graf Brühl entschuldigt die Vorsichtsmassregeln in Berlin	385
Eine Jagd und eine Soirée	394
Herr von Maltzahns Eröffnungen	395
Die Sächsische Verbalnote vom 29. August	396
Graf Podewils „marche involontaire" und „transitus innoxius"	398
Leipzig besetzt	400
Die Preussische Armee rückt ein	402
General Meaghers Sendung	402
Lord Stormonts Vermittlung	407
König August schreibt nach Warschau, Brühl nach Paris und Petersburg	408
Was Meagher aus dem Preussischen Hauptquartier brachte	409
Die Geheimen Räthe erwägen die Sachlage und beschliessen etwas Unpraktisches	412
König August geht nach Struppen in das Lager	418
Die Preussische „Declaration"	422
Im Hauptquartier der Ausmarsch aufgegeben	425
Der erste Schuss des siebenjährigen Krieges	427
Lord Stormont zurück, hat nichts ausgerichtet	433
Gute Nachrichten aus Wien vom 2. September	434

	Seite
Eine Preussische Antwort	**436**
Die Minister beschliessen, die Verhandlungen mit Preussen für erschöpft zu erachten	**438**
Man schreibt nach Wien, Paris, Stockholm	**442**
Baron Riedesels Aufträge an den K. K. Feldmarschall Grafen Broune	**444**
Die Expedition des Grafen Kaunitz vom 3. September .	**447**
Eine unangenehme Verwechslung und deren Folgen . .	**452**

ERSTE STUDIE.

DAS PROBLEM.

Ursachen, warum es eine Geschichte des siebenjährigen Kriegs zur Zeit noch nicht geben kann. — Zwei Hauptirrthümer der bisherigen Versuche. — Europäische Bedeutung der Schlesischen Kriege wird überschätzt. — Die politischen Resultate des achtzehnten Jahrhunderts. — Skizze der drei Schlesischen Kriege. — Politische Selbstständigkeit Friedrichs II. und Preussens wird in der Regel überschätzt. — Die drei Perioden im politischen Leben Friedrichs II. — Die Russische Periode. — Die Polnische arrière pensée. — Präcisirung des Problems. — Preussische Version der Veranlassung des siebenjährigen Krieges. — Das „*Exposé du Gouvernement Prussien.*" — Aus Briefen eines Sächsischen Generals vom December 1756. — Ein Brief von demselben von 1762. — Programm der Vorstudien. — Genealogisch-biographische Notizen.

Aus bisher undurchforschten, grossentheils amtlichen Quellen einen thunlichst vollständigen Ueberblick der Geheimnisse, d. h. der bis jetzt geheim gebliebenen diplomatischen Thätigkeit des Sächsischen Cabinets, während eines bestimmten, scharf begrenzten Zeitabschnitts, zu gewinnen — das ist die Aufgabe, die wir uns in den nachstehenden Studien stellen.

Der Zeitpunkt, von welchem wir ausgehen, ist der 25. December 1745, der Tag, wo der Frieden von Dresden unterzeichnet wurde. Das Ereigniss mit welchem wir unsere Untersuchungen abschliessen, ist die Capitulation der Sächsischen Armee im Lager bei Pirna (16. October 1756).

Wir hoffen durch den gewählten Titel hinreichend angedeutet zu haben, dass es unsere Absicht nicht ist, die Geschichte jener Zeit zu schreiben.

Wir setzen vielmehr die zur öffentlichen Kenntniss gelangten Thatsachen als bekannt voraus, und werden, zur Orientirung des Lesers, nur daran erinnern, sobald diess für das Verständniss der Geheimnisse des Sächsischen Cabinets unerlässlich erscheint.

Durch die Enthüllung dieser Geheimnisse werden bisher unbekannte Ursachen bekannter Wirkungen festgestellt, Lücken in den bisherigen Ueberlieferungen ausgefüllt, neue Gesichtspunkte für die Beurtheilung des genetischen Zusammenhangs der Ereignisse eröffnet, ja, es wird vielleicht ein ganz neues Licht auf die Genesis des siebenjährigen Krieges geworfen werden können.

Indem wir so unser Scherflein zur Steuer der Wahrheit beizutragen hoffen, verhehlen wir uns nicht, dass eine vollständige Ergründung der Wahrheit — soweit dieselbe dem Menschengeiste überhaupt möglich — heute noch nicht zu erreichen ist.

Darum bezeichnen wir die nachstehenden Studien nur als Vorstudien für den Geschichtsschreiber der Zukunft.

Denn die Geschichte des siebenjährigen Krieges ist noch nicht geschrieben. Das darüber zu Tage geförderte Material ist zu Bibliotheken emporgewachsen. Und doch wird Jeder, der vorurtheilsfrei, sei es den Anfang, sei es den Ausgang des grossen Kampfes betrachtet, überall auf dunkle Räthsel, auf ungelöste und unlösbare Probleme stossen.

Jeder Schulknabe weiss, dass der siebenjährige Krieg nicht 1756, sondern 1755, nicht in Sachsen, sondern an den Küsten von Neufundland begonnen hat. Auch das ist bekannt, dass es sich ursprünglich um die Feststellung der Grenzlinie handelte, welche der Aachener Congress zwischen den transatlantischen Besitzungen Englands und Frankreichs in Canada nicht scharf genug gezogen hatte. Aber jene Grenzstreitigkeiten gaben ja nur die äussere Veranlassung, den Vorwand zu dem Weltbrande ab, dessen Ursachen tiefer lagen. In Wahrheit handelte es sich um eine Machtfrage von weltgeschichtlicher Bedeutung. Als England seinen erschöpften Gegnern, Frankreich und Spanien, den Frieden gewährte, war der Zweck erreicht, für welchen England, bewusst oder unbewusst, zu den Waffen gegriffen hatte. Die Suprematie der britischen Flagge auf allen Meeren des Planeten war fest begründet; das Monopol des Welthandels dem kleinen Inselstaate gesichert und die Grundlage geschaffen, auf welcher sich das stolze Gebäude des heutigen britischen Reiches erhoben hat, eines Reiches, welches, in der tellurischen Ubiquität seiner Macht, seines Gleichen nicht gehabt hat, seitdem die Menschheit besteht.

Warum hat für diesen, Deutschland mindestens ganz fremden Zweck Deutschlands Blut beinahe sieben Jahre lang in Strömen vergossen werden müssen? Warum haben dafür Deutsche gegen Deutsche kämpfen, dafür Hunderttausende auf dem Schlachtfelde und im Lazarethe ihr Leben opfern, dafür Millionen von dem aufgespeicherten Kapitale Deutscher Arbeit vergeudet werden müssen?[1]

Das sind Fragen, welche noch immer der Antwort harren. Nur Eins ist gewiss. Es ist in jener Zeit an der Deutschen Nation ein Verbrechen verübt worden, welches noch nicht gesühnt ist bis auf den heutigen Tag.

Wer trägt die Schuld an diesem Verbrechen? Auf wessen Schultern lastet die Verantwortlichkeit dafür? Das ist eine Frage, welche die Gegenwart noch nicht zu beantworten vermag, eine Frage der

---

[1] Der Verlust des kleinen Sachsenlandes allein beziffert sich auf neunzigtausend Menschen und siebenzig Millionen Thaler in nicht ganz sieben Jahren! — „Einige neue Actenstücke über die Veranlassung des siebenjährigen Krieges, Leipzig 1841" und „Denkwürdigkeiten zur Finanzgeschichte von Sachsen von J. G. Hunger, Leipzig 1790, S. 169."

Zukunft. Und nicht für die Gegenwart, nicht für den Markt, nicht im Interesse einer der gerade jetzt um die Herrschaft ringenden Parteien, nicht in der Hoffnung, die öffentliche Meinung des Tages irgendwie zu beeinflussen, greifen wir zur Feder. Wir haben ein höheres Ziel vor Augen. Wir wissen, dass es inmitten der Zerrissenheit der Gegenwart, inmitten der Parteikämpfe, welche das Deutsche Vaterland seit jenem unheilvollen Kriege in zwei feindliche Hauptlager gespalten, eine Partei giebt, welcher die Zukunft angehört, wenn Deutschland anders eine Zukunft hat. Es ist die Partei, welche in ihrem Herzen die Liebe zum gemeinsamen Vaterlande, den Glauben an dessen Kraft, die Hoffnung auf dessen Erlösung aus den Fesseln der Zwietracht festhält, trotzdem und trotz Alledem; die Partei, welche den Trinkspruch eines patriotischen Erzherzogs als die siegesgewisse Synthesis, welche dermaleinst die Antithesen des Dualismus versöhnen muss, auf ihr Panier geschrieben hat: „Kein Oesterreich, kein Preussen, Ein grosses Deutsches Vaterland!" Dieser Partei der Zukunft widmen wir die nachstehenden archivarischen Arbeiten.

Wir hoffen, dass diese bessere Zukunft nicht ganz so entfernt sein möge, wie jene, welche Macaulay im Auge hat, wenn er von dem Neuseeländer spricht, der auf den Ruinen des heutigen London über die Vergänglichkeit der menschlichen

Dinge philosophiren wird. Aber wir harren in Geduld. Was Jahre für den Einzelnen, das sind Generationen im Leben der Völker. Man kann an die Zukunft glauben, aber darum doch der Ueberzeugung sein, dass die Feder nicht ausreicht, dass theoretische Träume keinen Werth mehr haben für die praktische Gestaltung der Gegenwart. Vertiefen wir uns daher in die Vergangenheit. Um sie zu sehen, wie sie war, müssen wir versuchen, uns vor Allem der Ursachen bewusst zu werden, warum es in dem Sinne von Schillers unvergesslichem Ausspruche eine Geschichte des siebenjährigen Kriegs noch nicht geben kann.

Wir finden die Hauptursache in der Thatsache, dass das damals begangene Verbrechen noch immer nicht gesühnt ist.

Ueber König Friedrich II. wurde bekanntlich wegen seines „Landfriedensbruches"[1] von 1756 die Reichsacht verhängt und er wurde als Churfürst von Brandenburg mehr wie sechs Jahre lang als Rebell gegen Kaiser und Reich officiell betrachtet und behandelt. Aber das Reich und der Kaiser waren nicht stark genug, selbst mit fremder Hilfe nicht stark genug, den „Empörer" zu strafen.

Jede Empörung, die siegreich, die den Erfolg für sich hat, erscheint aber in den Augen der Men-

---

[1] Siehe das kaiserliche Hofdekret vom 20. September 1756 an die allgemeine Deutsche Reichsversammlung zu Regensburg.

schen in der Folge in einem andern Lichte, namentlich, wenn sie das Mittel wird, an die Stelle des zerstörten Rechtszustands etwas Neues, Besseres, Dauerndes zu schaffen.

Hat die Preussische „Empörung" für die politische Organisation der gesammten Deutschen Nation — und das ist hier allein die Frage — bisher etwas **Besseres, etwas Dauerndes** geschaffen? Ist das zerstörte Einheitsband ersetzt? Ist der durch die Bundesacte geschaffene Rechtszustand ein dauernder oder ein vorübergehender? Sind Oesterreich und Preussen, welche als selbstständige Staaten völkerrechtlich erst seit 1806, in ihrer jetzigen Gestalt erst seit 1815 existiren, so constituirt, um die Probe des nächsten allgemeinen Kriegs zu bestehen und zu überleben? *That is the question.* So lange diese Frage nicht entschieden ist, dürfte es unmöglich sein, den 1756 beginnenden siebenjährigen, durch das Compromiss von Hubertusburg in erster, aber keineswegs in letzter Instanz entschiedenen völkerrechtlichen Prozess in einer völlig objectiven, unparteiischen Weise zu revidiren. Denn wer soll diese Revision vornehmen? Ein Fremder? Unter Andern hat es vor Kurzem ein Engländer versucht, Thomas Carlyle in seiner *„History of Friedrich II. of Prussia."* Wir wollen diese Arbeit durchaus nicht unterschätzen. Trotz seiner bekannten, nothwendig einseitigen Heldenvergötterung *(heroworship)* hat Carlyle manches Waizenkorn historischer Wahrheit von der Spreu der Lüge und Entstellung gesichtet. Aber im Ganzen und Grossen wird man sich getäuscht finden. Bei Licht betrachtet ist Carlyle's Buch nichts als eine Apologie, eine Bearbeitung der „*Oeuvres de Frédéric le Grand*‚" für den Englischen Gaumen angerichtet, im baroken Gewande eines gesuchten, oft beinahe ungeniessbaren Styles. Von den Deutschen Zuständen im achtzehnten Jahrhundert dürfte der neueste Englische Lobredner Friedrichs II. kaum richtigere Vorstellungen haben als die grosse Masse seiner Landsleute von den heutigen Zuständen Deutschlands. Dass für Deutsche nur ein Deutscher die Geschichte jener verhängnissvollen Jahre schreiben kann, liegt auf der Hand. Aber der Deutsche, der diess dereinst vermögen wird, existirt heute noch nicht. Denn heute leben ja noch beiläufig fünfzehn Millionen Deutsche unter Preussischem, andere zwölf bis vierzehn Millionen unter Oesterreichischem Scepter. Das specifische Oesterreicherthum hat aber, wie das specifische Preussenthum denselben Nachtheil, unwillkürlich und unbewusst das Urtheil des Historikers zu blenden und ihm die gefärbte Brille staatlicher Sonder-Interessen unterzuschieben, an der Stelle des farblosen Objectivglases der Wahrheit.

Jeder Deutsche aber, der weder Oesterreicher noch Preusse, diese Aufgabe übernehmen wollte, wird sie ebensowenig lösen können, weil er, unwillkürlich und unbewusst, so lange jene beiden Staaten noch bestehen, sich ebenfalls entweder auf den Oesterreichischen oder auf den Preussischen, auf den kleindeutschen oder auf den grossdeutschen Standpunkt stellen wird. **Objectiv lässt sich erst über Vollendetes urtheilen und das Endresultat der Regierung Friedrichs II. liegt noch nicht vor.**

Man könnte zwar einwenden, dass streng genommen die Monarchie Friedrichs II. nicht mehr existirt, dass sie wenige Jahre nach des Stifters Tode den ersten allgemeinen Krieg, der damals ausbrach, nicht zu überleben vermocht und in der Doppelschlacht von Jena und Auerstädt vollkommen vernichtet worden ist. Wahr ist, dass der Preussische Staat, welchen der Wiener Congress reconstruirt hat, keineswegs identisch ist mit der bei Jena im Jahre 1806 zerstörten Monarchie Friedrichs II. Der heutige Preussische Staat besteht aus ganz anderen Elementen, aus anderen Mischungen und hat namentlich durch einen verhältnissmässig bedeutenden Zuwachs an katholischen Deutschen Unterthanen den ursprünglichen specifisch protestantischen Charakter verloren. Aber Alles diess zugegeben, so wird der 1814 neu gebildete Preussische Staat officiell doch noch immer als die Schöpfung Friedrichs II. betrachtet. Mag auch der Rheinländer, der Sachse im Herzogthum Sachsen, der Westphale seine besondern Gedanken über diese Genesis haben; der Märker und der Pommer, der Preussische Staatsmann und der Preussische General werden immer daran festhalten, dass das heutige Preussen Friedrich II. seine Entstehung verdankt, dass die Ideen dieses Herrschers die massgebenden bleiben müssen, dass die Verfassung dieser Monarchie nicht in einem „Stück Papier" bestehen kann, welches in Widerspruch stände mit den Regierungsprincipien des „grossen Königs." Wir wollen nicht hoffen, dass diese Regierungsprincipien in den *„Matinées Royales"* [1] niedergelegt worden sind; können aber nur bedauern, dass man bis jetzt noch immer nicht den Muth gehabt hat, die politischen Testamente Friedrichs II. zu veröffentlichen, welche wahrscheinlich den Schlüssel zu manchen Räthseln der Gegenwart enthalten dürften. [2]

Ein zweiter Grund, warum der Augenblick noch nicht gekommen, die Geschichte des siebenjährigen Kriegs zu schreiben, liegt darin, dass wir

[1] „Morgenstudien über die Regierungskunst von dem König Friedrich II. von Preussen" u. s. w., Freiburg 1863, giebt Uebersetzung und Urtext dieser Schrift, deren Aechtheit in Berlin bestritten wird.

[2] „Quant aux *testaments politiques* de 1752 et 1768, *tous deux olographes,* une *autorité supérieure* n'en a pas jugé la publication convenable. . . . .
Berlin, le 6 Janvier 1846.
J. D. E. Preuss,
Historiographe de Brandebourg."
Préface pag. XXVI. Oeuvres de Frédéric le Grand. Tome I. Berlin 1846.

noch immer, ganz abgesehen von dem Resultat, den Ereignissen selbst viel zu nahe stehen. Der momentane Erfolg ist für Friedrich II. gewesen. Er hat nicht nur gegen Kaiser und Reich, er hat auch gegen Russland und Frankreich gekämpft und schliesslich seinen Einsatz zurückgewonnen. Die Menge urtheilt aber immer nach dem momentanen Erfolge und modificirt ihr Urtheil erst dann, wenn der definitive das Resultat jenes ersten Erfolges wieder aufgehoben. Das Deutsche Volk ist ein grosser Poet. Es stutzt sich seine Helden zu. Der „alte Fritz" mit seinem Krückenstock reitet nicht nur in Erz gegossen unter den Linden Berlins einher, er ist zu einer idealisirten halbmythischen Figur geworden. Manches wird dem idealen „Helden" noch angedichtet, was mit der historischen Persönlichkeit, wie sie wirklich war, in grellem Widerspruche steht.

Hiernächst hat aber der Stifter der Preussischen Monarchie nicht bloss das Schwert, sondern auch die Feder zu führen verstanden. Er hat in seinen Aufzeichnungen seine eigenen Thaten und die Beweggründe seines Handelns der Nachwelt darzulegen unternommen. Diese nothwendig einseitigen und parteiischen Schriften sind mit seltener Kunst und Berechnung verfasst. Es ist bisher vollständig gelungen, durch dieses Mittel für die *Fable convenue*, für die Preussische Auffassung die Mehrheit von allen Denjenigen zu gewinnen, die es versucht haben, die Geschichte jener Tage zu schreiben.¹ Von den Schlacken subjectiver Illusion, absichtlicher oder unwillkürlicher Täuschung gereinigt können aber diese königlichen Aufzeichnungen nur werden durch die wissenschaftliche Durchforschung der Staatsarchive. So lange das aufgehäufte Material in Wien, Paris, London, Petersburg, Dresden und Berlin selbst und die fast noch ganz unbenutzten handschriftlichen Schätze in den Familienarchiven von der Wissenschaft noch nicht erobert worden sind, so lange — und diess ist die letzte der Ursachen, die wir anführen wollen — kann die Geschichte des siebenjährigen Krieges noch nicht geschrieben werden.

Zwei Hauptirrthümer der bisherigen Versuche.

Indessen ist schon jetzt die Masse des durchforschten Stoffes soweit abgeklärt, dass sich die Hauptirrthümer wohl andeuten lassen, welche den bisherigen Versuchen, die Wahrheit zu ergründen, ankleben. Diese Irrthümer entspringen aus zwei verschiedenen Quellen und beeinträchtigen die objective Beurtheilung nach zwei verschiedenen Richtungen hin.

Europäische Bedeutung der Schlesischen Kriege wird überschätzt.

Es wird nämlich einmal die europäische Bedeutung der sogenannten drei Schlesischen Kriege in der Regel überschätzt und dann derjenige Grad von

---

¹ Vergleiche u. A. F. C. Schlosser, Geschichte des achtzehnten Jahrhunderts etc., 4. Aufl. (Heidelberg 1853), II. Band, Seite 198, 281, und K. A. Menzel, Neuere Geschichte der Deutschen seit der Reformation, 2. Aufl. (Breslau 1855), V. Band, Seite 420 u. ff., von den kleindeutschen Tendenz-Historikern ganz zu geschweigen.

Selbstständigkeit, welchen Friedrich II. sich selbst und dem von ihm geschaffenen Staate zu erkämpfen gewusst hat, immer nur aus dem Deutschen, selten aus dem Europäischen Gesichtspuncte bemessen.

Zum Belege unserer ersten Behauptung genügt es, einen ˙Blick auf die ʹpolitischen Resultate des achtzehnten Jahrhunderts zu werfen.

Der Spanische Erbfolgekrieg |hatte bekanntlich mit der Erschöpfung beider Hauptgegner geendet. Der Hass, welcher, forterbend von Geschlecht zu Geschlecht, die Häuser Habsburg und Bourbon trennte, hatte von Ludwig XIV. benutzt werden sollen, um den Traum einer Romanischen Universal-Monarchie zu verwirklichen. Es gelang zwar, Philipp V. in Madrid einzusetzen, aber die Französische Weltmacht, welche man auf den politisch abgetragenen Pyrenäen gründen wollte, blieb ein Traum — eine „Taube mit Adlerflügeln" — wie der „Barbar" Peter der Grosse den Prachtbau von Versailles spottend genannt hatte. Der Königliche Träumer ward verurtheilt, die unerfüllten Entwürfe, die siegreichen Anläufe seiner Jugend mit andern Jugendsünden abzubüssen unter der klösterlichen Zucht der Wittwe Scarrons, in Weihrauchsnebeln, bei lebendigem Leibe vermodernd, wie der Staat, mit dem er sein Königliches Ich übermüthig identificirt hatte. „*L'État c'est moi*" schrieb eine furchtbare Nemesis auf das Grabmal der Bourbonen. Im Munde der Marquise de Pompadour war jenes stolze Königswort schon zum ominösen: „*Après nous le déluge*" geworden, um, als die Sündfluth kam, unter den Klängen des „*ça ira*" zu verhallen. *Vae Victis!* — War die Weltmacht des Hauses Bourbon nur ein Traum gewesen und geblieben, so war die Weltmacht des Hauses Habsburg — unter Carl V. einen Augenblick eine sehr greifbare Wirklichkeit — in Rastatt und Baden zu Grabe getragen worden. Denn, verglichen mit dem Reiche, „wo die Sonne nicht mehr unterging," waren es ja doch nur Trümmer, welche der Genius Eugens von Savoyen dem letzten Habsburger aus dem Spanischen Schiffbruche gerettet hatte. Gewaltige Trümmer freilich, aus denen die Erbtochter mit fester Hand, der eigenen Kraft und der Treue ihrer Völker vertrauend, auf dem Grundsteine der pragmatischen Sanction die Oesterreichische Monarchie aufbauen durfte. Eine Grenzprovinz hatte sie freilich opfern müssen, aber die Krone Carls des Grossen, das Symbol der Einheit Deutschlands, dem Gemahle zuerst, dem Sohne dann gerettet.

In Aachen aber war der alte Antagonismus zwischen Oesterreich und Frankreich verlöscht. — Doch nicht Trümmer und Leichen allein haben jene ersten Decennien des achtzehnten Jahrhunderts aufzuweisen. Unter Trümmern und Leichen regen sich überall die Schwingen einer neuen Zeit. Zwei Mächte, jetzt zu Weltmächten geworden, traten damals zuerst auf die Europäische Bühne: Grossbritannien und Russland. Denn im Tode noch war der schweigsame Oranier Sieger geblieben. Er hatte das „*l'État c'est moi*" mit der „**Bill of Rights**" beantwortet und das heutige Britische Reich aus der Taufe gehoben. Marlboroughs Degen schützte Wilhelms III. Vermächtniss. Gleicher Hass und gleiches Interesse hatten die Englische Aristokratie mit den Habsburgern gegen Frankreich verbunden. Als dieses Bündniss seit 1748 sich lockerte, suchte und fand der ältere Pitt andere Mittel und Wege, den Franzosen das Spanische Erbe zur See, das Monopol des Welthandels, vollends zu entreissen, den Kern der Schale, welche die Spanischen Bourbonen behielten. Diess war für England das Facit des Spanischen und des Oesterreichischen Erbfolgekrieges. Vorbereitet in Utrecht, gezeitigt in Aachen, ward dieses grosse Ergebniss blutiger, kostspieliger Kämpfe endlich durch den Frieden sicher gestellt, welchen England dem erschöpften Frankreich am 10. Februar 1763 zu Paris dictirte.

Auch für ein Gegengewicht der werdenden Britischen Macht hatte die Vorsehung gesorgt. Denn in dem Augenblicke, wo Wilhelm III. in England landete, waren auch die ersten Strahlen eines neuen Tages auf die damals fast unbekannten moskowitischen Steppen gefallen. Aus der Heimath des Oraniers hatte dessen Freund und Zeitgenosse, der Zar Peter, Alexis Sohn, höchsteigenhändig die ersten Samenkörner der neuen Bildung herbeigeholt, mit welchen der erste „Kaiser aller Reussen" den jungfräulichen Boden seines unermesslichen Reiches befruchten sollte. Das heutige Russland datirt von 1709 — von dem Tage von Pultawa. Durch die Erwerbung der Ostseeprovinzen Europäische Macht, hat dieses junge Reich — fast unangreifbar, aber schwach im Angriff, — Wort und Schwert entscheidend oft, unberechenbar immer, aus seinen orientalischen Palast-Revolutionen heraus, in die Wirren des Abendlandes geworfen und, mit Polens Agonie und Bestattung beschäftigt, bis jetzt den Weg nach Constantinopel nicht gefunden.

Skizze der drei Schlesischen Kriege.

Man sieht schon aus diesen flüchtigen Umrissen, dass es ein Irrthum ist, wenn die Deutschen Geschichtsschreiber, wie in der Regel geschieht, vergessen, dass es sich denn doch in den Jahren von 1740 bis 1763 in Europa nicht einzig und allein um ein „Duell" zwischen der Kaiserin Maria Theresia und dem Könige Friedrich II. gehandelt hat; dass die drei sogenannten Schlesischen Kriege keine selbstständigen, keine Weltkriege waren, sondern nur Episoden von Weltkriegen, Episoden, die sich so zu sagen hinter den Coulissen oder wie ein Schauspiel im Schauspiele abspielten.

Fassen wir nun diese Schlesischen Kriege selbst in das Auge.

Fast unbeachtet, während die grossen Mächte

in den ersten Jahren des vorigen Jahrhunderts gerade mit wichtigeren Dingen beschäftigt waren, war ein Deutscher Reichsfürst, der „Markgraf von Brandenburg, des heiligen Römischen Reichs Erzkämmerer und Churfürst" auf den Einfall gekommen, sich eine Königskrone aufzusetzen.

Friedrich III., nachdem er sich Carl VI. gefällig gezeigt und die pragmatische Sanction angenommen, durfte sich nach einer kleinen, der Polnischen Republik durch seinen Vater kaum erst entrissenen Enclave „König in Preussen" und als solcher Friedrich I. nennen. Dort allein war er Souverain. In den Marken, in allen seinen Deutschen Landen blieb er nach wie vor Kaiser und Reich unterthan. Friedrich II., sein Enkel, betrachtete bekanntlich des Grossvaters Krone als einen seinen Nachfolgern hingeworfenen Keim und Köder[1] des Ehrgeizes. Er wollte „sich einen Namen in der Geschichte machen." Nur durch die Verwendung des Kaisers war er als Kronprinz dem Henkerbeil entgangen. Nur ungern hatte Friedrich Wilhelm I. auf wiederholte, dringende Bitten des Wiener Hofes den Sohn begnadigt und dabei Worte fallen lassen, welche

---

[1] „C'était une *amorce* que Frédéric III. jetait à toute sa postérité, et par laquelle il semblait lui dire: „Je Vous ai acquis un titre, rendez-vous en digne" .... Oeuvres T. I. p. 102. „Frédéric Ier en érigeant la Prusse en royaume, avait par cette vaine grandeur mis *un germe d'ambition* dans sa postérité, qui devait fructifier tôt ou tard." Oeuvres T. II. p. 53.

ein Zeitgenosse, der dieselben aus dem Munde Seckendorfs, des bekannten K. K. Feldmarschalls und Gesandten in Berlin, eines langjährigen Mitgliedes des Tabak-Collegiums, aufbewahrt, als prophetisch bezeichnet. „Der Wiener Hof — so soll König Friedrich Wilhelm dem Kaiserlichen Gesandten gesagt haben — weiss nicht, was er thut, wenn er das Leben dieses „Jungen" verlangt. Der Wiener Hof nährt eine Schlange im Busen. Er ist ein böser Mensch, der der Nachwelt gefährlich werden wird. Ich werde ihm ein Land in gutem Zustande, eine schöne Armee und Geld hinterlassen; er wird Alles missbrauchen und seinen Nachfolgern das Erbe, welches ich ihm gesammelt, nicht überantworten."[1]

Ist auch der Schlusssatz dieser Prophezeiung nicht eingetroffen, so mag man sich später in Wien schmerzlich genug daran erinnert haben, als der jugendliche Monarch, kaum zur Regierung gelangt, die Schuld der Dankbarkeit an die bedrängte Erbtochter Carls VI. abzutragen beschloss. Recht und Verträge achtete er nicht. Mit Frankreich, dem damaligen Erbfeinde des Deutschen Reiches verbunden,[2] und durch den Tod der Kaiserin Anna von Russland ermuthigt,[3] besetzt er fast ohne

---

[1] Eigenhändige Briefconcepte des Generallieutenants Grafen J. F. Vitzthum, Wölkauer Archiv.

[2] Oeuvres T. I. p. 174. T. II. p. 51.

[3] Oeuvres T. II. p. 55.

Widerstand Schlesien. Sein erster Sieg bei Mollwitz überrascht ihn selbst dermassen, dass er auf dem welthistorischen Schimmel davon reitet. Die unbedeutende Affaire hat bedeutende Folgen. Frankreich glaubt den Augenblick gekommen, die Macht des Oesterreichischen Hauses für immer zu brechen. Ein Schattenkaiser aus Bayerischem Stamme wird auf den „erledigten Thron der Cäsaren," wie Friedrich II. sich ausdrückt, mit Französischen Händen gehoben. Dem Churfürsten zu Sachsen macht man glauben, die pragmatische Sanction sei aufgehoben, Europa habe dieselbe zerrissen, wolle Er daher das Erbrecht seiner Gemahlin, der ältesten Tochter Kaisers Joseph I. wahren, so bleibe nichts übrig, als dem Nymphenburger Bündnisse beizutreten und mit Bayern, Preussen und Frankreich gemeinschaftliche Sache gegen die Kaiserin Königin zu machen. Man geht leider in Dresden in die Falle und hat den politischen Fehler später schwer genug zu büssen. Aber der Schöpfer der Coalition, die Seele der Unternehmung, der eigentliche Urheber des Oesterreichischen Erbfolgekrieges holt sich, nachdem Andere sich die Finger verbrannt, schlau die Schlesischen Kastanien aus dem Feuer. England war in den Krieg eingetreten, ein Weltkrieg war daraus geworden. England wünschte die Oesterreichische Macht verfügbar zu machen für Englische Interessen, deshalb musste, Englischen Rathschlägen folgend,

Schlesien momentan geopfert, die Breslauer Präliminarien mit dem Sieger von Mollwitz abgeschlossen werden. Lord Hyndford war der Vermittler, Lord Hyndford der Bevollmächtigte Maria Theresias! Die Präliminarien von Breslau führen zum Berliner Frieden (28. Juli 1742). Sachsen beeilt sich, demselben beizutreten. Die Französischen Waffen erleiden Niederlagen. Der Französische Schattenkaiser verschwindet. Der Urheber des Kriegs, nachdem er die Bundesgenossen im Stiche gelassen, organisirt die, wie durch ein Wunder erworbene Provinz. Er bleibt zwei Jahre lang ruhiger Zuschauer der Weltereignisse. Die Oesterreichischen Heere gewinnen Terrain, Böhmen ist zurückerobert; Bayern in den Händen der Kaiserin; Carl von Lothringen schlägt eine Brücke über den Rhein. Von Deutschem Boden verdrängt, finden sich die Franzosen plötzlich auf ihrem eigenen bedrängt. Die Wiedereroberung der dem Deutschen Reiche entrissenen Provinzen Elsass und Lothringen scheint zum ersten und zum letzten Male möglich.

In dieser Bedrängniss erinnert sich Frankreich des früheren Bundesgenossen, vergisst und vergiebt die *„défection du roi du Prusse"* und dieser erbietet sich *„pour sauver l'Alsace"* d. h. um den Elsass für Frankreich zu retten, zu einer Diversion. Er schliesst am 5. Juni 1744 auf 12 Jahre einen Subsidienvertrag mit Frankreich ab. Die Franzosen erreichen ihren Zweck, der Elsass wird ihnen gerettet; aber die Eroberung Böhmens scheitert, ebenso der Versuch, Sachsen von Neuem in Preussische Netze zu ziehen. Carl von Lothringen kehrt nach Böhmen zurück. Friedrich II. wird aus diesem Lande hinaus manövrirt und auf die Defensive geworfen. Jetzt erst scheint Schlesien bedroht. Zugleich aber erkennen die Europäischen Mächte die Gefahr, welche nicht Oesterreich allein, sondern ihnen selbst droht, durch die Uebermacht eines Deutschen Reichsfürsten, der im Herzen Deutschlands für Frankreich kämpft. England und die Generalstaaten der vereinigten Niederlande erbieten sich, dem Könige von Polen, Churfürsten von Sachsen Subsidien (50000 Pfd. Sterl. jährlich) zu zahlen. Seine Armee soll verfügbar gemacht werden für die „gemeine Sache." Die „gemeine Sache" *(cause commune)* im Sinne des Warschauer Vertrages war aber „Einschränkung des Missbrauchs der Preussischen Uebermacht," eines „Missbrauchs," der Frankreich, dem gemeinsamen Feinde Deutschlands, Russlands und der Seemächte, Europäisch zu Gute kam. Dieses gemeinsame Interesse gegen die Alliirten von Versailles provocirt am 8. Januar 1745 den Warschauer Tractat und mehrere daraus fliessende specielle Verabredungen zwischen Sachsen, Russland und Oesterreich. Die Coalition macht in Deutschland schlechte Geschäfte. England, immer nur die eigenen Interessen im Auge, verständigt sich mit Preussen durch die Convention von Hannover. Das Glück der Waffen und die eisernen Ladestöcke des alten Dessauers entscheiden noch vor Ablauf des Jahres für Preussen, welches am 25. December 1745 unter Englands Vermittlung in Dresden einen Frieden abschliesst, der jener Coalition, aber keineswegs dem Oesterreichischen Erbfolgekriege ein Ende macht. Dieser letztere geht vielmehr in Italien und in den Niederlanden ununterbrochen fort. Endlich: Friede in Aachen, unterzeichnet 1748, von England dictirt. Die Europäischen Mächte, welche bei diesem Friedensschlusse zunächst betheiligt sind, bestätigen unter andern die durch den Dresdner Frieden in Deutschland geschaffenen territorialen Abgrenzungen. Schlesien verbleibt demnach dem Könige von Preussen. Russland, beim Aachener Frieden nicht direct betheiligt, übernimmt jedoch die Garantie Schlesiens nicht.

Es folgen zehn Friedensjahre in Deutschland, acht — in Europa.

Der König von Preussen verwerthet dieselben bestens, drückt den Handel seiner Unterthanen und seiner Nachbarn, verbessert seine Finanzen, philosophirt mit Voltaire und andern Franzosen, und drillt und vermehrt vor Allem über die Gebühr seine Armee. Aber das Gewissen lässt ihm keine Ruhe. Kann die Kaiserin Königin den Verlust Schlesiens verschmerzen? Das scheint ihm undenkbar. Wird sie nicht die erste Gelegenheit vom Zaune brechen, um die verlorene Provinz zurückzuerobern? Das scheint dem, der Verträge nur schliesst, um sie zu brechen, der kein anderes Gesetz anerkennt, als das seiner Convenienz, unzweifelhaft. Der Gedanke peinigt ihn. Er sieht Gespenster. Seit 1753 mit der Kaiserin von Russland vollkommen überworfen, sucht er sich durch bestochene Verräther in den Besitz von Abschriften Sächsischer und Oesterreichischer Staatsschriften zu setzen und sich zugleich in Petersburg einen dem Throne sehr nahe stehenden Kanal zu eröffnen, um die Geheimnisse des dortigen Hofes zu erfahren. Denn die Kaiserin hat ja ihren Gesandten von Berlin abgerufen, Friedrich II. den seinigen von Petersburg abrufen müssen.

Als sich durch die schon erwähnten Grenzstreitigkeiten in Canada wieder Aussicht zu einem grossen Kriege bietet, soll die Gelegenheit benutzt, der Krieg, der Deutschland nichts angeht, nach Deutschland versetzt werden. So hat es Friedrich II. beschlossen. Er wittert überall Coalitionen und Conspirationen. Er fürchtet das Oesterreichisch-Russische Bündniss, den Petersburger Tractat. Vergebens stellen ihm seine Minister, sein Nachfolger, der Prinz von Preussen die Gefahren vor, welche eine vorzeitige Schilderhebung für Preussen heraufbeschwören werde. Alle seine Generale, mit Ausnahme des einzigen, Winterfeldt, sind gegen den Krieg. Dafür fehlt auch Winterfeldts Name bekanntlich, wie der Friedrichs II. selbst, auf der Denksäule, welche Prinz Heinrich später den Helden des siebenjährigen Krieges in Rheinsberg errichtet. Alle mahnen ab von einer Empörung wider Kaiser und Reich, sie glauben, gerüstet, wie Preussen sei, habe es von einem Vertheidigungskriege nichts zu fürchten; um jeden Preis aber zu vermeiden, das Odium eines Angriffskrieges muthwillig auf sich zu wälzen. Gleichviel; der König allein entscheidet, und der König will den Krieg. Er hat den Ablauf seines bisherigen Vertragsverhältnisses zu Frankreich nicht abgewartet und sich schon im Januar 1756 unter Englischen Schutz begeben. Wir werden den Neutralitätsvertrag von Westminster später des Näheren charakterisiren. Hier genügt es, daran zu erinnern, dass Georg II., als Churfürst von Braunschweig-Lüneburg, dadurch seine Deutschen Erblande gegen Preussen assecurirt, damit Preussen nicht etwa, von Frankreich gedungen, über Hannover herfalle, während die Englischen Flotten mit den Französischen an den Küsten Neufundlands beschäftigt sind. Das Englisch-Preussische Bündniss überrascht und verletzt den Französischen Hof. Seit dem Frieden von Aachen hat Kaunitz in Versailles immer dasselbe Thema in den verschiedenartigsten Variationen wiederholt: dem Interesse der grossen Mächte sei es entgegen, bloss aus gegenseitiger Eifersucht Zaunkönige, wie die von Preussen und Sardinien, auf Kosten der grossen Mächte zu vergrössern.[1] Kaunitz hat zuerst tauben Ohren gepredigt. Die alten Traditionen des Hasses gegen das Haus Oesterreich dominiren noch immer den Enkel Ludwigs XIV. Da fällt die Nachricht vom Westminster-Vertrage wie ein zündender Funke unerwartet in die Intriguen des von der Marquise de Pompadour nach dem Tode des Marschalls von Sachsen beherrschten Französischen Hofes. Der Funke zündet zwar nicht sofort, erhellt aber blitzartig die Situation und bestätigt die Wahrheit der Kaunitzschen Sätze.

Oesterreich hat inzwischen in seinen Niederländischen Provinzen unter der Handelstyrannei Englands und Hollands zu leiden gehabt. Es entsteht der Gedanke, sich ferner nicht mehr für Englische Interessen zu schlagen, dagegen mit Frankreich im Bunde, und wäre es auch mit Preisgebung der Oesterreichischen Niederlande, die dauernden Grundlagen eines wahren Friedens für den Continent zu suchen, eine grossartige Revision des Aachener Friedens vorzunehmen.

Diess die Genesis des Defensivbündnisses von Versailles (1. Mai 1756), auf welches wir ebenfalls zurückkommen.

---

[1] Niemand hat wohl Kaunitz „*cet homme si frivole dans ses goûts et si profond dans les affaires*" mehr Gerechtigkeit widerfahren lassen, als unwillkürlich Friedrich II. Oeuvres IV. p. 16.

Kurze Zeit darauf entspinnt sich über die Preussischen Rüstungen und die zum Schutze der Grenzen in Böhmen und Mähren erfolgte Zusammenziehung einiger Regimenter ein Federkrieg zwischen Wien und Berlin. Eine Europäische Coalition gegen Preussen existirt nicht. Oesterreich ist nicht einmal gerüstet. Ende Juli 1756 stehen kaum 22,000 Mann in Böhmen.

Am 17. Mai erfolgt nun die Englische Kriegserklärung wider Frankreich; am 9. Juni die Französische wider England. Kaum ist der drohende Krieg zur Thatsache geworden, so giebt Friedrich II. vor, durch Russische Truppenbewegungen beunruhigt zu sein. Er weiss, dass diese Bewegungen durch seinen neuen Alliirten England, provocirt sind, dass der Chevalier Williams, zum Schutze Hannovers, am 30. September 1755 einen Subsidien-Vertrag mit Russland unterzeichnet hat, einen Vertrag, welchen das Englische Cabinet jedoch nicht ratificiren will, weil es seit dem inzwischen erfolgten Abschlusse des Bündnisses mit Preussen der Russen entbehren kann, und dessen Ratification schliesslich auch die Kaiserin Elisabeth verweigert. Friedrich II. fürchtet jene Russischen Truppen so wenig, dass er sich, wie wir später sehen werden, im Juni 1756 in London officiell bereit erklärt, denselben nicht nur den Durchmarsch durch seine Staaten, sondern auch Quartiere und Verpflegung zu gewähren. Dennoch figuriren jene von Preussens Bundesgenossen in Bewegung gesetzten Russischen Truppen als der lebendige Beweis der angeblichen Coalition, welcher Preussen zuvorkommen müsse.[1]

Was nun folgt, ist ebenso bekannt. Der Preussische Gesandte in Wien muss am 26. Juli in feierlicher Audienz die Kaiserin Königin fragen, was ihre Rüstungen bedeuten? Herr von Klinggräff erhält zur Antwort: „Nichts; nur Vertheidigungsmassregeln." Jetzt folgt am 20. August die anderweite Frage, ob der Wiener Hof nicht mit Russland ein Offensivbündniss gegen Preussen abgeschlossen habe? Man antwortet der Wahrheit gemäss: „Nein!" Die Antwort erreicht Berlin am 26. August. Klinggräff wird hierauf angewiesen, eine kategorische Erklärung darüber zu fordern, ob sich die Kaiserin Königin anheischig machen wolle, Preussen weder in diesem noch im nächsten Jahre anzugreifen? Die Preussische Note wird am 2. September dem Grafen Kaunitz übergeben. Ohne dem eigenen Gesandten Zeit zu lassen, dieses Ultimatum zu überreichen, geschweige denn dem K. K. Cabinet darauf zu antworten, rückt Friedrich II. am 29. August, ohne Kriegserklärung, in Sachsen ein. Wie zum Spott, ist Tags zuvor officiell die Erlaubniss für einen „ohnschädlichen Durchmarsch" *(transitus innoxius)* der Preussischen Armee nach Böhmen nachgesucht, die

[1] Oeuvres IV. p. 34 und XXVII. p. 282.

Antwort aber ebensowenig abgewartet worden. In Regensburg erblickt man in dieser Vergewaltigung, wie wir oben gesehen, einen „Landfriedensbruch." Der Churfürst von Brandenburg wird von Kaiser und Reich in die Acht erklärt. Daraus entsteht ein Deutscher Bürgerkrieg, ein Reichskrieg, in welchem alle, auch die protestantischen Fürsten Deutschlands mit wenigen Ausnahmen auf Seiten des Kaisers gegen Preussen und Braunschweig-Lüneburg im Felde stehen. Die Europäische Coalition, die nicht existirte, wird jetzt durch Preussen wirklich provocirt. Zum Schutze des gekränkten Rechtes, des gebrochenen Westphälischen Friedens erscheinen die Heere der Garanten dieses Tractats, Frankreichs und Schwedens, auf Deutschem Boden.

Zum Schutze Polens und Kurlands und in Folge der bestehenden Defensivbündnisse besetzen Russische Armeen die Provinz, in der sich Friedrich König nennen durfte. Erst nachdem England mit Frankreich am 3. November 1762 in Fontainebleau die Präliminarien, am 10. Februar 1763 in Paris den Frieden geschlossen, erreicht der Deutsche Krieg am 15. Februar desselben Jahres in Hubertusburg sein Ende. England hat seinen Zweck erreicht. Die Französische und Spanische Marine sind vernichtet. Eine Spanische Armada, eine Französische Landung in England sind nun nicht mehr zu fürchten. In Deutschland bleibt scheinbar Alles beim Alten. Die einzige Concession, welche Preussen für die Wiederherstellung des *status quo ante bellum* machen muss, ist die bisher beharrlich verweigerte Wahl des Erzherzogs Joseph zum Römischen Könige.

Diese Skizze schon dürfte beweisen, dass, wie wir oben gesagt, die drei Schlesischen Kriege nicht als selbstständige, zwischen zwei ebenbürtigen, d. h. gleichberechtigten Mächten geführte Kriege zu betrachten sind.

Die beiden ersten unterbrachen den Oesterreichischen Erbfolgekrieg nicht, der erst beinahe drei Jahre nach dem Dresdener Frieden sein Ende erreichte. In beiden Fällen 1740 und 1744 hätte Friedrich II. allein gar nicht daran denken können, die Kaiserin Königin anzugreifen. Handelte es sich auch äusserlich um den Besitz von Schlesien, so ist doch die wahre Signatur dieser Preussischen Offensivstösse in der Thatsache zu suchen, dass beide als Acte unerlaubter Selbsthülfe, als „Empörungen" gegen die bestehenden Reichsgesetze aufzufassen sind. Was diesen „Empörungen" weltgeschichtliche Bedeutung verliehen, ist keineswegs der verhältnissmässig geringe Machtverlust, welchen das Haus Oesterreich erfuhr, sondern die Thatsache, dass diese offenen und gewaltsamen Rechtsverletzungen ungestraft blieben. Dadurch allein schon wurde die goldene Bulle, wurden die Verfassungen und die Gesetze, welche das Band bildeten zwischen den seit dem Westphälischen Frieden zu übermässiger Landeshoheit gelangten Reichsfürsten und deren Oberhaupt vollends zerrissen. An die Stelle des Rechts trat ein Zustand der Gewalt. Wenn es Einen Reichsfürsten gab, der offen, ungeahndet, mit den Waffen in der Hand den Reichsgesetzen Hohn sprechen durfte, so waren dieselben in Wahrheit für keinen mehr bindend. Das Reich ward ein völkerrechtliches Chaos. Die Friedensschlüsse mit dem siegreichen „Empörer" waren nur Waffenstillstände. Während der ersten sogenannten Schlesischen Kriege tritt es schon deutlich hervor, was wir oben als den zweiten Hauptirrthum bezeichnet, in welchen die bisherigen Geschichtsschreiber verfallen sind, nämlich die Ueberschätzung der politischen Selbstständigkeit Friedrichs II. Er war verdammt um sich in dieser Weise über die bestehenden Reichsgesetze zu erheben, eine von dem Gesammtinteresse Deutschlands abgesonderte Politik zu verfolgen. Er war nicht stark genug, auf eigenen Füssen zu stehen. Nur in der Eifersucht zwischen Frankreich und England, welche sich seit Anfang des achtzehnten Jahrhunderts bis zum Jahre 1763 ununterbrochen, sei es militärisch, sei es diplomatisch gegenübergestanden, liegt der Schlüssel zu Preussens Erfolgen. Friedrich kämpfte von 1740 bis 1756 — Europäisch betrachtet — für Frankreich. England benutzte dagegen seine Allianz mit Oesterreich, um sich dieser Macht sowohl

Politische Selbstständigkeit Friedrichs II. und Preussens wird in der Regel überschätzt.

in Breslau als in Dresden als Vermittler aufzudringen. Es galt, die kaiserlichen Heere für Englische Interessen gegen Frankreich verwendbar zu machen und das Opfer, welches der eine Bundesgenosse dem andern ansann, das Opfer Schlesiens, fiel durchaus nicht ins Gewicht, verglichen mit den grossen Machtfragen, um deren Entscheidung es sich handelte. Von 1740 bis 1756 waren übrigens die Europäischen Gruppirungen ganz dieselben geblieben, wie im Polnischen Erbfolgekriege, d. h. Oesterreich und Russland, durch gemeinsame Interessen im Orient und in Polen verbunden, waren beide wider Frankreich, mit England im Bunde. Gegen diese grosse Tripleallianz kämpfte, wie wir oben gesehen haben, Ludwigs XIV. Erbe vergebens, Friedrich II. aber hatte mit schlauer Berechnung des eigenen Vortheils seinen höchsten Ehrgeiz darin gesucht, für Frankreich das zu werden, was Gustav Adolph in frühern Zeiten dieser Macht gewesen. [1]

[1] Flassan, diplomatie française, Paris 1811. V. 228. Siehe auch: Mémoires et Journal inédit du Marquis d'Argenson, Ministre des Affaires Etrangères sous Louis XV., publiés et annotés par le Marquis d'Argenson. Paris chez P. Jannet 1857. Tome III. p. 92:
„Je pensai que la position où il (le Roi de Prusse) se trouvait et les liaisons que nous conservions avec lui pouvaient devenir *plus utiles à nous* . . . . que ne l'avait été l'alliance de Gustave Adolphe" . . . . und p. 112:
„La vérité est, que le Roi de Prusse nous seconda efficacement. Sa conduite a été fort déliée et circonspecte, ses démarches mystérieuses . . . . La Reine d'Hongrie reprochait au Roi de Prusse de jouer le rôle de *dictateur d'Allemagne*.

Was aber war Gustav Adolph, der Schwedenkönig, den wir in unsern Schulen noch immer gutmüthig genug als den „protestantischen Glaubenshelden" verehren? Was waren er, Bernhard von Weimar und wie sie Alle heissen mögen, in Richelieus Händen? Lutherische Marionetten, die der katholische Cardinal leitete, Condottieri, die Frankreich in seinen Kriegen wider Deutschland brauchte und besoldete.

Im Jahre 1756 trat in den Europäischen Allianzen ein Revirement ein, welches wir in einem späteren Abschnitte näher beleuchten werden. Auch Preussen machte damals eine Frontveränderung, welche jedoch keine andere praktische Bedeutung für die geträumte Unabhängigkeit hatte, als dass Friedrich II. nunmehr, indem er sich unter Englischen Schutz stellte, Europäisch betrachtet, Englischen Interessen diente. Denn der ältere Pitt hatte ja den Satz aufgestellt, England müsse Amerika in Deutschland erobern. Das Englische Bündniss dauerte bis zu dem Augenblicke, wo England seinen Zweck erreicht hatte. Jetzt kam Friedrich II. zu der Erkenntniss, dass er sich nach einem Bundesgenossen umsehen müsse, der seinen jungen Staat nachhaltiger und dauernder zu beschützen Willens

Le fait est, que ce Prince égoïste s'inquiète plus de son propre agrandissement que de sa patrie Allemande, qui lui est fort indifférente. Il ne désire que la discorde entre ses voisins, qui augmente ses richesses, parce qu'il demeure seul riche, tandis que les autres se ruinent."

und in der Lage sei. Diess der Ursprung des Abhängigkeitsverhältnisses zu Russland, in welches sich Preussen seit dem Tode der Kaiserin Elisabeth, definitiv und förmlich erst seit dem Jahre 1764 begab und welches *mutatis mutandis* bis auf den heutigen Tag aufrecht erhalten worden ist.

Es ergeben sich nach diesen Betrachtungen drei Perioden im politischen Leben Friedrichs II.: Die Französische, die Englische und die Russische, und es ist allerdings eine eigenthümliche Nemesis, welche den Deutschen Reichsfürsten ereilte, der sich von der gesetzlichen Unterordnung unter Kaiser und Reich durchaus befreien wollte, und diess nur konnte, indem er sich und seine Unterthanen fremden Mächten dienstbar machte.

Unter dem Sonnenmikroskope archivarischer Forschung verschwinden freilich so manche anerzogene, uns lieb gewordene Vorstellungen, so manche tief in das Leben des Volkes gedrungene Vorurtheile und Täuschungen.

Fest entschlossen, nur der Wahrheit, soweit wir dieselbe erkannt, die Ehre zu geben, wollen wir versuchen, vom Europäischen Standpuncte aus die drei nurgedachten Perioden näher zu definiren:

Die erste, die Französische Periode, reicht vom Regierungsantritte Friedrichs II. bis zum Abschlusse des Tractats von Westminster (1740 bis 1756).

Die zweite, die Englische, von Januar 1756

bis Januar 1761. Georg II. war bekanntlich am 17. November 1760 gestorben. Unter seinem Nachfolger musste der ältere Pitt der Preussen feindlichen Verwaltung Lord Bute's weichen. Als Pitt später, als Lord Chatham, wieder das Staatsruder ergriff, war Preussen bereits ganz im Russischen Lager.

Die dritte Periode, die Russische, beginnt mit dem Tode der Kaiserin Elisabeth, am 5. Januar 1762, und reicht bis zum Tode Friedrichs II.

In welcher Weise dieser König bis zum Jahre 1756 auf Kosten Deutschlands für Französische Subsidien Französische Interessen vertreten, haben wir bereits gesehen.

Auch wie er in der zweiten Periode, für Englisches Gold, England zur Erlangung seiner Suprematie auf allen Meeren geholfen, ist bereits angedeutet worden. In den vier, für Deutschland so verhängnissvollen Jahren der Englischen Periode, gipfelte bekanntlich der Feldherrnruhm des hartbedrängten, seit der Schlacht von Collin auf die Defensive zurückgeworfenen Preussenkönigs. Er hatte damals das Glück, Französische und Russische Heere, die ohne ihn Deutschen Boden nicht betreten haben würden, auf Deutschem Boden zu schlagen. Der obligate Enthusiasmus, den Alt-England immer bereit hat für Diejenigen, die Englands Interessen erfolgreich dienen; die menschliche Theilnahme, welche dem Einen, der gegen Drei kämpft, nie fehlt; die Schwäche des durch die beiden ersten Schlesischen Kriege bereits im Herzen getroffenen Reichs; der geringe Antheil, welchen in Folge davon das Deutsche Volk an der Aufrechterhaltung eines allenthalben durchlöcherten Rechtszustandes nahm, Alles dies erklärt den Nimbus, die Popularität des „grossen Friedrich," „der nur auf die Hosen zu klopfen" brauchte, um „die ganze Reichsarmee, Panduren und Franzosen" in die Flucht zu schlagen. So sang man damals auf allen Gassen. Man vergass dabei, dass Derjenige, den man zum nationalen Helden erheben wollte, immer nur die selbstsüchtigsten Zielpuncte einer durchaus undeutschen, durchaus antinationalen Politik verfolgt hatte. Man vergass auch, dass der von Haus aus ungebildete Monarch für Deutsches Wesen weder Sinn, noch Herz besass, und Zeit seines Lebens mit der „Französischen Aftermuse" geliebäugelt hatte, von deren Umarmungen uns erst Lessing, Goethe und Schiller befreien sollten.

Russische Periode. Die dritte Periode, die Russische, ist wohl die verhängnissvollste im politischen Leben Friedrichs II. Dieselbe reicht weit über die Grenzen der uns gesteckten Aufgabe hinüber. Friedrich II. gesteht bekanntlich selbst, dass der Tod der Kaiserin Elisabeth und der Regierungsantritt des kurz darauf von seiner Gemahlin verdrängten Peters III. den Sieger von Rossbach und Leuthen und den von ihm geschaffenen Staat allein vom Untergange gerettet haben. Wäre die Kaiserin

Ein Jahr später gestorben, so würde Friedrich II. wahrscheinlich schon jetzt in der Geschichte dastehen, wie Carl XII. von Schweden, der ebenfalls für den grössten Feldherrn seiner Zeit galt. Wie richtig vom specifisch Preussischen Standpuncte aus übrigens Friedrich II. speculirte, als er sich unter Russischen Schutz stellte, beweist die Thatsache, dass die Preussische Monarchie auch später noch einmal, nemlich in Tilsit einzig und allein durch Russische Protection gerettet worden ist. Aber nicht bloss Schutz suchte Friedrich II. im Bündnisse mit Russland. Wer die wirklichen Triebfedern seiner Handlungen von den angeblichen zu unterscheiden wünscht, der wird wohl daran thun, das „*respice finem!*" nicht zu vergessen.

<small>Die Polnische arrière-pensée.</small> Die Vernichtung Polens, die Schwächung, wenn nicht die Verdrängung des Sächsischen Hauses, welches die Polnische Krone erlangt hatte, die Erwerbung eines möglichst grossen Antheils an der Beute, die aus der Vertheilung des Polnischen Ländergebietes erwachsen musste, das sind schon während der ersten Schlesischen Kriege sehr bedeutsam in das Gewicht fallende Hintergedanken Friedrichs II.

Der Plan, Polen zu theilen, ist bekanntlich älter als das Preussische Königthum und durchaus Preussischen Ursprungs. Keineswegs tauchte dieser Plan erst auf, wie Friedrich II. in seinen nachgelassenen Schriften uns glauben machen möchte, als der Churfürst Friedrich Christian von

Sachsen am 17. December 1763 nach einer zweimonatlichen Regierung seinem Königlichen Vater unerwartet in das Grab folgte. Dieser frühe Tod und die Minderjährigkeit Friedrich Augusts mögen den Abschluss des Russisch-Preussischen Bündnisses von 1764 beschleunigt haben. Aber die *arrière-pensée* dieses Bündnisses bestand lange vorher und hatte sich am 8. Juni 1762 bereits in dem geheimen engern Bündniss verkörpert, welches Friedrich II. mit Peter III. abschloss.[1] Der grosse Churfürst schon hatte die Theilung Polens vorbereitet, Friedrich I. im Jahre 1709 ein eigenhändiges Project dafür entworfen.

Es ist hier nicht der Ort, die embryonischen Entwickelungsphasen dieses Preussischen Keimes der im Jahre 1772 verwirklichten Idee zu verfolgen. Erinnert man sich aber, wie die Sächsisch-Polnische Frage im Jahre 1814 noch den eigentlichen Kern und Knotenpunkt der Verhandlungen des Wiener Congresses abgab, so wird die Bemerkung nicht zu gewagt erscheinen, dass weder die Preussische, noch die Sächsische, weder die Russische, noch die Oesterreichische Politik vor, nach und während des siebenjährigen Krieges zu verstehen sind, wenn man das Verhältniss einer jeden dieser Mächte zu der in Auflösung begriffenen Polnischen Republik nicht als einen Haupt-

---

[1] Siehe über dieses Prototyp des Russisch-Preussischen Bündnisses von 1764 Dr. Herrmann, Geschichte des Russischen Staats, V. p. 279.

factor mit in die Rechnung aufnimmt. Das 1772, als Frankreich und England in Amerika wiederum an einander gerathen waren, durch die erste Theilung Polens verwirklichte Project hat Friedrich II. seit dem Antritt seiner Regierung nicht einen Augenblick aus dem Auge verloren. Diess wird in der Regel ganz übersehen und doch liegt schon in der Gruppirung der Europäischen Allianzen, welche der Polnische Erbfolgekrieg (1733—1735) hervorrief, wie bereits oben angedeutet, der Schlüssel zur Preussischen Politik.

Es ist wahr, Preussen hatte in jenem Kriege gegen Sachsen und Oesterreich die Waffen nicht ergriffen, aber alle seine Sympathien waren auf Seiten Stanislaus Leszynskis. Dass dieser Piast zufällig Ludwigs XV. Schwiegervater geworden, dass sich Frankreich sonach für ihn interessirte, vermittelte die erste Annäherung Preussens an den Französischen Hof. Ganz im Einklange mit dem oben angedeuteten politischen Programme Friedrichs II. war es, das Sächsische Haus vor allen Dingen daran zu verhindern, zwischen Sachsen und Polen eine territoriale Verbindung zu begründen. Dass schon Joseph I. nicht abgeneigt gewesen, August II. einen mehrere Meilen breiten Streifen Schlesiens abzutreten, um diese Verbindung herzustellen, das konnte in Berlin kein Geheimniss sein. Zu ähnlichen Concessionen konnte sich das Oesterreichische Haus, wenn Sachsen eng mit ihm verbunden blieb, wohl auch später entschliessen. Dieser, der Preussischen *arrière-pensée* drohenden Gefahr musste vorgebeugt werden. Denn, konnten Sächsische Truppen ohne alle Weiterung, ohne fremdes Gebiet zu berühren, jederzeit nach Polen gelangen, so war ja die Möglichkeit geboten, dem dortigen Chaos ein Ende zu machen, die Polnische Anarchie zu organisiren. Es dürfte daher die Wahl Schlesiens zum ersten Angriffspuncte sich gerade deshalb dem jungen Monarchen besonders empfohlen haben, weil dadurch den Sächsisch-Polnischen Bestrebungen ein Preussischer Riegel vorgeschoben werden konnte.

Auch die Ueberredung Sachsens im Herbste 1741 zum Nymphenburger Bündnisse steht mit dieser dunkeln Seite des Preussischen Programms im engsten Zusammenhange. Friedrich II. kam bekanntlich selbst im Januar 1742 nach Dresden, um das dort bereits Eingeleitete persönlich zum Abschlusse zu bringen. Dass man aber in Dresden, als man durch die Breslauer Präliminarien über die selbstsüchtigen Zwecke Preussens vollkommene Aufklärung erhielt, sich die Erfahrung für alle künftige Zeiten zu Herzen nahm, und seit dem Beitritt zum Berliner Frieden nur in der Constellation sein Heil suchte, welcher der Churfürst von Sachsen die Polnische Krone verdankte, wird nun um so weniger überraschen.

Schon am 20. December 1743, also ungefähr

Ein Jahr nachdem August III. dem Berliner Frieden beigetreten[1] war, schloss er mit der Kaiserin Königin „zu Niemandes mindester Beleidigung" wie es im Eingange heisst, jenes „unschuldige Defensivbündnuss" ab, welches den Wiener Vertrag von 1733 erneuerte, die durch Sachsens Beitritt zum Nymphenburger Bündnisse und seine Betheiligung am ersten Schlesischen Kriege zerrissene Verbindung mit dem Kaiserhause wieder herstellte und der Grund- und Eckstein der Sächsischen Politik blieb während der letzten zwanzig Regierungsjahre Augusts III.

Sachsen hatte dadurch die Verpflichtung übernommen, Oesterreich, falls dieses angegriffen würde, ein Hülfscorps von 6000 Mann zu stellen. Es erlangte dafür, ausser der selbstverständlichen Zusicherung der Reciprocität, die Garantie seines Besitzstandes. Auch die alten Verträge mit Russland von 1733 hatten sich zu dem Tractat von 1744, kurz vor dem Ausbruche des zweiten Schlesischen Krieges zugespitzt. Auch dieses Bündniss war ein reines Defensivbündniss. Die gegenseitige Hülfsleistung auf „bedürfenden Fall" wurde (Art. 3) auf 8000 Mann festgestellt. Wie Oesterreich, so hatte auch Russland die Garantie des Sächsisch-Polnischen Besitzstandes übernommen. Das gute Einvernehmen zwischen dem Königlich Polnischen und dem Russischen Hofe blieb ununter-

---

[1] Der Beitritt erfolgte zwar sofort am 28. Juli, ward aber erst im September 1742 officiell erklärt.

brochen bis zum Tode der Kaiserin Elisabeth, obgleich Sachsen dem Russisch-Oesterreichischen Defensivbündnisse vom 22. Mai 1746, wie wir des Näheren darlegen werden, beizutreten Bedenken trug.

Dass bei dem engen Verbande, dem Schutze, welchen die beiden Kaiserlichen Höfe dem Sächsisch-Polnischen gewährten, Friedrich II. in Petersburg für die Verwirklichung seiner Polnischen Theilungsideen keine Aussicht hatte, liegt auf der Hand. Erinnern wir uns nun, dass seit 1753 die diplomatischen Beziehungen zwischen Petersburg und Berlin geradezu abgebrochen waren; erinnern wir uns, dass Elisabeth, im Ganzen und Grossen der Politik ihres Vaters und ihrer Mutter getreu, in ihren intimen Beziehungen zum Sächsischen Hofe, in ihrer Allianz mit Oesterreich die sichersten Garantieen für den Europäischen Frieden, wie für den innern Frieden ihrer eigenen Reiche und Polens suchte, so werden die Schmähungen erklärlich, mit welchen der Königliche Verfasser der *„Histoire de la guerre de sept ans"* eine Fürstin überhäufte, die seinen Umsturzplänen im Wege stand. Denn: *„Rien n'était plus contraire au bien de l'État de la Prusse, que de souffrir qu'il se formât une alliance entre la Saxe et la Russie."* [1]

<small>Präcisirung des Problems.</small> Wenden wir uns nach diesen allgemeinen Betrachtungen zur Präcisirung der Aufgabe, welche wir uns in diesen „Vorstudien" stellen, so wollen wir aus den

[1] Oeuvres T. III. p. 29.

schon oben angeführten Gründen durchaus keinen Anspruch darauf machen, eine Lösung des Problems gefunden zu haben und eine völlig erschöpfende Enthüllung der Genesis des siebenjährigen Kriegs versprechen zu können. Wir beschränken uns auf die bescheidene Hoffnung, aus unbenutzten, grossentheils völlig unbekannten Quellen neue Streiflichter auf die wahren Ursachen der Verpflanzung des siebenjährigen Krieges nach Deutschland, auf die Veranlassung des Preussischen „Landfriedensbruchs" von 1756 werfen zu können, indem wir eine actenmässige Darstellung des Vorspiels und der ersten Scenen des siebenjährigen Krieges versuchen.

Preussische Version der Veranlassung des siebenjährigen Kriegs.

Die Preussische Darlegung der eigentlichen Veranlassung zur dritten Schilderhebung Friedrichs II. ist hinlänglich bekannt. Wir glauben uns darauf beschränken zu können, dieselbe durch drei Stellen aus dem II. und IV. Capitel der *Histoire de la guerre de sept ans* in das Gedächtniss des Lesers zurückzurufen.

Friedrich II. erzählt:[1]

„La situation où le Roi se trouvait, était délicate et embarrassante; elle aurait pu devenir dangereuse, si l'on n'avait pas eu le bonheur de corrompre deux personnes, par le moyen desquelles le Roi était informé des desseins les plus secrets de ses ennemis: l'un s'appelait Weingarten; il était secrétaire du comte de La Puebla, envoyé d'Autriche à la cour de Berlin; l'autre était un

---

[1] Oeuvres de Frédéric le Grand. Tome IV. Histoire de la guerre de sept ans. Chapitre II. p. 18 et 19.

clerc¹ de la chancellerie secrète de Dresde. Le secrétaire rendait la copie de toutes les dépêches que le ministre recevait de Pétersburg, de Vienne et de Londres; le clerc de la chancellerie secrète de Dresde donnait la copie des traités entre la Russie et la Saxe, et de la correspondance que le comte Brühl entretenait, tant avec le comte Bestusheff, que des dépêches du comte Flemming de Vienne. *Le comte de Brühl se sentait humilié par la paix de Dresde*; il était jaloux de la puissance du Roi, *et il travaillait, de concert avec la cour de Vienne, à Pétersbourg, pour y communiquer la haine et l'envie dont il était dévoré. Ce ministre ne respirait que la guerre: il se flattait de profiter des premiers troubles de l'Europe, pour abaisser un voisin dangereux de la Saxe; il comprenait que cet électorat ne serait pas épargné, et que les premiers efforts des Prussiens s'y porteraient; et toutefois il laissait dépérir l'état militaire de la Saxe.* Nous

---

¹ Auszüge aus dem Untersuchungs-Protokoll d. d. Warschau, 25. September 1757. Friedrich Wilhelm Mentzel „gestehet, dass er von anno 1752 an für solche Communication von dem Preussischen Envoyé von Maltzahn, denen Secretärs Plessmann und Benoit nach und nach, zusammen 3000 Thaler baares Geld erhalten...." „im December 1752 habe ihm der Secretär Plessmann ein ganz Bund Schlüssel gegeben, die der Geheimde Rath Eichel von Potsdam geschickt haben sollte".... „ohngefähr drei Wochen darnach hätte ihm Plessmann ein ander Bund Schlüssel zugestellt, unter welchen endlich einer die gedachten Schränke aufgeschlossen".... „der erste Anfang seiner Communication derer Depeschen sei erst nach dem Fastnacht-Markte anno 1753 gemacht worden, weil er erst an gedachtem Markte das zweite Bund Schlüssel von Plessmann bekommen".... Plessmann habe bei Uebergebung der ersten Schlüssel ausdrücklich gesagt: „Es schicke der Gesandte ihm, Mentzeln, die Schlüssel nebst den zugleich mit ausgezahlten 50 Thalern."

n'examinerons pas si sa conduite fut bien conséquente: il ne devait pas ignorer que tout État se trompe, qui au lieu de se réposer sur ses propres forces, se fie à celles de ses alliés. Ainsi par le ministère de ces deux hommes dont nous venons de parler, il n'y avait rien de caché pour le Roi, et leurs fréquentes nouvelles lui servaient comme de boussole pour se diriger entre les écueils qu'il avait à éviter, et l'empêchaient de prendre de pures démonstrations pour un dessein formé de lui déclarer incessamment la guerre."

Der König von Preussen kommt jedoch später noch einmal bestimmter auf die Eindrücke, welche er aus den Mentzel'schen Abschriften geschöpft hatte, zurück, und sagt geradezu, im Jahre 1756 habe es sich nicht etwa um blosse Demonstrationen seiner Feinde gehandelt, nicht um blosse Vermuthungen über Sachsens Betheiligung am Oesterreichisch-Russischen Bündnisse wider Preussen.[1]

„On ne se fondait pas sur des *conjectures vagues* pour leur supposer le même dessein: on avait en main *les preuves* de leur mauvaise volonté; ainsi ç'aurait été commettre une faute irrémissible en politique, que de menager par faiblesse un prince allié de l'Autriche, qui n'attendait à se declarer ouvertement pour elle que le moment où il pourrait le faire impunément."

Friedrich II. entschuldigt endlich die gewaltsame Erbrechung des Sächsischen Cabinets-Archivs wie folgt:[2]

---

[1] Oeuvres de Frédéric le Grand. Tome IV. Histoire de la guerre de sept ans. Chapitre IV. p. 80.

[2] Oeuvres de Frédéric le Grand. Tome IV. Histoire de la guerre de sept ans. Chapitre IV. p. 82 sq.

„Depuis longtemps le Roi possédait la copie des traités du roi de Pologne et des relations de ses ministres aux cours étrangères. Quoique ces pièces justifiassent pleinement les entreprises de la Prusse, on ne pouvait en tirer parti: si on les eût publiées, les Saxons les auraient taxées de pièces supposées et forgées à plaisir pour autoriser une conduite audacieuse qu'on ne pouvait soutenir que par des mensonges; cela obligea d'avoir recours aux pièces originales, qui se trouvaient encore dans les archives de Dresde. Le Roi donna des ordres pour qu'on les saisît; elles étaient toutes emballées et prêtes à être envoyées en Pologne: la Reine, qui en fut informée, voulut s'y opposer; on eut bien de la peine à lui faire comprendre qu'elle ferait mieux de céder par complaisance pour le roi de Prusse, et de ne point se roidir contre une entreprise qui, quoique moins mesurée qu'on le voudrait, était cependant la suite d'une nécessité absolue. Le premier usage qu'on fit de ces archives fut d'en donner l'extrait connu du public sous le titre de *„Pièces justificatives.“* [1]

Nächst dieser officiellen Version haben sich aber in den uns bisher bekannt gewordenen Schriften Friedrichs II. zwei Aufzeichnungen erhalten, welche hier einschlagen. Die eine ist die bekannte *„Apologie de ma*

[1] Die 29 Beilagen zu der Staatsschrift, welche der damalige K. Preussische Geheime Legationsrath, spätere Staatsminister Graf Hertzberg verfasste: „Mémoire raisonné sur la conduite des cours de Vienne et de Saxe, et sur leurs desseins dangereux contre Sa Majesté le roi de Prusse, avec les pièces originales et justificatives qui en fournissent les preuves. Berlin, 1756, chez Chrétien-Frédéric Henning, imprimeur du Roi, 44 et 36 pages in-4⁰.

Conduite politique," [1] welche der König von Preussen im Juli 1757 kurz nach der Niederlage von Collin zu dem Zwecke verfasste, die öffentliche Meinung seines Landes mit seiner Politik wieder auszusöhnen. Wir werden an einem späteren Orte die schlagenden Stellen aus dieser Staatsschrift hervorzuheben uns nicht entbrechen können. Hier aber schon müssen wir eine andere weit wichtigere, weil offenbar nicht für die Oeffentlichkeit bestimmte, ganz eigenhändige Aufzeichnung Friedrichs II. der vollsten Aufmerksamkeit empfehlen.

Exposé du Gouvernement Prussien.

Es ist diess das *„Exposé du gouvernement Prussien des principes sur lequels il roule, avec quelques réflexions politiques."* *Oeuvres IX. pag. 181—191.* Wir geben, da es hier auf den Wortlaut ankommt, den uns zunächst interessirenden Abschnitt im Urtext.

„De la politique."

„Un des premiers principes de la politique est de tâcher de s'allier à celui de ses voisins qui peut porter à l'État les coups les plus dangereux. *C'est par cette raison que nous sommes en alliance avec la Russie,* parce qu'elle nous rend le dos libre du côté de la Prusse, et que, tant que cette liaison dure, nous n'avons pas à craindre que la Suède ose nous attaquer en Poméranie. Les temps peuvent changer, et la bizarrerie des conjonctures peut obliger à prendre d'autres engagements; mais *jamais on ne trouvera avec les autres puissances l'équivalent des*

---

[1] Oeuvres T. XXVII. p. 279 sq.

*avantages que l'on trouve avec la **Russie**.*[1] *Les troupes françaises ne valent rien,*[2] et les Français sont accoutumés à ne secourir que faiblement leurs alliés ; et les Anglais, faits pour payer des subsides, sacrifient leurs alliés, à la paix, pour favoriser leurs propres intérêts. Je ne parle point de la maison d'Autriche, avec laquelle il paraît presque impossible que des liens solides se forment. S'il s'agit des vues politiques d'acquisition qui conviennent à cette monarchie, *les **États** de la **Saxe** sont sans contredit ceux qui lui conviendraient le mieux, en l'arrondissant et lui formant une barrière par les montagnes qui séparent la **Saxe** de la **Bohême**, et qu'il faudrait fortifier.* Il est difficile de prévoir comment cette acquisition pourrait se faire. La manière la plus sûre serait de *conquérir la **Bohême** et la **Moravie**, et de les troquer avec la **Saxe***; soit enfin que cela pût s'opérer par d'autres trocs ou des possessions du Rhin,[3] en y ajoutant Juliers ou Berg, ou de quelque façon que cela se fasse. *Cette acquisition est d'une nécessité indispensable pour donner à cet **État** la consistance dont il manque.* Car, dès qu'on est en guerre, *l'ennemi peut avancer de plainpied jusqu'à **Berlin*** sans trouver la moindre opposition dans son chemin. Je ne parle pas, d'ailleurs, de nos droits de succession au pays d'Ansbach, Juliers et Berg, et le Mecklenbourg, parce que ce sont des prétentions connues, et dont il faut attendre l'événement. Comme l'État n'est pas riche, il faut se garder

---

[1] Tilsit. — Kalisch. — Ollmütz.

[2] Diese Unterschätzung der Geschlagenen von Rossbach führte zur Katastrophe von Jena.

[3] Ist bekanntlich auf dem Wiener Congresse versucht worden.

sur toute chose *de se mêler dans des guerres où il n'y a rien à gagner*,¹ parce qu'on s'épuise à pure perte, et qu'une bonne occasion arrivant ensuite, on n'en saurait pas profiter. Toutes les acquisitions éloignées sont à charge à un État. *Un village sur la frontière vaut mieux qu'une principauté à soixante lieues.* C'est une *attention nécessaire de cacher autant qu'il est possible ses desseins d'ambition*, et, si l'on peut, *de réveiller l'envie de l'Europe* contre *d'autres* puissances, à la faveur de quoi *l'on frappe son coup*. Cela peut arriver, et la maison d'Autriche, dont l'ambition va *le visage démasqué*, s'attirera de reste l'envie et la jalousie des grandes puissances. Le secret est une vertu essentielle pour la politique aussi bien que pour l'art de la guerre."

Oeuvres de Frédéric le Grand IX. pag. 187.

Hierbei erinnern wir, dass der Herausgeber ausdrücklich bemerkt,² dieses Originalmanuscript in den Königlichen Cabinetsarchiven ganz von der Hand des Königs geschrieben, sei bisher (d. h. bis zum Jahre 1848, wo J. D. E. Preuss diesen Band veröffentlichte) ganz unbekannt geblieben. — Es ist vom Könige unterzeichnet (Signé: „Federic") und wahrscheinlich 1775 oder

---

¹ Desshalb Separatfrieden von Basel und Preussens Haltung im Jahre 1859.

² „Cet *Exposé du Gouvernement Prussien* est demeuré inconnu jusqu'à présent. Le manuscrit original est aux archives royales du Cabinet (Caisse 365 F.). Il est *écrit en entier de la main du Roi*, six pages in-4, sans date; mais d'après le contenu même de l'ouvrage, on peut en placer la composition vers 1775 ou 1776." *Avertissement de l'Éditeur des Oeuvres de Frédéric le Grand.* Tome IX. p. XVII.

1776 geschrieben. Der Staatsmann wird zwischen den Zeilen dieser Aufzeichnung, welche um so werthvoller ist, als wir, wie gesagt, die politischen Testamente des Königs noch entbehren müssen, ominöse Worte: wie: „Basel, Jena, Tilsit, Kalisch, Ollmütz" hervortreten sehen; der Historiker aber aus diesem Arcanum den ursprünglichen Plan, welchen Friedrich II. durch seinen Einfall in Sachsen im August 1756 verwirklichen wollte, leicht reconstruiren können. **Er wollte Chursachsen erobern. Er hoffte durch die Eroberung von Böhmen und Mähren Tauschobjecte zu erhalten, um den König von Polen, Churfürsten zu Sachsen, für seine Erblande zu entschädigen, vielleicht auch für die Polnische Krone.** Durch Gewalt und Drohung, durch Aussicht auf Ländergewinn sollte dieser Fürst vermocht werden, wie im Jahre 1741 gemeinschaftliche Sache mit Preussen zu machen in einem Offensivkriege gegen Oesterreich. Maskirt sollte der Plan werden durch Erregung der Eifersucht anderer Europäischer Mächte wider Oesterreich. Dieses schien für die Rolle des politischen Blitzableiters um so geeigneter, als ja der Oesterreichische Hof die Thorheit hatte, *„à visage démasqué"* einherzugehen. Daher die geflissentlich verbreitete Fabel, Oesterreich wolle über Preussen herfallen, Oesterreich strebe nach der unumschränkten Herrschaft in Deutschland. Wie über den Plan selbst, so enthält jenes merkwürdige Actenstück Andeutungen über die Ausführung. Friedrich II. spricht es klar aus, warum er das im Jahr 1756 ablaufende Vertragsverhältniss zu Frankreich nicht erneuert hat. „Die Französischen Truppen, sagt er, taugen nichts, und die Franzosen sind gewohnt, ihre Bundesgenossen nur schwach zu unterstützen." Also desshalb hat er seinen Subsidienvertrag mit Frankreich nicht erneuert, nicht aus tugendhafter Entrüstung über die Zumuthung, Hannover zu besetzen, wie er erzählt.[1]

Dann folgt die Selbstkritik seines Bündnisses mit England. „Es ist wahr, sagt der König, die Engländer sind nur dazu da, um Subsidien zu zahlen; aber, wenn es zum Frieden kommt, da opfern sie ihre Alliirten ihren eigenen Interessen. Desshalb ist es für Preussen am zuträglichsten — so argumentirt der Stifter der Preussischen Monarchie — uns mit demjenigen Staate zu alliiren, der uns am gefährlichsten werden kann, nämlich mit Russland, weil uns dieses den Rücken freihält in Preussen, weil, so lange wir mit Russland verbunden sind, wir von Schweden in Pommern nichts zu fürchten haben. **Niemals wird man in der Verbindung mit einer andern Macht ein Aequivalent finden für die Vortheile, welche Russland uns bietet.**"

Wir werden nicht irren, wenn wir darin die Lehre erblicken, welche sich Friedrich II. aus dem siebenjährigen Kriege gezogen hatte. Zugleich aber

---
[1] Oeuvres IV. p. 29.

auch müssen wir darin die Erklärung finden zu den unermüdlichen Versuchen, während jenes ganzen Krieges, durch England und den Preussen wohlgesinnten „jungen" Russischen Hof, eine Aussöhnung mit dem Petersburger Cabinet zu erlangen.

Aus Briefen ines Sächsischen Generals vom December 1756.

Nachdem wir so dem Könige das Wort gegeben, sei es nun gestattet, die bisher bekannt gewordenen Andeutungen über den eigentlichen Urheber des Preussischen Eroberungsplanes von 1756 den Königlich Preussischen Generallieutenant von Winterfeldt durch die Aufzeichnungen eines bisher noch nicht vernommenen Zeitgenossen zu ergänzen. Dass Winterfeldt im Jahre 1756 nach Carlsbad gereist, Mitte August von dort nach Potsdam zurückgekehrt ist und auf der Heimkehr, durch Spione trefflich unterrichtet, bereits die Lagerstätte von Pirna recognoscirt hat, ist bekannt.[1] Dass aber Winterfeldt, bevor er nach Carlsbad ging, in Dresden war und welche Eindrücke er von dem dortigen Aufenthalte empfangen, darüber haben wir bisher in den gedruckten Darstellungen des siebenjährigen Krieges nicht die geringste Spur zu entdecken vermocht. Diese Lücke ergänzt die nachstehende Aufzeichnung des Chursächsischen Generallieutenants Grafen Vitzthum von Eckstädt:[2]

---

[1] Retzow, Charakteristik der wichtigsten Ereignisse des siebenjährigen Kriegs, Seite 38.

[2] Eigenhändige Briefconcepte in Französischer Sprache des K. Sächsischen Generallieutenants Johann Friedrich Graf Vitzthum von Eckstädt, Wölkauer Archiv.

„Winterfeldt — schreibt unser Zeuge — hat vor seiner Carlsbader Reise einen kurzen Aufenthalt in Dresden genommen, hat die Bekanntschaft von mehreren Sächsischen Offizieren gemacht und ist auch bei Hofe erschienen. Er hat, nachdem er seinen Zweck erreicht zu haben glaubte, seinem Herrn gemeldet, dass er sich unter den Sächsischen Offizieren eine Partei gebildet habe, dass diese, wie die Armee, nichts sehnlicher wünsche, als sich mit der Preussischen Armee zu vereinigen, um gegen die Oesterreicher zu kämpfen. Der König Friedrich II. werde nur *„une douce violence"* bei den Offizieren und Soldaten anzuwenden haben, um sie in seinen Dienst zu nöthigen, angenommen sogar, der König von Polen und sein Ministerium wollten durchaus das Oesterreichische Bündniss aufrecht erhalten." Nachdem Vitzthum nachgewiesen, wie die Ereignisse diese Voraussetzungen des Preussischen Generals widerlegt hätten, fährt er fort: General Winterfeldt (den unser Zeuge wohl nicht mit Unrecht *„l'âme damnée du Roi de Prusse"* nennt), habe ferner seinem Könige vorgestellt, dass der Erfolg dieses Krieges sicher, die Dauer desselben sehr kurz sein werde. „Die Sächsischen Finanzen seien ruinirt, die Armee nicht gezahlt, der Monarch und sein Minister lebten in der grössten Sorglosigkeit. Die Illusionen, denen man sich an diesem Hofe hingebe, die Schwäche der Oesterreichischen Armee in Böhmen und Mähren, die Zwistigkeiten, welche sich zwischen den K. K. Generalen und dem Ministerium und dem Hof in Wien erhoben, die geringe Thatkraft der dortigen Regierung in allen Dingen, wo es auf schleuniges Handeln ankomme, Alles das seien bekannte Thatsachen, denen gegenüber der Unternehmungsgeist des Königs von Preussen, die Trefflichkeit der Preussischen Armee, einen leichten Sieg sichern müssten. Während der Preussische Schatz gefüllt sei, mit Englischen Subsidien vermehrt werden könne, seien die Oesterreichischen Finanzen zerrüttet. Man lebe dort nur von der Hand in den Mund. Während der König von Preussen seine Geheimnisse in seiner Brust verschliesse, sei er dagegen von allen Planen und Projecten des Wiener Hofes unterrichtet. Wie leicht würde es daher sein, Sachsen mit fortzureissen, denn Sachsen wünsche ja nichts anderes, als mit fortgerissen zu werden. Dann aber werde man Böhmen in acht bis vierzehn Tagen überrennen, und die Kaiserin Königin zwingen, noch vor Ablauf des Jahres einen Frieden anzunehmen, welchen der König an der Spitze einer Armee von 100000 Mann, wenn nöthig, vor den Thoren von Wien dictiren könne."

Dieselbe Feder soll uns nun ein Portrait Friedrichs II. zeichnen und uns darüber, wie dieser Monarch, Ende 1756, seinen Zeitgenossen erschien, sowie auch über die Details seines Eroberungsplanes einige neue Aufschlüsse geben.

„Sie wollen — so schreibt General Vitzthum in

einem andern Briefe — den König von Preussen niemals kennen lernen. Ich unterschreibe Alles, was Sie von seiner Befähigung, seiner Thätigkeit, seinem Geiste sagen, aber ich weiss auch, dass er den sogenannten Ruhm bis zum Excesse liebt, dass er, niemals zufrieden mit dem Erlangten, durch seinen Neid immer getrieben wird, seine Nachbarn zu beeinträchtigen. Was er will, ist klar, herrschen will er in Deutschland und dort allein das Gesetz vorschreiben. Wie ausgedehnt auch seine Staaten, Nachbarn zu haben wird ihm immer unangenehm bleiben. Er gleicht einem Krebsgeschwür, das immer mehr um sich greift. Seine sogenannte Philosophie, die Liebe, die er für die Wissenschaften heuchelt, imponiren mir nicht. Ich finde immer in allen seinen Reden und Schriften viel Rohheit *(beaucoup de férocité)*; neben einigen Zügen geistreicher und erregter Einbildungskraft, vieles Gemeine, die Folge seiner schlechten Erziehung. Der Unglaube, den er an den Tag legt, ist weder klug noch anständig und thut ihm mehr Schaden als er denkt, weil er die Rolle des Beschützers der Protestanten spielt. Hier ist sein Plan, den er entworfen, bevor er nach Sachsen eintrat. Ich denke, Sie werden darin das Portrait wieder finden, welches ich Ihnen von diesem Könige entworfen. König Friedrich hatte seine Staaten durch die Erwerbung von Schlesien vergrössert. Eine treffliche Erwerbung! Ich will hier nicht unter-

suchen, ob er einen Rechtsanspruch darauf hatte.
Er besitzt Schlesien, das genügt. Diese Vergrösserung hat ihn in die Lage gesetzt, seine Armee zu
vermehren. Denn vor der Erwerbung dieser Provinz
war die Armee bereits ausser allem Verhältnisse mit
den Kräften des Staates. Aber er vermehrte die
Armee in solcher Weise, dass sie ihm von Neuem
zur Last fiel. Seine Finanzen reichten nicht mehr
aus, um sie zu besolden, seine Unterthanen waren
nicht zahlreich genug, um sie zu recrutiren. Er
hatte seit eilf Jahren Friede. Das langweilte ihn.
Seit einiger Zeit schon hatte er mit seinen Nachbarn
anzubinden versucht. Der Churfürst von Sachsen
insbesondere hatte das Unglück gehabt, ihm zu missfallen, auch die Kaiserin war ihm zu nahe. Es
giebt ja nichts Unangenehmeres als Nachbarn! Er
bildete sich daher ein, Diese wolle ihn angreifen.
Nun will ich nicht sagen, dass die Kaiserin diess
nicht vielleicht gewünscht haben könnte, aber wofür
ich einstehen kann, ist, dass sie nicht die Macht
dazu hatte. Und ich würde mich sehr irren, wenn
Sie nicht grosse Mühe haben wird, dem Preussischen
Angriffe zu widerstehn: denn Ihre Alliirten werden
sich schwerlich entschliessen, Sie zu unterstützen,
es wäre denn aus Eifersucht auf des Königs von
Preussen Macht. Ich habe oben die wahren Ursachen
und die grosse Schwierigkeit dargelegt, in welcher
sich der König von Preussen befand, seine Armee

mit dem, was er besass, zu unterhalten, er musste daher auf Eroberungen sinnen."

„Hier sein Plan:

„Er will sich Mährens und der beiden Lausitzen bemächtigen. Diess für den Anfang *(début)*. Aber Sie wissen *„que l'appétit vient en mangeant."* Das Chursächsische Haus soll Böhmen haben, und das Sächsisch Ernestinische Haus wieder eingesetzt werden in alle Lande welche der Churfürst von Sachsen besitzt, nebst dem Churfürstenthume. Das Haus Gotha, welches stets in Verbindung mit dem Könige von Preussen gewesen, hoffte dazu gelangen, auf Kosten der älteren Weimarschen Linie."

„Ich halte es für möglich — so schliesst der General diese Betrachtungen — „dass der König wenigstens zum Theil seine Projecte ausführt, denn, unter uns gesagt, auf die Thatkraft des Wiener Hofes setze ich geringes Vertrauen und jedenfalls wird der jetzige Krieg länger dauern als die meisten glauben, jedenfalls Sachsen ruiniren."

So der General Vitzthum im December 1756.[1]

Wir wollen nur, ohne uns jetzt näher auf eine kritische Beleuchtung dieser Actenstücke einzulassen,

---

[1] Wir geben diese beiden Briefe vollständig als Anhang zu dieser Studie, und corrigiren nur in den vorliegenden Concepten die orthographischen Fehler.

an die Thatsache erinnern, dass Friedrich II. mit
der Herzogin Louise Dorothea von Sachsen-Gotha in
dem intimsten politischen Freundschaftsverhältnisse
stand. Diese geistreiche Fürstin war die Tochter des
Herzogs Ernst von Sachsen-Meiningen, die Gemahlin
Friedrichs III. von Sachsen-Gotha-Altenburg, dessen
Schwester 1736 bekanntlich den Prinzen Friedrich
Ludwig of Wales (Sohn Georgs II., Vater Georgs III.)
heirathete. Während des siebenjährigen Krieges war
die Tante Georgs III. oft in der Lage, dem Könige
von Preussen in London Dienste zu leisten, wie die
Correspondenz mit Friedrich II. beweist.[1] Auch mit
den Französischen Freunden des Königs von Preussen stand die Herzogin von Gotha bekanntlich in
Briefwechsel, namentlich mit Diderot, Grimm, d'Alembert und Voltaire. Die Briefe dieses Letzteren an
die Herzogin sind bekannt. Weniger vorsichtig als
Friedrich II. selbst, hat Voltaire in seinen Briefen
durchblicken lassen, dass die Rache für die Schlacht
bei Mühlberg, die Wiedererlangung der Chur für
das Ernestinische Haus zu den Lieblingsphantasien
dieser begabten, der Intrigue nicht immer abholden
Fürstin gehörten. So wenig wir nun glauben, dass
Friedrich II. ernstlich die Absicht gehabt haben
kann, das Haus Gotha, wie unser Augenzeuge
meint, in den Besitz von Chursachsen zu setzen,
weil Er es selbst haben wollte; so ist es doch mehr

[1] Oeuvres XVIII. p. 163—256 und XXV. p. 599—604.

als wahrscheinlich, dass der geistreichen Freundin mit solchen Hoffnungen und Aussichten absichtlich geschmeichelt wurde.

Nach diesen, kurz nach Ausbruch des siebenjährigen Krieges niedergeschriebenen Enthüllungen eines durch seine amtliche Stellung wohl unterrichteten Augenzeugen, sei es nun gestattet, eine andere Aufzeichnung Desselben hier einzuschalten, in welcher er, sechs Jahre später, einen Rückblick auf die Ereignisse wirft, eine Aufzeichnung, welche uns über die wahren Ursachen, warum Friedrich II. seinen Einsatz schliesslich zurückgewann, nicht minder bedeutsame Winke giebt, wie die Briefe vom December 1756 über die Genesis des Unternehmens.

Brief von elben von 1762.

„Die wahre Veranlassung des Kriegs von 1756 — wiederholt General Vitzthum im Jahre 1762 — ist keine andere, als die Ländergier und der persönliche Hass Friedrichs II. gegen das Haus Sachsen.

„Die Ländergier *(l'esprit de conquête)* ist daraus entstanden, dass der König eine zahlreichere Armee unterhielt als seine Einnahmen es gestatteten. Er musste daher darauf denken, seine Staaten zu vergrössern. Sein Ehrgeiz wird nie befriedigt werden, er wird immer seine Armeen vermehren nach Massgabe seiner Eroberungen. Der König von Preussen muss schnelle aber kurze Kriege führen; die Verfassung seines Landes ist derart, dass die Mittel zu längeren Kriegen: — Geld und namentlich

Rekruten, nicht aufzubringen sind. Er hat daher einen sehr grossen Fehler begangen, sich durch Sachsen bei Struppen aufhalten zu lassen. Er hat aber einen noch grösseren sich zu Schulden kommen lassen durch die Härte, mit welcher er Sachsen behandelt, denn diese hat ganz Europa wider Preussen empört und die masslosen Pläne seiner Herrschsucht vollkommen bloss gelegt. Es giebt Gelegenheiten, wo man dem Feinde goldene Brücken schlagen muss. Hätte der König von Preussen die vortheilhaften Bedingungen angenommen, welche Sachsen damals bot, so würde er sich ohne Zeitverlust auf die K. K. Armee haben werfen können. Denn bei allen grossen Eigenschaften der Kaiserin ist sie doch nicht frei von der Eitelkeit und der Sorglosigkeit, welche das Haus Oesterreich nie verlassen. Man ist dem Untergange nahe, wenn man seinen Feind verachtet. Das ist der Fall der Kaiserin. Ein Krieg, sechs Jahre lang geführt von dem König von Preussen gegen das Haus Oesterreich, gegen das Reich, gegen Russland, Frankreich und Schweden ist etwas ganz Unglaubliches. Es ist nicht die Geschicklichkeit des Königs von Preussen, es sind die Zwistigkeiten der Oesterreichischen Heerführer, des Oesterreichischen Hauptquartiers mit dem Oesterreichischen Ministerium, welche diesen Fürsten gehalten haben. Seine natürliche Schwäche und die unzähligen Fehler, welche er begangen, hätten ihm in den ersten zwei

Jahren den Untergang bereiten müssen. Aber er hat Nerven bis zur Wildheit und die Oesterreichischen Generale haben sich immer durch einen so engen Gesichtskreis ausgezeichnet, dass sie es nicht verstanden haben, ihre Vortheile zu benutzen. Ich begreife nicht, wie der König von Preussen den Fehler begehen konnte, den Krieg gegen die Kaiserin anzufangen, selbst angenommen, er zöge sich zu seinem Vortheil und ohne Verlust heraus. Will man die Dinge unparteiisch ansehen, so wird ein Krieg des Königs von Preussen gegen das Haus Oesterreich immer der Krieg sein eines irdenen Topfes gegen einen eisernen.[1] Aber noch weniger zu begreifen ist es, wie der Wiener Hof, der von den Rüstungen des Königs von Preussen vollkommen unterrichtet sein musste, so verblendet sein konnte, um diesen Fürsten zu missachten und sich nicht im Jahre 1756 sofort in einen Achtung gebietenden Vertheidigungszustand zu setzen. War man nicht in der Lage, sich zu vertheidigen, so hätte man dem Könige von Preussen eine befriedigendere Antwort geben und versprechen müssen, was der König damals verlangte, während zweier Jahre nichts gegen ihn zu unternehmen. Diess würde dem Wiener

---

[1] Dieses Wort gehört nicht dem Verfasser an. Wir haben dasselbe gefunden in der diplomatischen Correspondenz seines jüngeren Bruders aus Paris, der es aus dem Munde des französischen Staatssecretärs Herrn v. Rouillé dem Grafen Brühl meldete: „c'est la guerre du pot de terre contre le pot de fer."

Hofe Zeit gegeben haben, sich zu rüsten und seine Allianzen zu vervollständigen.[1] Wenn Alles diess mein Verständniss übersteigt, so begreife ich noch viel weniger, warum man in Wien jetzt nicht Alles daran setzt, um den König von Preussen zu vernichten. Der Gedanke, ihn nach und nach zu unterminiren *(de le miner à petit feu)*, scheint mir denn doch sehr gefährlich, denn die Allianzen können ja wechseln, die Alliirten der Fortsetzung des Krieges überdrüssig werden. Nicht der Ueberlegenheit seines Geistes, aber der Uneinigkeit im Lager seiner Feinde, namentlich der Schwäche und der Beschränktheit *(génie bornée)* des Feldmarschalls Daun verdankt der König von Preussen seine Rettung. Von den unzähligen Fehlern Friedrichs II. in diesem Kriege hat Daun auch nicht einen einzigen zu benutzen verstanden. Seine Unterlassungssünden sind eben so gross, wie seine Begehungssünden. Schon längst würde der König von Preussen nicht mehr existiren, wenn ein Turenne, ein Montecuculi, ein Condé, ein Prinz Eugen oder ein Marschall von Sachsen die Oesterreichische Armee befehligt hätten. Ich kenne einen Militair, der sein Handwerk versteht; der hat sich die Mühe gegeben, die

---

[1] Diese Illusion des Zeitgenossen vermögen wir nicht zu theilen. Am 2. September 1756 war jenes Preussische Verlangen in Wien gestellt worden. Am 29. August, vier Tage vorher, hatte Preussen den Landfrieden schon gebrochen.

strategischen Fehler des Königs von Preussen aufzuzählen. Hätte man ihn dafür zu strafen verstanden, wäre er, wie er es hätte müssen, zu Grunde gegangen, so würde er für einen sehr unbedeutenden Feldherrn *(un chétif général)* gelten. Hätte einer seiner Generale seine eigenen Fehler begangen, so würde er ihm den Kopf vor die Füsse gelegt haben. Soviel über den König von Preussen.

„Ein Privatmann, der eine Armee befehligt, darf nicht hoffen, das zu leisten, was der König mit der seinigen leistet. Es würde Anmassung sein, sich dessen zu schmeicheln. Alles entscheidet er allein, Niemand legt er Rechenschaft von seinen Handlungen ab. Ein Souverain, thätig, arbeitsam, der die Fatiguen und Entbehrungen seiner Soldaten theilt, der auf der Stelle strafen und belohnen kann, mit Einem Worte, **ein Souverain** hat Vortheile, welche dem Privatmanne als Feldherrn vollständig abgehen. Das lehrt die alte und die neue Geschichte bei den Heiden, bei den Türken und bei den Christen. Auffallend ist, dass das Haus Oesterreich nicht immer grosse Feldherren an der Spitze seiner Heere hat. Denn seit dem Antritt ihrer Regierung ist ja die Kaiserin niemals zehn Jahre lang hinter einander ohne Krieg gewesen. Es hätten sich also grosse Führer während dieser fast ununterbrochenen Kriege bilden sollen und doch sind sie immer selten gewesen. Ich glaube, die Ursache liegt darin, dass der junge Offizier sein Handwerk in der Jugend nicht gehörig studirt und dass er von seinen älteren Kameraden nicht dazu angehalten wird. Eine lange Erfahrung kann den Mangel an Bildung ersetzen. Aber da man, bevor man diese Erfahrung erlangt, alt wird und die besten Jahre verstreichen, ehe man zu hohen Stellungen kommt, so wird die Alterschwäche später dem Erfahrenen ebenso gefährlich, wie die mangelnde Vorbildung dem Jüngeren. Ich erinnere mich immer hierbei des Wortes der Französischen Soldaten nach dem Tode des Marschalls Turenne, als sie ihre Generale über das, was nun zu thun sei, in Verlegenheit sahen: *„Lâchez le cheval pie du défunt maréchal, il nous conduira à l'ennemi."* So könnte man in Oesterreich heute nach dem Tode des Prinzen Eugen von Savoyen den K. K. Generalen zurufen: „Lasst nur Prinz Eugens Grauschimmel los!"

„Auch das ist unverkennbar, dass die Oesterreichischen Offiziere in der Regel Mannschaften und Pferde sehr vernachlässigen, namentlich die letzteren, weil die Kaiserin sie liefert. Die Generale sogar sind sehr gleichgültig und machen sich wenig aus dem Gewinne oder dem Verluste einer Schlacht; die einen wie die andern opfern leichtsinnig ihre Leute. Es ist gewiss nicht die Tapferkeit, die ihnen fehlt. Die Oesterreichische Armee ist tapferer als die meisten anderen. Aber der eine geht dahin, der andere dorthin; nirgends ist Einheit im Commando. Die Weiber und die Priester haben zuviel Antheil an der Regierung und an dem Avancement der Offiziere. Die Oesterreichischen Husaren sind schlechter als die Preussischen; letztere sind viel besser beritten, weil sie Polnische Pferde haben; sie sind auch besser einexercirt und der König von Preussen hat sie häufig mit Erfolg zum Angriffe auf Infanterie verwendet. Der Feldmarschall Nádásdy hat die Ueberlegenheit der Preussischen Husaren eingeräumt, als er den seinigen vorgeworfen, dass sie sich von den „maskirten" Husaren hätten schlagen lassen. Diese haben auch den Vortheil der Sprache. Die Oesterreichischen sind sehr geneigt, zu plündern. Die Schlacht von Czaslau ging ja bekanntlich nur desshalb verloren, weil die Husaren sich mit der Plünderung der Equipagen aufhielten. In der Regel bessern sich die Armeen in Folge eines Feldzuges. Das Gegentheil ist mit der Preussischen der Fall. Die Cavallerie kann sich auch jetzt noch keiner besseren Erfolge rühmen; die Infanterie schmilzt zusammen. Das beweist wieder einmal, dass dem Könige von Preussen die Mittel (*l'étoffe*) mangeln, um einen langen Krieg zu führen. Die Oesterreicher wissen das recht gut und desswegen ziehen sie den Krieg in die Länge auf Kosten ihrer Alliirten."

Wir haben diese Zeugnisse den Aufzeichnungen des Königs von Preussen gegenüber gestellt, nicht sowohl um die Letzteren dadurch zu widerlegen, sondern um vorläufig an die Auffassung zu erinnern, welche in der damaligen Zeit selbst die Ereignisse des siebenjährigen Krieges in gebildeten militärischen Kreisen fanden. Wir bitten aber diese im vertraulichen Briefwechsel hingeworfenen Auslassungen im Gedächtniss zu behalten. Die nachfolgenden Blätter werden den Beweis liefern, dass der Sächsische General in der Hauptsache ganz Recht hatte und zu den in jeder Generation seltenen Männern gehörte, welche die Menschen und Dinge sehen, wie sie wirklich sind.

Die gegen das Sächsische Cabinet erhobenen Anklagen, die wir in ihren Hauptzügen aus den Schriften Friedrichs II. zusammengestellt, beruhen auf der Voraussetzung, dass Oesterreich und Russland einen Angriffskrieg gegen den König von Preussen, um dessen Staaten zu zerstückeln und seine Macht zu vermindern, beabsichtigt und zu diesem Zwecke ein Offensivbündniss unter sich abgeschlossen hätten, welchem Sachsen beigetreten sei. Wir werden versuchen, diese Voraussetzung zu widerlegen. Gelänge es, so würde jede Rechtfertigung des Preussischen Verfahrens, jede Entschuldigung der Preussischen Invasion von 1756 vernichtet, letztere als eine unprovocirte Vergewaltigung, nicht mehr als ein Act der Nothwehr, das Anführen Friedrichs II., er habe nur dem gegen ihn beabsichtigten Angriffe zuvorkommen wollen, als eine Erfindung erscheinen.

Soll aber dieser Beweis geführt werden, so kann diess nur geschehen durch die Enthüllung der Geheimnisse des damaligen Sächsischen Cabinets, durch eine möglichst vollständige Uebersicht der Verträge und Verhandlungen, in welche sich Sachsen seit dem Dresdener Frieden bis zum Ausbruche und während der ersten Wochen des siebenjährigen Kriegs mit andern Mächten überhaupt eingelassen hatte.

Wir werden daher zuerst die Geheimnisse des Sächsischen Cabinets aus den Jahren 1745—1755 enthüllen, im Hinblick namentlich auf den Friedensschluss von Aachen und auf das Oesterreichisch-Russische Bündniss von Petersburg; dann den Einfluss schildern, welchen die Vorboten des Sturmes, die Bündnisse von Westminster und Versailles, auf die Sächsische Politik gehabt haben; endlich die auf die Invasion selbst bezüglichen Vorkehrungen und Negociationen actenmässig darstellen. Im fünften Abschnitt begleiten wir den König von Polen in das Lager von Pirna, um in dieser und in der sechsten Studie die Verhandlungen, die von dort aus geführt wurden, darzulegen. Die Schlacht von Lowositz, soweit sie auf das Schicksal Sachsens von Einfluss gewesen, soll dann im siebenten Abschnitt skizzirt werden; im achten endlich eine Uebersicht der Verhandlungen, welche zur Capitulation der Sächsischen Armee führten und mit derselben in Verbindung standen, gegeben; schliesslich aber aus den Briefen und Correspondenzen des Feldmarschalls Grafen Rutowski mit dem Grafen Brühl, mit seinen in Preussische Kriegsgefangenschaft gerathenen Generalen und mit Friedrich II. selbst, ein kritischer Rückblick auf die geschilderten Ereignisse geliefert werden, — in der neunten Studie, welche als Nachtrag oder Anhang aufzufassen sein wird. Die thatsächliche Darstellung soll so wenig als möglich und nur da, wo Erläuterungen durchaus nothwendig, durch subjective Betrachtungen unterbrochen werden; denn wir huldigen und halten fest an dem Grundsatze: *facta loquuntur!*

Zum Verständniss der *facta* ist aber eine Bekanntschaft mit den handelnden Personen unerlässlich. Um die Darstellung nicht später unterbrechen zu müssen, schicken wir einige Auszüge aus dem Dresdener Hof-Calender von 1756 und einige genealogisch-biographische Notizen voraus.

DAS CHURSÄCHSISCHE HAUS.
August 1756.

Friedrich August II., geboren den $\frac{7.}{17.}$ October 1696, succedirt in der Chur den 1. Februar 1733, wird zum König in Polen, unter dem Namen August III., erwählt den 5. October 1733, zu Krakau gekrönt den 17. Januar 1734, stirbt zu Dresden den 5. October 1763.

Gemahlin:

Maria Josepha, Erzherzogin von Oesterreich, Josephs I., Römischen Kaisers, älteste Tochter, geboren den $\frac{\text{28. November}}{\text{8. December}}$ 1699, vermählt den 20. August 1719, gestorben den 17. November 1757.

Kinder,

Herzoge und Herzoginnen zu Sachsen, K. Prinzen und Prinzessinnen in Polen:

1) Friedrich Christian, K. Churprinz, geboren den 5. September 1722, vermählt am 13. Juni 1747 mit Maria Antonia Walpurgis von Bayern, Kaiser Karls VII. ältester Tochter (geboren den 18. Juli 1724, gestorben den 23. April 1786).

Friedrich Christian succedirte seinem Vater den 5. October 1763 in der Chur und starb den 17. December desselben Jahres. Von seinen Kindern waren im Jahr 1756 am Leben:

   a) Friedrich August, geboren den 23. December 1750, gestorben den 5. Mai 1827, der erste König von Sachsen.

   b) Carl, geboren den 24. September 1752, gestorben den 8. September 1781.

   c) Joseph, geboren den 26. Januar 1754, gestorben den 25. März 1763.

   d) Anton, geboren den 27. December 1755, starb als König von Sachsen am 6. Juni 1836.

2) Maria Amalia, geboren den 24. November 1724, vermählt am 19. Juni 1738 mit Carl VII.,

König beider Sicilien (später Carl III. von Spanien), gestorben den 27. September 1760.
3) Maria Anna, geboren den 29. August 1728, vermählt den 9. Juli 1747 mit Maximilian Joseph, Churfürst von Bayern, gestorben den 17. Februar 1797.
4) Xaver, geboren den 25. August 1730, der spätere Administrator von Chursachsen während der Minderjährigkeit Friedrich Augusts, gestorben den 21. Juni 1806.
5) Maria Josepha, geboren den 4. November 1731, vermählt den 9. Februar 1747, mit Ludwig Dauphin von Frankreich, gestorben den 13. März 1767.
6) Carl, geboren den 13. Juli 1733, der spätere Herzog von Curland, gestorben den 16. Juni 1796.
7) Maria Christina, geboren den 12. Februar 1735, später Aebtissin von Remiremont, gestorben den 19. November 1782.
8) Maria Elisabeth, geboren den 9. Februar 1736, gestorben den 24. December 1818.
9) Albert, geboren den 11. Juli 1738, der spätere Herzog von Sachsen-Teschen, Gemahl der Erzherzogin Christine, ältester Tochter der Kaiserin Maria Theresia, gestorben den 10. Februar 1822.
10) Clemens, geboren den 28. September 1739, der spätere Churfürst von Trier, gestorben den 27. Juli 1812, und

11) Kunigunde, geboren den 10. November 1740, später Aebtissin von Essen und Thorn, gestorben den 8. April 1826.

DAS GEHEIME CABINET

dirigirt von dem Geheimen Cabinets-Minister Heinrich Grafen von Brühl als Premier-Minister, zerfiel in drei Departements: Das Domestique-, Militaire- und Etranger-Departement.

Ausser Brühl waren noch

Geheime Cabinets-Minister:
1) Joseph Anton Gabaleon Graf von Wackerbarth, Obersthofmeister des Churprinzen.
2) Alexander Joseph Fürst von Sulkowski, (in Ungnade auf seinen Gütern lebend, ausser Activität).
3) Johann Adolph Graf von Loss, früher Botschafter in Paris.
4) Rupert Florian von Wessenberg, Freiherr von Ampringen, Oberhofmeister der Königin.

Conferenz-Minister

waren nach ihrer Anciennetät:
Der schon genannte Graf von Wackenbarth,
Der schon genannte Graf von Brühl,
Friedrich Gotthard von Bülow, damals Gesandter in Berlin,
Der schon genannte Wessenberg,

Johann Friedrich Graf von Schönberg.
Christian Graf von Loss,
Carl August Graf von Rex.
Hugo Wilhelm Freiherr von Wetzel, der Obersthofmeister der Churprinzessin, und Wilhelm August, Graf von Stubenberg.

DAS GEHEIME CONSILIUM

bestand aus:
Brühl und den vier Conferenz-Ministern,
Graf Schönberg,
Graf Christian von Loss,
Graf Rex und
Graf Stubenberg.
Diese hiessen die „wirklichen Geheimen Räthe, so die Session haben."

I.
FRIEDRICH AUGUST GRAF RUTOWSKI,
K. Polnischer und Chursächsischer General-Feldmarschall,

ein natürlicher Sohn des Königs August II., geboren den 19. Juni 1702. Seine Mutter war Fatima, eine Türkin, bei dem Sturm von Ofen von dem Brandenburgischen General von Schöning, der später in Sächsische Dienste übertrat, aufgefunden. Dieser brachte das Kind nach Berlin, liess es dort taufen und schenkte es der Frau von Prebendowska, geborne von Flemming, Schwester des Sächsischen

Generalfeldmarschalls, deren Gemahl der bekannte Kastellan von Kulm, später Woyewode von Marienburg und Krongrossschatzmeister von Polen war. Fatima wurde an den Oberstlieutenant von Spiegel verheirathet, nachdem sie dem Könige einen Sohn und eine Tochter geboren. Der Sohn erhielt den Namen Rutowski (nach der Raute im Sächsischen Wappen.)

Er ward in Paris erzogen und trat später in die Dienste des Königs Victor Amadeus von Sardinien.

Dort befand er sich, als der natürliche Sohn dieses Königs, der Graf von Saint Gile, Polnischer Kammerherr, mit dem damaligen Sächsischen Geheimen Cabinets-Minister und Oberkammerherrn Grafen Vitzthum in Streit gerieth.

St. Gile wurde arretirt und auf die Pleissenburg gebracht, aber auf Verwendung Rutowskis wieder freigelassen. Diese Freilassung ermöglichte das unglückliche Duell, in welchem der Graf Vitzthum erschossen wurde. Diess der Anlass, warum Rutowski den Sardinischen Dienst verliess. Der König, sein Vater, hatte ihm bereits im Jahr 1725 den Obersten-Charakter verliehen und ernannte ihn jetzt nach seiner Rückkehr zum Commandanten eines Cavallerie-Regiments, verlieh ihm den weissen Adlerorden und avancirte ihn 1727 zum General-Major. Als König Friedrich Wilhelm von Preussen 1728 nach Dresden kam, überredete er Rutowski, in seine Dienste zu treten. Er übernahm dass Commando des in Berlin stehenden Lottum'schen Infanterie-Regiments, wurde aber des Preussischen Dienstes bald überdrüssig und trat 1729 wieder in den Sächsischen zurück. Er commandirte die sogenannte grosse Polnische Garde, das Grenadier-Leibgarde-Regiment unter andern auch im Lager von Mühlberg. Nach dem Tode Augusts II. im Polnischen Erbfolgekriege folgte Rutowski dem König August III. 1734 nach Polen, trat als Volontair in das Russische Lager von Danzig ein; als aber die Sächsischen Truppen unter dem Herzog Johann Adolph von Sachsen-Weissenfels anlangten, that General-Major Rutowski mit denselben seinen Dienst und zeichnete sich bei der Eroberung von Weichselmünde besonders aus. Nach der Eroberung von Danzig ging er als Volontair an den Rhein und wohnte der Belagerung von Philippsburg, die Prinz Eugen nicht verhindern konnte, im Kaiserlichen Lager bei. Dort waren damals noch zwei andere hohe Volontairs, wie bekannt, der König von Preussen und sein Kronprinz, der spätere Friedrich II. Im Jahre 1735 machte Rutowski unter dem General Grafen von Friesen den Feldzug wider die Franzosen mit, übernahm 1736 das Commando der Garde du Corps und war, als der König am 7. October desselben Jahres zu Hubertusburg den militärischen St. Heinrichsorden stiftete, einer der Ersten, der damit begnadigt wurde. Im Jahre 1737 ging er als General-Lieutenant mit den Sächsischen vom Graf Sulkowski commandirten Truppen nach Ungarn, um jenem unglücklichen Feldzuge wider die Türken beizuwohnen. In dem Treffen am Timok, wo Graf Khevenhüller bekanntlich von den Türken stark bedrängt wurde (27. September), fand Rutowski Gelegenheit, sich hervor zu thun und übernahm, nachdem Sulkowski nach Sachsen zurückgegangen, General von Friesen aber gestorben war, das Obercommando des Sächsischen Corps. Im Januar 1738 nach Dresden zurückgekehrt, ward er zum General der Cavallerie und zum Commandanten der 1200 Mann Sachsen ernannt, welche der König nach seiner Wahlcapitulation in Polen halten durfte, an der Stelle des in Ungnade gefallenen Grafen Sulkowski. Am 4. Juni 1739 vermählte er sich in Dresden mit Amalia Louise, des Kronschwertträgers und General-Lieutenants Jacob Alexander Fürsten von Lubomirskis dritte Tochter. Fürst Lubomirski war mit der ältesten Tochter des bereits erwähnten Geheimen Cabinets-Ministers Grafen Vitzthum, Henriette Charlotte, vermählt. Gouverneur von Dresden 1740, übernahm Rutowski 1741 das Commando der nach Böhmen einrückenden Sächsischen Armee. Er entschied den Sturm von Prag am 26. November, indem er den Franzosen und Bayern erklärte, er werde, wenn sie nicht den Angriff wagen wollten, allein angreifen. Die Hauptrolle bei der Ausführung übernahm bekanntlich Rutowskis Halbbruder Moritz, der spätere Marschall von Sachsen. Die Einnahme von Prag galt für die erste glänzende Waffenthat des jungen, damals schon in der Französischen Armee dienenden Helden. Bei der Mobilmachung vom Jahre 1744, wo die Sächsische Armee zuerst drei Lager bezog, eins zu Pirna, das andere zu Freiberg und das dritte zu Chemnitz, commandirte Rutowski das Lager zu Pirna.

Als darauf der Herzog Johann Adolph zu Sachsen-Weissenfels, nachdem man den Preussischen Durchmarsch vergeblich zu hindern gesucht, sich mit 20000 Mann mit der Oesterreichischen Armee verband, blieb Rutowski in Dresden, um dort die Armeeverwaltung zu leiten. Auch dem Feldzuge 1745 und der unglücklichen Schlacht von Hohenfriedberg hat er nicht beigewohnt. Im Juli 1745 bezog er ein zwischen Merseburg und Leipzig abgestecktes Lager und übernahm nach dem Rücktritt des Herzogs von Weissenfels das Commando. In der unglücklichen Schlacht von Kesselsdorf, welche dem zweiten Schlesischen Kriege ein Ende machte, commandirte Rutowski zum ersten Male *en chef*. Der Ausfall der Sächsischen Garden, der die Sächsischen Geschütze unwirksam machte, entschied bekanntlich den Preussischen Sieg. 1749 zum General-Feldmarschall über die gesammte Sächsische Armee ernannt, hatte er Gelegenheit, sich um deren

Organisation Verdienste zu erwerben, deren wir später zu gedenken haben werden.

Im Jahre 1755 hatte er das Unglück, seinen einzigen Sohn zu verlieren, der, 15 Jahre alt, an den Blattern starb.

Bei der Preussischen Invasion im Jahre 1756 commandirte er das Lager von Pirna und unterzeichnete am 16. October die Capitulation der Sächsischen Armee.

Als der König nach dem Hubertusburger Frieden 1763 aus Polen zurückkehrte, legte Rutowski alle seine Chargen nieder. Er starb am 16. März 1764 zu Pillnitz, 62 Jahre alt.

Die „genealogischen Nachrichten," Th. 37, p. 526, sagen von ihm: „Er nahm den Ruhm mit in das Grab, dass er ein grosser Menschenfreund gewesen und Niemanden leichtlich nach Art der Kriegsbefehlshaber Gewalt und Unrecht gethan. Er stellte eine ansehnliche Person für, sah seinem grossen Vater sehr ähnlich und gab sowohl einen guten Kriegs- als Hofmann ab."

II.

Ihre Durchlaucht

JOHANN GEORGE CHEVALIER DE SAXE,

General der Cavallerie,

natürlicher Sohn Augusts II. und der Fürstin Lubomirska, geborne von Bockum, der geschiedenen

Gemahlin des Polnischen Oberkammerherrn Georg
Dominik Fürsten Lubomirski, welche, zur Fürstin
von Teschen erhoben, den Herzog von Württemberg nach der Geburt des Chevaliers de Saxe heirathete. Dieser ist 1705 geboren und am 25. Februar
1774 gestorben. Er war Inhaber des Regiments
Garde du Corps, commandirte die Cavallerie als wirklicher General im Lager bei Pirna und übernahm
nach dem Hubertusburger Frieden im Mai 1763 als
General-Feldmarschall das Commando der Sächsischen Armee, welches er bis zu seinem Tode führte.

III.
HEINRICH VON BRÜHL,

seit 1737 durch Kaiser Carl VI. in den Grafenstand des heiligen Römischen Reichs erhoben, war
bei Ausbruch des siebenjährigen Krieges: Premier-, Geheimer Cabinets- und Conferenz-Minister, Polnischer General-Feldzeugmeister,
Sächsischer wirklicher Geheimer Rath, General der Infanterie, Oberkammerherr, Oberkämmerer, Kammerpräsident, Ober-Steuer-
General-Accis-, Oberrechnungs-Deputations-
Berg- auch Stifts Merseburgischer, auch Naumburgischer Kammer-Director, General-Commissarius der Baltischen Meerespforten, Chef
und Obercommandant der Parforcejagd; Dom-

herr zu Meissen, Domprobst zu Budissin, Commandeur der Sächsischen Reiterei in Polen, Oberster eines leichten Reiter- und eines Infanterie-Regiments, Grosskreuz des Polnischen weissen und des Preussischen schwarzen Adlerordens, sowie des Russischen St. Andreasordens.

Er ist geboren am 13. August 1700. Vater: Hans Moritz von Brühl auf Ganglöff-Sömmern, Sächsisch-Weissenfelsischer Geheimer Rath, Oberhofmarschall und Landeshauptmann des Fürstenthums Querfurth. Mutter: Erdmuthe Sophia, des Schwedischen Obersten und Churpfälzischen Kammerherrn Georg Peter von der Heide Tochter.

Den jung unter die Königlichen Pagen Aufgenommenen erhob August der Starke zuerst zu seinem Leibpagen, 1726 zum Kammerjunker und bald darauf zum Kammerherrn und Geheimen Kämmerer; als solcher erhielt Brühl bereits 1730 im Lager von Mühlberg den schwarzen Adlerorden. 1731 zum Ober-Steuer-Einnehmer und General-Accis-Inspector ernannt, ward er im October desselben Jahres in das wirkliche Geheime Raths-Collegium aufgenommen, wobei ihm das Domestique-Departement besonders anvertraut wurde. Er war daher, als König August II. starb, Haus- und Finanzminister und Minister des Innern, wie wir es heute nennen würden.

Nach dem Sturze des Fürsten Sulkowski (1738)

liess er sich nach und nach zu den oben angeführten Aemtern und Würden ernennen.

Der König schuf für seinen Günstling den bisher unbekannten Posten eines Premier-Ministers, als er ihm am 22. September 1746 diesen Titel beilegte. Factisch war der General-Feldmarschall Graf Flemming unter August II. Premier-Minister gewesen, auch vor ihm der Graf Beichling. Beide hatten sich aber mit dem Range von Geheimen Cabinets-Ministern begnügt.

Nach der Katastrophe von 1756 begleitete Graf Brühl den König nach Polen, kehrte nach dem Hubertusburger Frieden, schon schwer erkrankt, mit Sr. Majestät im April 1763 nach Dresden zurück, ging von da mit dem Könige im Juli nach Teplitz, konnte auch noch im August das Ordensfest des weissen Adlers in seinem Garten begehen, dem am 17. August eröffneten Landtag aber schon nicht mehr beiwohnen.

Er starb drei Wochen nach dem Könige, am 28. October Nachmittags 5 Uhr in seinem Palais zu Dresden, nachdem er seine Entlassung eingereicht und erhalten hatte.

Der Sage, dass er Katholik geworden, widersprach er durch die That; er liess sich auf seinem Sterbebette das heilige Abendmahl aus den Händen des Oberhofpredigers auf evangelische Weise reichen. In Polen hatte er sich als Katholik gerirt und es dadurch ermöglicht, das dortige Indigenat zu erlangen.

Vermählt war Graf Brühl mit Franziska Maria Anna, Tochter Maximilian Norbert Krakowski's, Grafen von Kolowrath, Kaiserl. wirklicher Geheimer Rath, Oberappellationsgerichts-Präsident und Oberst-Landeskämmerer im Königreich Böhmen, dessen Gemahlin und Wittwe: Anna Therese, geb. Freiin von Stein, seit 1730 der Königin von Polen Oberst-Hofmeisterin war. Die nachherige Gräfin Brühl war mit ihrer Mutter in ihrem dreizehnten Jahre nach Dresden gekommen. Sie war geboren den 2. April 1717 und starb zu Warschau am 14. Mai 1762, 45 Jahre alt. „Sie war eine leutselige und gutthätige Dame, von einem sehr lebhaften und munteren Geiste und hatte sich durch ihre persönlichen Eigenschaften und holdseligen Manieren Aller Herzen zu eigen gemacht."[1] Sie hatte ihrem Gemahle fünf Söhne und fünf Töchter geboren, von welchen die Letzteren alle jung starben, bis auf die zweite, Maria Amalie, seit dem 14. Juli 1750 mit dem Polnischen Kron-Hofmarschall Grafen Georg von Mniszcech vermählt.

IV.

CARL GEORG FRIEDRICH GRAF VON FLEMMING,

Sohn Felix Friedrichs Grafen von Flemming auf Iven, Preussischer Geheimer Rath und Erblandmarschall in

---

[1] Fortgesetzte neue historisch-genealogische Nachrichten, Leipzig 1763, 13. Theil, pag. 464 u. f.

Pommern und der Gräfin Dorothea Sophia, geb. Freiin von Flemming, ist geboren den 29. November 1706. Er trat in Sächsische Dienste, wurde 1732 Kammerherr, Obrist und Generaladjutant Königs August II.; im Jahre 1737 wirklicher Geheimer Kriegsrath, 1742 Generalmajor, 1746 Generallieutenant, ging im Februar 1741 als Gesandter nach Turin, von da im December 1742 bis December 1751 nach London in gleicher Eigenschaft. Während der Zeit vermählte er sich am 22. September 1745 zu Wölkau mit Henriette Charlotte Fürstin Lubomirska, einer Tochter des Kronschwertträgers Jacob Alexander Lubomirski, einer Schwester der Gräfin Rutowska und Nichte der beiden Grafen Vitzthum (siehe sub VI. und VII.). Im Jahr 1752 ward Flemming, dessen Name aus den *Pièces justificatives* des „*Mémoire raisonné*" (Nr. XII., XIII., XXVII., XXVIII. und XXIX.)[1] bekannt ist, nach Wien versetzt; 1755 zum wirklichen Geheimen Rath, 1760 zum Geheimen Cabinetsminister und Ritter des weissen Adlerordens ernannt. Churfürst Friedrich Christian übertrug ihm das Departement der ausländischen Staatsaffairen im Geheimen Cabinet, nachdem er am 17. October 1763 der Kaiserin Maria Theresia sein Abberufungsschreiben überreicht hatte. Diese wahrheitsliebende Fürstin giebt dem scheidenden Staatsmanne, den sie in den eilf bewegtesten Jahren Ihrer Regierung kennen

---

[1] Oeuvres IV. S. 61 und ff.

zu lernen Gelegenheit gehabt, das nachstehende schöne Zeugniss:

„*Je vous félicite*," schreibt die Kaiserin eigenhändig am 10. October 1763, also wenige Tage vor Flemmings Abschiedsaudienz, an die Churfürstin Maria Antonia von Sachsen — „*je vous félicite sur le choix de Flemming. C'est un très honet homme, pense bien, a beaucoup des talents, mais il est vife et ferme.*"[1]

Flemming starb als Staatssecretär und General der Infanterie am 19. August 1765, 61 Jahre alt.[2]

V.
CARL SIGISMUND VON ARNIM,

Königlich Polnischer und Chursächsischer General der Cavallerie, Chef eines Cürassier-Regiments, Ritter des russischen St. Andreas-Ordens auf Neusorge und Frankenau, geboren am 17. August 1700, starb zu Neusorge 1773. .Er war vermählt den 25. November 1746 mit Charlotte Henriette Gräfin von Hoym aus dem Hause Droissig, einer Nichte der Gräfin Rahel Charlotte Vitzthum und einer Schwester der ersten Gemahlin des Grafen Ludwig Siegfried Vitzthum (sub VII.), geboren den 21. November

---

[1] Maria Antonia Walpurgis, Churfürstin zu Sachsen, von Dr. Carl von Weber. Dresden 1857. I. 143.

[2] Fortgesetzte Neue Genealogisch-historische Nachrichten, 82. Theil, S. 764.

1726, gestorben den 23. Februar 1766. Er commandirte im Lager von Pirna den rechten Flügel der Cavallerie und war im Jahr 1750 Gesandter in Petersburg gewesen. (S. X. und XVII. der *„Pièces justificatives,"* Oeuvres IV. p. 59.) Seine denkwürdige Unterredung mit Friedrich II. am 15. September 1756 geben wir im VI. Abschnitte wieder. Er verhandelte auch mit dem Könige von Preussen am 15. October desselben Jahres, wie wir im VIII. Abschnitt darlegen werden.

VI.
JOHANN FRIEDRICH GRAF VITZTHUM VON ECKSTÄDT,

Churfürstlich Sächsischer Generallieutenant der Cavallerie, auf Wölkau, Tiefensee, Reibitz etc., geboren 1712, gestorben 1786.

Der Autor der S. 51 u. ff. wiedergegebenen Briefe, auf dessen Zeugniss wir uns noch mehrfach zu berufen haben werden, bedarf einer etwas ausführlicheren Beglaubigung.

Johann Friedrich hatte, wie sein Vater und sein Bruder, die Gewohnheit, alle Französischen und Lateinischen Briefe und Urkunden „*Vicedom,*" alle Deutschen „*Vitzthum,*" auch wohl „*Vitzthumb*" zu unterzeichnen.

Zur Erläuterung dieser Eigenthümlichkeit, welche es oft schwer gemacht hat, die Identität des Schreibenden sofort zu erkennen, schicken wir eine kurze genealogische Notiz voraus.

Die Vitzthume stammen aus Thüringen. Eine Familiengeschichte existirt nicht. Es liegt uns jedoch ein ziemlich starkes Fascikel handschriftlicher Mittheilungen aus dem Anfange des vorigen Jahrhunderts vor, mit kritisch beleuchteten Abschriften älterer Urkunden. Wir beschränken uns auf die Hauptdaten. Der eigentliche Geschlechtsname ist Eckstädt (Ekestete, Hekstete). Der Stammsitz: das anderthalb Meilen von Erfurt entfernte Dorf Eckstädt, ein uralter Rittersitz. Das Wappen: zwei durch einen metallenen Querbalken verbundene rothe Längebalken, ein Doppelkreuz auf goldenem Felde — *armes parlantes* — wie alle alten Wappen, giebt über die Etymologie des Namens keinen bestimmten Aufschluss. Das Doppelkreuz kann nämlich eben so gut eine Egge, Ecke *(herse)* als einen Zaun, Hecke *(haie)* bedeuten, jedenfalls eines von Beiden. Den Helmschmuck, eine rothe Hunnenmütze, haben die Vitzthum mit mehren alten Sächsischen Geschlechtern gemein, z. B. mit den Gersdorff und Bose. Der Sage nach soll der Schmuck aus der Hunnenschlacht bei Merseburg stammen. Alte Genealogen fabeln von einem Fränkischen Ursprunge, von einem Grafen von Orleans, der sich in Thüringen ansässig gemacht und dort unter den Fränkischen Kaisern das Amt eines kaiserlichen Vicedominus verwaltet habe. Aber die kaiserlichen Statthalter hiessen bekanntlich Land- oder Pfalzgrafen; während die geistlichen Herren vorzugsweise für ihre weltlichen Güter und Gerechtsame *Vicedomini*, Statthalter, Schirmherrn (französisch *Vidam*) ernannten. Dass die Erzbischöfe und später die Churfürsten von Mainz einen Theil der Stadt Erfurt und mehrere umliegende Aemter und Gerechtsame in Thüringen besassen und diesen Besitz aus einer Schenkung, welche Kaiser Otto II. seinem Bruder Wilhelm, Erzbischof von Mainz, gemacht haben soll (die sogenannte *donatio Ottonia*), herleiteten, ist gewiss; gewiss auch, dass Otto III. diese Schenkung im Jahre 997 bestätigte; ebenso gewiss, dass diese Güter und Gerechtsame noch bis in das siebzehnte Jahrhundert hinein durch weltliche Herren, welche den Amtstitel: *Vicedominus* führten, verwaltet wurden. Wenn nun die beiden Guden, welche das Stadtschultheissen-Amt in Erfurt bekleideten, in ihren Chroniken aus den alten Urkunden, die ihnen vorlagen, die Thatsache extrahiren, dass im Jahre 1192 Bertoldus, auch Berlt, *Miles de Ekstete*, *Vicedominus* in Erfurt gewesen und dass das Amt seitdem in dessen Geschlechte erblich geworden, so scheinen sie jedenfalls für die Behauptung, dass diess der Ursprung des Doppelnamens, der „*stirps nobilissima, quae nomen (Vitzthum) a munere traxit*" die grössere Wahrscheinlichkeit für sich zu haben. Nach einer Deutschen bei

Gudenus abgedruckten Urkunde von 1342 verkauften die sämmtlichen damals lebenden Glieder des Eckstädtischen Geschlechts (alle mit ihren Frauen namentlich aufgeführt) das *Vicedominat* (Vizdumanicht) in Erfurt, mit welchem sie sonach in der gesammten Hand beliehen gewesen sein müssen, an den Erzbischof von Menze (Mainz) für 300 Mark „loitiges" Silber und behielten nur den Namen.[1] Dass aber, noch ehe es ganz in Gebrauch kam, den erblichen Titel als Namen zu brauchen, ein Zweig des Eckstädtischen Stammes sich in Apolda (Apfelstadt) bei Weimar ansässig machte und sich seit dem Ende des vierzehnten Jahrhunderts *Vitzthum von Apolda* schrieb, hat den Zweifel hervorgerufen, ob beide Linien Eines Stammes sind. Der Zweifel wird dadurch vermehrt, dass die von Apolda dem alten Stammwappen ein neues substituirten: einen Apfelzweig. — Es lässt sich aber dieser Zweifel documentarisch widerlegen, da noch in Urkunden des vierzehnten Jahrhunderts mehrfach der Amtstitel ganz weggelassen und von Rittern von Eckstädt zu Apolda, oder „genannt Apolda" *(Miles de Ekstete dictus de Apoldiu)* gesprochen wird. So war z. B. „*Henricus de Ekstett dictus de Appoldia*" Vicedominus in Erfurt im Jahre 1308.

[1] Joannis Mauritii Gudeni Historia Erfurtensis etc. Dudestadii 1675 (p. 34—37). Codex diplomaticus anecdotorum, res Moguntinas, Francicas ect. Val. Ferd. S. R. J. Liber Baro de Gudenus Francofurti et Lipsiae MDCCLVIII. (p. 842—845.)

Die Vitzthum von Apolda spielen bekanntlich eine Rolle im Sächsischen Bruderkriege. Der „böse" Apel machte den Herzogen zu Sachsen viel zu schaffen. Er ist der Urheber des Sächsischen Prinzenraubes. Kunz von Kauffungen war Apels „Mann." Er vertheidigte sich Monate lang auf seiner Feste Coburg gegen die Sächsischen Truppen; erwarb später die Herrschaft Teplitz und gelangte erst nachdem er Urfehde geschworen, wieder, zum Theil wenigstens, in den Besitz seiner Sächsischen und Thüringischen Güter. Die Hoheitsrechte, welche er mit Recht oder Unrecht ausgeübt, gingen aber dem Geschlechte für immer verloren, und die Vitzthum sind seitdem den Herzogen und Churfürsten zu Sachsen getreue Vasallen geblieben. Der letzte der Apoldaer Linie, Rudolph, der 1639 in Dresden starb, ist bekanntlich der Gründer der heute noch blühenden Familienstiftung, des Vitzthumschen Gymnasiums zu Dresden. Er ernannte in seinem Testamente den Urgrossvater Johann Friedrichs zu seinem Universal-Erben und bestätigte darin die oben nachgewiesene Thatsache des gemeinsamen Ursprungs beider Linien. Denn dieser Erbe war der Enkel Georgs, unter Churfürst Moritz Hofmarschall und Obrister der Leibgarde zu Ross, später Statthalter zu Weissenfels und Oberhauptmann in Thüringen (gestorben 1573), welcher noch im Besitze des alten Stammsitzes war und sich „von und *uff*" Eckstädt und Cannewurf unterzeichnete.

Johann Friedrichs Grossvater, Christoph, Kammerherr unter Johann Georg II. (geboren 1633, gestorben 1711), erwarb 6. October 1659 laut Kauf-Confirmationsurkunde vom 23. Februar 1660 das Rittergut Wölkau (Schön-Wölckau, Welka, Welkau), zwei Meilen von Leipzig im Preussischen Herzogthum Sachsen, früher im „Leipziger Kreise" gelegen. Christoph wurde der Stifter der Wölkauer, jetzt gräflichen, der sogenannten Hauptlinie des Geschlechts.

Er hatte mit zwei Frauen sechsundzwanzig Kinder gezeugt, deren Namen und Pathen in der alten noch vorhandenen Familienbibel gewissenhaft eingetragen sind.

Nur fünf Söhne und drei Töchter überlebten den Achtundachtzigjährigen, und schlossen 1712 einen Erbvertrag ab, nach welchem der dritte Sohn, Friedrich, die schon ansehnlich arrondirten Wölkauer Güter übernahm.

Friedrich, der bekannte Geheime Cabinets-Minister und Oberkammerherr August des Starken, Reichsgraf seit 1711 (geboren 1675, gestorben 1726), hat das jetzige Schloss gebaut und den Garten angelegt, auch ein auf Wölkau haftendes Geldmajorat errichtet, um seinem Erstgebornen die Uebernahme der Wölkauer Güter zu erleichtern.

Als Graf Friedrich am 13. April 1726 in einem Pistolenduell zu Pferde unweit Warschau von dem

Grafen St. Gile erschossen ward,[1] war sein ältester Sohn Johann Friedrich vierzehn Jahre alt und dessen zur Vormünderin ernannte Mutter Rahel Charlotte, geb. Gräfin von Hoym, übernahm mit geschäftskundiger Hand die Verwaltung des sehr ansehnlichen Grundbesitzes.

Geboren am 24. Juni 1712, trat Johann Friedrich mit siebenzehn Jahren als Cornet mit Rittmeistersrang in die Garde du Corps. Wir besitzen von ihm einen eigenhändigen Lebensabriss d. d. Leipzig den 13. Februar 1779, aus welchem wir Folgendes hervorheben:

Nachdem er darin „Gott für die Gnade gedankt, die er ihm erzeigt, weil er ihn habe von Eltern geboren werden lassen, deren Familie zu allen Zeiten sowohl als ihre Person in gutem Rufe gewesen," erwähnt er, wie die Umstände es denn auch gestattet hätten, ihm eine sehr gute Erziehung zu geben und ihn in sehr glückliche Vermögensverhältnisse zu setzen. „Nebst diesen Vortheilen" — fährt er fort — „hat mir Gott einen sehr gesunden Körper und gute Gestalt, auch gesunden Verstand und, ohne mich zu rühmen, ein gutes Herz gegeben, welche sämmtlichen natürlichen Vortheile mir von meiner ersten Jugend an viele gute Freunde zugezogen haben. Die grosse Welt, welche ich kenne und in welcher ich von Jugend auf gelebt, hat mich

---

[1] S. von Weber „Aus Vier Jahrhunderten." Neue Folge. 1. Band, S. 215 f.

zwar oft zerstreut, aber in Vergleichung anderer jungen Leute niemals zu grossen Ausschweifungen verleitet, obgleich ich auch die ausgeübten bereue. Liebe zur Religion, zur Wahrheit, Aufrichtigkeit und Dienstfertigkeit habe ich von meiner ersten Jugend an zum Augenmerk gehabt, und diese Gesinnung hat mir die Gesellschaft und das Vertrauen rechtschaffener Leute zu allen Zeiten eröffnet."

Auf der Universität Leipzig hat er zwei Jahre lang, wie er sagt, „nicht mit dem gehörigen Fleisse, doch nicht ganz ohne Nutzen studirt" und ist dann einige Jahre „in fremden Landen mit guten Recommandationen gereist." 1730 Rittmeister bei dem Churfürstlich Sächsischen Carabinier-Regiment, marschirte er 1733 mit demselben nach Polen, wohnte den Campagnen von 1734 und 1735 bei der Kaiserlichen Armee im Reiche bei, avancirte 1736 zum Oberstlieutenant mit Oberstencharakter bei der Garde du Corps und begleitete 1737 den Grafen Rutowski als Volontär nach Ungarn. 1741 stand er mit der Garde du Corps in Böhmen, machte 1743 eine Campagne bei der Französischen Armee im Reiche mit, wurde 1744 mit der Garde du Corps zu der Königlichen Wache nach Warschau commandirt, war also 1745 während der Schlacht von Kesselsdorf nicht in Sachsen. In demselben Jahre avancirte er zum Generalmajor, 1752 zum Generallieutenant und „wirklichen" Obersten der Garde du Corps.

Ueber seine Lebensweise schreibt er: „In Friedenszeiten habe ich bei der Dienstleistung einige Monate im Jahre auf meinen Gütern, mehrentheils aber nach Umständen meines Dienstes in Dresden zubringen können und also die Weltläufe um soviel mehr mit nützlichen Betrachtungen kennen lernen, als meine Blutsfreunde, Anverwandten und Vorgesetzten in denen grössten Chargen standen, ich aber derselben vertrautester Freund war."

Im Jahr 1752 vermählte er sich mit Erdmuthe Dorothea Magdalene verwittwete von Schönfeld, Erbtochter des mit ihr ausgestorbenen uralten Geschlechts der von Fullen, welche ihn, „ohne einige Rücksicht auf ihre ansehnlichen Vermögensumstände, durch ihre Tugend sowohl als gutes Herz, Verstand und mannigfaltige andere gute Qualitäten zu einem derer glücklichsten Ehemänner gemacht habe." Darüber, dass seine Ehe kinderlos blieb, tröstet er sich, „da man Kinder oftmals misslingen sehe, und diese bei ihrem Leben, wenn sie auch wohl gerathen, durch so viele Proben und mancherlei Zufälle und vielfältige Begebenheiten gehen müssen, dass Eltern, welche keine Kinder haben, auch nicht zu beklagen." Im Jahre 1756 commandirte Johann Friedrich im Lager von Pirna den rechten Flügel der Cavallerie unter General von Arnim und musste nach der Capitulation den Revers unterschreiben, in diesem Kriege nicht mehr wider Preussen zu dienen. Er blieb auf seinen Gütern und suchte dort die

Calamitäten des Krieges bestmöglichst zu mildern. Im Jahre 1759 wurde er als Geisel für den Leipziger Kreis aufgehoben. Friedrich II. erklärte aber, dass diess nur aus Versehen geschehen, da ein Kriegsgefangener nicht zugleich Geisel sein könne. Er wurde daher entlassen, hatte aber dadurch Gelegenheit gefunden, einen Einblick in gewisse Unterschleife zu erhalten, welche ihm später nach dem Hubertusburger Frieden noch, da er sie natürlich anzeigte, Ungelegenheiten bereiteten. Er fiel in Folge des sehr bewegten Landtags 1766 bei dem Administrator von Chursachsen Prinzen Xaver in Ungnade, weil er den Ministern dieses Prinzen zu heftig opponirt hatte. Seine Ungnade theilte übrigens bekanntlich der Geheime Cabinets-Minister Graf Einsiedel. Als der junge Churfürst Friedrich August zur Regierung kam, bewährte er sich auch Vitzthum gegenüber als den „Gerechten." Er forderte ihn Selbst auf, wieder auf dem Landtage zu erscheinen und ernannte ihn nach dem Ableben des Generallieutenants v. Plöz 1778 zum Gouverneur von Leipzig, wo er am 16. October 1786 allgemein beliebt und verehrt am Schlagflusse starb. Er war unter andern ein Freund Gellerts, der viel in seinem Hause verkehrte.[1]

[1] Quellen: Wölkauer Archiv und Kirchenbuch. S. auch „Christian Fürchtegott Gellerts Briefwechsel mit Demoiselle Lucius," Leipzig, Brockhaus 1823, und „Gellerts Briefe an Fräulein Erdmuth von Schönfeld, 1758—1768." Leipzig, Hirschfeld 1861.

VII.
LUDWIG SIEGFRIED GRAF VITZTHUM VON ECKSTÄDT,

der einzige Bruder des vorhergehenden, geboren den 14. Juli 1716 zu Dresden, studirte nebst seinem Bruder 1728 bis 1736 zu Leipzig, unter der Leitung des rechtsgelehrten Hofrath Welck. Er disputirte öffentlich im April 1736 „*de feudis ligiis*," wobei ihm ein Freiherr von Stein als Respondent diente. Dann ging er auf Reisen, ward 1740 dem Woyewoden von Massovien, Grafen Poniatowski, während dessen Sendung nach Paris als Attaché beigegeben, dann der dortigen Sächsischen Botschaft zugetheilt; 1743 zum Gesandten in Turin ernannt, wo er bis Anfang 1746 blieb, also den Dresdner Frieden erlebte. Vom Juli 1746 bis zum September 1747 war er am Russischen Hofe in gleicher Eigenschaft accreditirt. (Siehe *Pièces justificatives* Nr. III., IV. und XIV.)[1] Die Kaiserin Elisabeth decorirte ihn höchst eigenhändig mit dem Alexander-Newski-Orden und schmückte ihn noch nachträglich im Jahr 1757 mit dem Andreas-Orden. Er konnte das Klima in Petersburg nicht vertragen und musste zur Herstellung seiner Gesundheit in das Bad von Lucca gehen. Von dort zurückgekehrt, vermählte er sich mit Christiane Caroline, geborene Gräfin Hoym aus dem Hause Thallwitz, wurde

[1] Oeuvres IV. S. 45 u. f.

kurz nach seiner Vermählung 1749 nach München gesendet, wo er bis zum Januar 1751 blieb. Unmittelbar nach seiner Majorennitäts-Erklärung hatte er das Gut Otterwisch angenommen und 1753 nach dem Tode seiner Mutter die Lausitzer Güter Skaska, Döbern und Milstrich geerbt. Im Juli 1755 zum wirklichen Geheimen Rath ernannt, übernahm er den Gesandtschaftsposten in Paris bis zum Juni 1757. Seine Gemahlin hatte ihm zuletzt noch in Passy bei Paris eine Tochter geboren, welche jung starb, wie drei vorher geborene Kinder. Sie selbst starb zu Dresden im Februar 1760.

Ludwig Siegfried vermählte sich im Jahre darauf am 22. August 1761 mit Augusta Erdmuthe von Ponikau und Pilgram zu Königsbrück. Er ging nach dem Hubertusburger Frieden und nachdem Graf Flemming das Ministerium des Auswärtigen übernommen, als Gesandter nach Wien, wo er bis zum Jahr 1768 in Function blieb. Im August 1768 zum Oberkammerherrn ernannt, vermählte er sich, nachdem seine zweite Gemahlin 1775 gestorben, zum dritten Male mit der Tochter des Landvoigts in der Oberlausitz, auch Conferenzministers, Herrn von Stammer, Amalie Eleonore Sybilla. Im Jahre 1772 hatte er das für ihn von seiner Schwester Henriette Sophie (der Wittwe des Geheimen Raths Friedrich Carl Grafen von Watzdorff, ältesten Sohnes des Geheimen Cabinetsministers Christoph Heinrich Grafen von Watzdorff) gestiftete

Majorat Lichtenwalde und Auerswalde ererbt. Er starb zu Dresden am 5. December 1777 mit Hinterlassung von drei Söhnen und zwei Töchtern von seiner zweiten Gemahlin; jene sind die Stammväter der jetzt bestehenden drei gräflichen Linien. Seine dritte Gemahlin starb, erst achtundvierzig Jahre alt, am 14. December 1795.

Der Oberkammerherr hatte damals die Verwaltung der berühmten K. Sammlungen in Dresden zu leiten. Wie sein Vater (1714—1726) hat sich Graf Ludwig Siegfried (1768—1777) in dieser Eigenschaft um Kunst und Wissenschaft, namentlich um die K. Bibliothek wahre Verdienste erworben, Verdienste, welche der verstorbene Oberbibliothekar F. A. Ebert in seiner „Geschichte und Beschreibung der K. öffentlichen Bibliothek zu Dresden" (Leipzig, Brockhaus 1822), S. 87, S. 95 u. ff. hervorhebt.[1]

VIII.
AEMILIUS FRIEDRICH VON ROCHOW,

Königlich Polnischer und Chursächsischer General, geboren den 12. December 1692, gestorben zu Wien den 1. September 1759. Er war bereits Oberst, als der Polnische Erbfolgekrieg begann. Der Dienst rief ihn dorthin und er wohnte 1734 der Belagerung von Danzig bei. Als General-Major mit in Ungarn wider

---

[1] Quellen: Die Acten des K. Haupt-Staatsarchivs und das Kirchenbuch von Otterwisch.

die Türken fechtend, zeichnete er sich (28. September 1736) vor Widdin aus. Nach Sachsen zurückgekehrt, ward er General-Inspecteur der Infanterie, wohnte im Ersten Schlesischen Kriege der Belagerung von Prag bei; im Zweiten, als Generallieutenant und Inhaber des Schönbergschen Füsilier-Regiments der Schlacht von Kesselsdorf. Er commandirte als General der Infanterie im Lager von Pirna den rechten Flügel der Infanterie.[1]

IX.

GEORGE CARL, BARON VON DYHERRN,

geboren am 13. April 1710, war im Jahr 1737 mit Rutowski in Ungarn, zeichnete sich am Timok aus und als Major im Jahr 1741 vor Prag, machte 1744 in der Armee des Herzogs von Sachsen-Weissenfels die Campagne in Böhmen gegen die Preussen mit, ward 1745 Oberst von dem von Graf Rutowski formirten Dragoner-Regiment, als solcher bei Hohenfriedberg und Kesselsdorf. Am 18. Mai 1746 zum General-Quartiermeister der Armee ernannt, avancirte er 1752 zum Generalmajor, 1753 zum Chef des Ingenieurcorps und wohnte in dieser Eigenschaft dem unglücklichen Feldzuge von 1756 im Lager von Pirna bei. Am 25. October 1757 zum Generallieutenant befördert, führte er

---

[1] S. Adolph Friedrich August von Rochow, Nachrichten zur Geschichte des Geschlechts der von Rochow etc. (Berlin 1861, S. 137.)

die Sächsischen Regimenter, die sich in Ungarn und Polen gesammelt, durch Oesterreich nach dem Elsass, übernahm unter dem nominellen Commando des Prinzen Xaver den Oberbefehl über das Sächsische Corps im Jahre 1758 und commandirte dasselbe am 13. April in dem siegreichen Treffen bei Bergen, wo er schwer blessirt seinen Tod fand. Er starb wenige Tage darauf in Frankfurt und wurde am 26. April daselbst beerdigt.

ANHANG.

A.

.... Décembre 1756.

Je croyois avoir fini ma correspondance pour l'année 1756, lorsque vous m'avez fait l'honneur, Monsieur, d'en marquer votre satisfaction, et d'exiger de moi quelques notions avec des réflexions. Vous les aurez, puisque vous l'ordonnez, mais elles ne sauroient avoir ordre, et il faudra confondre les temps. Je commence par l'anecdote que le Général Winterfeldt, homme d'esprit et fort ambitieux, qui cherche à plaire à son maître à tout prix, et qui est l'âme damnée du Roi, a fait entrevoir la fin et la réussite de cette guerre, fort aisée et fort courte à son maître. Il a balancé le dérangement des finances de la Saxe, la faiblesse de son armée reduite à 16,500 hommes, de ce qui étoit en Saxe, les illusions qu'on est accoutumé à se faire à cette cour, comme aussi la foiblesse de l'armée autrichienne en Bohême et en Moravie, la désunion du Ministère et des Généraux de la Cour de Vienne et le peu de nerf de ce gouvernement, dans les affaires où il faut de la promptitude. Il a donc balancé tout cela, dis-je, avec l'esprit actif, ardent et habile de son maître, avec la bonté de l'armée prussienne et sa grande discipline. Il a balancé, dis-je, les trésors Prussiens, secondés par les Subsides Anglais avec les mauvaises finances de l'Impératrice, qui n'a jamais de fonds suffisants pour les extraordinaires, et dont l'état civil et militaire ne vit que du jour à la journée. Ajoutez à cela le secret impénétrable du roi de Prusse, pendant que celui-ci est instruit de tous les projets de la Cour de Vienne. Vous le savez mieux que moi, Monsieur. Pour se bien mettre au fait de tout, il faut vous dire que le Général Winterfeldt a fait un petit séjour à Dresde, a fait connoissance avec quelques officiers saxons, a frequenté la Cour, et a passé au Carlsbad, sous prétexte d'indisposition. Se croyant bien au fait de ce qui l'intéressoit, il a rapporté à son Maître, qu'il s'étoit fait un parti parmi les officiers saxons, que ceux-ci, de même que l'armée, ne demandoient pas mieux, que de se joindre à celle de Prusse pour combattre contre les Autrichiens. Que le Roi feroit une douce violence aux officiers et au soldat, en les forçant de prendre son service, supposé que le Roi de Pologne et son ministère, voulussent maintenir l'alliance Autrichienne. Que les finances étoient abîmées en Saxe, que l'armée n'étoit pas payée et que le souverain de même que son ministre vivoient dans la plus grande sécurité. Que le Roi de Prusse pénétreroit très aisément en Bohême après avoir fini les affaires en Saxe, où on ne demandait pas mieux selon lui que de se laisser forcer, et que ce seroit une affaire de

8 ou 15 jours, et qu'il forceroit l'Impératrice, avant la fin de l'année, à signer des conditions de paix, telles que le Roi les exigeroit, puisque rien ne l'empêchoit de pénétrer jusqu'aux portes de Vienne, avec son armée de plus de 100,000 hommes, qui étoient en Campagne. Que les hommes sont sujets à se tromper! L'agréable perspective de tout cela a emporté le Roi de Prusse et son Général. Quant aux Saxons, il est vrai, que Winterfeldt s'est assuré de quelques mauvais sujets au nombre de 8 ou 9, tel qu'est un certain W., C., G., P. qui ont reçus des patentes du Roi de Prusse trois mois avant la guerre et qui ont été les espions au camp Saxon de Pirna. Mais il s'en falloit beaucoup que Mr. de Winterfeldt en eut pu gagner d'utiles pour son Maître, ou qui eussent du crédit dans l'armée, W. est le seul Lt. Col. à brevet. Tous les autres officiers saxons, excepté les sujets nés du Roi de Prusse, sont restés fidèles à leur Maître, sans que ni promesses ni menaces n'aient pu les séduire et les engager à souiller leur réputation. Les soldats ont suivi en plus grande partie l'exemple de leurs officiers et ils ont soufferts beaucoup, avant que de prêter au Roi de Prusse un serment, qu'ils se proposent de rompre à la première occasion. Il se peut qu'il y ait parmi ceux-ci quelques sujets legers, et même des traîtres, mais le grand nombre sert le Roi de Prusse à regret.

Je crois, que le raisonnement du Roi de Prusse et du Général Winterfeldt étoit plus juste, par rapport aux avantages qu'a le Roi de Prusse sur les Autrichiens. Je suis persuadé, que si le Roi de Prusse ne s'étoit pas arrêté avec les Saxons auprès de Pirna, et qu'il eut accepté les propositions qu'on lui a fait, ce Prince auroit fait rétrograder le Feld-Maréchal Broune en Autriche, aussi loin que le Roi l'auroit voulu. Qu'ayant l'Elbe, il pouvoit faire passer fort en avant en Bohême les munitions de guerre et de bouche, assiéger, bombarder et prendre Prague, marcher au-delà de Tabor, et exiger de toute la Bohême et de la Moravie, des contributions et pousser des partis jusqu'en Autriche. Car je le repète, puisque j'en suis sûr, que le Feld-Maréchal Broune n'avoit que 22,000 hommes lorsque le Roi de Prusse est entré en Campagne.

Le Roi de Prusse auroit pris des quartiers d'hiver en Bohême et l'Impératrice auroit consenti à des conditions bien dures avant le printemps étant dans l'incertitude des secours de la France et de la Russie, deux puissances, qu'on a eu bien de la peine à déterminer à faire la guerre.

Le Roi a fait ruiner le jardin Zedlitz où vous avez pris tant de plaisir de vous promener.

En voilà bien assez, Monsieur, pour cette fois-ci, je ne sais si je raisonne juste, mais je parle avec conviction et comme vous savez avec quelques connoissances.

B.

Dresde .... Décembre 1756.

Vous ne voulez donc jamais connaître le Roi de Prusse, Monsieur. Je lui accorde autant de capacité, d'activité et d'esprit que vous. Mais je sais aussi, qu'il pousse la prétendue gloire (qu'il arrange à sa façon) à l'excès; qu'il ne sera jamais content de sa puissance; que sa jalousie l'engagera toujours à empiéter sur ses voisins; qu'il veut dominer en Allemagne, et y donner la loi; que quelqu' étendus que puissent être ses États, il souffrira toujours avez peine des voisins. Il ressemble au cancer qui ronge toujours et il aura vraisemblablement le sort de tous les Souverains et de tous les particuliers de son caractère. L'histoire ancienne et moderne nous en fournit des exemples. Sa prétendue philosophie, l'amour qu'il feint d'avoir pour les sciences et leur aménité, ne m'en imposent point. Je trouve toujours dans ses discours et dans ses écrits, beaucoup de férocité, et s'il y a quelques traits relevés, à force d'une imagination enflammée, j'y trouve souvent du bas, qui se ressent de sa mauvaise éducation. L'irréligion qu'il affiche, n'est ni prudente ni décente, et elle lui fait plus de tort qu'il ne pense, puisqu'il joue le rôle de protecteur des protestants.

Voici le projet qu'il a formé avant l'infraction qu'il a fait en Saxe. Il vous prouvera la ressemblance du portrait que je vous en fais. Le Roi de Prusse avoit augmenté ses États par la Silésie ; acquisition admirable. Je ne pretends approfondir ici, s'il la possède avec justice. Il la tient, cela suffit. Cette augmentation le mettoit à même d'augmenter son armée (car il avoit poussé l'état militaire avant l'acquisition de cette province, au-delà de ses facultés) mais il l'augmenta tant, qu'elle [l'armée] lui devint de nouveau à charge, puisque ses finances ne suffisoient pas pour la soudoyer et que ses sujets ne pouvoient pas recruter son armée.

Il avoit la paix depuis 11 ans, et elle l'ennuyoit. Il avoit cherché noise depuis quelque temps à tous ses voisins, et l'électeur de Saxe avoit surtout eu le malheur de lui déplaire. L'Impératrice étoit trop voisine, car il n'y a rien de si désagréable que d'avoir des voisins. Il imagina donc, que celle-ci vouloit l'attaquer. Je ne repondrois pas de sa volonté, mais je repondrois bien de son impuissance ; et je me trompe fort, si elle n'aura pas bien de la peine à lui résister, car ses alliées se détermineront difficilement à la seconder, à moins qu'ils ne soient jaloux de la puissance du Roi de Prusse.

J'ai dit plus haut les vraies raisons, et là difficulté qu'avait le Roi de Prusse de faire subsister son état militaire, exigeoit qu'il tâchat de faire des conquêtes, dont il auroit fait le même usage; ainsi ç'auroit toujours été à recommencer. Voici donc son projet. Il veut s'emparer de la Moravie, et des deux Lusaces, pour début, et vous savez, que l'appétit vient en mangeant. La famille Electorale de Saxe doit avoir la Bohême, et la famille Ernestine de Saxe doit être remise en possession de tous les pays que possède l'Electeur de Saxe avec l'Electorat. La Maison de Gotha, qui a toujours été en liaison avec le Roi de Prusse, se flattoit, d'y parvenir, au préjudice de la branche aînée de Weimar.

Je ne repondrois pas que le Roi ne réussisse dans une partie de ces projets; car, entre nous, j'ai fort mauvaise opinion des dispositions de la Cour de Vienne. Au moins prevois-je une guerre plus longue, que la plus part des gens ne le croient et qui abîmera la Saxe.

Jugez Monsieur à présent, si mes portraits sont tirés d'après nature, et tirez des conséquences de ces anecdotes très vraies.

ZWEITE STUDIE.
ST. PETERSBURG UND AACHEN.
1745—1754.

Verhandlung mit den Seemächten. — Subsidienvertrag mit Frankreich, 21. April 1746. — Missstimmung Russlands und Oesterreichs. — Mittheilung des Französischen Vertrags an Sachsens Alliirte. — Der Petersburger Tractat. — Der vierte Geheime Separatartikel. — Geheime Friedenspropositionen Frankreichs. — Ein Brief des Marschalls von Sachsen. — Sachsen übernimmt die Vermittlung zwischen Oesterreich und Frankreich. — Von Sauls geheime Sendung nach Wien. — *„Le pétard a sauté."* Argensons Sturz. — Sachsen wird dem Petersburger Tractat beizutreten förmlich eingeladen. — Bedenken der Sächsischen Minister dagegen. — Instructionen der Sächsischen Bevollmächtigten. — Verhandlungen in Paris. — Verhandlungen in Petersburg. — Die erste Conferenz. — Die Zwischenverhandlung mit Oesterreich. — Sächsische Vermittlung in Wien und Paris. — Der Subsidienvertrag von 1746 prolongirt. — Das Friedenswerk macht Fortschritte. — Graf Loss zur Unterzeichnung der Oesterreichisch-Französischen Präliminarien bevollmächtigt. — Der Aachener Friede. — Die Verhandlungen wegen des Petersburger Tractats fortgesponnen. — Englands Beitritt. — Chevalier Williams Sendung nach Warschau. — Ein geheimes Rescript der Kaiserin Elisabeth. — Neue Instructionen. — Entwurf zu einer Sächsischen Beitrittserklärung. — Subsidienvertrag mit den Seemächten von 1751. — Das „Accessionswerk" rückt nicht vorwärts. — Verhandlungen

mit Wien. — Eine Correspondenz mit dem Britischen Premier. — Convention mit Preussen wegen der Steuerscheine. — Sachsens Beitritt zum Petersburger Vertrage unterbleibt. — Kritik des *mémoire raisonné*.
Beilagen.
Der erste Geheime Separatartikel. — Schreiben des Marschalls von Sachsen an den Englischen General Ligonier.

<small>Verhandlung mit den Seemächten.</small> König August III. und seine Sächsischen Rathgeber, vor allen der Premier-Minister Graf Brühl sind, wie wir gesehen haben, beschuldigt, durch ihre Preussenfeindlichen Intriguen an fremden Höfen eine Europäische Coalition gebildet und Preussen in die Nothwendigkeit versetzt zu haben, den siebenjährigen Krieg in Deutschland zu eröffnen.

Worin bestanden diese Intriguen, diese „*complots noirs*" des Grafen Brühl, wie der König von Preussen sich ausdrückt?

Das ist die Frage, deren Untersuchung uns in diesem und in dem folgenden Abschnitte zu beschäftigen haben wird.

Wer es nicht scheut, hundertjährigen Actenstaub aufzuschütteln, um das Interessanteste, was die Geschichte bietet, *le dessous des cartes*, zu erkennen und die Dinge zu sehen, wie sie waren, der folge uns getrost auf dieser Wanderung durch die Schneckenwindungen vergessener Verhandlungen.

Wir werden uns manche trockene Untersuchung nicht ersparen können, um aus Staub und Asche ein Körnlein Wahrheit zu finden, und versprechen nur:

la vérité, rien que la vérité et toute la vérité zu sagen, so weit wir dieselbe selbst erkannt haben.

Die erste Verhandlung, welche das Sächsische Cabinet unmittelbar nach der Unterzeichnung des Dresdner Friedens (25. December 1745) beschäftigte, betraf einen Subsidienvertrag, welchen England und die Generalstaaten der Vereinigten Niederlande proponirt hatten.

Das Vertragsverhältniss, in welches Sachsen durch den gegen Preussen gerichteten Warschauer Vertrag vom 8. Januar 1745 zu diesen beiden Mächten getreten war, hatte sich durch den Frieden von Dresden vollständig gelöst. Zugleich waren alle in Folge des Warschauer Tractats mit Oesterreich und Russland getroffenen offensiven Verabredungen *ipso facto* durch den Dresdner Frieden beseitigt und ausdrücklich der Vergessenheit anheimgegeben worden. Zu diesen Verabredungen gehörte unter Andern der sogenannte eventuelle Leipziger Theilungsvertrag (Nr. I der *Pièces justificatives*). Ein eigentlicher Theilungsvertrag hatte übrigens nie existirt. Es hatten vielmehr König August III. und die Kaiserin Königin Declarationen ausgewechselt. Die Oesterreichische war vom 3., die Sächsische vom 18. Mai, Letztere in Leipzig datirt. Zweck derselben war: dem Churfürsten von Sachsen im Voraus für den Fall, dass Oesterreich in Folge des damals bestehenden, von Preussen provocirten zweiten Schlesischen Krieges wieder in den

Besitz von Schlesien gelangen sollte, entsprechende Territorial-Entschädigungen zuzusichern, aus den etwa zu machenden gemeinschaftlichen Eroberungen.

Diese Declarationen blieben selbstverständlich *lettres mortes*, da ja der Dresdner Frieden Preussen in dem Besitze von Schlesien bestätigte und gemeinschaftliche Eroberungen überhaupt nicht gemacht worden waren.

In Kraft blieben nur die Defensiv-Bündnisse, welche Sachsen am 20. December 1743 mit Oesterreich, am $\frac{24.\text{ Januar}}{4.\text{ Februar}}$ 1744 mit Russland abgeschlossen hatte.

Da aber, wie bekannt, trotz des in Deutschland hergestellten Friedens der grosse Krieg gegen Frankreich in den Niederlanden und in Italien von Oesterreich und den „Seemächten" fortgesetzt werden sollte, so wünschten diese Letzteren Sächsische Truppen (wo möglich 12,000 Mann) gegen die Franzosen verfügbar zu machen und boten dafür Subsidien. Der Niederländische Gesandte in Dresden, Herr von Calkoen, führte diese Verhandlung für die Generalstaaten und zugleich mit für England. Die Sächsischen Minister waren dem Vorschlage von Hause aus wenig geneigt. Die Allianz mit den „See-Puissancen" war damals nicht populär und hatte, abgesehen von den 50,000 Pfund Sterling Subsidien des Warschauer Tractats, wenig Vortheil gebracht. Sachsen hatte die *pots cassés* des zweiten Schlesischen Krieges

1746 Januar.

in sehr empfindlicher Weise bezahlen müssen. Man warf den Seemächten, namentlich England vor, die Interessen Sachsens im Dresdner Frieden, wenn nicht geradezu geopfert, so doch nicht nachdrücklich genug vertreten zu haben. Auch die Armee bedurfte einer durchgreifenden, nur im Frieden möglichen Reorganisation nach der unglücklichen Schlacht von Kesselsdorf. Kurz, Calkoen predigte tauben Ohren. Es half nichts, dass sich der damalige Prince of Wales, Georgs II. Sohn, eigenhändig in einem dringenden Schreiben (London Leicester House, 28. März 1746) direct an den König August wandte, um die Bedenken der Sächsischen Minister zu bekämpfen. Der König antwortete, zwar auch eigenhändig, aber entschieden ablehnend (Leipzig, 10. Mai), und Graf Brühl machte durch eine an Calkoen am 29. Mai aus Leipzig gerichtete Note der unliebsamen Verhandlung ein Ende.

Das Hauptmotiv der Ablehnung ist, nächst den angeführten, in den geheimen Vernehmungen zu suchen, welche gleichzeitig zwischen Dresden und Versailles gepflogen wurden. Die Initiative dazu hatte Frankreich ergriffen. Ludwig XV. war mit dem Wunsche hervorgetreten, sich der Neutralität Sachsens zu versichern. Wie damals üblich, geschah diess unter dem Anerbieten von Subsidien. Die Idee scheint vom Marschall von Sachsen ausgegangen zu sein.[1]

---

[1] „Je ne suis par surpris que le maréchal de Saxe ait été un peu plus vite en promesses que nous, *car il avait une*

Im Begriff, den Oberbefehl über das Französische Heer in Flandern zu übernehmen, mag Graf Moritz gewünscht haben, wo möglich der Verlegenheit überhoben zu werden, Sächsischen Truppen feindlich gegenüber zu stehen.

Der Schlüssel zu dieser Annäherung Frankreichs liegt übrigens nicht allein in den Sympathieen, welche der Sieger von Fontenoi seinem Geburtslande und seinem Königlichen Halbbruder bewahrt hatte. Ganz Frankreich hegte den Wunsch, einem kostspieligen, nach Carls VII. Tode und Franz I. Kaiserwahl zwecklos gewordenen Kriege ein Ende zu machen. Niemand war eifriger für den Frieden als der einzige Feldherr, den Frankreich besass. Man verfolgte also, indem man sich mit Sachsen in ein anscheinend für Frankreich unvortheilhaftes, eigenthümliches Vertragsverhältniss einliess, einen doppelten politischen Zweck. Einmal neutralisirte 'man das Reich. Preussen stand bereits seit 1744 unter Französischem Einflusse. Hatte Ludwig XV. auch diesen Bundesgenossen, den man in Versailles, wie Friedrich II. selbst am besten fühlte, sehr *de haut en bas*, als Vasallen behandelte, nach Carls VII. Tode seinem Schicksal überlassen, so war doch an eine Schilderhebung Preussens gegen Frank-

furieuse crainte des Saxons en Flandre; ce qui est assez juste pour lui."

(Lettre de Louis XV. au Marquis d'Argenson du 12 avril 1746; Mémoires du Marquis d'Argenson, Tome III. pag. 151.)

reich damals gar nicht zu denken. Konnte man also den nach ihm mächtigsten Reichsfürsten, den Churfürsten von Sachsen, ebenfalls für den Frieden gewinnen, so durfte man in Paris mehr oder weniger darauf rechnen, dass das Reich, als solches, neutral bleiben werde.

Hierin begegnete sich das wohlverstandene Interesse des Sächsischen Cabinets mit dem Französischen. Denn in Sachsen hatte man selbstverständlich keinen andern Wunsch, als den in den Niederlanden und Italien für Englische Interessen fortgesponnenen Weltkrieg von Deutschlands Grenzen fern zu halten.

Aber nicht bloss den negativen Zweck einer Erhaltung der Neutralität des Deutschen Reiches hoffte Frankreich durch eine intime Allianz mit Sachsen zu erreichen, sondern auch den positiven einer directen Verständigung mit Oesterreich. Das ist offenbar das wahre Motiv der Sächsichen Heirath des Dauphin, einer Heirath, die Frankreich fast mit Spanien brouillirt hätte.[1]

Zum Beweise dieser bisher ganz unbekannten Beziehungen können wir uns auf einige ungedruckte, geheime Briefe des Marschalls von Sachsen beziehen. Diese sind um so wichtiger, als sie uns den Sohn der schönen Aurora von Königsmark als Staatsmann von einer Seite zeigen werden, welche den bisherigen

[1] S. darüber d'Argenson a. a. O. Tome III. p. 135 sq. Chapitre XVII. Saxe; Mariage de Mr. le Dauphin.

Geschichtsschreibern fast ganz entgangen ist. Moritz von Sachsen war *de facto* nach der Schlacht von Fontenoi bis zum Frieden Dictator Frankreichs. Und er war sich seiner Unentbehrlichkeit vollkommen bewusst. Er hatte die Bedenken des Marquis d'Argenson gegen den Sächsischen Subsidienvertrag gehoben, wie die nachstehenden Schreiben des Königs von Polen und seines Ministers beweisen.

1746 April

Der König dankte seinem Halbbruder in folgenden Worten:

„Monsieur le Maréchal Comte de Saxe. Ayant vu tant par Votre lettre du 22 du passé que par les dépêches de mon ministre à la Cour de France, les soins efficaces, que Vous Vous êtes donnés pour l'avancement de la négociation d'un Traité d'amitié entre le Roy T. Ch. et Moi, Je suis bien aise de Vous en témoigner ma reconnoissance. Il ne falloit, Je crois pas moins qu'un entremetteur aussi accredité comme Vous, pour amener les choses au point que Vous les avez sû conduire.

Quoique les conditions, qu'on M'offre, ne soient encore pas telles, que je M'y étois attendû, Je veux cependant bien passer outre, pour ne pas Vous dédire et dans l'espérance, qu'il me reviendra dans la suite, plus d'avantage, que par le passé, de cette nouvelle Alliance, dans laquelle Je suis prêt d'entrer avec la France. Mon Ministre le Comte de Loss Vous dira le reste de bouche. J'espère, que Vous voudrez bien continuer à l'épauler et conduire jusqu'à sa fin, un ouvrage, que Vous avez si bien acheminé. Vous en aurez tout l'honneur et le mérite de part et d'autre. Sur ce Je prie Dieu qu'il Vous ait etc. Fait à Dresde ce 4 d'Avril 1746.

A. R."

Dieses Königliche Handschreiben begleitete der nachstehende Privatbrief des Grafen Brühl von demselben Tage:

„Vous ne Vous bornez pas à Vous signaler dans les expéditions militaires, mais Vous savez encore si bien employer Votre crédit dans le maniement des affaires politiques, que par Votre puissante entremise, Monseigneur, une Négociation de la dernière importance, qui sembloit déjà presque rompue se trouve tout à coup près de sa fin. Continuez donc, Monseigneur, à bien achever Votre ouvrage. Vous en aurez tout le mérite. *Après cela contentez Vous de l'honneur, que Vous avez remporté, et du nom immortel que Vous Vous êtes acquis par vos grands exploits, et travaillez plutôt au retablissement de la Paix, qu'à la continuation de la Guerre.* L'on devroit assurément préférer la première à la dernière, pourvu qu'on veuille réfléchir sur le peu de fond *qu'il y a à faire sur la constance d'un Prince, qui peut faire pencher la balance du côté qu'il veut, et dont l'intérêt naturel semble aujourd'hui être de s'attacher aux Puissances Maritimes. La suite prouvera ce que je dis, si l'on ne sait pas prévenir et profiter de la préférence, que l'Impératrice Reine voudroit donner à l'amitié de la France, en échange de la protection Prussienne à laquelle cette Princesse est sans cela necessitée de recourir conjointement avec les Puissances Maritimes, et c'est là justement, ce que le Roi de Prusse attend.*

Que ces réflexions restent cependant entre nous,

Monseigneur, et si V. E. trouve à propos d'en faire quelque usage qu'Elle le fasse comme de Son chef."

Erinnert man sich, dass dieser Brief des Sächsischen Ministers an den grössten Feldherrn des damaligen Frankreich anderthalb Monate vor Abschluss des Petersburger Tractats, zwei volle Jahre vor dem Aachener Frieden und zehn Jahre vor dem Oesterreichich-Französischen Bündnisse von Versailles geschrieben ist, so wird man dem Schreiber einen richtigen Instinct für das Verständniss der grossen Politik nicht absprechen können. Je richtiger sein Instinct, desto unverantwortlicher freilich seine Versäumnisse, als das Vorausgesehene und Vorausgesagte wirklich eintraf.

Wenige Wochen darauf, am 21. April 1746, unterzeichnete zu Paris für Frankreich R. L. de Noyer de Paulmy, Marquis d'Argenson, *Ministre et Secrétaire d'État et des Commandements de S. M. T. Ch.*, und für Sachsen der Cabinetsminister und ausserordentliche Gesandte Johann Adolph Graf von Loss den vom Marschall von Sachsen zu Stande gebrachten *Traité d'amitié et de subsides.* Schon das *Préambule* ergiebt ganz deutlich den eigentlichen Zweck desselben. Bei mehrfachen Anlässen schon, heisst es dort, habe der König von Frankreich dem Könige von Polen, Churfürsten von Sachsen, den aufrichtigen Wunsch zu erkennen gegeben, *à entrer dans une étroite liaison d'amitié avec Elle.* Warum? Auch das Motiv wird angegeben: *dans la vue principalement du retablissement d'une paix générale et durable.* Eine so löbliche Absicht kann der König von Polen nur theilen. Er hat *concouru d'autant plus volontiers à cette ouverture*, da Ihm nichts so am Herzen liegt, als das Wohl des Deutschen Vaterlandes (*de la patrie allemande*) zu befördern, als *le feu de la guerre* schnell verlöschen und mindestens von den Grenzen des Reiches ferngehalten zu sehen. In dieser heilsamen Absicht, welche Niemand beleidigen könne (*dans cette vue salutaire qui ne tend à offenser personne*) sind nun die nachstehenden Verabredungen getroffen worden.

Es soll vor allen Dingen (Art. 1) aufrichtige Freundschaft bestehen zwischen beiden Paciscenten.

Frankreich wünscht (Art. 2) den Krieg mit Oesterreich und England baldthunlichst zu beendigen und wird sich desshalb *sans perte de temps et dans la plus grande confidence* mit Sachsen verständigen (*se concerter*) über gerechte und billige Bedingungen, welche einem dauernden Frieden zur Grundlage dienen könnten (*conditions justes et équitables, qui pourraient servir de base à une paix solide*).

Im dritten Artikel verpflichtet sich Frankreich ausdrücklich *de tenir la guerre éloignée des frontières de l'Empire.* Wohingegen sich Sachsen anheischig macht, keinen Theil an dem gegenwärtigen Kriege ausserhalb Deutschlands zu nehmen, und eine *neutralité exacte* zu beobachten. (Art. 4.)

Beide Contrahenten versprechen sich gegenseitig, (Art. 5) in keine neuen Verbindungen einzugehen, welche diesem Freundschaftsbündnisse zuwiderlaufen oder den Frieden des Reiches stören könnten.

Sollte jedoch (Art. 6) das Reich trotzdem den Krieg erklären, so soll der Tractat der Churfürsten von Sachsen nicht hindern *de remplir ses obligations, comme membre de l'Empire;* d. h. sein Reichscontingent zu stellen u. s. w.

Um den König von Polen (Art. 7) mehr in die Lage zu setzen, neutral zu bleiben, und ihn zu entschädigen für Subsidien, welche er von andern Mächten etwa erhalten könnte, verspricht Frankreich zwei Millionen Livres jährlich auf drei Jahre, *que la paix se fasse ou non, à titre de subside* zu zahlen, **und dann sogar, wenn der im 6. Artikel vorgesehene Fall eines Reichskrieges und eines Ausmarsches des sächsischen Contingents eintreten sollte.** Hiernach hätte also Frankreich allerdings in den Fall kommen können, für Truppen Subsidien zu zahlen, die gegen Französische Heere in das Feld gerückt wären.

Die erste Million soll gezahlt werden in Leipzig, vier Wochen nach der Ratification, denn der Vertrag soll vom 1. Januar 1746 an gelten, die zweite für das laufende Jahr fällige Million aber in den ersten Tagen des Monats Juli abgeführt werden, und so fort bis Juli 1748. (Art. 8.)

Im 9. Artikel verspricht Frankreich auch die Krone Spanien zu bestimmen, dem König von Polen *un subside convenable et suffisant* zu entrichten. Das Versprechen ward erfüllt, ein entsprechender Vertrag mit Spanien am 13. Mai wirklich abgeschlossen, doch scheinen die Zahlungen Spanischer Seits ausgeblieben zu sein.

Im 10. Artikel wird bereits die Erneuerung des Tractats nach Ablauf der drei Jahre ausbedungen; im 11. gelobt Frankreich, *de s'employer efficacement pour les intérêts de S. M. Polonaise et de Sa Maison*, sobald es zur *Pacification générale* komme, auch Spanien in gleichem Sinne zu disponiren.

Im 12. Artikel verspricht man sich gegenseitig in Betreff der gegenwärtigen Negociation *un secret inviolable et impénétrable* zu beobachten; eine Stipulation, die nicht gehalten wurde, wie wir sehen werden.

Endlich (Art. 13) verpflichtet sich Frankreich noch, seinen neuen Bundesgenossen mit allen seinen Kräften *(de toutes ses forces)* zu Hilfe zu eilen, sollte Sachsen, von wem es auch sei, wegen des gegenwärtigen Vertrags angegriffen oder feindlich behandelt werden.

Im letzten Artikel (14) wird die Ratification binnen drei Wochen verabredet.

Die Sächsische erfolgte zu Leipzig am 11. Mai 1746.

Alle Vortheile waren, wie man sieht, auf Seiten Sachsens, welches eine Beisteuer von zwei Millionen jährlich empfing, um das zu thun, was es wünschte, nämlich die Wiederherstellung des Friedens zu befördern, die Neutralität des Reichs zu erhalten und selbst neutral zu bleiben. Niemals hat wohl ein Deutscher Reichsfürst, bei gewissenhafter Wahrung seiner Pflichten gegen das Reich, von einer fremden Macht Subsidien empfangen für einen Zweck, der so offenbar im Interesse des Gesammtvaterlandes lag.

Dass übrigens Frankreich seine zwei Millionen nicht umsonst opfern wollte, ergab sich noch vor Ablauf des Jahres, in welchem der Vertrag unterzeichnet worden war, wie wir weiter unten sehen werden.

Mit dem im 12. Artikel gegenseitig angelobten Geheimnisse nahm man es in Paris nicht so genau wie in Dresden. Argenson, der nur ungern in die Negociation eingegangen zu sein scheint, beging Indiscretionen, welche dem Sächsischen Cabinet schwere Verlegenheiten bereiteten. Man glaubte sich verpflichtet, abzuleugnen, was die Alliirten aus Französischen und Preussischen Quellen wussten. Dadurch steigerte man nur den Argwohn.

Missstimmung Russlands und Oesterreichs.
Die Sächsische Politik erfuhr herben Tadel im Haag und in London, zugleich aber auch in Wien und in Petersburg. Man kannte den Vertrag nicht, man konnte kaum voraussetzen, dass Frankreich Bedingungen acceptirt haben würde, wie die von Sachsen

gestellten und wirklich angenommenen Reserven; was war, mitten im Kriege mit Frankreich, natürlicher, als der Argwohn, Sachsen sei den alten Bundesgenossen untreu geworden, in das andere Lager übergegangen und werde am Ende gar durch Preussische Intriguen zu einer zweiten Auflage des Nymphenburger Bündnisses verleitet werden? Der letztere Verdacht, so unbegründet derselbe auch in Betreff Sachsens, war keineswegs aus der Luft gegriffen. Denn versucht war es Preussischer Seits allerdings worden, auf die erste Nachricht von dem Abschlusse des Sächsisch-Französischen Subsidientractats hin politisches Kapital daraus zu schlagen. Friedrich II. hatte durch Herrn von Klinggräff geheime Eröffnungen nach Dresden gelangen lassen. Unter der beliebten Firma eines Defensivbündnisses sollte dem Sächsisch-Französischen ganz harmlosen Vertrage eine Preussische Spitze gegeben werden. Aber *chat échaudé craint le feu.* Die Folgen des Nymphenburger Bündnisses waren noch zu frisch im Gedächtnisse, als dass man ein zweites Mal das Spiel nicht durchschaut hätte. Es war nicht der lezte Versuch Preussens, August III. seinen alten Bundesgenossen abspenstig zu machen. Sachsen ging auf die Preussischen Insinuationen nicht ein und beeilte sich, dieselben im Herbst 1746 nach Wien und Petersburg gleichzeitig mit deren Ablehnung mitzutheilen.

Bevor diess aber geschah, hatte Brühl die Thor- 1746 Juli.

heit begangen, über den Französischen Vertrag länger als nöthig den Geheimnissvollen zu spielen und dadurch das Misstrauen muthwillig zu provociren, welches im Sommer 1746 sehr empfindlich hervortrat. Als Ludwig Siegfried Graf Vitzthum von Eckstädt,[1] von Turin nach Petersburg versetzt, im Juli dort eintraf, hatte der neu ernannte Sächsische Gesandte einen schweren Stand gehabt. Glücklicherweise erinnerte sich der junge, damals kaum dreissigjährige Diplomat in Zeiten des alten Satzes, dass „Ehrlichkeit die beste Politik" ist. Er kam dadurch in die Lage, seinem Hofe einen wahren Dienst zu leisten. Er war von dem Kaiserlichen Botschafter Feldmarschalllieutenant Johann Franz Freiherrn von Pretlack mit den bittersten Vorwürfen über die angebliche Sächsische Treulosigkeit empfangen worden. Auch die erste Begegnung mit dem Englischen Botschafter, Lord Hyndford — derselbe, der die Breslauer Präliminarien vermittelt hatte — war unerquicklich gewesen. Eben damit beschäftigt, anstatt der 12,000 Mann, die Sachsen den Seemächten verweigert, Russische Truppen für Englische Subsidien für den Kampf in den Niederlanden verfügbar zu machen, missfielen dem edlen Lord natürlich die Französischen Subsidien doppelt, welche Sachsen den Englischen vorgezogen hatte. Die Russischen Truppen, die er übrigens schliesslich erst als es zu spät war erhielt,

[1] S. Biographische Notiz Nr. VII.

waren an sich schlechter, als die Sächsischen, und hätten auch des Transportes wegen sehr viel gekostet. Endlich hatte auch der Russische Grosskanzler Graf Bestuscheff dem Grafen Vitzthum nicht verhehlt, dass die Kaiserin Elisabeth sehr aufgebracht sei über die geheime Annäherung des Sächsisch-Polnischen Hofes an Frankreich und, wie man argwöhne, gleichzeitig an Preussen. Unter diesen Umständen drang Vitzthum in Brühl, diesen Verdächtigungen durch Mittheilung des mit Frankreich abgeschlossenen Vertrags ein Ende zu machen. Brühl wollte Anfangs davon gar nichts wissen. „M. de Pretlack," schreibt der Premier-Minister am 20. August 1746 — „aurait pu se passer de Vous parler d'un ton si arrogant et il ferait mieux les affaires de sa Cour, s'il tâchait de lever plutôt les soupçons et les mécontentements qu'elle peut avoir conçu contre nous, que de l'y entretenir et de les augmenter. Ces bisbilles peuvent à la fin aboutir à brouiller tout à fait les deux Cours et à nous faire prendre un parti auquel nous n'avons pas pensé jusqu'ici." — Am 27. August war Vitzthum in der Lage, positiv zu melden, Herr v. Gross, der Russische Gesandte in Paris, habe die Nachricht von dem Sächsisch-Französischen Vertrage aus des Marquis d'Argenson Munde eingemeldet. Graf Vitzthum bemerkt dazu ausdrücklich: „En attendant je crois devoir avertir V. E. que tant que les choses resteront sur le pied où elles sont à présent je ne pourrai guère m'attendre à réussir en quoi que ce soit, et il est même probable que le comte Bestoucheff le Grand Maréchal[1] en souffrira aussi, le Grand Chancelier étant irrité au possible contre lui, il l'accuse de s'être laissé endormir par nous . . . . .

„Je remets au jugement de V. E. combien cette crise dès le commencement de mon arrivée, doit apporter de difficulté à mon Ministère et combien elle doit rendre ma situation embarassante et désagréable. Je me consolerai cependant aisément de ce dernier cas, si dans la suite le service du maître ne se trouve pas à en souffrir." Brühl wollte jedoch noch immer nicht mit der Sprache heraus, er schreibt an den Gesandten in Petersburg am 24. September:

„. . . . au sujet des engagemens dans lesquels on nous soupçonne d'être entrés avec la France, nous avons vu avec peine que toutes les déclarations que vous avez été autorisé de faire de la constance des sentimens d'attachement du Roi envers l'Impératrice de Russie, aussi bien que de la fermeté dans les principes établis rélativement au Système des Affaires du Nord et en Allemagne, n'ont pas été capables de calmer les esprits mal à propos échauffés par la Cour de Vienne . . . . .

„Le Roi est si las de tous ces reproches et du peu de confiance qu'on met dans sa constance qu'il ne veut plus en entendre parler, ainsi vous ne serez pas surpris, si à la suite je ne replique plus rien

---

[1] Bruder des Grosskanzlers; damals in Dresden.

sur une matière si souvent rebattue. *Aussi ne presserons nous pas de notre part la communication du dernier traité fait entre les Cours de Vienne et de Pétersbourg, ni ne demanderons nous d'être invités à y accéder, nous pouvant fort bien nous contenter des engagemens qui subsistent déjà entre les dites Cours et la nôtre, engagemens, auxquels nous n'avons non-seulement rien à nous reprocher d'être contre convenus, mais que nous accomplirons au contraire en tout point et en tout temps réligieusement.*" Der letzte Satz, der sich auf den Petersburger Tractat bezieht, wird sogleich verständlich werden. Vitzthum liess sich nicht irre machen. Er kam immer wieder auf die Nothwendigkeit zurück, den Bundesgenossen durch die That zu beweisen, dass der Subsidienvertrag mit Frankreich den ältern Verbindlichkeiten Sachsens keinen Eintrag thue. Am 10. September in einem Bericht, den Brühl in dem Augenblicke erhielt, wo er die eben im Auszug mitgetheilte Depesche vom 24. abgehen lassen wollte, hatte der Gesandte gemeldet, die Kaiserin sei persönlich so argwöhnisch, dass sie sich eigenhändig an den König wenden wolle, um Aufklärung über dessen Verhältniss zu Frankreich zu erhalten. Vitzthum fügt hinzu, er werde versuchen, diese Demarche abzuwenden. Aber nicht bergen kann er: „que dans ces fâcheuses circonstances je me vois obligé d'agir avec beaucoup de circonspection pour ne pas jeter de l'huile dans le feu, qui serait très aisé d'allumer sans cela. — *„Vous* *pouvez cependant être persuadé,"* fährt er fort, *„que je ne ferai jamais rien contre la dignité du Roi* et qu'en exécutant à la rigueur mes ordres, je mettrai tout en usage pour adoucir les esprits . . . . . V. E. comprendra facilement *qu'on ne peut aller de cette façon que doucement et qu'il faut que je remette presque tout jusqu'à ce que j'aie pu trouver moyen de manière ou d'autre de lever les soupçons facheux de cette Cour-ci contre la nôtre"* . . . . .

Nachdem er am 17. September noch einmal die Nothwendigkeit, die Kaiserin *par un aveu confident* zu beruhigen, scharf betont hatte, erhielt er endlich durch Depesche vom 2. October die Ermächtigung zu der Mittheilung des geheimen Subsidienvertrages von 1746.

Mittheilung des Französischen Vertrages an Sachsens Allirte.

„Mr. le Grand Chancelier" schreibt Brühl, „vous ayant si sainement promis de vouloir garder le secret . . . . et le Roi mettant une entière confiance dans la parole de ce Ministre, il reste d'autant moins de difficulté de lui communiquer *en entier* pour son information et pour notre justification la convention" . . . . Gleichzeitig wird Vitzthum unterrichtet, dass eine ähnliche vertrauliche Mittheilung in Wien erfolgen werde. Der Eindruck war der erwünschteste. Sobald man den Vertrag vom 21. April in Wien und Petersburg eingesehen, musste man eingestehen, dass Sachsen darin seine Verbindlichkeiten gegen Oesterreich und Russland auf das Gewissenhafteste

1746 October

gewahrt hatte. Die Aufklärung war übrigens um so zeitgemässer, als im November 1746 bereits die Verlobung der Prinzessin Josepha mit dem Dauphin bekannt gegeben wurde und wahrscheinlich neues Misstrauen erregt haben würde, wäre das alte nicht beschwichtigt gewesen. In Wien war man schliesslich sogar sehr erfreut, den Sächsischen Kanal benutzen zu können, um in Versailles für den Frieden zu wirken, wie wir sehen werden.

Der gegen Sachsen hervorgetretene Argwohn, dessen Beseitigung dem Grafen Vitzthum im Herbst 1746 gelang, war übrigens um so begreiflicher, als beide Kaiserliche Höfe im Frühjahr die zwischen ihnen durch Gleichartigkeit ihrer Interessen im Osten, der damals noch mächtigen Pforte gegenüber, und im Westen, der Französisch-Preussischen Allianz gegenüber, bedingte Verbindung durch den berühmten Petersburger Tractat vom $\frac{22.\ \text{Mai}}{2.\ \text{Juni}}$ 1746 noch fester geknüpft hatten. In diesem aus achtzehn Artikeln bestehenden Vertrage hatten sich Oesterreich und Russland gegenseitig gegen jeden Angriff, von welcher Seite derselbe komme, Hilfe versprochen. (Art. I. und II.) Der III. Artikel normirte auf 20,000 Mann Infanterie und 10,000 Mann Cavalerie die Höhe des von Oesterreich an Russland, und des von Russland an Oesterreich eventuell zu stellenden Corps. Ausgenommen war ein etwaiger Russisch-Persischer Krieg, sowie jeder Krieg, den Oesterreich in Italien oder mit der Krone Spanien zu führen haben würde. In diesen Fällen sollte zwar der *casus foederis* nicht erwachsen, beide Theile versprachen aber die stipulirten 30,000 Mann auch dann bereit zu halten, zur Abwehr eines Angriffs, welcher aus einem solchen Kriege entstehen könnte.

Auch wenn Jeder von beiden Contrahenten gleichzeitig in Krieg verwickelt würde, sollte die Verpflichtung, dem Andern zu Hilfe zu eilen, nicht unbedingt eintreten. (Art. IV.)

Die Verpflegung, Recrutirung, Transportkosten, das Commando, die Vertheilung der zu erobernden Kriegstrophäen u. s. w. werden in den Artikeln V. bis X. geregelt.

Im XI. wird der Fall vorgesehen, dass eine Verstärkung der im III. Artikel normirten Hilfscorps nothwendig erscheinen sollte. Man verpflichtet sich, ohne den Bundesgenossen keinen Frieden noch Waffenstillstand mit dem eventuellen Feinde zu schliessen (Art. XII.) und jetzt schon die diplomatischen Agenten beider Höfe anzuweisen, sich gegenseitig zu unterstützen (Art. XIII.). Keiner von beiden Theilen wird rebellischen Unterthanen des Einen oder des Andern Asyl und Schutz gewähren, und etwaige Anschläge, die zur Kenntniss des Einen gelangen, sollen sofort dem Andern mitgetheilt werden. (Art. XIV.)

Im XV. Artikel verabreden sich die Alliirten, da beiden die Erhaltung des Friedens, der Ruhe und

Sicherheit Polens gleich am Herzen liege, den König und die Republik Polen, auch andere Mächte, besonders den König von Grossbritannien, als Churfürsten von Braunschweig-Lüneburg, zum Beitritt aufzufordern; sollte jedoch die Republik Polen nicht beitreten wollen, so würde der König, als Churfürst von Sachsen, freundschaftlich zur Accession eingeladen werden. (Art. XVI.)

Endlich wird im XVII. Artikel die Dauer des Tractats auf fünfundzwanzig Jahre festgesetzt und im XVIII. wegen Auswechselung der Ratificationen das Nöthige stipulirt.

Unterzeichnet ist der Vertrag für Russland von dem Grosskanzler Alexei Grafen von Bestuscheff-Rumin, für Oesterreich von dem Botschafter Johann Franz Freiherrn von Pretlack und, als zweiter Bevollmächtigter, von Nicolaus Sebastian Edlen von Hohenholtz.

Ausser diesen ganz harmlosen Artikeln waren gleichzeitig noch Ein Separat-Artikel und mehrere geheime Separat-Artikel unterzeichnet worden. Von diesen sind fünf dem Sächsischen und dem Britischen Cabinet mitgetheilt worden. Der in dem dritten dieser geheimen Separat-Artikel erwähnte *article secretissime* ist dagegen geheim geblieben. Es bezog sich derselbe wahrscheinlich auf das Verhältniss der Alliirten zur Pforte. Der nicht geheime Separat-Artikel betraf den Deutschen Kaiser, der vor allen

Uebrigen aufgefordert werden sollte, in die neue Defensiv-Allianz einzutreten. Die geheimen Separat-Artikel 2, 3 und 5 wurden später in dem Russischen Promemoria vom 30. Juni 1748 ausdrücklich als solche bezeichnet, zu denen der Beitritt Sachsens gar nicht verlangt werde, „weilen die darin enthaltenen Engagements auf beyderseits Kayserliche Höfe insbesondere gerichtet sind." Wir brauchen uns daher um deren Inhalt gar nicht zu kümmern und erwähnen nur, dass der damals noch nicht beendigte Krieg mit Frankreich das neue Bündniss nichts angehen, dass aus diesem Kriege ein *casus foederis* nicht erwachsen sollte. (Art. 2 *separatus et secretus*.) Der Erste geheime Artikel betraf die Garantie der dem Grossfürsten Peter als regierenden „Herzog zu Holstein-Schleswig" zustehenden „eventuellen Successions-Gerechtsame" in die Königlich Dänischen Lande.[1]

Der vierte Geheime Separatartikel. Der Vierte geheime Separat-Artikel ist die Hauptpiece, auf welche sich die Beweisführung

[1] Da Dr. Herrmann in seiner „Geschichte des Russischen Staats" den Entwurf zu diesem geheimen Artikel veröffentlicht, unter dem Titel: „XI. Geheimer Artikel aus dem Project eines Alliance-Tractats zwischen Elisabeth und Maria Theresia vom Februar 1746" (V. Band, Seite 200), so geben wir den Artikel vollständig in den Anlagen, wie er am 22. Mai 1746 wirklich unterzeichnet worden ist. Eine Vergleichung wird ergeben, dass der ursprüngliche Entwurf, wenn auch nicht „wesentliche," so doch formelle Abweichungen erfahren hat.

des „*Mémoire raisonné*" stützt. Die Französische Uebersetzung dieses Artikels figurirt unter den *Pièces justificatives* sub II.

Hier der Deutsche Urtext:

Vierter Geheimer Separater Articul.

Ansonsten erklären Se. Kayserl. Königl. Ungarisch- und Böhmische Maj., dass der zwischen Ihro und des Königs von Preussen Maj. den 25. December 1745 zu Dressden geschlossene Friede von Allerhöchst Deroselben mit Aufmerksamkeit, Sorgfalt auch besten Trauen und Glauben würde beobachtet, mithin zum ersten von der Verzicht auf die Rechte, so Ihro vorhin auf den übertragenden Antheil des Hertzogthums Schlesien dann auf die Grafschaft Glatz zugestanden, nicht abgegangen werden. Gleichwie aber in dem Fall da gegen alle Hoffnung und dem gemeinsamen Wunsch, zum ersten von sothanen Frieden des Königs von Preussen Maj. abgehen solten, es sey gleich dass Ihro Kayserl. Königl. Ungarisch und Böhmische Maj., oder Dero Erben und Nachkommen feindlich begegnet, oder Ihro Maj. die Kayserin von allen Reussen, oder auch die *Republique* Pohlen feindlich angegriffen würden, in ein oder andern Fall, folglich anwiederum das Recht, so der Kayserin und Königin von Ungarn und Böhmen Maj. auf den durch vorbesagten Frieden überlassenen Theil des Hertzogthums Schlesien dann die Graffschaft Glatz gehabt, mithin auch in denen vorhergehenden Zweyten und Dritten Articuln erneuerten *Garantie* abseiten Sr. Maj. der Kayserin von allen Reussen neuerdingen statt zu finden, und ihre gäntzliche Würckung zu erlangen hätte. Also seynd beyde höchste *contrahir*ende Theile ausdrücklich und von nun an für sothane Zeit, dahin einig worden, dass in solch unverhofften Fall, ehender aber nicht, ebenerwehnte *Garantie* ungesäumt würde geleistet und vollständig erfüllet werden, mit der beygefügten bündigsten Zusage, dass Sie zur Abwendung der gemeinsamen Gefahr eines solchen feindlichen Angriffes, unaussetzlich sich in Vertrauen mit einander berathen, Ihren an auswärtigen Höfen befindlichen *Ministris* die nehmliche vertrauliche *reciproque* Einverständniss gemessen einbinden, was ein oder anderer Theil von feindlichen Absichten, Anschlägen oder Vorhaben nur immer entdecken wird, einander getreulich mittheilen. Und endlichen in denen angräntzenden oder Näher-Ländern, nehmlich der Röm. Kayserin Königin von Ungarn und Böhmen Maj., in Böhmen, Mähren und nahe gelegenen Ungarischen *Comitäten;* Se. Maj. die Kayserin von allen Reussen in Liefland, Esthland und andern angräntzenden Landen, wenigsten Dreyssig Tausend Mann, das ist, Zwantzig Tausend Mann *Infanterie* und Zehen Tausend Mann *Cavallerie,* dergestalten bereit halten würden, damit sogleich als sich der Fall eines feindlichen Preussischen Angriffs, es sey gegen den einen oder andern Theil ereignet, längstens innerhalb zweyen, oder äusserstens dreyen Monaten vom Tage des erfolgenden freundschaftlichen Ansuchens gerechnet, besagte Dreyssig Tausend Mann dem andern zur Hülffe kommen mögen und sollen. Wie zumahlen aber leicht vorzusehen ist, dass Sechsszig Tausend Mann nicht zureichend seyn werden, um den feindlichen Anfall abzuhalten die durch den Dressdner Frieden übertragene Länder wieder zu erobern, und den gemeinsamen Ruhestand mehrers für das künfftige zu versichern, als haben sich noch weiter beede *contrahirende* Theile dahin gegen einander anheischig gemacht, dass hierzu in dem sich ergebenden Fall nicht allein Dreyssig Tausend Mann, sondern das ***Duplum*** und zwar Sechzig Tausend Mann, nehmlich Viertzig Tausend Mann ***Infanterie*** und Zwantzig Tausend Mann ***Cavallerie***, von ieden *contrahir*enden Theile angewendet werden sollen, und zwar ie eher ie besser, indem beede allerhöchste Kayserl. Majestäten Sich dahin gegen einander verbinden, dass eben erwehnte Anzahl derer Sechsszig Tausend Mann von iedem Theile so geschwind werde und solle zusammengebracht werden, als es nur immer die ***Distance*** derer zum wenigsten entferneten Länder, woher die Mannschafft genommen werden kan, zugeben wird. Es sollen diese in der Absicht zu bestimmende ***Trouppen*** abseiten Ihro Kayserl. Maj. von allen Reussen sowohl zu Lande als Wasser, nach Befinden der Gelegenheit, die alsdenn dazu am bequemsten seyn wird, abseiten Ihro Röm. Kayser- und Königl. Maj. aber nur zu Lande *employ*ret werden dergestalten, damit selbige Anfangs nach beyderseitiger ***Convenienz*** aus ihren eigenen ***Districten*** in gedachten Königs von Preussen Maj. Landen, nach vorhergegangener ***Concertir*ung** zugleich eine ***Diversion***, und hernach wenns möglich sich vereinigen, und gemeinschaftliche ***Operationes*** ausführen möchten. Bevorab aber eine solche Vereinigung erfolget, soll beym Anfange der vorzunehmenden ***Diversion*** bey beyderseitigen ***Armées*** sowohl zu Berathschlagung und ***Concertir***ung, wie die ***Operationes*** zusammen auszuführen seyn, als auch zu Gebung nöthiger Nachrichten, eine von beyderseits höchsten ***Contrahenten*** darzu *expres* verordnete ***Generals***-Person zugegen seyn, und von denen auszuführenden *Operationen* augenscheinlich Zeugen abgeben. Und da Ihro Kayserl. Maj. von allen Reussen bey sothaner neuen und innigst wohlgemeynten Verbindung, und in Betracht der Allerhöchst Deroselben Seits zum Besten Ihro Röm. Kayser- und Königl. Maj. (wenn Sie *attaquir*et werden solte) zu leistenden so mächtigen Hülffe, und Ihrem Feinde zu machenden *Diversion,* nicht die geringste *Intention* hegen, bey solcher Gelegenheit etwa einige neue *Conqueten* zu machen, und selbige Sich zuzueignen; Dergleichen auch in Hinsicht dessen, wie oben erwehnt, da Ihro Kayserl. Maj. von allen Reussen besagte Sechsszig Tausend Mann nicht nur zu Lande, sondern auch zu Wasser zu *employ*ren geruhen; zu Ausrüstung einer solchen *Flotille* aber überflüssige und ansehnliche Unkosten erfordert werden, welches nach dem daraus zu erwartenden Nutzen, da man dem Feinde mehr Schaden zu Wasser als zu Lande zufügen und dessen Macht zertheilen kan, für eine die Sechzig Tausend Mann weit übersteigende *Armée* gehalten werden muss, so verbinden Sich Ihre Römisch- Kayser- auch Königl. Ungarisch- und Böhmische Maj. dass Sie nun hinwiederum Dero Dankbarkeit desto überzeugender an Tag zu legen, binnen einen Jahr von der Zeit an zu rechnen, da Schlesien und Glatz völlig wieder in Dero Gewalt seyn wird, zwey *Millionen* Rheinische Gulden Seiner Kayserl. Maj. von allen Reussen auszahlen lassen wollen, und zwar ohnbefugt zu seyn, davon etwas von wegen dessen was aus des Feindes Land bezogen worden seyn dürffte, abzuziehen.

Gegenwärtiger Vierter Geheimer *Separat-Articul* soll gleichfalls von selbiger Kraft und Würckung seyn, als ob er dem Haupt-*defensiv-Tractat* von Wort zu Wort einverleibet wäre, wie denn selbiger mit sothanem *Tractat* zu gleicher Zeit ratificiret werden soll. Urkund dessen haben obgedachte Ministri solchen eigenhändig unterschrieben und mit ihren beygedruckten Insiegeln bestättiget. So geschehen *St. Petersbourg* den 22. May im Jahr 1746.

L. S.   L. S.
Alexy Graf von *Bestuscheff*   *Johann Frantz* von *Pretlack*
Rumin   *Nicol. Sebastian* Edler
       von *Hohenholtz*
       L. S.

Der Beitritt des Kaisers erfolgte am 27. August 1746. Der Sächsische Gesandte meldet darüber in seinem Berichte d. d. Petersburg 3. September:

„L'échange tant différé de l'acte d'accession de la part de l'Empereur des Romains et de celui de l'acceptation de l'Impératrice de Russie au dernier traité conclu entre les deux Cours s'est enfin effectué le 27 d. p. chez le Chancelier Comte de Bestoucheff. Le Général Baron de Pretlack n'a pas tardé à envoyer, le 30, les originaux à Vienne."

Dem Sächsischen Hofe wurde der Vertrag Anfang October aber ohne die geheimen Artikel mitgetheilt. Brühl schreibt darüber am 2. October an den Grafen Vitzthum: „Par un effet de la défiance qu'on a conçue contre nous,[1] les *articles séparés ou secrets ne s'y trouvent point* . . . . . . Aussi le

[1] Der Argwohn wegen des Französischen Vertrages war damals noch nicht beseitigt; wir haben oben gesehen, dass Vitzthum die Ermächtigung zur Mittheilung dieses Vertrages an demselben 2. October erst erhielt.

Comte Bestoucheff (der Bruder des Kanzlers, damals Russischer Gesandter in Dresden) n'a-t-il fait la moindre mention d'une réquisition pour y accéder; *ce dont nous ne sommes pas fâchés.*"

Geheime Friedenspropositionen Frankreichs.

Während man so in Dresden nicht unzufrieden war, vorläufig den Verlegenheiten zu entgehen, welche die Aufforderung der Kaiserhöfe, ihrem Defensiv-Tractate beizutreten, bereiten sollten, fand man sich plötzlich in der Lage, der Sache des Europäischen Friedens einen wahren Dienst zu leisten.

Die Vermählung der Prinzessin Josephe mit dem Dauphin sollte in Dresden durch Procuration vollzogen werden. Ludwig XV. hatte die Absendung eines ausserordentlichen Botschafters zur feierlichen Anwerbung angekündigt und dazu den Herzog von Richelien, Pair und Marschall von Frankreich, ausersehen. Man scheint Sächsischer Seits die Ansprüche des Botschafters und die unausbleiblichen Rangstreitigkeiten gefürchtet und vorgeschlagen zu haben, die Botschaft entweder dem in Dresden accreditirten Gesandten Marquis des Issarts, oder dem Marschall von Sachsen anzuvertrauen. Der Eine wie der Andere waren aber nicht geborne Franzosen, und nach französischer Etikette konnte die Mission nur einem Solchen übertragen werden.

Ein Brief des Marschalls von Sachsen.

Der Marschall von Sachsen setzte diess dem Grafen Brühl in einem eigenhändigen, vertraulichen Briefe vom 10. December 1746 auseinander. Wir heben daraus nur die Hauptstelle heraus, welche ein beachtenswerthes Bild der damaligen Französischen Zustände entwirft und zugleich die wichtigste geheime Verhandlung einleitete, welche das Sächsische Cabinet damals beschäftigte.

Nachdem er die Gründe dargelegt, warum es unmöglich gewesen, die Absendung Richelieu's zu verhindern, fährt der Sieger von Fontenoi fort:

.... Des Issarts n'est pas né François, il est d'Avignon et sujet du Pape. Il faut que ce soit un François né sujet du Roi. On m'avoit déjà donné cette raison avec celle de mes occupations militaires, qui ne sont point des inventions. *Car je vous assure, entre nous, que, s'ils ne m'avaient pas, ils ne sauroient où donner de la tête. Hommes, argent, rien ne leur manque,* aber sie wissen es nicht einzurichten. *Outre cela les troupes et l'Etat ont une confiance en moi, qui entretient tout dans l'espérance et cela fait beaucoup pour le maintien intérieur de l'Etat et la tranquillité de la Monarchie.* Vous voyez bien que je ne vous boude plus puisque je vous parle comme cela.

Revenons à nos moutons. Mr. le Duc de Richelieu part dans l'intention de plaire à la Cour et de vous plaire en particulier. Il ne vous tourmentera pas sur le cérémonial. *Le Roi de Prusse avoit desiré de le voir; il n'a pas voulu y aller pour ne pas sentir le Prussien en vous arrivant.* Il veut faire sa cour, rendre la commission honorable et amener la Princesse. Voilà tout: et tout cela ne doit ni vous éffaroucher, ni vous déplaire. Les d'Argensons branlent en manche, comme l'on dit.

Celui des affaires étrangères est si bête[1] que le Roi en est honteux. Celui de la guerre *veut faire le Generalissime et n'y entend rien*. Les tracasseries et les

---

[1] Für Deutsche Leser wollen wir bemerken, dass diese Stelle keineswegs zu übersetzen ist: „der Marquis d'Argenson ist so dumm, dass der König sich seiner „schämt," sondern etwa: „so unbeholfen," „so ungeschickt," oder wenn man will: „so albern." — Dass es dem damaligen Minister der auswärtigen Angelegenheiten nicht an Verstand und Bildung fehlte, bedarf keines Nachweises. Aber er war ein Cyniker, dieser ehrlichste Staatsmann der Regierung Ludwigs XV. Er liebte es, die Dinge bei dem rechten Namen zu nennen; derbe, volksthümliche Ausdrücke zu brauchen; er war kein Hofmann und die Hofleute in Versailles spotteten seiner ungeleckten Manieren wegen über den Gönner und Protector Voltaire's und den Freund und Gesinnungsgenossen des edlen und geistreichen Träumers, des Abbé de Saint-Pierre. *„Argenson, la Bête"* nannten sie, wie er selbst in seinen Memoiren erzählt, den Verfasser der *„Considérations sur le gouvernement de la France,"* eines Buches, von dem Voltaire im Jahre 1739 schreibt: *„que le bonheur du genre humain naîtrait de ce livre, si un livre pouvait le faire naître" (Mémoires d'Argenson T. IV. p. 357);* eines Buches, in welchem mit staatsmännischem Seherblick die Revolution von 1789 fünfzig Jahre voraus gesagt und was noch mehr ist, diejenigen Reformen bezeichnet worden, deren rechtzeitige Durchführung die furchtbare Katastrophe abgewendet haben würde. Was den ehrlichen Mann stürzte, war übrigens nicht der Spott der Hofleute, wie er sich einbildet. Der Grund seines Sturzes lag tiefer. Wie so häufig, fehlte es dem gelehrten Denker an dem praktischen Blick in die nächste Gegenwart. Der Marquis d'Argenson war ein Doctrinär. Er hat sich nie losmachen können von den Doctrinen der Schule des Cardinals Richelieu. Der Hass gegen das Haus Oesterreich verblendete ihn. Er verachtete den König von Preussen wegen seines Unglaubens und seiner Selbstsucht; aber er wähnte, er könne diesem Souverain die Rolle zutheilen,

intrigues de Cour l'appuyent uniquement. *Il va à la parade par tout et ne fait pas sa besogne qui est immense; moyennant quoi tout va au diable. Les affaires ne s'expédient pas; il est noyé par les affaires et ne peut plus se mettre au courant; il est haï, ses bureaux ne le secondent pas, et il se noye dans ses crachats. Cela me fait rire quelquefois.* (Hé bien, me direz-vouz encore que je ne vous aime pas?) Le Roi qui est sage et qui a plus de judiciaire[1] qu'eux tous, le voit et ne sait quel parti prendre. *Car nous avons de la gloire. Pour*

welche Gustav Adolph unter Richelieu gespielt hatte; er hielt sonach das Preussische Bündniss vortheilhafter für Frankreich, als die Oesterreichische Allianz. Er übersah dabei, dass Frankreich im Jahre 1746 nicht mehr das Frankreich des herrschsüchtigen Cardinals Richelieu war, dass Frankreich den Frieden wünschte und dringend brauchte, und dass dieser Friede auf dauernden Grundlagen nur zu erlangen war durch eine Annäherung an Oesterreich, wie dieselbe zehn Jahre später erfolgte. — Diese Verblendung d'Argensons ist um so auffallender, als er in seinen Memoiren die Politik seines Vorgängers im Amte, des Cardinals Fleury, einer scharfen, aber gerechten Kritik unterwirft und nachweist, wie dieser Cardinal in den Jahren 1740 und 1741 nicht nur **ehrlicher**, sondern auch im Interesse Frankreichs **klüger** gehandelt haben würde, wenn er die pragmatische Sanction aufrecht erhalten und Frankreich in den Oesterreichischen Erbfolgekrieg nicht gestürzt hätte. — Der Marschall von Sachsen, lange nicht so gelehrt, lange nicht so gebildet, wie der Marquis d'Argenson, bewährte im Jahre 1746 den Feldherrnblick eines praktischen Staatsmannes, indem er einen ehrlichen Doctrinär entfernte, der die Zeichen der Zeit nicht erkennen wollte und nicht einsehen, dass das Festhalten an der Preussischen Allianz nur den Keim zu neuen Verwickelungen und Kriegen enthielt.

[1] sc. *jugement*.

moi qui n'ai pour toute arme que le bouclier de la verité, l'on me craint, le Roi m'aime et le public espère en moi.

Voilà, mon cher Comte, un tableau de ce pays-ci. *Il est impossible que cela dure. Je ne veux point me fourer dans la melée;* car mon poste est bon et honorable, je ne le quitterai pas. *L'on commence à soupçonner ici Messieurs d'Argenson à ne pas vouloir sincèrement la paix. C'est un pétard. Si l'on y met le feu, ils sauteront: car tout le Royaume la veut, le Roi, la Cour et le Clergé. Tous sont persuadés que je la désire et cela est vrai. Mais j'ai beau faire, si ces Messieurs font naitre des incidents, je ne puis rien.* J'ai tâté le Marquis sur ce que vous m'avez écrit en dernier lieu.[1] Il est eloigné d'entendre à rien qui vient de la part de la Cour de Vienne et dit des choses là dessus fort étranges. Les deux frères paroissent toujours être brouillés, mais l'on commence à croire qu'ils s'entendent. Il faudra voir ce que tout ceci deviendra. Ce qu'il y a de certain est, que nous pouvons faire la guerre encore longtems et que les autres s'en lasseront plustot que nous, *mais en même tems le Roi et la France désirent la paix, le Roi, parcequ'il ne songe pas à s'aggrandir, et le Royaume, pour être tranquille et jouir des délices de la vie.*

Brulez cette lettre, je vous en conjure, en présence du Roi; je veux avoir un témoin comme lui. Vous voyez bien que mon attachement pour lui me fait sortir un peu des bornes de mon devoir.

---

[1] Brühls Schreiben hat sich nicht gefunden. Aber der Nachsatz ergiebt, dass es sich darin um einen Vermittlungsversuch zwischen Wien und Versailles gehandelt haben muss.

So der Maréchal de Saxe am 10. December 1746. Man sieht, er war damals Herr der Lage und fühlte sich als solcher.

Wir bemerken übrigens zur Beglaubigung dieses ungedruckten Documents, dass das Original gewissenhaft, wie Graf Moritz wünschte, verbrannt worden ist, dass aber Brühl eine Abschrift davon bei den Acten zu behalten nicht versäumt hat.

So eingeführt, ward Richelieu mit Freuden empfangen. Er hatte am 26. December seine erste Unterredung mit dem Grafen Brühl und eröffnete demselben, nicht als Brautwerber allein sei er gekommen, sondern als Friedensbote. Der König von Frankreich zähle auf die Freundschaft des Königs von Polen und sei bereit in dessen Hände, in Ausführung des Tractats vom 21. April, das Vermittelungswerk zwischen Versailles und Wien zu legen.

Mit Bereitwilligkeit übernahm Sachsen das ehrenvolle Amt des Friedensstifters. Schon am Tage nach Richelieu's Ankunft, am 27. December, formulirte Brühl in einer geheimen Depesche an den zum Botschafter erhobenen Grafen Johann Adolph Loss in Paris die folgenschweren Eröffnungen des Marschalls von Richelieu. Die Depesche ward diesem im Entwurfe mitgetheilt und bis auf Ein einziges Wort gutgeheissen. Richelieu verwahrte sich nämlich gegen das von Brühl gebrauchte Wort: „*médiation*." Man wünsche dringend die Sache, doch könne das Wort bei der Kriegspartei in Frankreich vielleicht Anstoss erregen und es sei daher gerathen, dasselbe zu vermeiden. So amendirt ging die Sächsische Depesche gleichzeitig nach Paris und nach Wien. Als Hauptmotiv wurde für die Annahme der angetragenen Vermittelung angeführt, Sachsen wünsche zu vermeiden: *que l'Empire ne fût induit à prendre part à la guerre présente, d'autant plus que la France persistait dans ses déclarations si souvent réitérées de ne pas attaquer les frontières de l'Empire.*

Der Sächsische Gesandte in Wien, Christian Graf von Loss, beeilte sich sofort nach Empfang des wichtigen Auftrags eine Audienz bei der Kaiserin Maria Theresia zu erbitten.

Schon am 6. Januar 1747 konnte er aus dem Munde Ihrer K. K. Majestät die friedlichsten Dispositionen einmelden. Die Kaiserin hatte offen gestanden, dass eine neue Schilderhebung Preussens, so lange Sie noch in den Niederlanden und in Italien beschäftigt sei, Ihr die grössten Verlegenheiten bereiten müsse; dass Sie des Krieges müde, mit aufrichtigem Dank die Bereitwilligkeit erkenne, mit welcher sich der Dresdner Hof der Vermittlung einer directen Verständigung mit Ihrem Hauptgegner unterzogen und dass Sie zu diesem guten Werke gern die Hand bieten werde.

Man hatte, allerseits den Frieden wünschend, damals schon mit Spanien eine geheime Verhandlung angeknüpft, unter Portugiesicher Vermittelung. Es kam nichts dabei heraus als Verzögerungen und Störungen der diplomatischen Action Sachsens.

Inzwischen verfolgte Graf Loss mit Tact und Eifer die unter so glücklichen Auspicien angeknüpfte Verhandlung. Am 14. Januar konnte er schon eine geheime Piece *(Projet de reponse à lire à Mr. le Comte de Loss)* einsenden, in welcher die Bedingungen, unter welchen Oesterreich den Frieden zu schliessen wünschte, formulirt waren.

Wir heben daraus nur die Stelle heraus, welche sich auf den Dresdner Frieden und das Verhältniss zu Preussen bezieht:

„Enfin Mr. le Comte de Loss n'ignore rien de ce qui concerne la paix de Dresde, qui est pour ainsi dire un ouvrage commun aux deux Cours. Il sait donc, et sent d'avance, qu'elle n'a nulle liaison avec la négociation dont il s'agit, et que par conséquent ne serviroit qu'à l'embarrasser. *Le Roi de Prusse a trois fois conclu sa paix sans la France.* Elle peut donc une fois en faire autant, sans retarder pour cet objet étranger un aussi grand bien: *surtout puisque l'Impératrice Reine ne sera sûrement pas la première à la violer, étant invariablement déterminée à remplir de son côté le traité de Dresde très régligieusement.*"

Von Sauls geheime Sendung nach Wien.

Noch ehe dieses Oesterreichische Friedensprogramm Dresden erreichte, war dort die geheime Absendung einer Vertrauensperson des Grafen Brühl, des geheimen Legationsraths von Saul, nach Wien beschlossen worden. August III. richtete darüber das nachstehende Handschreiben an die Kaiserin-Königin.

Ew. Maj. ist hinlänglich bekant, wie sehr Ich, sowohl aus aufrichtigster Zuneigung und wahrer Theilnehmung an Deroselben Interesse, als in Rücksicht der zweiffelhafften und bald sehr gefährlich umschlagen könnenden Umstände ein gütliches Abkommen zwischen Ew. Maj. und der Cron Franckreich zu vermögen, Mir bishero angelegen seyn lassen. Meine Bemühungen hierunter sind auch nicht fruchtloss gewesen, vielmehr habe Ich Ursache zu hoffen, dass diese wichtige Unterhandlung in weniger Zeit zu einem erwünschten Ende gebracht werden könte, wenn anders Ew. Maj., wie Ich nicht zweiffele, Mir Dero lezte Gedancken vertraulich eröffnen, und in dieser, das äusserste Secretum erfordernden Sache, dergestalt mit Ernst und Geschwindigkeit zu Wercke gehen wolten, dass nach einem bald zu fassenden Entschlusse, die Negociation durch hinlängliche Bevollmächtigung eines derer Ihrigen, oder auch Meinigen, des fördersamsten in Paris, als wo man Königl. Frantzösischer Seits, wegen des dort anwesenden und auch genugsam bevollmächtigten Spanischen Gesandtens, am kürtzesten durchzukommen glaubet, geendiget und abgeschlossen werden könne. Um nun aber hierüber sich desto zuverlässiger einverstehen, Ew. Maj. Gedancken vernehmen, und Deroselben dasjenige, was dahier mit dem Duc de Richelieu sowohl als zu Versailles mit Meinem Bothschafter dem Grafen vom Loss, verhandelt worden, desto umständlicher hinterbringen, und dadurch alles um so mehr beschleunigen können, habe Ich, auf eigenes Einrathen vorbenannten Duc de Richelieu, dienlich erachtet, Meinen, Ew. Maj. vorhin bekannten Geheimen Legations-Rath von Saul in Geheim nach Wien zu schicken. Ew. Maj. werden dahero, wie selbiger mit, oder ohne den Grafen vom Loss, Ew. Maj., ohne dass es iemand gewahr werde, aufwarten solle, um seine Aufträge auszurichten, und Dero Entschliessungen darüber zu vernehmen, anzubefehlen geruhen, Ich aber verharre mit beständig aufrichtigster Hochachtung und wahrer Ergebenheit, u. s. w.

Dressden,
den 15. Januarii 1747.   A. R.

Als die Wiener Expedition vom 14. in Wechsel einging, scheint man in Dresden Anfangs geglaubt zu haben, Sauls Sendung nunmehr aufgeben zu können. Bei näherer Prüfung der Oesterreichischen Vorschläge fand man deren Formulirung jedoch zu vag und Saul wurde am 19. expedirt „*pour porter la Cour de Vienne à se déclarer plus positivement*", wie Brühl dem Grafen Loss schreibt.

Am 22. war Saul vor den Thoren Wiens in Enzersdorf. Dort erwartete er nähere Weisung, welche ihm auch mit grosser Vorsicht ertheilt ward. Man werde ihn an den Stadtthoren nicht aufhalten; er solle nur in einem Fiaker nach der Leopoldstadt fahren, wo ein abgelegenes Haus für ihn bereit stehe. In einem schlichten Fiaker und „*bien déguisé*" suchte Graf Loss dort den Angekommenen auf, ermahnte ihn, keinen Fuss aus dem Hause zu setzen und das Weitere abzuwarten. Tags darauf erhielt er ein Billet des Gesandten. Saul war trotz aller Vorsicht in

Enzersdorf erkannt worden und man war in der grössten Verlegenheit, da man fürchtete, die Englische und Preussische Diplomatie würde nunmehr der geheimen Mission auf die Spur kommen.

Graf Loss schreibt dem geheimen Friedensboten am 23. Januar:

Il est fâcheux, qu'on vous ait reconnu à Enzersdorff. Quelqu'un est venu ce matin chez l'Impératrice, pour Lui dire, que vous y étiez, encore avant qu'Elle ait été avertie du Comte d'Ulfeld de votre arrivée. Cela jette ces gens ici dans de furieux embarras, et je puis dire, que j'ai trouvé le C. d'Ulfeld fort inquiet sur ce, que votre mission transpireroit, et que Robinson[1] et les autres en seroient informés. On vous pressera de repartir. Voici pour votre direction, comment on vous verra.

Diesen Abend umb Sieben Uhr sollen Sie in einem Fiacre vor die Burg fahren, allda aussteigen, und zu dem Thor im Burghofe linker Hand, wo die Zugbrücke und der Schlagbaum ist, hineingehen. Da werden Sie einen Menschen finden in einem grünen Kleide. Dieser wird Sie führen in dem Hofe und über eine hessliche Schneken-Stiege in der Fürstin Trautsohn Zimmer. Allda werden Ihre Maj. die Kayserin Sie sprechen, und es wird sich auch der Graf Ulfeld und der Baron Bartenstein dabey finden.

C'est là, où vous exposerez tout ce, dont vous êtes chargé, et où l'on vous donnera toutes les explications et éclaircissements, qu'on pourra.

Die Audienz fand verabredeter Massen in dem Zimmer der Fürstin Trautsohn Statt. Als Grundlage

---

[1] Der Englische Gesandte in Wien.

der Besprechung, an welcher die Kaiserin persönlich lebhaften Antheil nahm, dienten die Friedensbedingungen Frankreichs, welche Saul im engsten Vertrauen mitzutheilen auf sich nahm. Bartenstein scheint der Unversöhnlichste gewesen zu sein, und namentlich gegen den vierten der hier folgenden sieben Französischen Punkte Einspruch erhoben zu haben:

1) Les Royaumes de Naples et de Siciles conservés à Don Carlos.
2) Le Duc de Modène retabli dans ses Etats.
3) La République de Gênes retablie et conservée dans son ancien Gouvernement, sans aucun démembrement, et specialement sans qu'Elle perde le Marquisat de Final.
4) Un établissement pour Don Philippe, soit en Italie, soit aux Pais-bas, au choix de la Cour de Vienne, lequel on saura modérer. Il a été parlé d'une partie du Duché de Savoye, qu'on pourroit laisser à Don Philippe, en en retranchant un morceau, qui pourroit rester au Roy de Sardaigne, sauf de dédommager le dernier, en luy cédant quelque chose dans le Duché de Parme.
5) Moyennant quoy la France rendroit à l'Impératrice tous les Pais-bas sans exception.
6) Louisbourg restitué.
7) Et l'Angleterre seroit obligée de se contenter du retablissement du Traité du Pardo.

Saul reiste sofort wieder nach Dresden zurück und erstattete dort bereits am 27. seinen Bericht über diese Sendung, ein Bericht, welcher die Friedensliebe

der Kaiserin sehr entschieden betonte und der von
Sachsen übernommenen Vermittelung Erfolg versprach.

Die Kaiserin selbst bestärkte diese Hoffnungen
durch das nachstehende Antwortschreiben vom 31.
Januar:

Durchleuchtigst-Grossmächtiger Fürst, besonders lieber Freund, Vetter, Bruder und Nachbahr. Bevor Mir noch Ewer May. schäzbarstes Schreiben vom 15. des zu ende gehenden Monaths zugekommen, waren Graffen Loos die hiesige gedancken über jenem, was er nur mündlich, und nicht schrifftlich hier angebracht hatte, bereits eröffnet worden.

Nachdeme nun aus Ewer May. Zuschrifft Dero grosses Verlangen ersehen, ein so heylsahmes werck, als ein guter und daurhaffter fried ist, zu befördern; So habe keinen augenblick verweylet, ermeldt-Dero Ministro die vorhin nur zu lesen gegebene antwort zum abschreiben aushändigen zu lassen. Bald darauff hat sich der von Saul hier eingefunden, und seind in Meiner Gegenwart über die gethane anfragen solche erleuterungen ihme gegeben worden, welche in dem fall, da von seiten Franckreich keine wiedrige absicht hierunter verborgen, sondern dieser Cron mit Mir sich auszusöhnen ein wahrer ernst ist, zu einer gedeylichen handlung den weg bahnen können.

An Meiner auffrichtigen, ja sehnlichen Friedensbegierde hat man im mindesten zu zweifflen wohl gar keine ursach, sobald man nur auf der unterdruckung Meines Ertzhauses nicht versessen ist; welche unterdruckung zu verhüten, Ewer May. Selbsten ein so nahes und wesentliches interesse haben, ohne zu gedencken, dass die

wohlfarth des Reichs und der Christenheit, die Ewer May.
so ruhmwürdig am herzen liegt, mit ermeldt-Meines Ertzhauses aufrechterhaltung ganz enge verknüpffet ist.

So friedfertig aber einerseits bin, so nöthig ist auch andererseits, sich gegen allen Französischer seits darvon etwann gemacht werden dürffenden missbrauch zu verwahren. Ich verdencke sothane Cron nicht, wann sie durch zulässige mittel und wege ihre Bundsgenossen beyzubehalten suchet. Sie kan Mich also hinwiederumb auch nicht verdencken, wann bey Mir die nembliche Vorsorge obwaltet. Gleichwie aber Mein in Ewer May. gesetztes Vertrauen ohne schwancken und unabänderlich ist; also kan dasselbe gar füglich dienen, umb die bey beeden Theilen sich ergeben mögende anstände zu heben. Und Ich verharre mit unverfälschter unabänderlicher ganz ausnehmender hochachtung, auch Freund- Muhm- Schwesterund Nachbarlichem willen, Lieb und allem guten Ewer May. beständig wohlbeygethan. Datum Wienn den 31. Jenner 1747.

m. p. { *Euer May.*
guttwillige Freundin
Muhm schwester und nachbahrin
Maria Theresia.

Fast gleichzeitig ging in Dresden die Nachricht von dem Sturze Argensons ein, an dessen Friedensliebe, wie wir oben gesehen, der Marschall von Sachsen zweifeln zu sollen glaubte. Richelieu hatte die Nachricht unterwegs erhalten und dem Grafen Brühl sofort mitgetheilt.

pélard a até. Argen- ons Sturz.

Volle Bestätigung brachte ein Schreiben des Marschalls von Sachsen aus Paris vom 24. Januar mit den Worten: „*Hé bien, mon cher Comte, le petard a sauté....*"

Charakteristisch ist in diesem Briefe auch die Aufrichtigkeit, mit welcher der tapfere Feldherr seine Friedensliebe motivirt:

„Je vous fait mon compliment sur la charge de Premier Ministre. Vous l'aviez depuis longtemps; mais vous ne vouliez pas en convenir.

Pour moi l'on m'a fait Maréchal Général des Camps et Armées, ce qui veut dire en Allemand: **General-Feldmarschall.** Cela me fait le premier du Royaume et au-dessus de tous les maréchaux de France. Quant au militaire *je ne peux monter plus haut,* oder es wird halsbrechende Arbeit daraus.

Je voudrais à cette heure que la paix vint bien vite, pour m'en retirer avec honneur."

Die Ernennung des Marquis de Puysieulx, des Marquis d'Argenson Nachfolger, begrüsst Graf Moritz von Sachsen mit Freuden. Er nennt Puysieulx wiederholt seinen Freund und hofft, das Friedenswerk werde durch ihn befördert werden, wenn er nur den Blattern nicht erliege, mit denen er sein neues Amt angetreten.

Puysieulx starb nicht an den Blattern, aber der Friede kam nicht so schnell zu Stande, als es der Graf von Sachsen wünschte, und sein Eifer für denselben sollte der Sächsischen Vermittelung Eintrag thun, wie wir des Weitern darlegen werden.

Für jetzt kehren wir nach Petersburg zurück. Während die Gebrüder Loss in Wien und Paris an dem künftigen Aachner Frieden arbeiteten, hatte Graf Vitzthum aus Petersburg (31. December 1746) die erste Andeutung von der bevorstehenden Einladung Sachsens, zum Petersburger Tractat beizutreten, gegeben.

Die Sache war officiell eingeleitet worden durch ein Promemoria, welches der K. K. Botschafter dem Grafen Bestuscheff am 6. Januar 1747 überreichte. Auf des Letztern Anfrage, ob die Einladung auch auf die geheimen Artikel auszudehnen? erwiederte Pretlack umgehend, dass die Absicht der Kaiserin Königin dahin gerichtet sei, den Churscächsischen Hof „sowohl zu dem Haupt-Tractat, als denen sämmtlichen geheimen und Separat-Articuln von beiderseits Hohen Höfen einladen zu lassen, so aber *respectu* des Königreichs Schweden sich nur auf den Haupt-Tractat allein extendire."

Dennoch verzögerte sich die wirkliche Einladung noch einige Monate. Erst am 31. März konnte Graf Brühl dem K. Gesandten in Petersburg die Thatsache mittheilen. „Quant à l'affaire de notre invitation en traité d'Alliance signé le 22 may de l'an passé à Pétersbourg, Mr. le Comte Esterhazy s'est joint au Grand Maréchal Comte de Bestoucheff pour nous en faire l'ouverture et les communications nécessaires, que j'ai pris *ad referendum*. Le Roi qui n'est pas éloigné,

1747 März.

en gros, d'accéder à cette Alliance, fera donner aux Ministres des deux Cours Impériales une résolution convenable et telle que celles-ci auront lieu d'en être contentes, après que S. M. aura fait délibérer et mûrement réfléchi Elle-même sur tous les points et articles de ces nouveaux engagements. *A quoi les deux Cours nous laisseront sans doute un espace de temps suffisant pour bien péser jusqu'où et comment nous pourrions concourir aux mesures salutaires concertées par précaution pour leur mutuelle défense et sûreté et celle de leurs Amis; d'autant plus que le Roi n'aime pas entrer légèrement dans des engagements trop étendus, avant d'avoir bien examiné les moyens et la possibilité de les remplir.* Voilà ce que je puis vous en dire et faire espérer d'avance pour votre information et celle de Mr. Pezold (der Sächsische Geheime Legationsrath und Resident, welcher unter dem Gesandten in Petersburg für die laufenden Geschäfte in Function blieb und diesen, wenn abwesend, vertrat) et pour que vous puissiez, l'un et l'autre, entretenir là dessus *en haleine et bonne humeur Mr. le Grand Chancelier, en lui donnant à considérer, qu'après tant de temps qu'il a fallu aux Cours Impériales avant de convenir ensemble sur la conclusion de leur Traité et après qu'elles ont tant balancé sur notre invitation, il serait injuste, si elles voulaient s'impatienter et trop presser notre accession."*

An demselben Tage, wo Graf Brühl das Vorstehende nach Petersburg schrieb, erfolgte mittelst K. Rescripts vom 31. März 1747 die Mittheilung des neu errichteten Oesterreichisch-Russischen „Defensiv-

Allianz-Tractates nebst dessen Neben-Articuln" an die Geheimen Räthe, mit der Aufforderung, ein „pflichtmässiges Gutachten" zu erstatten: „in wieweit und auf was für Weise, auch nach welcher Proportion denen darin enthaltenen Verbindlichkeiten beizutreten rathsam, auch was sonst noch etwa darbei Mehreres zu erinnern und zu beobachten sein dürfte, wie nicht minder was vor reelle Avantagen und Sicherheit man sich dabei etwann ausbedingen könne." Aus dem umfänglichen von den Geheimen Räthen erstatteten Gutachten d. d. Dresden 15. April 1747 heben wir nachstehende Hauptstellen heraus, da sie über die so arg verleumdete Sächsische Politik das hellste Licht verbreiten.

1747 April.

Die damaligen Geheimen Räthe Bernhardt Graf von Zech, Johann Christian Graf von Hennicke, Carl August Graf von Rex stellen an die Spitze ihres Gutachtens, dass ihnen „nicht geringe Zweifel" beigegangen, „ob es nicht von ziemlicher Gefahr und nachtheiligen Folgen sein möchte, die angetragene Accession vor der Hand zu resolviren?"

Dieses Hauptbedenken wird nun näher motivirt: „Ew. K. Majestät," sagen die Sächsischen Minister, „stehen bereits einer *mutuellen Defension* halber sowohl mit Ihrer Kaiserlichen auch zu Ungarn und Böhmen Königlichen Majestät durch den zu Wien den 20. December 1743 mittelst Erneuerung der *Allianz de Anno* 1733 errichteten *Tractat*, als mit Ihrer Russischen Kaiserlichen Majestät mittelst der unter dem $\frac{24.\text{ Januar}}{4.\text{ Februar}}$ 1744 zu Petersburg geschlossenen *Allianz* in genauen *Engagements*. Es geben auch diese Bündnüsse auf alle Fälle, sie mögen sich ereignen, wie sie wollen, schon klahre Masse, und könnte, unseres Dafürhaltens, sämmtlichen höchsten *Interessenten* genug sein, wenn nur selbige, nach ihrem Inhalte, *existente casu*, wirklich in Erfüllung gesetzet werden. Ew. Königliche Majestät haben zwar Ihres höchsten Orts, da *Anno* 1744 das Königreich Böhmen von Preussen angegriffen wurde, dasjenige, was von Deroselben aus besagtem *Tractat* vom 20. December 1743 und aus der *M. Maji* 1744 geschlossenen geheimen *Convention* gefordert werden konnte, willigst *prästiret*. Als hingegen Höchstdieselben im folgenden 1745ten Jahre gegen den Preussischen Einfall die *allianz*mässige Assistenz insonderheit auch von Russland benöthiget waren, haben Sie eines kräftigen Genusses von derselben, leider zu Dero Landen höchst empfindlichen Schaden, nicht theilhaftig werden können. Je mehr nun jetzt die *reciproquen Engagements* extendiret und erhöhet werden (welches durch Ew. Majestät *Accession* zu dem neuen Tractat in Absicht auf Dero vorhin mit beiden Höfen habende, ob *allegirte* vom 20. December 1743 und $\frac{24.\text{ Januar}}{4.\text{ Februar}}$ 1744 geschehen würde), je oneroser werden solche Verbindungen Höchst-Deroselben fallen. Zumale ohnedies, wenn auch gleich die *Engagements* künftig auf jener Seite so willig und

treulich als auf dieser erfüllet werden sollten, doch
nichts desto minder eine grosse Ungleichheit noch darin
bleibet, dass der Wienerische und Russische Hof jeder
fast beständig drei bis vier Puissancen zählen mag,
denen sie zu feindlichen Angriffen *exponiret* sind,
Ew. Königliche Majestät aber wegen Dero Chur-Sächsischen Lande fast nur allein von Ihrer Majestät in
Preusssen dergleichen besorgen dürfen. Mithin kann
auf jener Seite der *Casus* der benöthigten und hier zu
suchenden Hilfe drei bis vier Mal in währender Zeit,
dass er auf dieser Seite kaum einmal sich ereignet,
vorkommen, auch vielleicht noch in diesem Sommer,
wegen derer Preussischen und Schwedischen Kriegsanstalten wirklich *existiren*. Welches theils überhaupt das diesseitige *onus* von einer dergleichen
Verbindung *multipliciret*, theils vor Ew. Königlichen
Majestät Cassen und Lande, die doch schon so vieles
erlitten haben, sehr beschwerlich werden würde. Dahingegen ausser dem *mutuellen auxilio* (dessen, wie
nur gedacht, Ew. Königliche Majestät aller *Probabilität* nach, weit seltener, als der Wienerische oder
Petersburger Hof benöthiget sein können, und dass
doch ohnehin schon durch die mit Ew. Königlichen
Majestät subsistirende *Allianz-Tractate* ausgemacht
ist), einige *Avantagen*, die Ew. Königlichen
Majestät aus der *Accession* zu dem neuen
Tractat zufliessen sollen, in demselben nicht
zu befinden, es mag der Inhalt des Haupt-

tractats, oder derer Neben-*Articul* erwogen werden.

„Wohl aber kann aus sothaner *Accession* gar leichte Gefahr, Schaden und Nachtheil von Französischer und Preussischer Seite vor Ew. Königliche Majestät erwachsen. Denn insofern Höchstdieselben in den Schranken derer jetzt mit den Wiener und Petersburger Höfen habenden *Engagements* verbleiben, ist unseres Ermessens eben nicht zu befahren, dass die Cron Frankreich einen gegründeten Vorwurf machen sollte, wenn auch Ew. Königliche Majestät solche, bei Frankreich nicht unbekannte Verbindungen, *existente casu*, *adimplir*en. Allein da nicht ohne Grund zu besorgen, es könne der neue Petersburger *Tractat* bei der Cron Frankreich den *Soupçon* erwecken, dass er vornämlich mit in Absicht gegen selbige und die mit ihr in geheimen Verständniss lebende Cron Schweden errichtet worden sei, so geben wir zu erwägen Allergehorsamst anheim, ob nicht Ew. Königlichen Majestät *Accession* darzu, bei Frankreich wenigstens einige Unzufriedenheit veranlassen könne? ob nicht diese Crone wegen Fortreichung derer *Subsidi*en, die sie unseres Wissens gegenwärtig abstattet, Anstand nehmen möchte? und ob Sie bei der *General-Pacification* das *Interesse* Ew. Königlichen Majestät und Dero hohen Königlichen Chur-Hauses also, wie man etwan ausserdem hoffet, zu befördern sich angelegen sein lassen werde? Wegen Preussen hat es darinne gleiche

Bewandniss, dass es Ew. Königlichen Majestät schon habende Verbindung mit beiden Kaiserlichen Höfen zur Gnüge weiss, mithin deren Erfüllung auf sich begebenden Fall zum Voraus vermuthen kann, hingegen aber auch die Beweg- und End-Ursachen des neuen Petersburger *Tractats* nicht *ignorir*en mag. Ob nun Ew. Königlichen Majestät Beitritt zu diesem (Tractate) von des Königs in Preussen Majestät gleichgültig aufgenommen werden dürfte, zumalen seit kurzem die von Ihnen zu zweien Malen bei Ew. Königlichen Majestät angetragene neue *Allianz* vor der Hand *decliniret* worden, müssen wir billig um so mehr in Zweifel stellen, als schon die, Königlich Preussischer Seits wegen eines *Campements* bei Magdeburg und Berlin obseienden Anstalten zu erkennen geben, dass, insofern Ihro Königliche Majestät einen Angriff gegen einen derer beiden Kaiserlichen Höfe vorhaben, sie auch schon gegen Ew. Königliche Majestät die *mesures* nehmen. Ja es ist nur gedachter Königs Majestät wohl zuzutrauen, dass, wenn Sie etwann gar, wie nicht unwahrscheinlich ist, von denen bei dem neuen Petersburger *Tractat* befindlichen *secret*en *separat*en *Articuln* durch Ihre in Russland habende geheime Canale bereits Wissenschaft erlanget, oder noch erlangen, Sie Ew. Königlichen Majestät *Accession* als eine Verletzung des Dresdener Friedens ausdeuten und nach ihrem schon neulich geäusserten auch im Werk erwiesenen *principiis*: es mache sich ein

Hülfe leistender Theil des Krieges und derer Feindseligkeiten selbst mit theilhaftig, und sei im Uebrigen das *praevenire* besser als das *praeveniri*[1] um deswillen, ehe sie noch zu Ihren gegen Russland oder den Wienerischen Hof etwann im Sinne habenden Unternehmungen vorschrieten, Ew. Königlichen Majestät Lande, in der Hoffnung, Ew. Königliche Majestät dadurch ausser dem Stande einer Hülfleistung zu setzen und Sich den Rücken von dieser Seite frei zu halten, angreifen, mithin Dero *Trouppen* durch Ihre grosse *Präpotenz* einen *fatalen Coup* beizubringen suchen möchten, ohne dass man sich allhier zu dessen Abwendung eines prompten Beistandes zu versehen hätte."

Wir brauchen nicht erst hervorzuheben, wie sehr die Ereignisse den staatsmännischen Blick der Sächsischen Minister bestätigt haben, denn neun Jahre, nachdem diese Worte geschrieben waren, ist ja diese Prophezeiung fast wörtlich eingetroffen. Aber nicht bloss allgemeine, sondern auch specielle Bedenken hatten die Geheimen Räthe gegen den Beitritt. Sie fanden namentlich die im III. Artikel und im 4. geheimen Artikel festgesetzte Höhe des zu stellenden Hilfscontingents von beziehentlich 30,000

---

[1] Man sieht, das Wort, welches Georg II. im Jahre 1756 wiederholte, ist weit ältern Ursprungs.

oder 60,000 Mann unverhältnissmässig und erinnerten daran, dass nach dem oben angezogenen Russischen Tractate Sachsen nur 5000 Mann zu Fuss und 3000 Mann zu Pferde, nach dem Oesterreichischen nur 4000 Mann zu Fuss und 2000 Mann zu Pferde zu stellen habe, auch — was in dem neuen Vertrage nicht bedungen — die Wahl, jene Hilfe entweder *in natura* oder in einem Aequivalente an Geld leisten zu können. Auch der V. Artikel wegen der Verpflegung des Hilfscorps erschien nicht so günstig wie die früheren Bestimmungen, da ja nach diesen Russland den benöthigten Vorspann ohne Entgelt, Oesterreich aber gar die volle Verpflegung an Löhnung, Tractament, Fourrage, Fuhren u. dgl. zu leisten verbunden sei, während Sachsen „*existente casu foederis* die zu stellenden Auxiliartruppen von 12,000 Mann ganz und gar nicht zu unterhalten brauchte."

Auch ist den Geheimen Räthen bedenklich, dass nach dem XVII. Artikel der Vertrag auf 25 Jahre also bis zum Jahre 1771 abgeschlossen werden soll, während die bisher mit Russland bestehende Allianz schon im Anfange des Jahres 1759 ablaufen würde.

Bedenklich finden die Geheimen Räthe ferner den ersten geheimen Artikel, da der Beitritt den König „gegen Dänemark in allerhand beschwerliche Dinge mit einflechten und Sr. Majestät theils ein *Odium* bei der Crone Dänemark, theils wegen des eventuellen Successionsrechts auf Dänemark und Norwegen[1] ein wirkliches Präjudiz zuziehen könne."

Am allerbedenklichsten erscheint aber den Geheimen Räthen die Fassung des 4. geheimen Artikels. Der Inhalt desselben, sagen sie, gehe „über die sonst üblichen Reguln zu weit hinaus," darin, dass nicht bloss der *casus* einer feindlichen Preussischen Agression der Kaiserin Königin, sondern zugleich der Fall vorgesehen sei, dass der König in Preussen das Russische Reich oder die Republik Polen feindlich angreifen würde. Wenn Sachsen diess durch seinen Beitritt gutheissen, mithin einen Preussischen Angriff auf Russland und Polen als einen Bruch des Dresdener Friedens ansehen, und der Kaiserin Königin dann das Recht, Schlesien und Glatz wieder zu vindiciren zugestehen wolle, so müssten die schon oben geäusserten Besorgnisse wegen Preussens nur stärker hervortreten. Dies ist die Stelle, welche sub VI. unter den „*Pièces justificatives*" übersetzt worden ist. Das dort gegebene Datum ist falsch und beweist nur die Flüchtigkeit dieser Hertzbergischen Arbeit. Am 15. August 1747 ist Seiten der Geheimen Räthe gar kein Gutachten erstattet worden. Es ist vielmehr anstatt August — April zu lesen.[2]

[1] Die Mutter Johann Georgs IV. und Friedrich Augusts I., die Churfürstin Anna, war bekanntlich eine Dänische Prinzessin, nach der *Lex Regia* deren Söhne „Erben in Dänemark und Norwegen."

[2] Oeuvres T. III. p. 56.

Nach diesen Bedenken hoben noch die Geheimen Räthe ganz sachgemäss auch die Gefahren hervor, welche es mit sich führen würde, wenn der König den Beitritt geradezu versagen wollte.

„Alldieweilen" — heisst es im Berichte — „aber doch auch Höchstdieselben, wegen Derer Polnischen Angelegenheiten besonders hohe Ursache haben, den Kaiserlich Russischen Hof, so viel nur irgend thunlich, zu menagiren und dessen Freundschaft zu cultiviren, hiernächst eine gänzliche abschlägliche Antwort wegen der *Accession* bei beiden Kaiserl. Höfen das Misstrauen gegen Ew. Königl. Maj., so etwann bei selbigen der im vorigen Jahre mit der Crone Frankreich geschlossenen *Subsidientractat* verursacht, nicht wenig vergrössern möchte, auch vielleicht beide Kaiserlichen Höfe unter der jetzt beschehenen Einladung zur Accession gar die Absicht zu sondiren, ob Ew. Königl. Maj. etwann in einem noch genaueren und weiter gehenden Einverständnisse mit der Crone Frankreich stehen, hegen könnten, und endlich Ew. Königl. Maj. in Dero Eingangs erwähntem Allergnädigsten Specialrescripte vom *31. Martii a. c.* schon soviel zu äussern geruht haben, dass Höchstdieselben sich dem Antrage in gewisser Masse zu fügen, sich nicht füglich würden entbrechen mögen;

„Als stellen zu Ew. Königl. Maj. Höchsterleuchtetem Ermessen wir im tiefsten *Respect* anheim, ob

Dieselben zwar beiden Kaiserlichen Höfen in vorläufiger Antwort auf die Art, wie die Einladung zur *Accession* angebracht worden, Dero Neigung zur *Accession*, soviel den Haupt*tractat* betrifft, (ohne diesfalls *in specie* dessen geheime Neben*articul* zu berühren) in seiner gehörigen bald mit mehreren zu erwähnenden Maasse zu erkennen geben, jedoch diese ganze Angelegenheit vor der Hand mit guter Art *dilatorie tractir*en und hierzu die Gelegenheit von denen geheimen Neben*articuln,* von zu begehrenden mehreren, vorher nöthigen Erläuterungen, von Aeusserung allerhand Conditionen, deren Eingestehung man sich nicht sofort versprechen darf und von anderen sich ereignenden Umständen mehr hernehmen lassen wolle."

Der Hauptgrund, welchen die Geheimen Räthe für eine „*dilatorische Tractirung* dieser Sache" anführen, ist, dass man dadurch Zeit gewinne, abzuwarten, wie die schwebenden Negociationen zu Breda (über den das Jahr darauf in Aachen abgeschlossenen Frieden mit Frankreich) ablaufen würden. Käme es zum Frieden, so würde Oesterreich weit eher in der Lage sein, „die K. Preussischen Absichten zu unterbrechen" und dann der Beitritt Sachsens zum Petersburger Tractate weniger bedenklich erscheinen, wie denn auch in Frankreich in diesem Falle die Unzufriedenheit über den Beitritt nicht so stark hervortreten werde. Sollte aber der Krieg in den Niederlanden und Italien noch länger fortgesetzt werden und für die Alliirten unglücklich ausfallen und gar vielleicht noch ein Angriff Seiten der Pforte, der durchaus nicht unmöglich, hinzukommen, so würden die Gefahren eines Beitritts Sachsens nur noch erhöht werden.

Es folgen nun einige Rathschläge über die Art, wie das Accessionsgeschäft hingehalten werden könnte, namentlich werden die Erläuterungen näher formulirt, welche von beiden Kaiserlichen Höfen vor allen Dingen zu verlangen sein dürften.

Ganz ausdrücklich wird hervorgehoben, dass es nicht rathsam scheine, wegen etwaiger *Avantagen* Forderungen zu stellen, weil zu besorgen, der Wiener Hof werde daraus sofort Anlass nehmen, in Petersburg zu insinuiren, Sachsen beabsichtige, durch dergleichen Forderungen die *Accession* nur hinzuziehen, ganz zu geschweigen, dass, da auf Geheimhaltung nicht zu rechnen, das Bekanntwerden einer solchen Forderung nur Hass und andere Nachtheile erregen werde. Es scheine ferner „gefährlich und vergebens," auf solche Vortheile, die im *Acte separé* vom 3. und 18. Mai 1745 (der sogenannte eventuelle Leipziger Theilungsvertrag, *Pièces justificatives I.*) bedungen worden und „dem *Aggressori*," von dessen „alten Landen" z. B. Cottbus, Crossen u. dergl. abgenommen werden sollten, das Absehen zu richten; da gewiss zu vermuthen, dass der Wiener Hof, falls er seinen Zweck durch die Wiedererlangung von Schlesien und Glatz erreicht, um die Erfüllung von dergleichen Versprechen „wenig bekümmert sein" und das *aygrandissement* Sachsens „schwerlich mit Ernst und Eifer zu befördern suchen dürfte."

Diese Bedenken wurden zwar vom Grafen Brühl in der Hauptsache getheilt, dennoch aber waren ihm die Nachtheile, welche aus einer Ablehnung erwachsen würden, aus der Petersburger Correspondenz sehr klar geworden. Man würde dort in der Weigerung des Sächsischen Hofes, auf die Verhandlung einzugehen, den Beweiss erblickt haben, dass derselbe einen vollkommenen Systemwechsel durch seine Annäherung an Frankreich beabsichtigt habe.

Es kam dazu, dass man im Frühjahr 1747, wie aus einem geheimen Berichte des Grafen Vitzthum vom 19. April hervorgeht, eine Schilderhebung des Königs von Preussen zu Gunsten Frankreichs für sehr wahrscheinlich erachtete. Graf Bestuscheff hatte nämlich auf baldige Bevollmächtigung des Sächsischen Gesandten gedrungen, weil mehrere Umstände bewiesen, dass der König von Preussen wieder ein neues gefährliches Project im Schilde führe. „Er sagte mir," schreibt Graf Vitzthum, „im engsten Vertrauen, Graf Keyserling (der spätere Russische Gesandte in Dresden, damals in Berlin) melde, dass ausser den Vorbereitungen zu mehreren Lagern, welche der König von

Preussen zu formiren beabsichtige, dieser Monarch ähnliche Massregeln treffe, wie diejenigen, welche man kurz vor dem ersten und zweiten Schlesischen Kriege beobachtet, Keyserling habe namentlich *une profonde tristesse* bei dem Grafen von Podewils bemerkt. Als die Ursache der üblen Laune des Preussischen Ministers habe sich ergeben, dass der König von Preussen wiederum geheime Befehle, von seiner eigenen Hand geschrieben, hinter dem Rücken des Grafen an mehrere seiner Gesandten an fremden Höfen gesendet. So habe dieser Monarch am Vorabende einer grössern Unternehmung immer gehandelt und es sei daher doppelt nöthig, dass die Alliirten auf ihrer Hut blieben." Der Grosskanzler hatte daher dringend empfohlen, die Massnahmen des Königs von Preussen auf das Allerstrengste überwachen zu lassen und zugleich versprochen, dass, falls derselbe irgend Etwas gegen Oesterreich und Sachsen unternehme, die Russische Hilfe rechtzeitig erfolgen solle, denn heute noch könne sich die Kaiserin nicht darüber trösten, dass ihre Truppen bei der Invasion Sachsens von 1745 zu spät gekommen.

Endlich erfolgte am 23. Mai die Absendung der Vollmachten und Instructionen, welche dem Grafen Vitzthum und dem Herrn von Pezold zum Beginn der Unterhandlungen wegen des Beitritts zum Petersburger Tractate nöthig waren.

1747 Mai.

Der Russische und Oesterreichische Gesandte in Dresden wurden durch eine kurze Note von der Absendung dieser Piecen nach Petersburg unterrichtet und zugleich auf einige Punkte aufmerksam gemacht, über welche man sich Erläuterungen erbeten. In dieser Note wird allerdings die Hoffnung ausgesprochen, dass man dem Könige einen gebührenden Antheil an den etwa zu machenden Eroberungen gewähren werde, falls der König von Preussen den Frieden von Neuem brechen sollte.

Die Vollmacht in Deutscher Sprache war von den aus den *pièces justificatives* Nr. III. bekannten Instructionen begleitet. Letztere sind eine Französische Paraphrase des Berichts der Geheimen Räthe vom 15. April. Der Hauptpunct ist wohl der dreizehnte, worin die beiden Sächsischen Bevollmächtigten ausdrücklich angewiesen werden, Alles *ad referendum* zu nehmen und durchaus nichts abzuschliessen, ohne zuvor ausdrücklich durch endgültige Befehle und Resolutionen dazu autorisirt zu sein.

Verhandlungen in Paris.

Inzwischen hatte der König von Preussen von der Sache Wind bekommen. Sein erstes Bestreben war, den Französischen Hof mit allerhand gehässigen Insinuationen gegen Sachsen aufzuregen. Der Sächsische Botschafter in Paris, Graf Johann Adolph von Loss, hatte bereits am 3. Mai mittelst eines besonders abgesendeten Couriers eine Unterredung gemeldet, in

1747 Mai.

welcher der Marquis de Puysieulx der tiefen Missstimmung des Königs Ludwig XV. Ausdruck gegeben. Der König von Frankreich habe es geradezu ausgesprochen, dass Sachsens Beitritt zu einem Vertrage, welchen eine Macht, mit der Frankreich noch im Kriege, mit einer anderen Macht, deren feindliche Gesinnung gegen Frankreich weltbekannt, abgeschlossen habe, in ganz Europa den Eindruck machen würde, als wolle der Sächsische Hof offen mit seiner Allerchristlichsten Majestät brechen, seine Freundschaft verhöhnen, und alles diess in einer Zeit, wo man Französischerseits Sachsen so glänzende Proben von Achtung und Freundschaft gegeben, indem man den Dauphin mit einer Sächsischen Prinzessin vermählt, auf die Gefahr hin, sich darüber mit Spanien zu überwerfen; des Subsidien-Tractates ganz zu geschweigen, den man Französischerseits auf das Allerpünktlichste erfüllt habe.

Nicht ohne Würde antwortet Graf Brühl auf diese Mittheilung in einer längeren Depesche d. d. Dresden, den 14. Mai:

Der König sei im höchsten Grade überrascht gewesen durch den Ton, den man in Frankreich anschlage. Man könne die Besorgnisse des Französischen Hofes nur den Verleumdungen des Königs von Preussen zuschreiben. Gerade der König von Preussen sei Schuld, dass Russland Sachsens Beitritt zum Petersburger Tractat so dringend verlange. Denn Niemand anders als der König von Preussen habe in Petersburg über die mit Frankreich angeknüpfte nähere Verbindung Sachsens die allergehässigsten Insinuationen machen lassen. Frankreich seien die alten Beziehungen des Dresdner Hofes zu Oesterreich und Russland bekannt. Wenn es sich jetzt darum handele, dem zwischen jenen beiden Höfen abgeschlossenen neuen Defensivbündnisse beizutreten, so werde Sachsens Verhältniss zu Frankreich dadurch nicht berührt. Denn der Petersburger Vertrag enthalte nichts, was Sachsens Stellung zu Frankreich irgendwie alterire. „Wir haben," schreibt Graf Brühl, „die Neutralität, zu der wir uns verpflichtet, gewissenhaft aufrecht erhalten. Ja, wir haben mehr gethan, als wir versprochen, indem wir unsere guten Dienste — Dank unseren alten Verbindungen mit Oesterreich — bei mehr als einer Veranlassung zu Gunsten Frankreichs zu bethätigen Gelegenheit gefunden. Wir werden, so lange der gegenwärtige Krieg dauert, dieselbe Haltung bewahren. Aber wir erwarten auch, dass Frankreich nicht die übermässige Forderung an uns stellen werde, durch eine blinde Deferenz für seine Wünsche das Vertrauen und die Freundschaft unserer alten Bundesgenossen auf das Spiel zu setzen." Graf Brühl schliesst den Hauptvertrag vom 22. Mai abschriftlich bei, ermächtigt den Botschafter zu dessen Mittheilung und bemerkt, dass es unmöglich im Interesse Frankreichs liegen könne, das Spiel des Königs von Preussen zu spielen und Sachsen mit dessen alten Bundesgenossen schlecht zu stellen. Uebrigens — fügt er begütigend hinzu — werde man Alles thun, um den Beitritt zu verzögern und Zeit zu gewinnen; aber ganz ablehnen lasse sich der Antrag nicht. Was die Französischen Subsidien anlange, so würden dieselben leicht durch andere zu ersetzen sein. Man verlange nichts besseres, als mit Frankreich in Freundschaft zu leben, aber in irgend eine Abhängigkeit zu dieser Macht werde man sich nicht begeben.

Loss benutzte diese Aufschlüsse bestens, indem er dem Französischen Minister des Auswärtigen am 1. Juni einen beschwichtigenden vertraulichen Privatbrief schrieb, der den gewünschten Eindruck zu machen nicht verfehlte. Der Marquis de Puysieulx antwortete von Brüssel aus (er hatte Ludwig XV. zur Armee begleitet) am 5. Juni: Er habe dem Könige das Schreiben des Grafen Loss vorgelegt. Der König kenne die alten Verbindungen des Dresdner Hofs mit Wien und Petersburg. Er denke nicht daran, deren Lösung zu verlangen und wolle Sachsen durchaus nicht in Verlegenheit bringen. Man hätte aber gewünscht, es wäre möglich gewesen, den Beitritt zur neuen Allianz aus Rücksichten gegen Frankreich gänzlich abzulehnen. Wenigstens hoffe man, der Sächsische Botschafter werde keine Schwierigkeit haben, **am Ende der mitgetheilten Abschrift des Petersburger Vertrags eine Erklärung beizufügen**, dahin lautend,

1747 Juni.

dass die Separat- und geheimen Artikel, welche angehängt werden könnten, nichts mehr enthalten sollten, als der Hauptvertrag. Graf Loss beeilte sich selbstverständlich mittelst Briefes vom 8. Juni eine Abschrift des Französischen Antwortschreibens einzusenden.

Diess die Veranlassung zu den *pièces justificatives* VIII. und IX. Denn am 18. Juni[1] ermächtigte Graf Brühl den Botschafter in Paris, die gewünschte Erklärung dem mitgetheilten Hauptvertrage beizufügen.

Mit einer für diplomatische Piecen nicht erlaubten Ungenauigkeit hat Graf Hertzberg in der IX. *pièce justificative* den dem Grafen Loos mitgetheilten Entwurf zu einer Erklärung als die Erklärung selbst hingestellt. In den Acten, aus denen die Beilagen zum *mémoire raisonné* hauptsächlich combinirt worden, trägt die *Pièce* sub IX. den Titel: „*projet*" und durchaus kein Datum. Zur Erläuterung muss daran erinnert werden, dass die geheimen Separat-Artikel zum Petersburger Vertrage damals, als Graf Loss zu jener Erklärung ermächtigt wurde, dem Grafen Brühl zwar vertraulich mitgetheilt waren, dass aber deren officielle Mittheilung an die Sächsischen Bevollmächtigten in Petersburg, am Sitze der Verhandlungen,

---

[1] Wir lösen hier nach dem Originalconcept den Zweifel über das Datum. S. Oeuvres III. p. 57 die Anmerkung. Die Apostille des Grafen Brühl an den Grafen Loss (VIII. der *Pièces justificatives*) ist vom 18., nicht vom 12. Juni datirt.

erst Monate später, wie wir sehen werden, erfolgte. Eine Communication derselben an Frankreich wäre ein Verrath gegen Sachsens alte Alliirte gewesen. Das verlangte das Versailler Cabinet nicht. Was dieses wünschte, war Beruhigung darüber zu erhalten, dass die geheimen Artikel, welchen Sachsen seine Beistimmung etwa geben könnte, nichts enthielten, was Frankreich irgendwie zum Nachtheile gereichen könne. Diess konnte der Wahrheit gemäss erklärt werden. Denn — wir haben es schon oben angedeutet — nach dem zweiten geheimen Separat-Artikel war der gegenwärtige Krieg wider Frankreich ausdrücklich *ex nexu* des Petersburger Tractats gelassen worden.

Verhandlungen in Petersburg.

Wir werden später sehen, dass die Beschwichtigung des in Paris hervorgetretenen Misstrauens vollkommen gelang, und kehren wieder zu den Verhandlungen über Sachsens Beitritt zum Petersburger Tractat zurück. Pezold berichtete darüber am 17. Juni: „Mit der Negociation unseres Hofes über die Accession zu dem zwischen beiden Kaiserlichen Höfen erneuten Tractat hat noch bis diese Stunde um deswillen nicht der geringste Anfang gemacht werden können, weil dem Herrn Graf Vitzthum und mir bisher noch nie eine Copie von sothanem Tractate gegeben und als ich den Grosskanzler und Herrn von Pretlack desshalb mit dem Anfügen erinnert, dass wir vorher unmöglich etwas anbringen und unsere Instructionen hinlänglich

1747 Juni.

verstehen könnten, ist uns solcher zwar von beiden versprochen, aber noch immer nicht zugestellt worden. Dieser von ihnen solchemnach selbst und allein herrührender Verzug wird ausser andern Vortheilen die aus mehrerer Gewinnung der Zeit hierbei zu erwarten stehen, noch den besondern Nutzen haben, dass wir die Beschuldigung, so man uns bishero hier machen wollen, als ob unser Hof an die Accesion ungern gehe und die Negociation darüber mit Fleiss zu retardiren suche, in gewisser Maasse werden retorquiren und uns rechtfertigen können."

Am 14. Juli schreibt derselbe:

„Ohnerachtet es nun schon Ein Monat ist, dass der Herr Graf von Vitzthum und ich wegen der bei unserem Hofe nachgesuchten Accession zu dem zwischen beiden Kaiserlichen Höfen erneuerten Tractate alle nöthigen *Instructiones* und Vollmachten erhalten, so ist doch mit der hier anzustellenden Negociation selbst noch bis diese Stunde sowenig als bisher der mindeste Anfang gemacht."

Am 5. August tröstet Brühl hierüber den Grafen Vitzthum:

„Quant à notre accesion demandée au traité d'Alliance de Pétersbourg vous êtes aussi dans le bon chemin, en vous *prêtant* conjointement avec Mr. de Pezold, en conformité de vos instructions, à cette négociation, *sans la presser*."

Am 12. August waren die Sächsischen Bevollmächtigten noch immer nicht im Besitze des Tractates und der geheimen Separat-Artikel und Bestuscheff hatte jetzt erst fallen lassen, nunmehr sei der Zeitpunkt gekommen, die Mittheilung dieser Actenstücke zu beantragen. (Bericht des Grafen Vitzthum vom 12. August 1747.)

Endlich nachdem dieser Antrag am 19. gestellt worden, konnte Vitzthum am 26. August melden:

„Non obstant plusieurs difficultés et empêchements assez singuliers, que le Vice-Chancelier (der dem Sächsischen Hofe nicht günstige Graf Woronzow) a tâché d'apporter pour contrecarrer la communication du Traité conclu entre les deux Cours Impériales, pour laquelle Mr. de Pezold et moy avions présenté le Promemoria, dont j'ai fait mention dans ma précédente, *on m'a pourtant envoyé hier la Copie du dit Traité et de ses articles secrets et séparés.*"

Ueber die Gründe der Verzögerung verbreitet sich ein an demselben 26. August geschriebener deutscher Bericht des Herrn von Pezold eingehender. Wir heben daraus folgende Stelle hervor:

„Mittlerweile hat er (Bestuscheff) auf das in meinem Letzten erwähnte, vom Herrn Graf Vitzthum und mir eingereichte Promemoria die darin angesuchte Copie von dem zwischen beiden Kaiserlichen Höfen geschlossenen Tractate noch gestern Abend durch einen Secretär aus dem Reichs-Collegio uns einhän-

digen lassen. Der Vicekanzler Woronzow hat die
Communication davon bis ganz zuletzt durch die Einwendung, dass nach dem geheimen Zusammenhange, worin unser Hof aller Anzeigung zufolge nicht nur mit Frankreich, sondern selbst
mit dem König von Preussen stehe, selbiger
diese Negociation nur *pro forma* und um die hiesigen
Absichten besser zu approfondiren, entamiren könne,
zu verhindern gesucht. Da sich aber von selbst
entdecket, dass er diese Bedenklichkeit im
Grunde blos dem Berlinischen Hofe zu Gefallen und damit unsere Accession obgedachtem Tractate nicht ein noch grösseres
Gewicht geben möge, ausgesonnen; so hat ihn
der Grosskanzler damit so eingetrieben, dass er
nicht ein Wort weiter dagegen vorzubringen gewusst.
Auf des Grosskanzlers Anrathen werden wir nunmehr,
um letzteren immer mehr zu confundiren, sobald es
die jetzige Krankheit des Herrn Grafen von Vitzthum
zulässt, wenigstens mit dem ersten mündlichen Antrage zusammen anfangen, so dass
dieser Negociation halben nun bald ein Mehreres unterthänig zu berichten sein wird. Jetzt habe ich hierbei
annoch zu erwähnen, dass mit letzter Post von mehr
als einem Orte und unter andern von Hannover Briefe
anher gekommen, welche versichern, dass zwischen
userm und dem Berlinischen Hofe ein heimliches Einverständniss existire und beide

zusammen, ehe man es sich versehe, einen neuen Einfall in Böhmen thun würden. Verschiedene Preussisch und Französisch Gesinnte sind bereits voller Freuden zu mir gekommen, um sich von der Gewissheit dieser Zeitung zu informiren. Meines Orts sehe ich solches als einen mit obigen Woronzowschen Insinuationen zusammenhängenden Kunstgriff an, um unseren Hof verdächtig zu machen und dadurch desselben Ausschliesung von denen etwa unter unsern alten Alliirten zu treffenden engeren Verbindungen zu bewirken."

Am 2. September berichtet Pezold, dass des Grafen Vitzthum Gesundheit ihm noch immer nicht gestatte, das Zimmer zu verlassen, Bestuscheff bedaure diess um so mehr, als es dringend zu wünschen, „dass der erste mündliche Antrag bald erfolge, um dadurch den Imputationen, womit der Vicekanzler fortfahre, als ob unser Hof diese Negociation so lange als möglich verschieben und hernach — wie seine ausdrücklichen Worte gelautet — Märchen und Gewäsche hervorbringen werde, bei Zeiten Einhalt gethan werden könne." Pezold begleitet diese Mittheilung des Grafen Bestuscheff mit folgendem Commentar: „Meines Orts gerathe ich hierdurch auf eine anderweite Besorgniss, welche darin besteht, dass der Vicekanzler beim Fortgange der Negociation und wenn sich darin ein wahrer Ernst zu Tage legt, dem Preussischen Hofe wenigstens den alsdann allein noch vor selbigen übrig bleibenden Dienst erweisen und selbigem, worauf die Accession eigentlich ankomme, wieder ebenso stecken werde, als es, nach den Umständen, die Ew. Excellenz bereits bekannt sind und worüber Dieselben von dem nunmehr in Dresden befindlichen Englischen Legationssecretär Lorenz mündlich vollends die nähere Erläuterung werden vernehmen können, alle Wahrscheinlichkeit hat, dass er (Woronzow) schon zu der Zeit, als er die grosse Reise that, unterwegs dem König von Preussen Alles, was ihm von unseren damaligen Plans wissend gewesen, entdeckt. Der *Ambassadeur* Pretlack hegt hierin mit mir gleiche Gedanken, und da erwähnten Souverain insonderheit aufbringen würde, wenn er von der Partage, die auf den Fall eines von ihm selbst erregten und vor die Alliirten glücklich ausschlagenden Krieges zwischen unserm und den Wienerischen Hof zum Voraus bestimmt werden solle, etwas erführe, so hat mir erwähnter *Ambassadeur* zwar schon so viel von Weitem zu verstehen gegeben, dass, da der hiesige Hof stipuliret, dass er an allen zu machenden Conqueten nicht zu participiren begehre, mithin über den obigen Punkt mit selbigem nicht mehr zu tractiren sei, das Sicherste zu sein scheine, davon in der hiesigen Negociation gar nichts zu erwähnen und den darüber bloss zwischen unsern beiden Höfen zu treffenden Vergleich wieder wie die vormalige in gleicher Absicht errichtete Convention unter selbigen ein Geheimniss bleiben zu lassen."

Am 16. September meldet Pezold, die Gesundheit des Grafen Vitzthum sei wieder soweit hergestellt, dass er sich morgen bei der Kaiserin werde beurlauben können. „Die erste Conferenz," fährt Pezold fort, „so unserer Accessionssache halber annoch vor seiner Abreise gehalten werden soll, gedachte der Grosskanzler als vorgestern anzuberaumen....."

Nachdem er auseinandergesetzt, dass diess nicht möglich gewesen, und dass der Tag noch nicht bestimmt, fügt Pezold noch hinzu: „Inmittelst hat *Ambassadeur* Pretlack die Gründe, aus welchen er zufolge dessen, was ich unter dem 2. bereits gehorsam einberichtet, vor das Beste und Sicherste halte, über die zwischen seinem und unserem Hofe zu vergleichende eventuelle Partage und Schadloshaltung allhier lieber gar nicht zu tractiren, mit mir noch mehr ausführlich überlegt. Die dabei hauptsächlich vorgekommenen *Considerationes* sind: zum Ersten, dass, wenn auch der König von Preussen den Inhalt der ganzen

Accessionsfrage erfahre, ihm doch nicht sowohl selbiger, als wenn er darin eine neue Partage der über ihn zu machenden Conqueten antreffe, der davon bereits vorhandenen Erfahrung nach choquiren werde.

Zum Andern, dass der Articul der an den Herrn Grafen von Vitzthum und mir ertheilten Instruction, worin gesagt wird, dass dieses Punktes halben der Herr Graf von Loss in Wien mit den nöthigen *Ordres* versehen werden solle, in gewisser Masse selbst anzeige, dass darüber erst die dortigen Erklärungen erwartet werden müssen.

Zum Dritten, dass, nachdem der hiesige Hof sich von wirklicher Participirung an denen an Land und Leuten zu machenden Conqueten losgesagt, ihm wie unsere beiden Höfe sich desshalb vergleichen, einerlei sein könne und von ihm vermuthlich nicht schwer zu erhalten sein werde, dasjenige, was sie dieserhalben unter sich ausmachen würden, überhaupt zum Voraus zu garantiren und genehm zu halten.

Endlich zum Vierten, dass, wenn mit dem Wiener Hofe ohne des hiesigen Zureden und Antrieb hierüber allein fertig zu werden nicht möglich sei, oder man an unserm Hofe aus andern Ursachen aller obigen Considerationen ungeachtet für besser erachten sollte, auch diesen Punkt gemeinschaftlich mit dem hiesigen Hofe zu verabreden, solches noch allemal geschehen und daraus, dass er vor der Hand ausgesetzt bleibe, nicht das mindeste Präjudiz erwachsen könne. Alles das hat mich nebst dem Herrn Graf Vitzthum, der hierbei mit mir in allen Stücken einerlei Meinung, bewogen, mit Herrn *Ambassadeur* Pretlack in der Abrede zu assentiren mehr angeführten Punktes halber vor der Hand nur in den generalsten *terminis* Erwähnung zu thun."

<small>Die erste Conferenz.</small> Am 19. September hatte nun auf Grund der erfolgten Mittheilung des Vertrags und seiner geheimen Artikel die erste Conferenz — die eigentliche Eröffnung der Verhandlungen stattgefunden.

„Le Grand Chancelier ayant enfin fixé," berichtet Graf Vitzthum d. d. Petersbourg le 23 Septembre 1747, „mardy passé dix-neuf du courant pour le jour de Conférence dans l'affaire de notre accession au traité de Petersbourg, l'Ambassadeur de Pretlack, Mr. de Pezold et moy nous nous sommes rendus chez le Grand Chancelier, où le Comte de Woronzow se trouvait aussi."

Der Berichterstatter war im Begriffe Petersburg zu verlassen, er verweist daher auf seinen demnächst mündlich abzustattenden Bericht und bemerkt nur: „après l'exhibition de nos Pleins-Pouvoirs et l'exposition de nos propositions conformes à nos instructions, le Grand Chancelier en a paru assez content et il en a été d'autant plus charmé, *qu'il croit mettre par là le Comte de Woronzow entièrement dans son tort, sur les soupçons et mauvaises insinuations qu'il a tâché d'inspirer contre nous.* Comme il y a plusieurs points, que le Grand Chancelier ne pourrait pas retenir, *il nous a demandé d'en dresser un Promemoria afin que les deux Cours Impériales puissent d'autant mieux y repondre.*"

In einem Deutschen Berichte, den Pezold hinzufügte, bemerkt derselbe über diese erste Conferenz, dass die Sächsischen Anträge darin weniger Schwierigkeiten, als man vermuthet, gefunden zu haben schienen, dass man aber zu deren besseren Wiedererinnerung ein schriftliches *Promemoria* begehrt und dass die Sächsischen Bevollmächtigten kein Bedenken gefunden, dasselbe zu überreichen.

Pezold fügt hinzu, Graf Vitzthum habe ihm überlassen, das *Promemoria* aufzusetzen; der Kanzler sei auf einige Tage auf das Land gegangen, die Ueberreichung daher noch nicht erfolgt. Trotzdem habe der Graf Vitzthum das *Promemoria* noch mit unterschrieben, um davon eine Abschrift mit nach Dresden nehmen zu können. Denn mit der Post könne man nicht wagen, nicht einmal in Chiffern eine so geheime *Pièce* zu senden.

Diess ist die Genesis des *Promemoria* vom $\frac{14.}{25.}$ September 1747, dessen Uebersetzung sub IV. unter den *Pièces justificatives* figurirt.

Der Hauptpunkt dieses *Promemoria* ist das darin über den 4. geheimen Artikel Bemerkte; wir glauben daher, den Deutschen Urtext dieser Stelle geben zu sollen.

„Was sodann den 4. geheimen Articul anbelangt, so geben Se. Königl. Maj. der weisen Vorsicht, womit beiderseits Kaiserliche Höfe auf den Fall, wenn Se. Maj. der König von Preussen, aller genauen Beobachtung der zuletzt mit Selbigem eingegangenen Friedensverträge ungeachtet, eines oder des andern Lande aufs Neue feindlich überzöge, zum Voraus die alsdann zu nehmenden *mesures* auf eine so kräftige als nachdrückliche Art festsetzen, den vollkommensten Beifall, und sind daher bereit auch zu selbigen an und vor sich zu concurriren. Allein da von Seiten Höchstderoselben noch weit mehr als von Seiten nur gedachter beider Kaiserlichen Höfe hierbei zu bedenken und zu erwägen vorfällt und dahin hauptsächlich gehört, dass nach davon zuletzt gemachter trauriger Erfahrung der König von Preussen eine damals an der Römischen Kaiserin und Königin von Ungarn und Böhmen Majestät gethane schuldige Hilfsleistung zum Prätext einer ordentlichen Kriegsdeclaration gegen Sachsen genommen; ferner, dass sich die Chursächsischen Lande ihrer Lage nach desselben *ressentiment* allemal am meisten und ersten exponirt befinden, dass sodann bei nicht erfolgender augenblicklicher Hilfe solche durch eigene alleinige Macht gegen dergleichen jählinge Anfälle, als man den König von Preussen bisher ausüben sehen, zu decken und zu schützen nicht möglich sei, und dass endlich, wenn man nicht vor allen Dingen deren Sicherheit und Conservation vor Augen behalte, der Ruin von selbigen vor die Höchsten beiden Contrahenten selbst den grössten Nachtheil mit sich führe; so haben Se. Königl. Maj. das zuversichtliche Vertrauen, dass beiderseits Kaiserliche Höfe aus den angeführten Considerationen die Billigkeit und selbst Nothwendigkeit der Bedingungen und Modificationen, so Wir in Dero Namen angezogenen Articuls halber anzutragen haben, erkennen und mithin solche zu accordiren nicht entfernt sein werden."

Jetzt folgt nun die Aufzählung der Bedingungen, unter welchen Sachsen überhaupt bereit sein könnte, dem 4. geheimen Artikel beizutreten:

„Erstlich, dass die Anzahl der Truppen, so beiderseits Kaiserliche Höfe, von denen Wir auch in Ansehung der nach diesem Articul einander zu leistenden Assistenz einen Vorschlag zu erwarten Befehl haben, von Sr. Königl. Maj. verlangen, mit der *Force* Dero Armee überhaupt nicht disproportionirt sei.

Zum Andern, dass jeder von beiden Kaiserlichen Höfen dagegen das *duplum*, und wenn solches nicht zureiche, mit noch mehr Macht zu assistiren, stipulire.

Zum Dritten, dass jede von Selbigen zu unverzüglicher Hilfsleistung jedesmal längs der Grenzen von einer Seite gegen Preussen, und von der andern Seite in Böhmen ein nur erwähntes *duplum* ausmachendes Corps Truppen in marschfertigem Stande halte, und

Zum Vierten, mit sothanem Corps, sobald als auf die Sächsischen Lande ein feindlicher Angriff erfolgt, oder wider selbige der Krieg declarirt wird, da, wo es am ersten und nächsten geschehen kann, und ohne vorher, wie ausserdem in dem Haupttractat und diesem geheimen Artikel verfügt ist, ein ordentliches Concert zu verlangen, eine Diversion mache.

Zum Fünften, dass dagegen Se. Königl. Maj. auf den Fall, wenn einer von beiden Kaiserlichen Höfen Sich zuerst attaquiret befinde, zu Eröffnung Dero, inmittelst zu präparirenden Operationen nicht eher gehalten sein solle, als bis der zweite Kaiserliche Hof damit einen wirklichen Anfang gemacht und dadurch einen Theil der ausserdem auf die Sächsischen Lande ihrer Nähe und Lage halben fallenden feindlichen Uebermacht von selbigen abgezogen habe, oder auch die Gefahr daselbst auf einmal zu unüberwindlichen Schaden vor Sr. Königl. Maj. und zu Vernichtung der ausserdem zum Besten der gemeinen Sache von Höchstdenenselben zu gewartenden Assistenz ecrasirt zu werden, sonst nicht so ganz augenscheinlich werde vorhanden sein.

Zum Sechsten, dass beiderseits Höchste Contrahenten Sr. Königl. Maj. nicht nur, nach Anleitung dessen, was im X. Articul des Haupttractats disponirt ist, an der Beute und den Gefangenen, sondern besonders auch an den Conqueten so über den Angreifer als gemeinschaftlichem Feind an Land und Leuten gemacht werden möchten, auf eine proportionirte Weise participiren lassen, und endlich

Zum Siebenten, dass, da Ihre Kaiserl. Maj. von allen Reussen in mehr angezogenem 4. geheimen Articul zu declariren geruht, dass Höchstdieselbe bei Gelegenheit der zu leistenden Hilfe und zu unternehmenden Diversion vor Sich keine neuen Conqueten zu erwerben begehrten, mithin Höchstdenenselben nicht anders als gleichgültig sein kann, wie Se. Königl. Maj. mit dem Römischen Kaiserlichen Hofe über deren eventuelle Theilung und ein vor Höchstdieselben zu bestimmendes hinlängliches Dedommagement vergleichen werden, Ihre Kaiserl. Maj. von allen Reussen sothanen Vergleich zum Voraus genehm zu halten und zu garantiren Sich gefallen lassen möchten."

In einer „Hauptrelation" d. d. Petersburg den 31. October 1747 verbreitet sich nun, nach der Abreise des Grafen Vitzthum, der jenes *Promemoria* selbst nach Dresden gebracht, der Geheime Legationsrath von Pezold über diesen Beginn der Verhandlungen. Es geht aus diesem umfangreichen Berichte sehr deutlich hervor, dass der König von

Preussen von jenen geheimen Artikeln schon damals durch den Vicekanzler Woronzow vollständige Kenntniss gehabt haben muss. Bestuscheff hatte zwar die von Pezold ausgesprochene Befürchtung, dass die gegenwärtige Negociation dem König von Preussen nicht verborgen bleiben und er sodann wieder wie bei seinem letzten Einfalle in Sachsen unter dem Vorwande, dass er das *prävenire* spielen müsse, eine Rache ausüben werde, zu beschwichtigen gesucht. „Es sei wahr, dass, nach dem wider seinen Collegen, den Vicekanzler, existirenden Verdachte, dass er bei seiner Durchreise durch Dresden die damals[1] erfahrenen geheimen Umstände an den König von Preussen verrathen, man noch ferner Misstrauen in ihn zu setzen Ursache habe und es fehle selbigem noch bis diese Stunde so wenig an bösem Willen, dass aller der Wohlthaten und Attentionen ungeachtet, so ihm am Sächsischen Hofe erwiesen worden, er unbegreiflicher Weise jedoch bei aller Gelegenheit vor selbigen einen noch weit bittereren Hass als selbst gegen den Wiener Hof, der in gewisser Massen *ouvertement* gegen ihn agiret, zu erkennen geben; allein, sowie die Passagen, welche man in denen erbrochenen und dechiffrirten Briefen seiner Anhänger einmal über das andere zu seinem äussersten Nachtheil und Decreditirung antreffe, genugsam an den Tag legten, dass er selbigen bei seiner nun-

[1] 1745.

mehrigen Situation nicht einmal dieserhalben zu avertiren und dadurch seiner Erhaltung zu prospiciren wage: So wären auf der andern Seite die Verfassungen, worin die nach Liefland und an die Grenzen gezogene Armee, nebst der Flotte stehe, so beschaffen, dass während der Negociation keine grössere Interimssicherheit verlangt werden könnte, die vorseiende Accession werde solche auf beständig feststellen und mithin glaube er (Bestuscheff), zu Erweisung von deren Nutzen und Nothwendigkeit um so weniger etwas Weiteres hinzufügen zu dürfen, als man durch die oben angeführte Vorsicht und Besorgniss von Seiten des Königs von Polen selbst zugestehe, dass man sich dermalen in beständiger Gefahr und Unsicherheit befinde."

Auch Pretlack hatte sich in gleichem Sinne ausgesprochen.

Mit diesem Botschafter war die Fassung der gestellten Bedingung verabredet worden, dass Sachsen sich über die eventuellen Acquisitionen direct mit Oesterreich verständigen solle.

In einer vom Könige selbst paraphirten Resolution, welche am 16. December von Dresden abging, wird zwar das Verhalten der Sächsischen Bevollmächtigten im Allgemeinen gut geheissen, das Promemoria aber gerügt:

„Dessen *contenta* habe man ziemlich weitläufig und extendirter befunden, als es bei der ersten förmlichen

Eröffnung Ihrer Königlichen Majestät Bereitwilligkeit und Intension zu accediren vielleicht nöthig gewesen wäre." Wenigstens würde der König — heisst es — „lieber gesehen haben, dass beide zum Accessionswerke sammt und sonders bevollmächtigte *ministri*, insonderheit über den Punkt einer Assistenz gegen Preussen und der Ihro Majestät zu versprechenden Schadloshaltung und Antheile an denen Conqueten, da der so widrig gesinnte Vicekanzler zugegen gewesen, um desswillen sie selbst (nämlich die Sächsischen Bevollmächtigten) darüber nicht zu Petersburg, sondern in Wien tractiren zu lassen angerathen, mehr *in generalen terminis* geblieben wären, und höchstens dem Grosskanzler besonders bei einer andern Unterredung die diesseitige geheime Absicht darunter vertraulich zu erkennen gegeben hätten."

Es wird zugleich bemerkt, dass der König die ganze Negociation „wegen der eventuellen Vortheile" allerdings in Wien zu führen gesonnen sei. Bei diesem Anlasse wird die Sprache Pezold's in einer Unterredung mit dem K. K. Botschafter ausdrücklich gut geheissen:

Die Zwischenverhandlung mit Oesterreich.

„Inzwischen hat der von Pezold Recht gethan, dass er dem Ambassadeur Pretlack die irrige Meinung, als ob die vorherigen zwischen Ihrer Königlichen Majestät und dem Wiener Hofe *intuitu* des Königs in Preussen gehabten Engagements auch nach dem

Dresdner Frieden noch subsistirten und in voriger Gültigkeit und Obligation verblieben, ausführlich widerlegt und zu benehmen gesucht."

Also: in einem Actenstücke von 1747, in einem Actenstücke, welches nicht für die Oeffentlichkeit, nicht einmal zur Mittheilung an die Alliirten, sondern lediglich zu der Belehrung der eigenen Agenten bestimmt war, widerlegt das Sächsische Cabinet die Hauptanklage des *mémoire raisonné*, mittelst welcher neun Jahre darauf der Friedensbruch von 1756 entschuldigt werden sollte. Wir besitzen hierin den Beweis, dass man in Dresden den sogenannten Leipziger Theilungsvertrag für vollkommen erloschen betrachtete. Es ist wahr, Pretlack hatte behauptet, Pezold — wie dieser in seiner Hauptrelation vom 31. October berichtet — „befinde sich in einem grossen Irrthum, wenn er glaube, dass die Leipziger Convention kein wirklich mehr geltender Vertrag sei." Aber der Sächsische Resident hatte — wie wir eben gesehen, mit dem vollsten Beifall seines Hofes — erwiedert, „mit Verwunderung," wie er schreibt, „dass ihm Solches ein Räthsel sei und dass, so lange man sich nicht aufs Neue vergleiche, und die Leipziger Convention für den Fall eines künftigen Preussischen Friedensbruches erneuern wolle," jener Verabredung nach geschlossenem Dresdner Frieden „eine fortdauernde Gültigkeit" unmöglich zuerkannt werden könne. Den besten Beweis für diese ganz correcte Auffassung hatte Pezold in der den 4. geheimen Artikel einleitenden „Clausul" gefunden: „dass, so lange der König von Preussen den Frieden halte, man ihn auch Alliirter Seits heilig observiren werde." Diese Clausul zeige ja „klärlich," dass mit dem Dresdner Frieden „alle bis daher in Ansehung des vorhergegangenen Krieges gehabten *mesures* und *concerts* aufgehöret." Auch aus den ihm ertheilten Instructionen könne er nicht anders abnehmen, als dass die Leipziger Convention von 1745 „bloss als ein Modell dienen solle, wie auf den Fall einer neuen von dem König von Preussen herrührenden Ruptur und darauf folgenden glücklichen Conqueten die künftige *partage* mit einigen Aenderungen zum Voraus bestimmt werden könne."

Die Antwort des K. K. Botschafters auf die Sächsische Rechtsauffassung ist beachtungswerth, weil dieselbe nicht bloss auf die Oesterreichische, sondern auch auf die Englische Politik ein neues Licht wirft. Freilich handelt es sich dabei nur um die subjective Auffassung des Freiherrn von Pretlack. Der K. K. Botschafter hatte nämlich bemerkt, dass er dem Sächsischen Diplomaten dann zu dessen besserer Direction entdecken wolle, wie, „da es bloss auf des Königs von England Andringen geschehen, dass sein

Hof erst den Breslauer, und hernach nach Massgebung der unglückseligen Hannöverschen Convention den Dresdener Frieden eingehen müssen, es auch der König von England sei, welcher sich auf das Heiligste engagiret habe, dass die Cession von Schlesien und Glaz nur solange, bis man sich aus den jetzigen übrigen allzuschweren Conjuncturen herausgewunden haben werde, gelten und alsdann erwähnte *possessiones* an das Haus Oesterreich, es möge auch kosten was es wolle, wieder zurückgebracht werden sollten."

Ist diese Behauptung begründet, so erklärt sich freilich die Bereitwilligkeit, mit welcher man sich England zu Gefallen in Wien zu dem Opfer entschlossen hatte, es erklärt sich auch die Tenacität, mit der man an der Hoffnung festhielt, das Verlorene wieder zu gewinnen. Wir werden später bei der Darlegung des Versailler Bündnisses auf diese Frage zurückkommen, auch nachweisen, dass Friedrich II. Alles gethan hatte, um dem K. K. Cabinet ein Recht zu geben, die mit ihm geschlossenen Friedensverträge als blosse Waffenstillstände zu betrachten. Sachsen theilte diese Auffassung nicht und Pezold, ohne sich weiter in unfruchtbare theoretische Discussionen einzulassen, machte ganz praktisch von der Thatsache Gebrauch, „dass die Dienste, welche Sachsen im letzten Kriege erwiesen und ohne welche

Böhmen menschlicherweise nicht zu retten gewesen sein würde, nicht vergessen werden dürften." Von eventuellen Verabredungen sei kein Heil zu erwarten. Auch im Warschauer Tractate habe man Sachsen starke Garantien geboten, „aber die Vortheile seien nur auf dem Papiere geblieben, und anstatt derselben die Sächsischen Lande in einen unüberwindlichen Schaden gerathen."

Diese Auffassung theilte das Sächsische Cabinet, wie wir gesehen haben, vollkommen. Dennoch wurde *pro forma* die vorbehaltene directe Verständigung mit dem Wiener Hofe eingeleitet. Dem K. Conferenzminister Grafen von Loss, damals in Wien, waren bereits unterm 26. Mai die Instructionen mitgetheilt worden, welche den Sächsischen Bevollmächtigten in Petersburg, wie wir oben gesehen, am 23. desselben Monats ertheilt worden waren.

Am 6. Juli wurden demselben Gesandten in einer geheimen Nachschrift die geheimen Separatartikel zum Petersburger Tractat übersendet; aber erst am 21. December durch das in den *pièces justificatives* sub V. figurirende K. Rescript der Auftrag ertheilt, sich der directen Verhandlung, welche man sich in Petersburg vorbehalten, mit dem Wiener Hofe zu unterziehen.

1747 Decemb

Graf Vitzthum, der damals zu Wiederherstellung seiner Gesundheit über Wien nach Italien reiste, überbrachte dieses K. Rescript mit einer geheimen Depesche des Grafen Brühl dem K. Gesandten in Wien. Es wird in jener Begleitsdepesche ausdrücklich hervorgehoben, dass weder Vollmacht noch Ratifications-Auswechselung nothwendig, da, wenn es zu jener geheimen Verabredung käme, man wie im Jahre 1745 die Auswechselung zweier vom König von Polen und der Kaiserin Königin unterzeichneten Declarationen ausreichend finden werde.

Ganz entschieden wird zugleich betont, dass jene geheime Verständigung nichts anderes sein solle, als die nähere Ausführung des 4. geheimen Artikels; die Erklärung, womit dieser beginne: dass die Kaiserin Königin den Dresdner Frieden unverbrüchlich aufrecht halten wolle u. s. w., müsse daher ebenfalls an die Spitze der etwa zu verabredenden Declaration gestellt werden. Zu einer Verhandlung über diesen Punkt kam es übrigens nicht.

Wir haben die Verhandlungen über den Beitritt oder vielmehr den Nichtbeitritt Sachsens zum Petersburger Tractate bis zum Schlusse des Jahres 1747 übersichtlich zusammengestellt, und nehmen nunmehr wieder den Faden des Sächsischen Vermittlungswerkes auf.

Wie bekannt, war es nicht gelungen, weder in Breda, noch durch die Bemühungen der Sächsischen Diplomatie den Feldzug zu verhindern, der Ludwig XV. im Sommer 1747 wieder nach Flandern führte.

So bereitwillig Puysieulx auch dem Grafen Loss sein Ohr lieh, so konnte man im Französischen Hauptquartiere noch immer kein rechtes Vertrauen zu der Aufrichtigkeit der Friedensliebe Oesterreichs gewinnen. Man fand die Propositionen des Wiener Cabinets von einer so ungreifbaren Allgemeinheit, dass der Marschall von Sachsen im August auf den Gedanken kam, Separatverhandlungen mit England anzuknüpfen.

Immer vortrefflich unterrichtet, konnte Graf Loss Abschrift des an den Englischen General Ligonier gerichteten Privatschreibens des Marschalls von Sachsen vom 5. August, nebst den Propositionen, die man dem Herzog von Cumberland machte, einsenden. Wir geben diese bisher unseres Wissens nicht veröffentlichten Schriftstücke in dem Anhange, und constatiren daraus nur, dass sich Frankreich bereit erklärte:

1) Alle Eroberungen herauszugeben, d. h. die Niederlande Oesterreich zurückzugeben und

2) Preussen den Besitz von Schlesien zu garantiren, wie England denselben garantirt habe.

Man wird sich erinnern, dass dieser letztere Punkt durchaus nicht den Wünschen des Wiener Cabinets entsprach. Der directe Versuch des friedliebenden Französischen Feldherrn, sich mit England zu verständigen, verletzte daher in Wien doppelt, und brachte das Sächsische Vermittlungswerk eine Zeit lang ins Stocken.

Der Subsidienvertrag von 1746 prolongirt.

Konnte nun Graf Loss, der von Paris aus dem Könige Ludwig XV. in das Hauptquartier nach Flandern gefolgt war, auch für Oesterreich und den Frieden wenig ausrichten, so war doch der Wunsch nach Beendigung des Kampfes so allseitig hervorgetreten, dass der Sächsische Botschafter keine Zeit verlieren wollte, um noch vor dem Friedensabschlusse den Subsidienvertrag mit Frankreich zu verlängern. Diese Separatverhandlung scheint, so rar das Geld auch war, auf keine grosse Schwierigkeit gestossen zu sein. Ein Privatabkommen zwischen Puysieulx und Loss vom 30. Juli führte am 6. September in Tongres, wo damals das Hauptquartier des Marschalls von Sachsen und die Kanzleien waren, zu einer förmlichen Convention. Der ursprünglich auf drei Jahre abgeschlossene Vertrag von 1746 ward auf anderweite zwei Jahre, d. h. vom Anfang 1749 bis Ende 1750 unverändert prolongirt; so dass das im Jahre 1746 begründete eigenthümliche Vertragsverhältniss zwischen Sachsen und Frankreich den Aachener Frieden noch um zwei Jahre überlebte und zufällig gerade bis zum Todesjahre des Marschalls von Sachsen währte.

Loss hatte an demselben Tage zwei Declarationen ausgestellt, die Eine wegen des Petersburger Vertrages unter Zugrundelegung des aus der IX. *Pièce justificative* bekannten Entwurfes; die Andere, welche das Versprechen wegen thunlichster Aufrechthaltung der Neutralität des Reiches wiederholte. Beide tragen das Datum der Zusatz-Convention: Tongres, 6. September, und wurden durch K. Rescript d. d. Leipzig 30. September ratificirt.

Endlich nachdem die Campagne beendet, gelang es den unermüdlich am Frieden arbeitenden Brüdern Loss im December 1747 eine wirkliche Annäherung zu Stande zu bringen. Die Verhandlungen wurden in Paris sehr geheim in nächtlichen Conferenzen betrieben, an welchen Französischer Seits ausser dem Minister Puysieulx, der bereits zum Bevollmächtigten Ludwigs XV. bei dem Aachener Congresse designirte Graf St. Séverin Theil nahm.

Graf Loss konnte „*le fruit de trois longues conférences nocturnes*" mit den Genannten endlich am 26. Februar 1748 einmelden, und in einem Privatbriefe an den Grafen Kaunitz Rittberg von demselben Tage diesen von den erzielten Resultaten unterrichten. Die Französische Idee war, Kaunitz möge sich schleunig nach Aachen begeben, wo St. Séverin am 15. oder 16. März eintreffen werde, um die mit dem Grafen Loss verabredeten Oesterreichisch-Französischen Präliminarien zu unterzeichnen und dadurch den Verhandlungen mit England und Spanien sofort eine Grundlage zu geben.

Inzwischen war aber in Wien der jüngere Loss

1748
Februar.

auch nicht unthätig gewesen. Die Oesterreichischer Seits festgestellten sechzehn Präliminar-Artikel nebst zwei geheimen Artikeln wurden nach Dresden gesendet. Oesterreich wünschte die Unterzeichnung derselben vor dem Congresse, in Paris und der Sächsische Botschafter daselbst ward mit einer eigenhändig vollzogenen Vollmacht der Kaiserin Maria Theresia d. d. Wien 16. Februar 1748 versehen. Wir lassen diese ganz unbekannt gebliebene Pièce hier folgen, nebst dem geheimen Artikel, welcher über die Bedeutung der ganzen Verhandlung Aufschluss giebt.

J'autorise le Comte de Loss, Ambassadeur de S. M. le Roy de Pologne, Electeur de Saxe, à la Cour de S. M. T. C. de conclure et signer en mon nom tant les Articles Préliminaires, que les deux Articles Séparés et Secrets, y joints, qui cejourd'huy ont été remis à son frère, Ministre Plénipotentiaire du dit Roy de Pologne, Electeur de Saxe, à ma Cour Impériale et parafés par mon Chancelier de Cour le Comte d'Ulfeld.

à Vienne ce 16 Février 1748.

Marie Thérèse.

Article Séparé très Secret.

Quoyque tout le contenû des Articles Préliminaires, conclus aujourd'huy entre S. M. l'Impératrice, Reine de Hongrie et de Bohème, et S. M. T. C. ait à rester très secret. Comme néantmoins il pourroit arriver des cas, où il seroit à propos, de ne pas en faire un Mystère, pour dissiper les ombrages, que les Alliés de l'un ou l'autre Contractant pourroient en concevoir, ce qui cependant ne peut ni ne doit se faire jamais sans leur consentement préalable; Il a été trouvé bon, de régler par un Article Séparé sous le sceau du même secret impénétrable ce qu'il conviendra de faire, pour porter d'autant plus aisément et plus promptement les autres Puissances, impliquées dans la présente guerre, à se conformer pleinement aux intentions salutaires de Leurs Majestés Impériale et Très Chrétienne. Pour cet effet Elles sont convenues de presser l'ouverture des Conférences d'Aix-la-Chapelle, d'y faire chacune des demandes relatives à ce qui a été traité préalablement entre Elles, et par après de se déclarer chacune dans sa reponse conformément à la teneur des Articles Préliminaires. De quoy tant S. M. l'Impératrice, Reine de Hongrie et de Bohème, que S. M. T. C. se déclarera ensuite contente: ce qui ne pourra pas manquer d'emmener les esprits de leurs Alliés respectifs aux mêmes fins, que les Hauts Contractants se sont proposées. Et comme en tout cas inopiné du contraire leur contradiction ne seroit aucunement fondée, les deux Hauts Contractants se tiendront ce non obstant irrévocablement à la susdite teneur des Articles Préliminaires, par le moyen desquels la Paix et l'union seroit pleinement retablie entre Elles, et Leurs Héritiers et Successeurs.

Cet Article demeurera à jamais très secret, et sera ratifié en même tems que les Articles Préliminaires, et l'Instrument de Ratification échangé de la même manière.

En foy de quoy etc.

Je soussigné certifie, que la présente pièce est une des Trois, que Sa Maj[té] l'Impératrice, ma très Auguste Souveraine a autorisé Son Ex[ce] Mon[r] le Comte de Loss, Ambassadeur de S. M[té] le Roy de Pologne auprès de S. M[té]

T. C. de souscrire en vertu de son autorisation signée de sa propre main cejourd'huy.

Fait à Vienne ce Seixième Février 1748.

C. Comte d'Ulfeld.

Der zweite geheime Artikel betraf den Ausschluss jeder Garantie für Schlesien:

„*Quoyque* — so lautet das Actenstück — *S. M. l'Impératrice, Reine de Hongrie et de Bohème soit très éloignée d'enfreindre au traité de Paix de Dresde, en cas que S. M. le Roi de Prusse s'y tienne exactement; néantmoins il a été convenu, que de même que dans les articles préliminaires signés aujourd'hui il est fait abstraction des intérêts du dit Prince et de la garantie de la Silésie, il en sera encore fait abstraction dans le traité de Paix définitif à conclure.*"

Graf Loss zur Unterzeichnung der Oesterreichisch-Französischen Präliminarien bevollmächtigt.

Mittelst Königlichen Rescripts d. d. Dresden, 20. Februar 1748 erhielt Graf Loss Befehl, im Namen der Kaiserin diese Präliminarien zu zeichnen.

Der Courier, welcher diese wichtige Expedition überbrachte, erreichte Paris, als der Sächsische Botschafter bereits seinen oben erwähnten Schlussbericht vom 26. Februar abgefasst hatte, und konnte vorläufig nur der Eingang in einer Apostille vom 26. Februar bekannt werden.

Es kam über das Oesterreichische Project noch zu Verhandlungen, die jedoch resultatlos blieben.

Der Aachener Friede.

Die Franzosen stellten ein Gegenproject auf, welches Loss durch Bericht vom 9. März einsandte. Bevor Letzteres in Wien geprüft werden konnte, hatten die Berathungen in Aachen (17. März) bereits begonnen. In der Nacht vom 29—30. April erfolgte dort bekanntlich die Unterzeichnung der Präliminarien zwischen den Seemächten und Frankreich. Erstere hatten also Oesterreich den Vorsprung abgewonnen. So sehr man sich in Wien dagegen sperrte, so blieb doch schliesslich nichts übrig, als diese Präliminarien zur Grundlage des definitiven Friedens zu nehmen, welcher *post tot discrimina rerum* endlich am 18. October 1748 unterzeichnet werden konnte. Es ist hier nicht der Ort, näher auf diese Verhandlung einzugehen. Wir haben jedoch bei Darlegung der Geheimnisse des Sächsischen Cabinets die ehrenvolle Rolle nicht mit Stillschweigen übergehen können, welche die Sächsische Diplomatie damals gespielt hat. Hat Sachsen den Europäischen Friedensschluss von Aachen auch nicht zu Stande gebracht, so hat es doch redlich daran gearbeitet „*à déblayer le terrain*," und durch Hinwegräumung der Hindernisse, welche einer Verständigung zwischen Oesterreich und Frankreich entgegenstanden, in Wien wie in Versailles aufrichtigen Dank verdient und geerntet.

Geschichtlich wichtig erscheinen aber diese ganz geheim gebliebenen Verhandlungen darum, weil darin die Wurzeln zu suchen sind der Kaunitzischen Politik, deren Ergebniss nach jahrelanger Arbeit die Aussöhnung war, welche sich im Versailler Bündnisse vom 1. Mai 1756 der erstaunten Mitwelt offenbarte.

Der grosse Umschwung in den Europäischen Allianzen trat durchaus nicht so plötzlich ein, wie man in der Regel annimmt und das Oesterreichisch-Französische Bündniss von 1756 ist namentlich durch Sachsen zehn Jahre vorher vorbereitet worden. Wir kommen darauf zurück und wenden uns nunmehr wieder zu den Petersburger Verhandlungen.

Die Verhandlungen wegen des Petersburger Tractats fortgesponnen.

Das „Accessionswerk" zum Petersburger Tractate ruhte während der ersten Monate des Jahres 1748 völlig. Pezold hatte die, wie wir gesehen haben, von dem Sächsischen Hofe getadelte Fassung des Promemoria vom $\frac{14.}{25.}$ September 1747 mit dem Anführen entschuldigt, er habe dabei nur den Inspirationen des Grosskanzlers Bestuscheff folgen zu sollen geglaubt. Brühl schrieb ihm hierauf am 10. Februar 1748: „man wolle seine Entschuldigung in Gnaden aufnehmen und gelten lassen." Uebrigens sei man sehr erfreut über die Verzögerung der Russischen Antwort.

1748 Februar.

Diese erfolgte endlich auf Andringen des Wiener Hofes — wie Pezold in seinem Bericht an den König d. d. Petersburg den 17. Juli 1748 meldet.

1748 Juli.

Die Russische Erwiederungsnote, welche der Sächsische Resident mit jenem Immediat-Berichte übersandte, trägt die Unterschrift des Kanzlers Bestuscheff und des Vice-Kanzlers Woronzow und das Datum: „Petersburg, den 30. Juni 1748 (alten Styls)." Die

Pièce erreichte den Grafen Brühl in Warschau am 1. August. Am 10. wurde Pezold vorläufig von dem Eingange benachrichtigt. Wann die Resolution darauf erfolgen könne, lasse sich jedoch nicht absehen. Jetzt habe man mit dem Polnischen Reichstage zu thun. Auch müsse der König den Rath des geheimen Consiliums in Dresden erst einholen, bevor die Sächsische Gesandtschaft in Petersburg mit den nöthigen Weisungen versehen werden könne.

Mittelst Königlichen Rescripts d. d. Warschau, den 3. September 1748 wurde diese Russische Antwort nun nebst mehreren erläuternden Berichten des Herrn von Pezold den geheimen Räthen zu einem anderweiten Gutachten nach Dresden übersendet. *1748 September*

Das umfängliche Gutachten derselben trägt das Datum: „Dresden, den 17. September 1748." Die geheimen Räthe stellen demselben an die Spitze, dass die in ihrem Berichte vom 15. April 1747 vorgestellten Bedenklichkeiten durch die Russische Antwort vom 30. Juni keineswegs gehoben oder sonst die von den Alliirten nachgesuchte Accession Sachsens nunmehro erleichtert worden sei, „vielmehr müsse dieselbe über Vermuthen durch die erhaltenen Erläuterungen nur noch beschwerlicher erscheinen." „Es wird Niemand in Zweifel ziehen — sagen die Sächsischen Minister — dass die Errichtung einer Allianz oder der Beitritt zu einer schon geschlossenen, zum Endzweck haben müsse, entweder sein oder seines Hauses Interesse gegen gewisse billige, mögliche *praestanda* zu befördern und zu vergrössern, oder aber sich und seinen Landen auf gewisse Fälle mehrere Sicherheit zu verschaffen. Wenn man aber gegenwärtige Sache betrachtet, so würden Ew. Königl. Majestät, im Fall Sie erwähntem Petersburger Tractat und dessen besonderen geheimen Articuln auf dem verlangten Fuss accediren wollten,

1) Ihro (Sich) lauter onerose, unproportionirliche, ja in der Erfüllung nicht möglich fallende *praestanda* aufladen, hingegen

2) keine *Avantage* dabei erhalten noch zu hoffen haben, auch

3) nicht einmal genugsame *Securität* vor Dero eigene Lande finden, vielmehr

4) solche einer grossen Gefahr exponiret sehen."

Die geheimen Räthe constatiren, dass in der Russischen Erwiederungsnote vom 30. Juni die Frage über die etwa an Land und Leuten zu gewährenden Entschädigungen vollkommen mit Stillschweigen übergangen worden sei, ja man könne sogar nicht einmal ein Versprechen daraus ableiten, dass der König für die etwa an seinen Landen zu befahrenden Schäden indemnisirt werden solle. „Folglich," so fährt der Bericht fort, „sieht man im Voraus, dass, wenn auch möglich werden sollte, nach einem von Ihrer Königl.

Majestät in Preussen unternommenen Friedensbruche, in Verfolg des Kriegs, Schlesien und Glaz ganz wieder zu erobern, jedennoch der Wienerische Hof etwas davon an andere, die ihm darzu mit verholfen, nicht abzutreten, sondern diesen vor ihren Beistand, das leere Nachsehen sammt der Consumir- und Aufopferung ihrer eigenen Kräfte, zu überlassen gedenke." — Wenn nun der 4. geheime Artikel das Princip, worauf der König von Preussen seine Invasion von 1745 gestützt: „dass ein Hilfleistender vor einen mit Kriegführenden Haupttheil zu achten," zu adoptiren scheine, so sind die Sächsischen Minister mehr denn je der bereits früher ausgesprochenen Ansicht, dass man durch den Beitritt — der Preussischen Uebermacht gegenüber — Land und Armee einer Gefahr aussetze, deren rechtzeitige Abwendung nicht zu erwarten stehe. Im Verfolg dieses Arguments wird nun hervorgehoben, wie bedenklich es sei, auch einen Angriff auf Russland oder Polen als einen Bruch des Dresdner Friedens gelten lassen zu wollen, und in diesem Zusammenhange folgt nun die in den *pièces justificatives Nr. VII.* unvollständig übersetzte Stelle: „Wenn nun dieses über die sonst üblichen Reguln hinausgehende *praesuppositum* von Ew. Königl. Maj. durch Dero Accession mit gut geheissen werden sollte, könnten Ihro Königl. Maj. in Preussen Solches, woferne Sie es in Erfahrung brächten, Höchstderoselben wohl gar als eine Verletzung des diesseitigen Friedensschlusses vom 25. December 1745 ausdeuten und zur Last legen."

Da es dem Grafen Hertzberg gefallen, das Wort „ausdeuten" in seiner Uebersetzung gänzlich wegzulassen, so gewinnt der von ihm gegebene Extract den Anschein, als hätten die geheimen Räthe darin den König von Preussen zu einer solchen Deutung für berechtigt gehalten, während sie nur, wie der Zusammenhang ergiebt, die Befürchtung ausgesprochen haben, er „könnte," nach den bisher mit ihm gemachten Erfahrungen „wohl gar" hieraus einen Vorwand zu einem Friedensbruche herleiten und die Sache so „ausdeuten," als habe sich Sachsen von dem Dresdner Frieden lossagen wollen.

Der Grundgedanke der Sächsischen Minister lässt sich hiernach kurz dahin aussprechen: Unsere Accession zum Petersburger Tractat würde nur dann gerechtfertigt erscheinen, wenn sie uns sicherstellte gegen einen etwaigen Preussischen Friedensbruch; da aber zu befürchten steht, dass Preussen daraus gerade den Vorwand zu einem Friedensbruche nehmen würde, so ist es jedenfalls gerathener, den Beitritt zu verweigern.

In eine neue Phase trat die Verhandlung durch die Accession Englands. Wir werden aber sehen, dass auch dieser Beitritt Sachsens Bedenken zu heben nicht vermochte.

Englands Beitritt. Durch gesandtschaftlichen Bericht d. d. London, 16. Mai 1749 hatte man in Dresden zuerst davon Nachricht erhalten, dass der K. K. Hof den Beitritt Englands zum Petersburger Vertrage in Vorschlag gebracht habe. Es war dabei Oesterreichischer Seits hervorgehoben worden, dass es das sicherste Mittel sei, *„d'affermir le repos public, aussi bien que de prévenir en particulier les desseins, que les grands préparatifs de guerre du Roi de Prusse semblaient devoir faire appréhender de la part de ce Prince."*

Am $\frac{12.}{23.}$ Mai berichtet der Sächsische Gesandte, General Carl George Friedrich Graf von Flemming[1] aus London:

„L'affaire de l'accession au traité de Pétersbourg est en bon train. On attend que la Russie consente à la communication des articles (secrets). S'ils sont aussi innocents, que le dit la Cour de Vienne, je remarque qu'on est disposé d'y accéder."

Brühl antwortete hierauf am 8. Juni, man werde mit Vergnügen den Beitritt Englands begrüssen, Flemming sei daher ermächtigt, den K. K. Gesandten in dieser Angelegenheit zu unterstützen *(„d'épauler le Ministre Impérial.")* Zugleich wird er angewiesen, vorsichtig sich nach dem Inhalt des *„Article secretissime"* zu erkundigen.

Am 11. Juli 1749 meldet hierauf Flemming, nach der Sprache des Herzogs von Newcastle zu schliessen,

---

[1] S. Biographische Notiz sub Nr. IV.

scheine die Mittheilung der geheimen Artikel in bestimmter Aussicht zu stehen und fügt hinzu: *„Je suis persuadé que ces articles seront examinés et épluchés avec grand soin."*

Der Englische Premier hatte zugleich fallen lassen, Sachsen solle bereits beigetreten sein und sogar mit Beistimmung Frankreichs, und lachend hinzugefügt, in England werde man die Vorsicht nicht brauchen, in Paris vorher anzufragen: *„Ici on n'usera pas de cette précaution."*

Brühl rectificirte diese Notiz am 27. Juli. Er schreibt, die Nachricht sei jedenfalls verfrüht: „Quoique nous y ayons été invités de la part des deux Cours contractantes, il y a quelques mois, *rien ne s'est fait jusqu'ici là dessus* et nous sommes bien aises d'attendre du moins l'exemple de la Grande Bretagne." .... „En cas cependant que dans la suite du temps les circonstances nous conseillassent à procéder à cette accession ce ne seraient pas les sentiments de la France, que, comme Mr. le Duc de Newcastle a presumé, nous consulterions."

Der erste Eindruck des Petersburger Tractats in London war ein durchaus günstiger.

1749 September.

„Le Duc de Newcastle," schreibt Graf Flemming am 23. September 1749, *„est disposé non seulement à accéder au Traité de Russie, après avoir soigneusement examiné les Articles secrets, qui viennent d'être communiqués ici par les deux Cours Impériales; mais il est prêt aussi à établir ce traité pour base et pour fondement du Système général de l'Angleterre."*

Die Collegen des Premiers scheinen jedoch dessen Auffassung nicht getheilt zu haben; schon am 11. October meldet Flemming: „l'affaire de l'accession de cette Cour au traité de Pétersbourg paraît en bon train et pourrait être finie dans peu, *pourvu que les deux Cours Impériales se contentent qu'elle se fasse simplement au Corps du traité.*"

Charakteristisch ist das Geheimniss, welches bezüglich der geheimen Artikel beobachtet wurde. Am 14. October 1749 konnte Graf Flemming erst als eine Neuigkeit melden, *„5 articles secrets et un séparé"* seien in London mitgetheilt worden. Der oder die *articles secretissimes* scheinen hiernach dem Britischen Cabinete ebenso wenig vorgelegen zu haben, als dem Sächsischen. Dass der Sächsische Gesandte von dem, was sein eigener Hof von der Sache wusste, nicht unterrichtet war, kann nicht auffallen, denn der Sitz der Verhandlung war ja Wien und Petersburg, nicht London, und die Geheimen Räthe secretirten dergleichen Geheimnisse in damaliger Zeit so gewissenhaft, dass wir selbst die geheimen Artikel des Vertrages vom $\frac{24.\text{ Januar}}{4.\text{ Februar}}$ 1744 noch mit den Privatsiegeln von drei Mitgliedern des Geheimen Consiliums versiegelt, in den Acten gefunden haben. Die geheimen Artikel zu dem Petersburger Tractate von 1746 waren zwar in ähnlichem Verschlusse, die Privatsiegel jedoch schon erbrochen. Wahrscheinlich ist Letzteres in Berlin im Jahre 1756 geschehen. Wenigstens dürfte das Fascikel, welches die einzige, im Dresdener Haupt-Staatsarchive vorhandene Abschrift jener geheimen Artikel enthält, seitdem kaum durchblättert worden sein.

Am 28. October konnte Flemming berichten, dass die Englische Accessions-Acte redigirt sei und an demselben Tage dem K. K. Gesandten Grafen von Richecourt mitgetheilt werden solle.

Bei der „*aversion*," welche die meisten Englischen Minister „*pour tout ce qui a seulement l'apparence d'un nouvel engagement*" hätten, habe Newcastle von seinen Collegen nichts anderes erlangen können als die Accession zum Hauptvertrage mit Bezugnahme auf die bestehenden Verträge mit Oesterreich und Russland und den Aachener Frieden. Auch unter dieser Einschränkung würden die Bedenken der Englischen Staatsmänner wahrscheinlich jeden Beitritt verhindert haben, wenn man nicht das Bedürfniss empfunden hätte, Russland gewisser Massen dafür zu entschädigen, dass man, auf Betrieb Frankreichs, den Aachner Frieden ohne Betheiligung der Nordischen Grossmacht abgeschlossen hatte.

Flemming meldet übrigens gleichzeitig, Lord Holdernesse sei nach Loo gegangen, um wegen des Beitritts der General-Staaten zu verhandeln und für die Herstellung einer grossen „*ligue défensive*" zu arbeiten, ein Lieblingsgedanke Newcastle's.

Am 31. October berichtete derselbe Gesandte: die Englische Accessions-Acte sei durch Courier an den

Britischen Gesandten in Wien, Keith, mit der Weisung abgegangen, dieselbe von da aus seinem Collegen, Mr. de Guydickens, nach Petersburg zuzufertigen. König Georg II. wünsche den Beitritt des Königs von Polen auch in seiner Eigenschaft als Churfürst zu Sachsen, ebenso den der General-Staaten.

„Le Duc de Newcastle — fährt Graf Flemming fort — m'a parlé fort en long sur ce qui nous regarde en particulier, *souhaitant beaucoup que nous fussions de cette Alliance.* Il a tâché de me démontrer, que nous devions désirer nous-mêmes d'y entrer, rien n'étant plus conforme à nos intérêts; *que nous y trouverions notre sureté pour l'avenir et un appui considérable dans tous les événements, qui pourraient arriver; que nous augmenterions par là de crédit et de considération, soit au dedans de l'Empire, soit au dehors et qu'à la fin même il ne croyait pas que nous voulussions rester seuls et sans alliance. C'était là sans contredit le meilleur parti que nous puissions prendre.*" —

Graf Flemming hatte in dieser Unterredung mit dem Britischen Premier in Gemässheit der an ihn unterm 27. Juli und 10. October ergangenen Befehle sehr warm den Wunsch des Sächsischen Hofes betont, mit England zu gehen, zugleich aber hervorgehoben, dass man, so lange die neue Allianz nicht gehörig consolidirt sei, Bedenken tragen müsse, einzutreten. Denn die geographische Lage bedinge eine besondere Berücksichtigung der eigenen Sicherheit. Die Erinnerung an die letzten Unglücksfälle sei noch zu frisch, als dass man sich von Neuem der Gefahr aussetzen könne, durch zu grossen Eifer für die gemeinsame Sache das Opfer eines neidischen und ländergierigen Nachbars zu werden.

Flemming hatte die Gelegenheit benutzt, um zu insinuiren, dass wenn England den Sächsischen Hof durch Subsidien unterstützen wolle, der Beitritt zu der Petersburger Allianz leichter zu erwirken sein würde.

Von Subsidien hatte Newcastle jedoch nichts hören wollen; wenigstens vorläufig noch nicht, so lange der Beitritt Englands noch nicht förmlich erfolgt sei; schliesslich aber die baldige Absendung des Chevalier Williams nach Dresden in Aussicht gestellt.

Graf Brühl antwortete hierauf d. d. Hubertusburg, 23. November 1749: Bei allem Vertrauen in die guten Absichten des Herzogs von Newcastle könne man dessen Auffassung bezüglich des Beitritts Sachsens zum Petersburger Vertrage keineswegs theilen. „Je suis au contraire du sentiment que nous le fassions (nämlich *accéder*) qu'à très bonnes enseignes et à condition que l'Angleterre nous accorde des Subsides. Sans cet appas, *les engagements que nous avons déjà avec les dites deux Cours* (Russland und Oesterreich sind gemeint) *peuvent nous suffire.*"

[1749 November.]

Zugleich wird Flemming von seiner bevorstehenden Abberufung unterrichtet, die sich jedoch noch verzögerte, und ihm darauf fussend anheimgegeben, den

Herzog von Newcastle zu einer baldigen Entscheidung der Subsidienfrage zu drängen. Entscheide sich England nicht dafür, so werde man den Subsidienvertrag mit Frankreich erneuern. Der Accent der Depesche liegt offenbar auf den Worten: „*Mr. le Duc de Newcastle ne saurait s'en laisser imposer par les insinuations adroites que le Roi de Prusse invente ou tourne à sa façon pour prévenir tout ce qui pourrait s'opposer à ses vastes projets et maintenir un système stable et pacifique en Europe.*" —

Am 16. December mahnte Graf Keyserling in einer Note an die noch immer rückständige Erwiederung auf das Russische Promemoria vom 30. Juni; aber vergebens. „Annoch beizulegen" lautet die Marginal-Resolution; und der Geschäftsträger in Petersburg, Legationsrath von Funck, wurde am 10. Januar 1750 angewiesen, dem Grafen Bestuscheff zu Gemüth zu führen: „dass beide Kaiserliche Höfe ihr eigenes Interesse befördern würden, wenn sie weiter wegen der begehrten Accession nicht in Sachsen dringen, sondern sich „bis zu künftig günstigeren Zeiten" mit den „Bundesmässigen Sentiments" des Dresdner Hofes begnügen wollten.

Nachdem die Kaiserin Elisabeth nach längerer Abwesenheit Anfang 1750 wieder nach Petersburg zurückgekehrt war, sollte nun auch der dortige, seit des Grafen Vitzthum Abberufung offen gebliebene Gesandtenposten wieder besetzt werden. Der General Carl Sigismund von Arnim[1] war schon seit mehreren Monaten dazu ausersehen. Jetzt sollte dessen Absendung erfolgen. Die Geheimen Räthe wurden daher unter dem 21. Januar angewiesen, Arnims Instructionen zu entwerfen.

Diess geschah mittelst Vortrags vom 14. Februar 1750. Die damals fungirenden Geheimen Räthe waren: Johann Friedrich Graf von Schönberg; Christian Graf von Loss; Johann Christian Graf von Hennicke; Carl August Graf von Rex. Sie konnten nur zu derselben Conclusion kommen, zu welcher das Geheime Consilium schon in den Jahren 1747 und 1748, wie wir gesehen haben, gelangt war; nämlich zu der: „dass das Accessions-Geschäft *dilatorie* zu tractiren" sei. In diesem Sinne waren denn auch die Instructionen gefasst, aus denen Graf Hertzberg (X der **Pièces justificatives**) zwei Punkte, aus dem Zusammenhange gerissen, übersetzt hat; die Hauptsache ganz verschweigend, dass nemlich der General angewiesen wurde, sich zu erkundigen: ob man sich Russischer Seits damit zufrieden stellen werde, wenn Sachsen, nach dem Vorgange Englands, „bloss dem Tractat vom 22. Mai 1746 mit Abstrahirung von allen dessen Separat- und Secreten Articuln" beitreten wolle? Ausdrücklich wird die Accession zu den geheimen Artikeln abhängig gemacht von derjenigen des Königs von Grossbritannien, als Churfürst zu Braunschweig. Nur wenn diese Bedingung erfüllt sei,

[1] S. Biographische Notiz Nr. V.

könne von einem Beitritte Sachsens die Rede sein. Aber auch dann habe Arnim Alles *ad referendum* zu nehmen und „über diese Materie schriftlich nichts herauszugeben." (Puncte *d* und *e* der Instruction.)

Die Einladung an den König Georg II., in seiner Eigenschaft als Churfürst zu Braunschweig-Lüneburg, erfolgte nun zwar, kurz nach Abfassung dieser Instruction (Flemmings Bericht d. d. London, $\frac{9}{20}$. Februar), aber Herr von Münchhausen ertheilte dem Russischen und dem K. K. Gesandten, den Grafen Czernitscheff und Richecourt in London eine ausweichende Antwort; wie Graf Flemming am 6. März dem Grafen Brühl meldet. Der förmliche Beitritt Englands zu dem Hauptvertrage erfolgte zu Petersburg am 30. October 1750, nachdem die Kaiserlichen Höfe in einer „*Déclaration secrète*" von demselben Tage ausdrücklich versprochen hatten, „*sans délai des mesures convenables et efficaces pour la défense des États d'Allemagne de S. M. Britannique*" zu ergreifen, falls dieser König in seinen deutschen Erblanden „*uniquement en haine de son accession d'aujourd'hui au traité du 22. Mai 1746*" angegriffen werden sollte.

Acceptirt wurde diese „*declaratio secreta*" Seiten Georgs II. in einer in lateinischer Sprache abgefassten feierlichen Urkunde vom 12. December 1750. Die Abschrift, welche sich in den Sächsischen Acten erhalten, trägt nur die Unterschrift „*Georgius Rex*" und ist von keinem Minister gegengezeichnet.

Noch bevor diese Angelegenheit förmlich geordnet worden war, schon im August, erschien der geschäftige Englische Diplomat, Chevalier Williams, am Sächsisch-Polnischen Hofe in Warschau, um wegen des, wie wir oben gesehen haben, von dem Grafen Flemming in London betriebenen Abschlusses eines neuen Subsidienvertrags mit den Seemächten das Terrain zu sondiren. Wir erinnern, dass das am 6. September 1747 prolongirte, seit dem 21. April 1746 bestehende eigenthümliche Vertrags-Verhältniss zu Frankreich nur bis Ende 1750 dauerte, dass also Sachsen von diesem Zeitpuncte an wiederum von besondern Verbindungen sowohl dem Französischen Hofe, wie den Seemächten gegenüber ganz frei war.

Chevalier Williams hatte nun dem Grafen Brühl in einer vertraulichen Besprechung vom 6. August eröffnet, England wünsche den in Aachen geschlossenen Frieden bestthunlichst zu befestigen; König Georg II. habe als Churfürst von Braunschweig-Lüneburg in dieser Absicht mit den geistlichen Churfürsten die Römische Königswahl des Erzherzogs Joseph bereits besprochen; besorgt vor der Preussischen Nachbarschaft, glaube man in London die Deutschen Erblande Sr. Grossbritannischen Majestät und den Frieden im Reiche nicht besser sichern zu können, als durch die Befestigung der neuen Oesterreichischen Dynastie.

Diese Eröffnungen fielen auf dankbaren Boden.

Die Velleïtäten des Ehrgeizes, welche Graf Sulckowski im Anfang der Regierung Augusts III. gehegt hatte, waren längst überwunden.

Schon 1745 hatte man sich des „*Timeo Danaos*" wohlweislich erinnert und die nach Carls VII. Tode dem Churfürsten zu Sachsen angebotene Kaiserkrone — ein Gedanke des Marquis d'Argenson — aus französischen Händen anzunehmen gerechtes Bedenken getragen. — Brühl erwiederte daher dem Englischen Agenten, Sächsischer Seits sei man gern bereit, auf die Verhandlungen einzugehen, vorausgesetzt, dass dieselben in Gegenwart des Russischen Gesandten fortgesetzt, vorläufig nur Oesterreich mitgetheilt, bis nach erfolgter Ratification aber allen übrigen Mächten geheim gehalten würden. Am 10. August fand die Eröffnung der eigentlichen Verhandlung in einer Conferenz Statt, zu welcher Graf Keyserling zugezogen worden war. Am 12. und 13. ward Williams vom Könige Selbst empfangen. August III. erklärte sich bereit, in eine Erneuerung der alten Allianz mit den Seemächten willigen und Sich schon jetzt verpflichten zu wollen, **Sein mit Ende Jahres ablaufendes Vertrags-Verhältniss mit Frankreich nicht wieder zu erneuern.**

Nach einer dritten Conferenz (17. August) verliess Williams Warschau, um Ein Jahr darauf die angeknüpfte Verhandlung in Dresden zum Abschlusse zu bringen.

Das Russische Cabinet benutzte die dem Chevalier Williams ertheilten Zusicherungen, um die Verhandlungen über Sachsens Beitritt zum Petersburger Tractat zu activiren. Ein sehr umfangreiches geheimes Rescript der Kaiserin Elisabeth an den Grafen von Keyserling d. d. Petersburg, 31. Januar 1751 (alten Styls) recapitulirt die Verhandlungen und befiehlt dem Russischen Gesandten, im Verein mit seinem K. K. Collegen in Dresden die Bedenklichkeiten des Grafen Brühl zu bekämpfen.

Inzwischen war die Bedingung, die man Sächsischer Seits gestellt hatte, noch nicht erfüllt. Der König von England war beigetreten, aber der Churfürst von Braunschweig-Lüneburg noch immer nicht; auch die General-Staaten trugen Bedenken, sich die Hände zu binden.

General Arnim wurde daher durch Depesche des Grafen Brühl vom 27. Februar 1751 angewiesen, „durch die öfters wiederholten *Argumenta*" jene „neuen Anregungen" zu bekämpfen. Man wolle „die Vorgänge derer General-Staaten und der Chur Hannover" jedenfalls abwarten, bevor man durch die Accession „neuere und mehrere Engagements" als diejenigen, in welchen man „vorhin" mit den beiden Kaiserlichen Höfen stehe, einzugehen im Stande sei.

Am Schlusse der Depesche bemerkt Graf Brühl, er habe dem Russischen Gesandten geantwortet, wolle man durchaus auf Fortsetzung der Verhandlung bestehen, so werde es besser sein, den Sitz derselben nach Dresden zu verlegen.

Am 23. April erfolgte durch Königl. Rescript ein neuer Befehl an das Geheime Consilium, die Accessions-Frage anderweit in Erwägung zu ziehen.

Das Ergebniss dieser Berathung ward in dem Berichte der Geheimen Räthe vom 23. Juni formulirt, in dessen Folge dem Grafen Keyserling das Promemoria vom 26. Juni überreicht ward, dessen Uebersetzung sub XI. der *Pièces justificatives* figurirt. Es ist nicht wohl abzusehen, warum? Denn ein *novum* enthält das Actenstück bei Licht betrachtet nicht. Es wird versprochen, die Sächsische Gesandtschaft in Petersburg „zu sothanem gemein nützlichen Endzweck über diese Angelegenheit in weitere Handlung einzugehen und zum erwünschten Ende zu bringen, förderlichst gemessenst zu instruiren." Der Accent liegt aber immer wieder auf der gestellten Bedingung, dass die Kaiserlichen Höfe den „Chur-Sächsischen Landen und Unterthanen" vollkommene Sicherheit gewähren müssten.

1751 Juni.

Eine Französische Uebersetzung wurde dem Chevalier Williams am 3. Juli zugestellt; und an demselben Tage eine Abschrift dem Residenten in Petersburg mit dem Bemerken gesendet: General Arnim solle mit der Negociation nicht mehr betraut werden, es werde daher dessen nahe bevorstehende Abberufung abzuwarten sein, bevor die neuen Instructionen für den

Residenten, den Geheimen Legationsrath von Funck, entworfen werden könnten.

Man sieht, man verstand in Dresden die Kunst, die Sache „*dilatorie* zu tractiren."

Am 5. Juli erging ein neues Königliches Rescript an die Geheimen Räthe, unter Mittheilung des an Keyserling gerichteten Promemoria vom 26. Juni und demgemässer Aufforderung zur Ausarbeitung einer Instruction.

Die Minister beeilen sich am 10. Juli, diesem Befehle nachzukommen, indem sie eine „Information und eventuelle Instruction" in 13 Puncten entwerfen. Unter den Bedingungen figuriren dort sub 11 zum ersten Male die „beschwerlichen Irrungen," welche aus dem im XI. Artikel des Dresdner Friedens den Preussischen Besitzern Sächsischer Steuerscheine zugesicherten Privilegium erwachsen waren.[1] Für den Fall, dass der König von Preussen „unter dem Vorwand einer wegen seiner Steuerscheine sich zu versichernden Possess oder Hypothek, in diesen oder jenen District der Säch-

1751
Juli.

---

[1] Die Irrungen, welche aus der Preussischen Interpretation des XI. Artikels des Dresdner Friedens entstanden, gehören nicht zu den „Geheimnissen des Sächsischen Cabinets." Bekanntlich sollten nach diesem XI. Artikel alle Preussischen Unterthanen, welche Inhaber Sächsischer Steuerscheine waren, immer nach dem Nennwerth baar befriedigt werden. Die Summe der am 25. December 1745 in Preussischen Händen befindlichen Sächsischen Steuerscheine war nicht fixirt worden; letztere fielen weit unter Pari, und der Agiotage ward Thor und Thür geöffnet.

sischen Lande einrücken sollte," verlangen die Sächsischen Minister die bestimmte Zusicherung, die Kaiserlichen Höfe würden eine solche Preussische Unternehmung als eine „Aggression, mithin als ein *casus foederis*" betrachten.

Damals schrieb Brühl (am 11. Juli) nach Paris an den Geschäftsträger, Legationsrath Spinhirn, er könne die Französischen Minister über die Phase, in welche die Accessions-Angelegenheit getreten, vollkommen beruhigen, denn noch befinde man sich erst in den Anfangsstadien der Verhandlung („nous ne sommes encore que dans les termes *du commencement d'une négociation*)." —

Als man aber, durch den Chevalier Williams gedrängt, durch mündliche Zusicherungen des Hannoverschen Staatsministers, Herrn von Münchhausen, darüber beruhigt, dass Georg II. Sich auch als Churfürst für gebunden erachte, endlich einen ernsten Schritt zur Förderung des „Accessionswerkes" thun musste, um die Aussicht auf Englische Subsidien nicht zu verlieren, da zeigte es sich klar, dass die Sächsische Gewissenhaftigkeit über alle eventuellen Theilungsplane einen vollständigen Sieg erfochten hatte.

Entwurf zu einer Sächsischen Beitrittserklärung.

Mittelst Rescripts vom 16. August wurden nämlich den Geheimen Räthen Entwürfe zu der Sächsischen Beitrittserklärung und zu geheimen Declarationen der Kaiserlichen Höfe zur Begutachtung zugefertigt. Das Geheime Consilium unterbreitete Tags darauf dem

Könige seine „unvorgreiflichen *Monita*." Nun erst konnte, von einer Depesche des Grafen Brühl begleitet, das Königliche Rescript an den Geschäftsträger in Petersburg abgehen, welches diesen zum Beitritt ermächtigte. Welches aber war die Form dieser unter dem 24. August nach Petersburg gesandten Sächsischen Accessions-Acte? — Man staunt mit Recht über die unermüdliche Geduld, mit welcher man damals den „Schatten von einem Nichts" verfolgte. *„Parturiunt montes...*" und nach Jahre langen Verhandlungen, nachdem man Ströme von Tinte vergossen, was war das Resultat? Dass der König in dem von Ihm Höchsteigenhändig paraphirten „Entwurfe zum Accessions-Instrumente" Sich bereit erklärte, „auf dem Fuss der oft berührten alten Tractate, gleich wie es die Cron England gethan, dem zwischen beiden Kaiserlichen Höfen Anno 1746 errichteten Defensiv-Bündnisse beizutreten."

Also von den geheimen Separat-Artikeln war keine Rede mehr. Diese entpuppten sich in zwei geheime Declarationen, welche die Kaiserlichen Höfe als Gegenleistung ausstellen sollten. Auch deren Entwürfe genehmigte der König. Nach der ersten sollten Russland und Oesterreich die Chur-Sächsischen Lande wider „alle Unterdrückungen, Angriffe und Gewaltthätigkeiten, von wann und unter was vor einem Vorwande solches auch kommen möchte," feierlichst garantiren und versprechen, „im Fall wider besseres

Vermuthen" der König von Preussen „in Commercien-Sachen oder mittelst gewaltsamer Werbungen den Chur-Sächsischen Landen schwer fallen sollte," „allianz-mässige Hilfe" zu leisten. Der aus der „ungleichen Ausdeutung" des XI. Artikels des Dresdner Friedens zu befürchtenden Gefahren war besonders gedacht.

In einer zweiten geheimen Declaration sollten Russland und Oesterreich versprechen, „in Zeiten solche Massreguln" zu treffen, damit im Fall einer Erledigung des Polnischen Thrones „die Cron Pohlen bei dem K. Churhause Sachsen ferner, wie bisher verbleibe."

Die Weisungen vom 24. August waren übrigens bei alle dem noch keine definitive. Vielmehr wurde der Geheime Rath von Funck im 3. Punkte des K. Rescripts ausdrücklich angewiesen: bevor er „zur würklichen Accession" schreite, „allererst" noch an den König zu berichten.

Subsidien-vertrag mit den Seemächten von 1751. Dieser Vorschritt stand mit den von Chevalier Williams, wie wir gesehen haben, gerade Ein Jahr vorher zu Warschau angeknüpften Verhandlungen im innigsten Zusammenhange. Der neue Vertrag mit den Seemächten wurde durch eine Conferenz, deren Protocoll d. d. Dresden, 7. September sich erhalten hat, vorbereitet, am 13. September wirklich abgeschlossen und noch im Laufe des Herbstes ratificirt.

Die Seemächte machten sich durch diesen Tractat

(Art. 2) anheischig, dem König von Polen, Churfürsten von Sachsen 48,000 Pfd. St. jährlicher Subsidien zu zahlen. England sollte dazu Zwei Dritttheile, Holland Ein Dritttheil beitragen. Sachsen versprach (Art. 3) den Seemächten, im Falle eines Krieges 6000 Mann zu überlassen; in den Reichsangelegenheiten mit Hannover zu gehen (Art. 4). Dieser Punkt ward in den zwischen Brühl und Williams vor der Ratification gewechselten Noten näher präcisirt und zwar dahin, dass Sachsen die Römische Königswahl des Erzherzogs Joseph zu unterstützen versprach.

Im 5. Artikel verpflichteten sich die Seemächte, die Sächsischen Erblande gegen jeden Angriff zu schützen, auch dem Könige eventuell Entschädigung und Genugthuung zu verschaffen.

Nach Art. 6 sollte der Vertrag von Michaelis 1751 an gerechnet, 4 Jahre lang, also bis Michaelis 1755 laufen.

Das „Accessionswerk" ward durch den Abschluss dieses Subsidien-Vertrags nicht gefördert. Graf Keyserling überreichte am 18. October 1751 in Hubertusburg zwar ein Promemoria, in welchem von den guten Dispositionen des Sächsischen Hofes Act genommen und die Hoffnung eines baldigen Abschlusses ausgesprochen wurde; aber dabei blieb es auch. *Pro forma* hielt man noch 1752 in Petersburg Conferenzen über die Sache, proponirte und verwarf Amendements zu den Sächsischen Entwürfen vom 24. August 1751, aber zum Beitritt kam es nicht.

1751 October.

Verhandlungen mit Wien.

Inzwischen hatten die Differenzen mit Preussen wegen Befriedigung der Preussischen Inhaber Sächsischer Steuerscheine zu förmlichen Drohungen geführt. Gegen die Letztern rief man in Wien die im Tractat von 1743 zugesicherte Hilfe an. Diess führte zu Verhandlungen, in welchen sich Anfangs einige Zweifel herausstellten, darüber, ob das K. K. Cabinet das Defensiv-Bündniss von 1743 noch für giltig anerkennen könne?

Die K. K. Minister, die Grafen von Uhlfeld und Colloredo, erlangten schliesslich eine zufriedenstellende Erklärung der Kaiserin-Königin (Flemmings Berichte vom 17. und 26. Januar und vom 7. Februar 1753) wegen dieser Zweifel und es wurde constatirt, dass der nur gedachte Vertrag zu Recht bestehe. Vergebens hatten dabei die K. K. Minister hervorgehoben, dass die Accession Sachsens zum Petersburger Vertrage noch grössere Sicherheit, ausreichenderen Schutz gewähren würde. Vergebens hatte auch der inzwischen von Dresden nach Wien versetzte, Sachsen sehr günstig gestimmte Graf Keyserling in Privatbriefen an den Grafen Brühl vom 17. Januar und 3. Februar denselben Rath ertheilt. Brühl antwortete am 16. Februar diesem befreundeten Diplomaten sehr ausführlich und dankbar, gab aber dabei sehr deutlich zu verstehen, dass die dem Herrn von Funck vor zwei Jahren ertheilten Instructionen das Aeusserste enthalten, was Sachsen zu bieten habe, dass nämlich der

Beitritt „nach dem Beispiel der Englischen Accession" „bloss auf den Haupttractat" und auf dem Fuss „der alten Verbindlichkeiten" überhaupt denkbar sei.

Im Verlauf dieser Verhandlungen erfolgte der Bericht des Grafen Flemming vom 28. Februar, welchen Graf Hertzberg sub XII. der *Pièces justificatives* auszugsweise mittheilt. Es beweist dieser Bericht nichts weiter, als dass die K. K. Minister eine engere Verbindung zwischen den Alliirten, eine Verbindung, in welcher „Alle vor Einen und Einer vor Alle stünde," betrieben. Aber diese Verbindung kam nicht zu Stande. Denn wie die Petersburger Correspondenz aus jener Zeit beweist, hatte sich namentlich Oesterreich mit der Accession Sachsens zum Haupttractate nicht zufrieden stellen wollen, sondern mindestens die Annahme des 4. geheimen Artikels immer wieder von Neuem als unerlässlich bezeichnet.

Und davon wollten die Sächsischen Minister weniger denn je etwas wissen, wie deren Gutachten vom 3. März 1753 „das vom Kaiserlichen Hofe zu Wien angetragene nähere Einverständniss betreffend" beweist. *1753 März.*

Das Hauptmotiv, welches dort für das Beharren bei den der Gesandtschaft zu Petersburg im August 1751 ertheilten Instructionen geltend gemacht wird, ist das durchaus ehrenwerthe: „die diesseitige besondere Cordialität und Wohlbedächtigkeit, mit welcher man bei der Sache zu Werke gehe und nach welcher man etwas zu übernehmen, was man auszuführen und zu erfüllen sich nicht getraue, billig anstehe."

Eine Correspondenz mit dem Britischen Premier.

Den grössten Werth legte man, wie begreiflich, in Dresden auf die Englische Garantie der Accession Sachsens. Graf Flemming ward daher angewiesen, sich mit dem Herzoge von Newcastle darüber in directe Vernehmung zu setzen. Wir bedauern es uns versagen zu müssen, das staatsmännische, aber allzu umfängliche Schreiben des Sächsischen Gesandten an den Britischen Premierminister d. d. Wien, 9. März 1753 nicht *in extenso* geben zu können. Die nachstehenden Extracte aus der Antwort des Herzogs von Newcastle d. d. Whitehall, 30. März 1753, werden aber für unsern Zweck genügen und das hellste Licht auf die Hindernisse werfen, an welchen die Negociation schliesslich scheiterte.

1753 März.

„Je serais charmé, Monsieur, de pouvoir Vous satisfaire sur l'Article de l'accession du Roy, Votre Maître, au Traité de Pétersbourg; mais l'état où cette affaire se trouve actuellement, m'empêche même de répondre avec précision à ce que Vous en avez touché.

„Il est vray, que Mr. le Chancelier Bestoucheff a souhaité, que Mr. de Guydickens eût un Plein pouvoir, pour recevoir conjointement l'Accession Saxonne; Et il est vray aussi, que Mr. de Pretlack y a été contraire, Et dans la même lettre, où le

Ministre du Roy me donne avis de cette demande du Chancelier Bestoucheff, il me marque, que Mr. de *Pretlack a ordre, de ne point accepter l'accession de S. M. Polonoise, à moins qu'Elle n'accède en même temps aux Articles secrets du Traité, et particulièrement à l'Article 4.*" Or je dois Vous informer, que, lors de l'accession du Roy, Sa Majesté en fit excepter, par une déclaration formelle et écrite tous les Articles secrets quelconques. Voilà donc une difficulté, qui nous arrêtera nécessairement, jusqu'à ce qu'il paroisse sur quel pied et à quelles conditions Votre Cour prétend donner son accession et comment elle agira par rapport aux ordres envoyés à l'Ambassadeur Impérial.

Quant au concours du Roy dans l'acceptation de l'accession de la Saxe au Traité de Pétersbourg, je Vous avoue, Monsieur, que je n'en vois pas la nécessité."

Es werden nun des Weitern die Gründe auseinandergesetzt, warum England die verlangte Garantie der Sächsischen Lande nicht übernehmen könne. Als Hauptgrund wird die mangelnde Reciprocität betont. Da ja England, nur um Russland „*une espèce de satisfaction*" dafür zu geben, dass dieses in dem Frieden von Aachen nicht mit eingeschlossen worden, dem Petersburger Bündnisse auf dem Fusse seiner alten Verträge beigetreten sei. Mit Sachsen beständen aber derartige ältere Verträge nicht.

Ueber die Garantie, welche der König Georg für seine Deutschen Erblande erlangt, folgt nun folgende Erläuterung:

„Au reste, celle (nämlich garantie) que S. M. a obtenu pour Ses États d'Allemagne, *quoiqu'Elle ne Se soit pas prêtée à l'accession, en Sa qualité d'Electeur*, n'a été donnée que dans le cas, que le Roy y fut attaqué, en haine de son accession même; Et elle ne paraît nullement applicable à l'Angleterre par rapport à la Saxe; Mais je ne vois rien qui empêche la Saxe, de demander, et même d'obtenir, une pareille garantie de la part des deux Cours Impériales ...."

Man hatte durch diese Correspondenz über die eigentlichen An- und Absichten des Britischen Hofes vollständigen Aufschluss erhalten. Es entstand damals aus diesem Austausche die Idee, sämmtliche Separatabkommen und geheimen Verabredungen über Bord zu werfen und eine grosse Friedensallianz ohne alle Geheimnisskrämerei abzuschliessen. Der Englische Gesandte in Wien, Sir Robert Murray Keith, scheint sich auch in dieser Richtung in Gemeinschaft mit seinem geistreichen Russischen Collegen und unter Mitwirkung des Grafen Flemming ernstlich bemüht zu haben.

Brühl schreibt darüber an Herrn von Funck nach Moskau aus Dresden am 2. Mai 1753, nachdem er ihm die uns aus Newcastle's Schreiben bekannten Englischen Bedenken mitgetheilt hatte:

1753 Mai.

„Aus diesen Betrachtungen scheinet man nun neuerlich auf die Idee eines ganz andern Plans gefallen zu sein, und ihn zuförderst mit dem Hofe zu Wien *concertir*en zu wollen, mittelst welchem alle Alliirte Mächte in eine gemeinnützige, wohl überlegte und *proportionirt*e, auch an sich unschuldige Verbindung zu treten hätten, dass davon und von deren gänzlichem Inbegriff Niemand ein Geheimniss zu machen wäre, sondern man sie ganz Europa vor Augen legen könnte."

In Antwort auf diesen Erlass konnte nun Funck aus Moskau am 16. Juli 1753 melden, dass man des Sächsischen Hofes Accession zum Petersburger Tractat 1746, so wie des Chur-Hannover'schen Beitritt dazu, fast vergessen zu haben scheine."

Die drohende Gefahr, welche für Sachsen aus den Irrungen mit Preussen über die Interpretation des XI. Artikels des Dresdner Vertrags entstand, ward noch vor Ablauf des Jahres beseitigt, durch die Convention, welche zu Berlin am 8. November 1753 unterzeichnet wurde. Dadurch wurde nämlich die Summe der in Preussischen Händen befindlichen privilegirten Steuerscheine fixirt und fernerer Agiotage durch das Preussische Edict vom 15. November 1753 auf Grund dieser Convention vorgebeugt.

Dadurch entfiel vollends jedes Compelle, welches Sachsen hätte bewegen können, die eingeschlummerte Verhandlung mit Oesterreich und Russland wieder aufzunehmen.

Das Sächsische Cabinet hatte seinen Zweck erreicht. Ohne sich mit seinen Hauptalliirten desshalb zu brouilliren, hatte man dem angesonnenen Beitritte zu dem Petersburger Tractat ausweichen können. Ob eine entschiedenere Politik nicht vorzuziehen gewesen wäre? ist eine Frage, die wir nicht erörtern wollen. Einen practischen Erfolg konnte man von dem Beitritte kaum erwarten. Die Folge hat gelehrt, dass die alten Verbindungen am Ende doch ausreichten. Die einzige Frage, die man aufwerfen, aber nur auf dem Wege der Conjecturalpolitik lösen könnte, wäre: ob Friedrich II. nicht vielleicht gerade desshalb im Jahre 1756 Sachsen angegriffen hat, weil er wusste, dass dessen Beitritt zum Petersburger Tractat nicht erfolgt war, weil er den König von Polen daher für schutzloser hielt, als er es schliesslich war?

Kritik des mémoire raisonné. Was uns zunächst interessirt, ist die Thatsache zu constatiren, dass Sachsen dem Bündnisse von 1746 nicht beigetreten ist, auch niemals die ernstliche Absicht gehabt hat, beizutreten. Vor dieser Thatsache zerstiebt das *Mémoire raisonné*.

Die beiden Kaiserhöfe hatten nach damaliger Praxis durchaus nichts Unerlaubtes gethan.

Der Petersburger Tractat war nach damaligen Begriffen ein Defensiv-Bündniss; ein Damokles-Schwert über dem Haupte eines unruhigen, unzuverlässigen Nachbars, allerdings. Aber war ein solches Damokles-Schwert etwa überflüssig? War ein Deutscher Reichsfürst, der kaum 4 Millionen Unterthanen und eine stehende Armee von 160,000 aus allen Theilen Deutschlands zum Theil gewaltsam geworbenen Söldnern hatte, nicht an sich schon eine fortwährende Gefahr für seine Nachbarn?

Allianzen, zu Abwehr künftiger Gefahren geschlossen, haben freilich oft das Uebel erst heraufbeschworen, welchem dadurch vorgebaut werden sollte.

Aber über die Manie des 18. Jahrhunderts, Eventualitäten der Zukunft regeln zu wollen, werden wir nicht spotten dürfen, wenn wir uns erinnern, dass die Ströme von Blut, welche jene Manie der Menschheit gekostet, in unsern Tagen ähnliche Thorheiten nicht verhindert haben. Der Londoner Vertrag von 1852 gereicht unserer auf die Erfahrungen eines ganzen Jahrhunderts sich stützenden Weisheit eben nicht zur Ehre.

Am wenigsten hatte übrigens das Haus Brandenburg ein Recht, eventuelle Theilungspläne und derartige Defensiv-Bündnisse zu perhorresciren. Ganz analoge Verträge, wie der vielgerügte 4. geheime Artikel des Petersburger Tractats waren u. A. vom „grossen" Churfürsten mit Frankreich am 24. Februar 1656, mit den General-Staaten 1672, und mit Oesterreich gegen Schweden, 30. Januar 1658, zehn Jahre nach dem Westphälischen Frieden, abgeschlossen worden.[1]

---

[1] Pufendorf de rebus gest. Frid. Wilh. Lib. VI, 12. XXIII, 48. VII, 17 und 19.

Und als 1744 Friedrich II. selbst in Böhmen einfiel, hatten sich da die Preussischen Diplomaten nicht überall bestrebt, zu beweisen, das sei kein Angriff, kein Bruch des Berliner Friedens, sondern nichts als eine „unschuldige" Diversion, als eine Vertheidigung des Französischen Bundesgenossen?

An sich konnte das Sächsische Cabinet im Jahre 1747 sonach kein Bedenken haben, sich in die, wie wir gezeigt haben, von Hause aus unerwünschte Verhandlung einzulassen. Ebenso wenig kann es überraschen, dass man, da man weder „Ja" sagen wollte, noch „Nein" sagen durfte, zu dem in solchen Fällen gewöhnlichen Mittel griff und die Bedingungen thunlichst hinaufschraubte, in der Hoffnung, dadurch aus der Verlegenheit herauszukommen und Zeit zu gewinnen.

Wir hoffen jedem Laien, der die Mühe nicht gescheut hat, uns zu folgen, den Schlüssel zu dem Preussischen Blaubuche von 1756, zu den „*Pièces justificatives*" gegeben zu haben. So wie sie vorlagen, verstümmelt, ganz willkürlich zusammengestellt, aus dem Zusammenhange herausgerissen, mussten diese Fragmente das Publikum täuschen und selbst dem Diplomaten von Fach völlig unverständlich bleiben.

Ein solches Gebahren kann vor dem Richterstuhle der Geschichte nicht bestehen.

Es giebt eben auch in der Politik eine Moral, auch im Hazardspiel gewisse Gesetze, die man nicht verletzen, gewisse Kunstgriffe, die man nicht anwenden darf.

Treffend sagt darüber Friedrich II.[1] selbst:

„Ces sortes d'actions semblent permises en politique; mais elles ne le sont pas en morale; *et à les bien examiner, la réputation de fourbe est aussi flétrissante pour le Prince même, que désavantageuse à ses intérêts.*"

Freilich entsprach die Praxis nicht immer der Theorie. Schreibt doch dieser Monarch selbst seinem Minister, dem Grafen Podewils:[2] *„S'il y a à gagner d'être honnête homme, nous le serons; et s'il faut dupper, soyons donc fourbes.*"

Dass die Sächsischen Acten, aus denen Graf Hertzberg seine Anklageschrift compilirte, den unumstösslichen Beweis lieferten, dass die Plane der beiden Kaiserlichen Höfe nur eventuelle waren und „die Bedingung voraussetzten, woferne der König von Preussen Gelegenheit zum Kriege geben würde"[3] und, dass Sachsen diesen eventuellen Planen nicht einmal beigetreten war, hat der Autor des *„Mémoire raisonné"* selbst anerkannt.

Was aber sollte in jener Staatsschrift bewiesen werden? Das Gegentheil von der Wahrheit;

---

[1] Oeuvres I, p. 160.

[2] Von Arneth, Maria Theresia's erste Regierungsjahre, I, 415.

[3] *Ipsissima verba* des Grafen Hertzberg s. Preuss Friedrich der Grosse. Berlin 1833. II, 13.

nämlich: „Dass wider S. K. M. in Preussen ein geheimes *concert* genommen worden," und „dass der Sächsische Hof, falls derselbe auch der Allianz von Petersburg nicht förmlich beigetreten, dennoch an allen von dem Wienerischen Hofe darauf gebaueten gefährlichen Anschlägen gleichen Antheil genommen."[1]

So die amtliche Deutsche Uebersetzung des „*Mémoire raisonné.*"

Man könnte als Entschuldigung anführen, dass Parteischriften, Kriegsmanifeste u. s. w. selten historische Wahrheit enthalten. Diesem Einwand entgegnen wir, dass sich Friedrich II. nicht damit begnügt hat, die Mitwelt über die Ursachen seines „Landfriedens-Bruches" von 1756 geflissentlich und wissentlich zu täuschen. Dieser König hat nicht wie Hertzberg später das „*Mémoire raisonné*" desavouirt, er hat vielmehr versucht, damit auch die Quellen der Geschichte für die Nachwelt zu vergiften:

„*Vous verrez par les „pièces justificatives" annexées à ce chapitre,*" heisst es im III. Capitel der Histoire de Sept ans[2] — „*que le Roi de Pologne était un des plus zélés partisans de la conjuration que l'Impératrice-Reine avait formée contre la Prusse.*"

[1] „Gegründete Anzeige des unrechtmässigen Betragens" u. s. w. Berlin C. F. Henning 1756.
[2] Oeuvres IV, 37.

ANHANG.
Erster Geheimer Separater Articul[1]
(des Petersburger Tractats).

Da weyland Ihro Römisch-Kayser- und Königl. Cathol. Majst. *Carl* der Sechste, höchstseeligen Gedächtniss, so wohl in dem Zwölfften *Articul* des zwischen Allerhöchst-Deroselben, und weyland Ihro Kayserl. Majst. von allen Reussen, *Catharina Alexeiowna*, höchstseeligen Gedächtniss, den 6. *Augusti* im Jahr 1726 geschlossenen Haupt-*Alliance-Tractats*, als auch in einer unter dem nehmlichen *dato* festgestellten besondern *Convention*, Sr. Königl. Hoheit dem verstorbenen Hertzoge zu Holstein-Schlesswig, in *Conformité* des *Trawendaler Tractats* das Hertzogthum Schlesswig förmlich *garantir*et, und anbey Sich anheischig gemacht haben, Ihme dem Durchleuchtigstem Hertzoge die Bewürkung einer *Satisfaction* und Wiederkehrung desjenigen, was Ihme zugehöre, werckthätig zu befördern. Nachhero aber eine andere *Declaration datirt* vom 29. *Augusti* 1727 beliebet; ja so gar zuletzt eine mit sothanen Verbindlichkeiten nicht übereinkommender *Tractat* von wegen derer damals in Russland fürgewalteten Umständen, den 26. *May* 1732 zu Coppenhagen errichtet worden. Hingegen Se. iczt Glorwürdigst-regierende Kayserl. Majst. von allen Reussen, da Sie Sich mit Ihrer Römisch-Kayserl. und Königl. Ungarisch. und Böhmisch. Majst. durch das Band des engesten Einverständnisses und Freundschafft bey Gelegenheit des heut erneuerten auf den Fuss des obangeführten zwischen Ihren Allerdurchlauchtigsten Eltern gewesenen *Alliance-Tractats* festgesetzten *Defensiv*-Bündniss noch näher vereiniget, und natürlicher Weise angetrieben befinden; hier-

[1] S. Seite 126.

bey auch für des Durchl. Hertzogl. Holsteinischen Hauses
Wohl und *Interesse*, alle ersinnlich-möglichste Sorgfalt
und Bemühungen zu tragen. Als erklären zuförderst aller-
höchst-besagte Ihro Römisch-Kayserl. und Königl. Ungarisch
und Böhmische Majst., dass, nachdem vorerwehnter *Coppen-
hagner Tractat*, nach dem höchstseeligsten Hinscheiden
weyland Dero in Gott ruhenden Herrn Vaters Kayserl.
Majst. von Sr. Königl. Majst. in Dennemarck-Norwegen,
weder erfüllet noch erkannt worden, Allerhöchst Dieselbe
von aller durch sothanen *Tractat* übernommenen Verbind-
lichkeit sich hinwiederum frey zu seyn ermessen, versprechen dahero Ihrer Kayserl. Majst. von allen Reussen
noch über das, um überzeugende Proben Dero Ihrer Kayserl.
Majst. von allen Reussen zutragender aufrichtigen Freundschafft zu geben. Und wie Sie in allem dem, was die
Beförderung Ihro Kayserl. Majst. von allen Reussen auf
einer so wahren Billigkeit begründeten Absichten, und das
Aufnehmen Ihres Kayserl. Hauses betreffen kann, vollkommen Antheil nehmen. Hiermit auch Krafft dieser, auf
das feyerlichste nicht nur in Bewahrung derer *Interessen*
des Hertzogl. Holstein-Schlesswigischen Hauses gemeinschaftlich mit Ihro Kayserl. Majestät von allen Reussen iederzeit
zu Wercke zu gehen; sondern *garantiren* auch dem ietzt-
regierenden Hertzoge zu Holstein-Schlesswig, und zwar
Ihro Kayserl. Hoheit dem Grossfürsten und Erben des
gantzen Russischen Reichs Herrn *Peter Feodorowitz* und
dessen Männlichen Erben aufs feyerlichste, Seine anietzo
in Teutschland in Besitz habende Länder; und wenn die
ietzo Russisch-Kayserl. Seits mit dem Königl. Dänischen
Hofe über die noch nicht abgemachte Gerechtsame dieses
Hertzoglichen Hauses zuführende *Negociation*, wieder alles
Vermuthen, nicht einen erwünschten Erfolg gewinnen,

folglich über sothane Gerechtsame sich mit dem Dänischen
Hofe in der Güte zu vereinigen ohnmöglich seyn solte, in
solchem Fall Ihro Römisch-Kayser- und Königl. Ungarisch-
und Böhmische Majst. mit Ihro Kayserl. Majst. von allen
Reussen, alsdann nach Erforderniss der Umstände, über
anderweitige unter Sich zur völligen Abthuung derselben,
auf eine zur mehrern Befestigung des Ruhe Standes in Norden zu gereichen habende Arth, und denen derenthalben zu
nehmenden Verbindungen, besondere Abrede pflegen wollen.

Gegenwärtiger Erster Geheimer *Seperat-Articul* soll
gleichfalls von selbiger Krafft und Würkung seyn, als ob
er dem Haupt-*Alliance-Defensiv-Tractat* von Wort zu Wort
einverleibet wäre; Wie denn selbiger mit sothanem *Tractat*
zu gleicher Zeit *ratificir*et werden soll. Urkund dessen
haben obgedachte Gevollmächtigte *Ministri* solchen eigenhändig unterschrieben, und mit Ihren beygedruckten Insiegeln bestättiget.

So geschehen *St. Petersbourg* den 22. *May* im Jahr 1746.

L. S.   L. S.[1]

Alexi Graf von *Bestuscheff Rumin.*

Schreiben des Marschalls von Sachsen an den Englischen General Ligonier.[2]

Au camp de la Commanderie 3 août 1747.

Monsieur,

J'ai l'honneur d'envoyer à V. E. une note bien courte
pour une Matière aussi étendue, que celle dont il s'agit.

---

[1] Wahrscheinlich aus Versehen des Copisten fehlen die
Unterschriften der K. K. Bevollmächtigten in der Sachsen mitgetheilten Abschrift.

[2] S. Seite 189. *Flassan, Histoire générale de la diplomatie*

S. A. R. Monseig^r le Duc de Cumberland pourra cependant aisément y reconnoître la franchise, que S. M. T. C. me permet d'employer dans cette négociation, ainsi, que le désir sincère, qu'Elle a, de procurer la paix à toute l'Europe.

J'espère, que S. A. R. Msgr. le Duc de Cumberland voudra bien me mettre en état de contribuer à une oeuvre si salutaire à toutes les Nations; S'il n'étoit question, que des avantages de la France, ce seroit une affaire à terminer en 24 heures, Mais le Roi mon Maître ne peut se séparer de Ses Alliés, et il ne désire de savoir les intentions de S. M. B. que pour conduire les choses avec promtitude à une heureuse fin. C'est donc de la Cour d'Angleterre, que cela dépend, c'est d'Elle dont nous doivent venir les Ouvertures sur les choses, qui peuvent Lui être agréables, et je les attends avec l'empressement le plus sincère. L'occasion en est des plus favorables, et nous n'aurions point de regret à la perte, que nous venons de faire dans les Alpes, si elle peut contribuer à rendre nos persuasions plus fortes à la Cour d'Espagne.

J'ai l'honneur d'être etc.

à S. E. M^r. le Chev^r.   (étoit signé)
   Ligonier.   Maurice de Saxe.

Le Roi n'a point fait la guerre par ambition; Sa Majesté est déterminée à rendre Ses conquêtes en faveur de Ses Alliés. Il ne doit point y avoir de difficultés sur ce qui concerne la France; tout se réduit, savoir:

1) Restitution de Louisbourg d'une part, et de l'autre, Madras et des autres endroits, qui peuvent avoir été pris dans les Indes.

française (Paris 1811) erwähnt dieser Negociation mit dem bei Laffeld gefangenen Englischen General Ligonier (Tome V, p. 385), giebt aber das Schreiben selbst nicht, die Anlage unvollständig und ungenau.

2) Liberté de rétablir les fortifications de Dunkerque du côté de la terre, ou conservation de Furnes pour couvrir la frontière maritime.

3) Arrangements par rapport aux enclavements du Hainaut, et autres objets à régler concernant les frontières et Païs limitrophes. On compte également, qu'il ne peut y avoir de difficulté pour la réstitution des États de Modène et de Gênes, tels qu'ils étoient en 1740 avant la guerre.

La France garantira la Silésie ainsi que l'Angleterre l'a garantie.[1]

Par rapport à l'Espagne, les égards, que le Roi veut et doit observer avec S. M. Cath. ne lui permettent pas, même pour le Succès de la négociation, de faire aucune proposition particulière.

On demande, que l'Angleterre veuille bien s'ouvrir de bonne foi sur ce qu'Elle pense par rapport à l'établissement de l'Infant et aux intérêts de son commerce et de sa navigation.

Les Roi de Sa part n'y répondra pas avec moins de Sincérité.

On peut juger des intentions de S. M. si l'on refléchit, qu'Elle consent à réstituer ses conquêtes, et dès que les propositions, qu'on lui fera seront raisonnables, Elle employera tout ses efforts auprès de l'Espagne, pour l'engager de concourir au retablissement de la tranquillité générale.

---

[1] In Flassans Auszuge a. a. O. p. 386 lautet diese Stelle: „*l'Angleterre garantira la Silésie au Roi de Prusse, ainsi que la France l'a garantie,*" was keinen Sinn hat.

DRITTE STUDIE.
WESTMINSTER UND VERSAILLES.
Januar 1755 bis August 1756.

Europäische Gewitterschwüle im Jahre 1754. — Prolongation des Sächsischen Subsidienvertrags mit den Seemächten nachgesucht. — Ein diplomatischer Angriff Preussens unter Französischer Flagge. — Instructionen des Sächsischen Gesandten in Paris. — Französische Eröffnungen. — Geheime Instruction des Sächsischen Gesandten in Paris. — Eine Entdeckung. — Der Geschäftsgang in Dresden. — Verhandlungen in Paris. — Graf Broglie in Hubertusburg. — Englische Zustände aus Russischer Feder. — Die Verhandlungen mit Frankreich zerschlagen sich. — Ein Wink Starhembergs. — Resumé der Sachlage im December 1755. — Charakterisirung des Englisch-Preussischen Bündnisses von Westminster. — Warum begab sich Friedrich II. unter Englands Schutz? — Abbruch der Verhandlungen Sachsens mit den Seemächten, eine Folge des Westminster Tractats. — Des Grafen Brühl erste Eindrücke. — Pariser Stimmungen. — Wie der Herzog von Nivernois in Berlin behandelt wurde. — Der Sächsische Gesandte in Paris macht eine Insinuation. — Er erhält einen Verweis. — Seine Rechtfertigung. — Graf Brühl über die Sachlage. — Die Sächsische Finanzlage Anfangs 1756. — Die auswärtige Politik Sachsens. — Die Stellung zu dem Wiener Hofe. — Die Oesterreichische Politik. Graf Kaunitz. — Das Defensiv-Bündniss von Versailles. — Die geheimen Propositionen Oesterreichs. — Keine Coalition vorhanden. — Dieselbe wird erst durch

Preussens Schilderhebung provocirt. — Eine eigenhändige Rechtfertigung Maria Theresia's. — Was man in Paris von Versailles wusste. — Was Graf Brühl von dem Versailler Bündnisse dachte. — Ein diplomatischer Schachzug des Grafen Vitzthum. — Wird vom Grafen Brühl desavouirt. — Seine Rechtfertigung. — Graf Brühls Optimismus.

Europäische Gewitterschwüle im Jahr 1754.

Wir übergehen mit Stillschweigen die Intriguen, deren Schauplatz damals Petersburg war. Dr. Herrmann, der das Verdienst hat, in seiner schon citirten Geschichte des Russischen Staats die Doppelrolle vollständig aufgedeckt zu haben, welche damals der Grosskanzler Bestuscheff spielte, kann Jedem, der sich für diese Intriguen interessirt, als Wegweiser empfohlen werden. So wenig wir uns auch mit diesem Geschichtsforscher über die von ihm nur beiläufig behandelte Genesis des siebenjährigen Krieges einverstanden erklären können, da er dabei ganz der hergebrachten Preussischen Version folgt; so müssen wir ihm doch die Gerechtigkeit widerfahren lassen, dass er die Wahrheit redlich gesucht und was den damaligen Russischen Kanzler betrifft, auch gefunden hat.

Bestuscheff stand, wie bekannt, während er officiell die Politik der Kaiserin vertrat, in Englischem Solde und wollte es mit dem „jungen Hofe," mit der nach Preussen neigenden Grossfürstin, der späteren Kaiserin Katharina, nicht verderben.

Während man officiell mit Berlin seit 1753 gebrochen hatte, unterstützte man unter der Hand die damals Französisch-Preussische Partei.

Das Sächsische Cabinet scheint von Bestuscheffs Verrath keine Ahnung gehabt und diesen Minister immer als den Führer der Oesterreichisch-Sächsischen Partei in Petersburg betrachtet zu haben.

In Wien trat seit Ende 1753 die Erkaltung der Englischen Allianz immer greifbarer zu Tage. Die Römische Königswahl wurde von Oesterreich selbst lau betrieben, je mehr man erkannte, dass, so lange das Verhältniss zu Preussen nicht normirt sei, der Kaisertitel ein leerer Titel bleiben müsse. Der leidige *Barrière*-Tractat gab zu fortdauernden Irrungen mit den Seemächten Anlass. Es herrschte schon 1754 in den Europäischen Cabineten eine gewisse Gewitterschwüle, welche den Kundigen hinlänglich auf die Vorboten des Sturmes von 1756, die Bündnisse von Westminster und Versailles vorbereiten musste.

Es wird nunmehr, nachdem wir die Hauptanklagen des *Mémoire raisonné* widerlegt haben, unsere Aufgabe sein, die Wirkungen in das Auge zu fassen, welche die eben erwähnten Vorboten des Sturmes und das grosse *revirement* in den Europäischen Allianzen von 1756 auf die Sächsische Politik gehabt haben.

Bevor wir aber dazu gelangen, ist es unerlässlich, eine diplomatische Campagne des Jahres 1755 zu enthüllen, welche durchaus geheim geblieben ist. Ohne die Kenntniss dieser Thatsachen ist es geradezu unmöglich, sich ein Bild der Sachlage zu machen, welche dem siebenjährigen Kriege vorherging.

Wir erinnern, dass der Subsidienvertrag, welchen Sachsen im Jahr 1751 mit den Seemächten abgeschlossen hatte, zu Michaelis 1755 ablaufen sollte.

Prolongation des Sächsischen Subsidienvertrags mit den Seemächten nachgesucht.

Am 24. Januar 1755 ward, im Hinblick darauf, eine Conferenz in Dresden unter Brühls Vorsitz abgehalten. Der Chevalier Williams und der damalige Russische Gesandte Herr von Gross wohnten derselben bei. Die Erneuerung des Subsidienvertrages wurde einstimmig als wünschenswerth bezeichnet.

1755 Januar.

Der Sächsische Geschäftsträger in London, Legationssecretär Wiedmärkter, ward mit den entsprechenden Weisungen versehen. Da England mit Russland und Hessen-Kassel neue Subsidienverträge abgeschlossen hatte, so schmeichelte man sich, dasselbe für Sachsen ohne Schwierigkeit zu erlangen. Um persönlich auf den König Georg II. zu wirken, ward, als dieser im Frühjahr 1755 gewohnter Massen seine Residenz nach Hannover verlegte, der Graf von Flemming in besonderer Mission dahin abgesendet. Damals in Wien, früher, wie wir gesehen, mehrere Jahre lang in London beglaubigt, hatte Flemming die besten Erinnerungen am Britisch-Hannoverschen Hofe zurückgelassen. Er ward auf das freundschaftlichste empfangen. Ueber den Erfolg der ihm anvertrauten Sendung machte er sich aber gleich von

Anfang keine Illusion. — Am *19. April 1755 erstattete er unter Anderem einen ausführlichen Bericht, welcher über die schon damals erfolgten Annäherungsversuche Preussens und die Spannung zwischen London und Wien einige interessante, völlig unbekannte Daten giebt.

Im Sommer 1754, schreibt Flemming, sei die Hoffnung, eine Erneuerung des Tractats von 1751 zu erreichen, berechtigt gewesen. Jetzt habe die Haltung des Wiener Hofes eine Modification der Pläne des Britischen Cabinets veranlasst. Im Sommer 1754 habe England zwei Observationsarmeen, die eine in den Niederlanden, die andere in Deutschland aufstellen wollen, um dort Frankreich, hier gleichzeitig Preussen in Schach zu halten. Die Hilfe, welche England von Sachsen erwartet (also die 6000 Mann), sei für die letztere Armee bestimmt gewesen. Die Sächsischen Truppen hätten im Vereine mit Oesterreichischen und Hannoverischen den König von Preussen zwingen sollen, in Unthätigkeit zu bleiben, bis man Zeit gehabt, den neuen Subsidienvertrag mit Russland abzuschliessen. Dieser Englische Plan sei aber vollkommen gescheitert, weil das Wiener Cabinet seine Mitwirkung entschieden verweigert habe. Der Englische Hof würde sich mit einer sehr kleinen Anzahl kaiserlicher Truppen begnügt haben. Aber nichts habe den festen Entschluss des Wiener Hofes zu erschüttern vermocht, keinen Mann marschiren zu lassen, so lange sich England, Holland und Braunschweig-Lüneburg nicht bereit erklärt, die Bedingungen zu erfüllen, welche ihnen in Wien auferlegt werden sollten. Alles diess würde sich haben ausgleichen lassen, meint Flemming, wäre der Graf Colloredo — den man Monate lang vergeblich in London erwartet — instruirt gewesen, Georg II. über die Gefahren zu beruhigen, welche seinen Erblanden in Deutschland drohten.

Nachdem Graf Flemming so die Friedensliebe der Kaiserin und die Spannung constatirt hatte, die, wie bekannt, seit dem Aachener Frieden zwischen den alten Alliirten hervorgetreten war, erörtert er den Grund der Sicherheit und Sorglosigkeit, welche der Englische Minister und namentlich der Hannöversche, Herr von Münchhausen, trotz jener Spannung mit Wien zur Schau trügen. Da er bestimmt wisse, dass von dort neuerdings keine freundschaftlicheren Zusicherungen eingegangen, so habe er, aber vergeblich, bei Münchhausen angeklopft, endlich, im engsten Vertrauen von Lord Holdernesse erfahren: **der König von Preussen habe durch die Herzogin von Braunschweig**[1] **in Hannover unter der Hand erklären lassen, er werde sich an**

---

[1] Friedrich II. behauptet bekanntlich, England habe, und zwar durch den Herzog von Braunschweig, die Initiative zu jener Annäherung ergriffen. Oeuvres IV. p. 29.

dem Kriege, welcher zwischen England und Frankreich auszubrechen drohe, nicht betheiligen, es sei denn, dass die Haltung Englands und seiner Verbündeten ihn zwängen, die Waffen zu ergreifen. Anfangs hätten diese Preussischen Insinuationen wenig Eindruck gemacht, später aber scheine man noch bestimmtere Zusicherungen erhalten zu haben. Der kaiserliche Gesandte, Graf Colloredo, hege sogar den Verdacht, es müssten bereits ernste Verhandlungen zwischen England und Preussen im Zuge sein. Lord Holdernesse habe jedoch den Grafen Colloredo sowohl, als ihn selbst — den Grafen Flemming — durch die Versicherung beruhigt, König Georg sei entschlossen, trotz der momentanen Spannung mit Wien, an seinen politischen Principien festzuhalten. Flemming lässt sich jedoch nicht ganz einschläfern, indem er nicht ohne Feinheit bemerkt, die Preussische Politik scheine ihm vor der Hand darauf hinzugehen, sich weder für den einen, noch für den andern Theil, das heisst weder für England, noch für Frankreich zu erklären, beiden aber zu schmeicheln, um sich so mit der Zeit in die Lage zu bringen, über Krieg und Frieden nach Gutdünken entscheiden zu können. Ebenso verfehle man nicht, Hannoverischerseits dem Könige von Preussen alle nur möglichen Avancen zu machen, und wenn es sich auch nicht gerade um eine zweite Auflage des Feldzugs von 1745 handle, so sei doch jedenfalls etwas im Werke; — denn wer die Zaghaftigkeit der Hannoverischen Räthe Georgs II. kenne, der könne aus deren jetzt zur Schau getragenen Zuversicht nur die Besorgniss schöpfen, **dass sie leicht zu ganz unerwarteten Entschliessungen gebracht werden könnten.** Was Flemming in diesen Besorgnissen bestärkte, war die Sprache des Lord Holdernesse. Es sei unmöglich, habe dieser bemerkt, den Vertrag von 1751 auf demselben Fusse zu erneuern; es handle sich ja jetzt nicht mehr um die Wahl eines Römischen Königs; es müsse also jedenfalls ein anderes Motiv gesucht werden; vielleicht könne die Abneigung des Parlaments, überhaupt Subsidien zu bewilligen, noch besiegt werden, wenn sich der König von Polen, als Churfürst von Sachsen anheischig machen wolle, für den Schutz der Deutschen Erblande Georg II. 6000 Mann Hilfstruppen zu stellen.

Sachsen erklärte sich zwar hierzu eventuell bereit; aber die bis zum März 1756 eifrig fortgesetzten Verhandlungen zerschlugen sich, wie wir sehen werden, und der Vertrag von 1751 ward nicht erneuert.

Ein diplomatischer Angriff Preussens unter Französischer Flagge.

Die fruchtlosen Verhandlungen mit den Seemächten waren nicht die einzigen, welche das Sächsische Cabinet im Sommer und Herbst des Jahres 1755 beschäftigten. Eine geheime Negociation mit Frankreich lief mit den eben geschilderten Besprechungen parallel, durchkreuzte auch wohl dieselben zuweilen

1755 August

und sollte schliesslich denselben resultatlosen Ausgang haben. Sachsen war ohne sein Zuthun darein verwickelt worden. Frankreich hatte die Initiative ergriffen.

Wir haben die Leichen abgelaufener, die Embryone nicht zum Abschlusse gediehener Verträge schon so aufhäufen müssen, dass der Zweifel gerechtfertigt erscheint, ob es unerlässlich, auch diese Verhandlung in ihren Einzelheiten bloss zu legen. Zu unserer Rechtfertigung bemerken wir, dass es sich um die Entzifferung von bisher unbekannten historischen Palimpsesten handelt, verborgen unter der von Königlicher Hand geschriebenen Vulgata. Niemand ahnt die Existenz dieser Urkunden, deren Quintessenz wir zum ersten Male veröffentlichen. Diese Acten mögen, seitdem sie im August 1756 im geheimen Cabinete des Grafen Brühl reponirt worden, im September mit nach Berlin gewandert sein, nach der gewaltsamen Eröffnung des Dresdener Archivs. — Graf Hertzberg, der Einzige, der darin vielleicht geblättert, hat aber deren Geheimnisse mit in das Grab genommen.

„*Pièces justificatives*" für das *Mémoire raisonné* liessen sich freilich nicht wohl daraus schmieden, wie wir gleich sehen werden.

Bevor wir daran gehen, diese verwitterten Runenschriften wieder aufzuhellen, vergegenwärtigen wir uns noch einmal die diplomatische Sachlage im August 1755.

Sachsen war, wie wir oben gesehen, seit 1743 mit Oesterreich, seit 1744 mit Russland zu gegenseitiger Hilfsleistung verbunden. Jeder der beiden Kaiserlichen Höfe hatte den Besitzstand Sachsens in diesen Vertheidigungsbündnissen ausdrücklich garantirt. Mit England und Holland war der Dresdener Hof durch einen Subsidienvertrag verbündet, der zu Michaelis 1755 ablief und an dessen Erneuerung Brühl damals arbeitete.

Oesterreich und Russland hatten ein engeres Vertheidigungsbündniss unter sich abgeschlossen und Sachsen zum Beitritte aufgefordert. Sachsen war jedoch nicht beigetreten und *ex nexu* des Petersburger Tractats geblieben. Preussen war mit Frankreich seit dem 4. Juni 1744 (Allianz- und Subsidienvertrag von Versailles) auf zwölf Jahre, also noch bis Anfang 1756 alliirt und in Europa glaubte man, in Berlin schmeichelte man sich noch, das alte Vertragsverhältniss werde erneuert werden. — Hiernächst hatten Frankreich sowohl als Preussen jeden officiellen diplomatischen Verkekr mit Russland abgebrochen und das zu jener Zeit noch mit Oesterreich alliirte England stand gerade damals im August 1755 in Petersburg in Verhandlungen über einen am 30. September 1755 zwar unterzeichneten, später aber nicht ratificirten Englisch-Russischen Subsidienvertrag.

Der Sächsisch-Polnische Gesandtschaftsposten in Paris war durch den Tod des Generallieutenants

Grafen von Bellegarde gerade damals erledigt. Die Geschäfte wurden durch den Legationsrath Spinhirn geführt. Im Juli 1755 ward in Dresden die Absendung eines ausserordentlichen Gesandten beschlossen. Die Wahl fiel auf den uns schon von Petersburg her bekannten Grafen Vitzthum, der seitdem in München accreditirt gewesen, und jetzt zum wirklichen Geheimen Rath befördert wurde.

<small>Instructionen des Sächsischen Gesandten in Paris.</small> Wie üblich, wurden die Geheimen Räthe beauftragt, sich gutachtlich über die dem neuernannten Gesandten, namentlich in Reichsangelegenheiten zu ertheilenden Instructionen zu äussern. Diess geschah durch Vortrag vom 7. August 1755 und es erhielten die von den Conferenz-Ministern entworfenen Instructionen am 7. September die Königliche Genehmigung.

Es wurde darin: ad 2) als „die wichtigste Angelegenheit, so dermalen in Ansehung des Deutschen Reichs noch immer in Anregung stehe," die „zum Besten des ältesten Erzherzogs von Oesterreich, Josephi, von Königlich Grossbritannischer Seite in Vorschlag gebrachte Römische Königswahl" bezeichnet. „So viel aus denen bisherigen Umständen sich schliessen liesse" — sagen die Geheimen Räthe — „schiene die Cron Frankreich das Werk zwar nicht öffentlich, doch unter der Hand zu hindern und so lange als möglich hinauszuschieben." „Bei solcher der Sachen Bewandtniss" soll nun der Gesandte, falls er über die Gesinnungen des Sächsischen Cabinets sondirt werde, dessen Willfährigkeit auf die Wünsche des Kaiserlichen Hofes einzugehn und dieselben, soweit es die Reichsgesetze gestatteten, zu unterstützen, „nicht verhehlen;" zugleich auf die mit dem Churfürsten von Cöln angeknüpften Verbindungen der „Cron Frankreich" ein wachsames Auge haben. — Er soll zu erfahren suchen: ob diese Verbindungen „bloss gewisse Subsidien und dagegen übernommene Bereithaltung einer Anzahl Truppen, oder zugleich die Römische Königswahl und andere Reichsangelegenheiten beträfen;" insbesondere aber auch: „ob und was vor **Massreguln des Königs von Preussen Maj. wie in andern Staatsgeschäften also auch besonders dieserhalb mit besagter Krone genommen habe, oder noch nehmen dürfte,"** endlich auch ausforschen: „ob einige Fürstenhäuser, besonders Brandenburg, Culmbach und Onolzbach, Hessen-Kassel und Würtemberg, so anno 1752 sich in dieses denen Reichsgesetzen und Herkommen gemäss allein vor das Churfürsten-Collegium gehörige Wahlgeschäfte mengen wollen," auf Frankreichs Unterstützung zu zählen hätten u. s. w.

Wie man sieht, eine völlig nationale, gegen Französische Einmischungen, Sonderbündeleien und particularistische Intriguen Preussens mit dem Auslande gerichtete Politik. Ganz im Einklange mit England, im Sinne des noch nicht völlig abgelaufenen

Subsidienvertrags von 1751, wird offen für das Haus Oesterreich, für die Römische Königswahl Josephs gewirkt. Rühmend sei auch noch hervorgehoben, dass die Handelsinteressen Sachsens dem Gesandten ganz besonders ans Herz gelegt werden, und zwar im Sinne des Freihandels. Er wird angewiesen, sich zu erkundigen: „ob nicht durch Errichtung einer ohnmittelbaren Handlung zwischen beiderseits Landen derjenige Vortheil, der jetzo dem Dritten (nämlich dem „Holländer," wie dieser Dritte, dieser Zwischenhändler, in dem Actenstücke näher bezeichnet wird) mehr gegeben werden muss, selbst genommen werden könne." Auch Zollconferenzen schwebten damals mit Preussen, und zwar in Halle, und wünschte man dringend, Frankreich möge sich in Berlin dafür verwenden, dass dort ein etwas liberaleres Handelssystem angenommen werde.

Französische Eröffnungen. Bevor der König diese Instruction noch genehmigte, und wie wir gleich unten sehen werden, durch eine geheime Instruction aus dem Cabinet vervollständigte, traf am 24. August 1755 ein Französischer Courier in Dresden ein, der dem damaligen Französischen Geschäftsträger Legationssecretair Lynau Befehle überbrachte, welche den Sächsischen Hof im höchsten Grade überraschen mussten. Der Geheime Legationsrath Ferdinand Ludwig von Saul ward beauftragt, sich mit dem Herrn von Lynau ins

Vernehmen zu setzen. Sein Bericht giebt uns vollständigen Einblick in diese vertrauliche Verhandlung. Lynau begann damit, die Friedensliebe Ludwigs XV. hervorzuheben; rühmte, wie dieser Monarch bisher alles vermieden habe, was irgend Besorgnisse erregen könne; gab zu verstehen, dass die Amerikanischen Wirren das Französische Cabinet sehr ernstlich beschäftigten, dass man genöthigt sei, sich in Deutschland eine Partei zu bilden, und vor allen Dingen sich diessfalls im engsten Vertrauen an den König von Polen wenden wolle, den Vater der Dauphine (die Frankreich bereits mehrere Prinzen geboren und dort allgemein beliebt und verehrt war). Lynau gab zu verstehen, wie ja die Subsidienverträge mit den Seemächten demnächst ablaufen müssten (er war sonach gut unterrichtet), und man gerade desshalb in Paris zu wissen wünsche, ob das Sächsisch-Polnische Cabinet nicht vielleicht geneigt wäre, lieber mit Frankreich Verbindungen anzuknüpfen, als diejenigen mit den Seemächten zu erneuern. Von Saul gedrängt, gestand Lynau: „Er habe vor der Hand nur Befehl zu fragen, ob man die Hände noch frei, ob man überhaupt geneigt, sich in *Engagements* mit dem Könige von Frankreich einzulassen und ob, wenn diess der Fall, die Verhandlungen des Grafen Flemming mit den Seemächten nicht abgebrochen werden könnten? Geschähe diess, so werde der Französische Botschafter in etwa 14 Tagen in Dresden sein."

Nach diesen Eröffnungen, welche in der uns vorliegenden Niederschrift nicht mit Unrecht als „naiv" bezeichnet werden, ward dem Französischen Geschäftsträger geantwortet, dass es denn doch viel verlangt sei, die Verhandlungen mit England und den Niederlanden abzubrechen, bevor man irgend wisse, was Frankreich zu bieten habe. Noch sei man freilich mit England nicht zum Schlusse gekommen, man könne daher dem Herrn von Lynau nur anheimgeben, seinen Tags zuvor eingetroffenen Courier nach Paris zurücksusenden, um sich nähere Instructionen zu erbitten. Sächsischer Seits war diese Eröffnung sofort an demselben Tage benutzt worden, um dem noch in Hannover weilenden Grafen Flemming dieses Negociationsmittel an die Hand zu geben und ihn vertraulich davon in Kenntniss zu setzen, dass, falls seine Verhandlung mit den Seemächten fruchtlos, man Hoffnung habe, von Frankreich Subsidien zu erhalten, welche die bisher von England bezogenen vielleicht noch übersteigen dürften. Auch in Paris hatte der Französische Staatssecretair der auswärtigen Angelegenheiten, Herr von Rouillé, dem Sächsischen Geschäftsträger nicht verhehlt, dass man gespannt sei, zu erfahren, wie Sachsen mit den Seemächten stünde, auch erwähnt, dass nach den Zeitungen der Englische Subsidienvertrag mit Bayern erneuert worden.

Spinhirn ward in Antwort darauf unter dem 31. August über die Lynauschen Eröffnungen unterrichtet und angewiesen, dem Französischen Gouvernement begreiflich zu machen, dass der König von Polen, dessen Redlichkeit und Friedensliebe wohl bekannt, sich unmöglich über Bedingungen, die Er noch nicht kenne, über Anerbieten, die noch nicht formulirt seien, aussprechen könne, und nicht in den Fall kommen wolle, alte vortheilhafte Verbindungen, deren Harmlosigkeit Frankreich kenne, ohne Ersatz aufgeben zu müssen. Uebrigens wurde schon im Anfange September der Russische Gesandte von diesen Französischen Eröffnungen vertraulich in Kenntniss gesetzt. So harmlos und vortheilhaft es auch erscheinen möge, Subsidien anzunehmen, für welche nichts als die Neutralität verlangt werde, so werde man sich doch die Hand frei halten, und den Ausgang der Hannoverischen Negociation jedenfalls abwarten. Flemming hatte unterdessen die Notiz ganz sachgemäss verwerthet und in Hannover Alles aufgeboten, um dort die Gefahr anschaulich zu machen, welche für die Seemächte erwachsen würde, wenn sie den Sächsisch-Polnischen Hof nöthigten, seine früheren Verbindungen mit Frankreich wieder aufzunehmen. Er rieth Brühl zugleich, die Verhandlungen mit Frankreich offen zu erhalten, um Zeit zu gewinnen.

Geheime Instruction es Sächsischen Gesandten in Paris.

So standen die Dinge, als am 16. September 1755 die schon erwähnte geheime Instruction an den Grafen Vitzthum vollzogen ward. Wir heben ganz

1755 September

besonders hervor, dass es sich um ein Schriftstück handelt, welches nicht durch die Post gesendet, nicht zur Mittheilung an irgend einen fremden Hof bestimmt war und somit das Arcanum, den geheimsten Gedanken der Sächsischen Politik enthielt. Es heisst darin (Art. 6): „Der grosse Einfluss, welchen Frankreich auf die Geschicke Europa's ausübt, theils durch sein eigenes Gewicht, theils durch seine Allianzen, ist so notorisch, dass es dem Grafen Vitzthum nicht erst empfohlen zu werden braucht, alle seine Aufmerksamkeit darauf zu richten, die Gesinnungen jener Krone zu erforschen und deren Verbindungen mit andern Höfen zu verfolgen. Diese Aufmerksamkeit ist doppelt nöthig in der kritischen Lage, in welcher sich die Dinge im Allgemeinen jetzt gerade befinden. Denn Deutschland scheint ja wegen der Feindseligkeiten, welche die Englische Flotte gegen die Französische in den Amerikanischen Gewässern verübt hat, mit einem Kriege bedroht. Diese Feindseligkeiten und die dadurch hervorgerufenen Differenzen beziehen sich ausschliesslich auf Amerika. Es würde daher billig sein, wenn man dieselben dort zum Austrag bringen wollte, ohne den Krieg nach Europa zu versetzen. Leider ist diess kaum zu hoffen. Frankreich scheint sehr stark zu rüsten. Man kennt jedoch bis jetzt weder seine Ansichten noch seine Absichten. Inzwischen hat uns das Französische Cabinet hier durch

Herrn von Lynau sondiren lassen, ob wir für den Fall, dass unsere Verträge mit den Seemächten noch nicht erneuert wären, nicht vielleicht vorziehen würden, dergleichen Verbindlichkeiten mit Seiner Allerchristlichsten Majestät einzugehen? In diesem Falle sei man bereit, den Botschafter Grafen von Broglie sofort hierher zurückzusenden. Da diese Eröffnung zu allgemein gehalten ist, und der Herr von Lynau über die Natur der Verbindlichkeiten, die man uns ansinnen dürfte, keine Instruction besitzt, so ist es unmöglich gewesen, sich im vorhinein darüber auszusprechen." Man erwarte daher — so schliesst der 6. Artikel der geheimen Instruction — vor Allem weitere Erklärungen hierüber und der Graf Vitzthum werde von Dresden über den Stand der Sache immer genau unterrichtet werden. Inzwischen könne ihm, wenn man ihm nach seiner Ankunft in Frankreich davon sprechen sollte, zur Directive dienen, dass der König sich in nichts einlassen werde, was den Krieg nach Deutschland ziehen oder was, wenn derselbe unglücklicherweise ausbrechen sollte, ihn verlängern könnte. Dahingegen würden Seine Majestät gern bereit sein, Allem beizutreten, was einen Krieg verhindern uud was zu einer Aussöhnung der Kronen von Frankreich und Grossbritannien führen könnte. Uebrigens werde sich der König mit Niemandem, mit wem es auch immer sei, zu einem Offensivkriege verbinden, werde zu diesem Zwecke in keinem Falle Truppen stellen und sich darauf beschränken, den Verbindlichkeiten nachzukommen, welche ihm seine Defensivallianzen mit den beiden Kaiserlichen Höfen und dem Hofe von Hannover auferlegten, wogegen Frankreich mit Recht nichts einzuwenden haben werde.[1]

Da Frankreich schwerlich irgendwie im Reiche Feindseligkeiten unternehmen werde, ohne das vorherige Einverständniss und vielleicht den Beistand des Königs von Preussen, so müsse es eine der vornehmsten Aufgaben des Grafen Vitzthum sein, die geheimen Verbindungen dieser beiden Höfe zu erforschen. Wenn es mit Geschicklichkeit und Vorsicht geschehe, so könne die Gelegenheit wahrgenommen werden, dem Französischen Hofe einiges Misstrauen gegen die kriegerischen Absichten des Preussischen Hofes beizubringen. Denn Frankreich selbst habe ja alle Ursache, diese ehrgeizigen Pläne zu überwachen. Es möge sich daran erinnern, wie der König von Preussen in dem letzten Kriege Frankreich drei Mal verlassen, wie er, immer nur für seine Interessen, für seine Vergrösserung besorgt,

---

[1] Diese geheime Instruction ist contrasignirt von dem Grafen Brühl, „ce ministre qui ne respirait que la guerre et qui se flattait de profiter des premiers troubles de l'Europe." Oeuvres IV. p. 18.

die Interessen seiner Alliirten aufgeopfert habe. Diese traurige Erfahrung beweise, wie wenig Verlass auf diesen Fürsten sei. Seine Intriguen *(chipoteries)* mit England, welche Frankreich nicht unbekannt seien, könnten ja darüber keinen Zweifel lassen, dass in dem Augenblicke, wo England das Haus Oesterreich verlassen und an seiner Stelle Preussen aufnehmen wollte, Letzteres mit dem grössten Vergnügen sich dem Englischen Systeme anschliessen werde.

Nächstdem wird der neue Gesandte (ad 7) auf die fortgesetzten Französischen Intriguen in Polen, welche seit Jahren schon die Zusammenberufung eines Reichstags verhindert, aufmerksam gemacht und bedeutet, denselben bestmöglichst entgegenzuwirken. Es wird hierbei die Polnische Politik des Sächsischen Hofes in folgenden kurzen Zügen dargelegt: „Der König," heisst es, „hat weiter keine Absicht, als, wie es bisher gelungen, den innern Frieden und die Ruhe seines Königreichs aufrecht zu erhalten, Er arbeitet an einer Verbesserung der Justiz, an einer Reform der Administration. — Uebrigens ist es ganz natürlich, dass der König daran denken muss, Seinem Hause wo möglich die Succession auf dem Polnischen Thron zu sichern; aber wohl bemerkt, immer in einer Weise, welche den Gesetzen und der Verfassung des Königreichs entspricht. Der König hat von diesen Absichten Frankreich gegenüber kein Geheimniss gemacht, und wenn

Dasjenige, was man früher dem Grafen Loss darüber zu verstehen gegeben, aufrichtig, so scheint ja Frankreich, weit entfernt, jenen Wünschen Hindernisse in den Weg zu legen, ganz geneigt, auf deren Verwirklichung mit hinzuarbeiten. Auch ist ja kein Fürst so sehr in der Lage, als der Churfürst von Sachsen, um als König von Polen das Gleichgewicht und die Ruhe im Norden zu erhalten. Es würde überflüssig sein, alle Argumente zu Gunsten dieses Satzes hier näher auszuführen. Es genügt, dem Grafen Vitzthum zu empfehlen, bei vorkommenden günstigen Gelegenheiten den Französischen Hof in seinen guten Dispositionen zu erhalten und demselben immer mehr begreiflich zu machen, wie sehr es in Frankreichs eigenem Interesse liege, die Wünsche des Königs zu begünstigen. Nur so kann dem furchtbaren Kriegsfeuer vorgebeugt werden, welches unausbleiblich, wenn mehrere Candidaten mit den Waffen in der Hand um die erledigte Polnische Krone werben sollten."

Eine Entdeckung. Während Graf Vitzthum auf schlechten Wegen über Eisenach, Frankfurt und Strassburg langsam, wie es damals unvermeidlich, nach Paris reiste, und bevor er daselbst am 7. October 1755 eintraf, hatte man in Dresden eine Entdeckung gemacht, welche am 28. September dem Geschäftsträger Spinhirn in einer *Apostille secrète* mitgetheilt ward.

„Ich darf Ihnen nicht verhehlen," schreibt Graf

Brühl, „dass Herr von Lynau dem Preussischen Gesandten, Herrn von Maltzahn, alle Depeschen, welche der letzte Französische Courier (der vom 24. August) ihm überbracht, zu lesen gegeben hat. Ja, man sagt, Herr von Maltzahn habe an Lynau's Stelle, der krank ist, dem Französischen Staatssecretair geantwortet. Obgleich wir nun vollkommen verstehen, dass in der Intimität, welche heute zwischen den Höfen von Frankreich und Preussen besteht, ihre Gesandten auf dem vertraulichsten Fusse leben, so kann es uns doch nicht gleichgültig sein, wenn diess so weit geht, uns in der schwebenden Verhandlung gewissermassen von dem guten oder bösen Willen des Königs von Preussen abhängig zu machen."

Hierin, um diess nur gleich hier zu sagen, liegt der Schlüssel zu dem diplomatischen Feldzuge vom Jahre 1755. — Derselbe begann sonach mit einem versteckten Preussischen Angriffe unter Französischer Flagge auf die Oesterreichisch-Russisch-Sächsische Position. Es war ein neuer Versuch, Sachsen in das Französisch-Preussische Lager hinüberzuziehen. Wäre derselbe gelungen, wer weiss, ob es dann je zu der Preussisch-Englischen Allianz gekommen sein, ob Preussen dann nicht Alles aufgeboten haben würde, um das Ende Mai 1756 ablaufende Bündniss mit Frankreich zu erneuern und Sachsen wiederum, wie 1741, für Preussische Eroberungspläne in Deutschland, vielleicht zugleich zu einer Aussöhnung mit der Kaiserin Elisabeth zu benutzen? Sachsen aber würde dadurch nicht nur seinen vertragsmässigen Verpflichtungen gegen Oesterreich und Russland, sondern auch seiner auf Erhaltung und Befestigung, nicht auf Zerreissung des Reichsverbandes gerichteten Deutschen Politik nothwendig untreu geworden sein. Ganz abgesehen davon, würde das im Herbste 1746 schon einmal vergeblich proponirte Löwenbündniss mit Preussen — offenbar die *arrière pensée* der von Berlin inspirirten, von Herrn von Maltzahn in Dresden geleiteten Französischen Vorschritte von 1755 — Sachsens Selbstständigkeit und zwar lediglich zu Gunsten des Preussischen Particularismus vernichtet haben. Denn, ganz isolirt, Oesterreichs schützender Hand entzogen, dem Kaiserhause feindlich gegenübergestellt, würde der Churfürst von Sachsen, im Falle der Niederlage der Preussischen Waffen, Land und Leute ganz nutzlos aufgeopfert, vielleicht auf das Spiel gesetzt haben; im Falle eines, mit Sächsisch-Französischer Hilfe allerdings denkbaren vollständigen Sieges Preussens über das Haus Oesterreich, günstigsten Falles zu einem blossen Vasallen des bisher gleichberechtigten Churfürsten von Brandenburg herabgesunken sein. So evident Alles diess ist, so ist es doch nicht überflüssig, daran zu erinnern, da der Vorwurf noch immer Nachbeter findet, Sachsen habe den siebenjährigen Krieg heraufbeschworen, weil es sich nicht habe mit Friedrich II. verständigen wollen. Die Wahrheit ist, dass dieser keine Verständigung, sondern die Unterwerfung seiner Nachbarn unter seinen eisernen Willen, d. h. deren Vernichtung wollte.

Der Geschäftsgang in Dresden.

Bevor wir die Fäden der durch Lynau's unerwartete Eröffnungen provocirten, gleichzeitig in Versailles und Paris, wie in Hubertusburg und Dresden geführten geheimen Verhandlung zu entwirren versuchen, möge es gestattet sein, einen Blick auf den damaligen Geschäftsgang in Sachsen zu werfen.

Dasjenige, was wir über die Charakteristik des Grafen Brühl zu sagen haben, werden wir an einem passenderen Orte später einschalten. Hier sei nur daran erinnert, dass das lange Ministerium des ebenso geistreichen wie arbeitsamen, am 30. April 1728 zu Wien verstorbenen Feldmarschalls Jacob Heinrich Grafen von Flemming in den Sächsischen Kanzleien eine vortreffliche Schule zurückgelassen hatte. Graf Flemming, bei allen Schwächen und Wunderlichkeiten seines sanguinischen Temperaments, war, was man auch sagen möge, ein Staatsmann von Europäischem Blicke. Auch König August II., sein Gönner, war in der That weit arbeitsamer gewesen und hatte in die Geschäfte weit selbstthätiger eingegriffen, als man in der Regel annimmt. Ohne

diese Flemming'sche Schule und die Gewohnheit des
Grafen Brühl, die Geschäfte wo möglich von Anderen ausführen zu lassen, wäre es durchaus nicht
denkbar gewesen, dass sich dieser ebenso träge, wie
frivole Premierminister, zum grossen Nachtheile Sachsens, so lange in der Gunst seines Herrn hätte erhalten
können. Zur Motivirung des Vorwurfs der Trägheit
sei nur erwähnt, dass sich in den, die Correspondenz
mit der Gesandtschaft in Paris in den Jahren 1755
bis 1757 enthaltenden Acten ausser dem paraphirten
Namenszuge des Premierministers nur Ein einziges
Wort von seiner eigenen Hand vorgefunden hat.
Und doch war in jener Zeit, wo in Wien und Petersburg die Dinge in *statu quo* blieben, in London
nur ein Geschäftsträger fungirte, Paris unleugbar
momentan der wichtigste Posten. Ueberhaupt aber
war damals, wo die Zeitungen seltener und unvollständiger, wo das Cabinetsgeheimniss weit sorgfältiger überwacht wurde als heute, wo Telegraphen und
Eisenbahnen unbekannt, Briefe oft 14 Tage zwischen
Dresden und Paris brauchten, die chiffrirte Correspondenz zwischen Cabinet und Gesandtschaft weit
umfangreicher, weit eingehender und subjectiver als
dieselbe heute zu sein braucht. Es wurde mit Paris
selbstverständlich Französisch correspondirt, eine
Sprache, welche man in dem Zeitalter Voltaire's und
Rousseau's an allen Deutschen Höfen, insbesondere
an dem Sächsischen, mit Correctheit, ja nicht ohne

Eleganz, schrieb und sprach. Wie aber Brühl fast nie selbst die Feder ansetzte, um die Sächsischen Gesandten im Auslande mit Instructionen zu versehen, so scheint er auch meist den mündlichen Verkehr mit den am Sächsischen Hofe accreditirten fremden Gesandten durch subalterne Beamte, die Geheimen Legationsräthe, erhalten zu haben. Wir verdanken diesem Geschäftsgange sehr vollständige Acten, da jede wichtige Unterredung eine Registratur oder, wie wir heute sagen würden, ein Protocoll zurückgelassen hat. Hiernächst war aber auch der Premierminister, so willkürlich und rücksichtslos er ausserdem, namentlich mit den Sächsischen Finanzen gebahrte, von dem Gutachten der Geheimen Räthe — den Conferenzministern — sowohl, als auch von dem der ihm im Range zunächst stehenden Cabinetsminister abhängig. Wichtige Entschliessungen wurden — wir haben davon schon manche Proben gegeben — mit einer peinlichen Ausführlichkeit und ächt Sächsischen Gewissenhaftigkeit nach allen Seiten hin geprüft und erwogen, bevor sie zum Vortrage an den König gelangten. War nun auch der kunstsinnige August III. nicht eben geneigt, sich um die Regierungsgeschäfte zu kümmern, so hielt doch der von Freund und Feind gepriesene Rechtssinn des Monarchen den Premierminister im Schach. Auch darf nicht vergessen werden, dass der Einfluss der Königin im Grossen und Ganzen massgebend blieb.

Diesen Einfluss hatte Brühl bekanntlich durch seine ebenso geistreiche, wie liebenswürdige Gemahlin, bis zum Eintritt der Katastrophe von 1756, zu seinen Gunsten zu stimmen gewusst. Ausser mit dem Hofe, den Ministern und den Bureaux, musste aber Graf Brühl selbstverständlich auch mit den Interessen des Landes rechnen. Denn diese Interessen fanden, trotz der langen Missregierung Brühls, in der für die damaligen Zeitverhältnisse sehr liberalen ständischen Verfassung einen gewissen Schutz. Der Machthaber musste die seiner Willkür dadurch gezogenen Schranken schon desshalb respectiren, weil eine offenkundige Verfassungsverletzung ihn unfehlbar um die Gunst seines Herrn gebracht, diesem die Augen geöffnet haben würde.

Verhandlungen in Paris. Die Charakteristik des neu ernannten Gesandten in Paris wird sich aus dessen dortiger Thätigkeit ergeben. Es sei nur erwähnt, dass seine Berichte klar, präcis und objectiv gehalten sind. Die Tagesereignisse werden kurz, die Unterredungen mit den Französischen Ministern aber mit einer so ausführlichen Gewissenhaftigkeit und Genauigkeit wiedergegeben, dass sie für stenographische Aufzeichnungen gelten können. Das Bild des altersschwachen, in die Geschäfte wenig eingeweihten, kurz darauf auch pensionirten Herrn von Rouillé, tritt aus den Vitzthumschen Berichten mit seltener Schärfe hervor. Rouillé muss ein wohlwollender, aber träger Geschäftsmann, von grosser Routine, aber ohne alle Initiative gewesen sein. An letzterer liess es der damalige Sächsische Gesandte in Paris seinem Hofe gegenüber durchaus nicht fehlen. Er betrachtete seine Aufgabe von einem höheren Gesichtspunkte und liess sich weit mehr durch den Geist, als durch den Buchstaben seiner Instructionen leiten. Sechzehn Jahre jünger als sein Chef und noch nicht 40 Jahre alt, erscheint er sowohl in den Beziehungen zu dem Französischen, wie in denen zu seinem eigenen Hofe durchaus als der selbstständige vornehme Mann, der, die Menschen und Dinge mit nüchterner Objectivität zu beurtheilen gewohnt, den Muth hat, eine Meinung zu haben und das, was er für wahr erkannt, unumwunden — auch wenn er weiss, dass es nicht gefällt — auszusprechen und nach allen Seiten hin zu vertreten.

An der Dauphine, welche ihm und seiner schönen Gemahlin viel Huld erwies, fand er auch politisch einen sehr wirksamen Nachhalt, den er trefflich zu verwerthen verstand. Er war gleichzeitig mit dem uns schon bekannten, damals freilich einflusslosen Marquis d'Argenson und dessen Bruder, dem damaligen Kriegsminister Grafen von Argenson, sowie auch mit dem Marschall Belleisle befreundet und hatte sich schnell mit dem Abbé de la Ville, der unter Rouillé's Verwaltung in den Bureaux bekanntlich eine grosse Rolle spielte, ebenso auch mit dem damaligen Factotum der Marquise Pompadour, dem Abbé Grafen von Bernis (damals zum Botschafter nach Madrid bestimmt, später Minister der auswärtigen Angelegenheiten), auf den besten Fuss gestellt. Auch die allmächtige Marquise de Pompadour durfte der liebenswürdige Weltmann nicht vernachlässigen. Er erwähnt sogar einmal einer längeren zeugenfreien Unterredung in ihrem Boudoir, als es sich darum handelte, diesen Premierminister im Reifrock für die Beschleunigung der Französischen Hilfe zu gewinnen. Für Randglossen aus der *Chronique scandaleuse* haben sonst seine Berichte nur wenig Raum übrig. Mit dem Kaiserlichen Gesandten, Grafen von Starhemberg, hatte Vitzthum sogleich die besten collegialischen Beziehungen angeknüpft, obgleich er sich zuweilen darüber beschwert, dass derselbe allzu boutonnirt sei. Dagegen mag sein Verhältniss zu dem etwas suffisanten — „*avantageux*," wie er ihn nennt, — von seinem eigenen Hofe übrigens sehr schlecht unterrichteten Preussischen Collegen nicht gerade das intimste gewesen sein.

Kaum eingetroffen, hatte Vitzthum bereits am 10. October seine erste Unterredung mit Herrn von Rouillé. Der Französische Minister, mit Geschäften überhäuft, entschuldigte sich, in Bezug auf die schwebende Verhandlung nur so viel sagen zu können, dass der König von Frankreich die allerbesten Dispositionen für den Sächsischen Hof habe. Aufrichtig wünsche Er, dem *crève-coeur* zu entgehen, welches Ihm eine Erneuerung des Sächsisch-Englischen Bündnisses verursachen würde. Ludwig XV. werde daher bereitwillig dem Sächsischen Hofe alle Vortheile gewähren, die derselbe von den Seemächten erwarten könnte. Man möge in Dresden die Vortheile nicht unterschätzen, welche die Französische Allianz im Allgemeinen und insbesondere für die Sicherstellung gegen die ehrgeizigen Pläne des Königs von Preussen darbieten würde. Rouillé bedauerte, dass Lynau's Schlaganfall die Verhandlungen unterbrochen habe und versprach, die sofortige Absendung des Botschafters Grafen von Broglie, welcher am 20. October abreisen solle. Ganz sachgemäss begnügte sich der Sächsische Gesandte hervorzuheben, wie es im Interesse des Französischen Hofes liege, die Verhandlungen zu beschleunigen, wolle man anders der schwebenden Hannoverischen Negociation zuvorkommen. So eingeleitet, wurde nun die eigentliche Verhandlung in einer sehr ausführlichen Unterredung mit dem nach Dresden bestimmten Französischen Botschafter fortgeführt. Dieser hatte den Grafen Vitzthum aufgesucht und zunächst die Zusicherung Rouillé's wiederholt, König Ludwig werde alle Vortheile gewähren, welche dem Sächsischen Hofe aus seinem Subsidienvertrage mit den Seemächten von 1751 erwüchsen, und dann freiwillig hinzugefügt,

man sei sogar bereit, falls die Seemächte noch mehr
als 48,000 Pfd. St. zu verwilligen geneigt wären, so viel
mehr zuzugestehen, als dort zu erlangen Aussicht sei.
Ausdrücklich hatte der Botschafter hinzugesetzt: Mit
dem Unterschiede jedoch, dass der König, sein
Herr, nichts irgendwie lästiges *(onéreux)* verlangen und sich damit begnügen werde, dass
der König von Polen Frankreich den Vorzug
gebe und Sr. Allerchristlichsten Majestät die Genugthuung verschaffe, in engere freundschaft-
lichere Beziehungen zu dem verwandten Sächsischen Hofe zu treten. Diesem könnten zugleich
sehr wesentliche Vortheile in Betreff des Königs von
Preussen verschafft werden. Was die Form anlange,
so habe der Legationsrath von Saul dem Herrn von
Lynau eine Abschrift des Französisch-Sächsischen
Vertrags von 1746 mitgetheilt, woraus zu entnehmen,
dass man diesen zur Basis wünsche. Da jedoch
dieser Vertrag für Frankreich zu nachtheilige Bedingungen und keine Reciprocität stipulire, so würde
das schwer zu erlangen sein. — Vitzthum setzte nun
mit dem ausdrücklichen Bemerken, dass er zu wirklichen Verhandlungen nicht ermächtigt, als seine Privatansicht die Gründe auseinander, welche für eine
Fortsetzung der Verbindung mit den Seemächten
sprächen und hob namentlich hervor, wie wenig
wahren Nutzen das ohnehin entfernte Frankreich
Sachsen bringen könne, so lange es mit dem

Könige von Preussen so intim liirt sei, denn auf diesen könne, man ja doch nicht rechnen. Zur Widerlegung dieses Raisonnements ward Französischer Seits hervorgehoben, dass für Sachsen die Gefahr, die Freundschaft seiner alten Alliirten zu verlieren, nicht vorliege, da die Verbindung mit dem Könige von Frankreich die harmloseste sein solle und dieser durchaus nichts verlangen werde, als Sachsens Vortheil, den die Verbindung mit England niemals sicher stellen würde. Was den König von Preussen anlange, so sei dieser unter den gegenwärtigen Umständen so ganz auf die Freundschaft Frankreichs angewiesen, dass man durchaus nicht zu fürchten habe, ihn in das andere Lager übergehen zu sehen. Diese Illusion theilten damals bekanntlich viele seiner Landsleute mit dem Grafen Broglie. Aus einer erläuternden Bemerkung, welche Vitzthum in seinem Berichte einfliessen lässt, ergiebt sich, dass er selbst sich in diese Unterredung nur eingelassen hatte, um zu erforschen, ob nicht etwa der eigentliche Zweck Frankreichs dahin gehe, den Sächsischen Hof mit den Seemächten schlecht zu stellen.

Nächst diesen Andeutungen versicherte Broglie übrigens auch seinem Antipoden, in Polen, wo bisher der Einfluss des Englischen und Russischen Gesandten zu bekämpfen gewesen, werde er ganz andere Saiten aufziehen können, wenn sich die engere Verbindung mit Frankreich verwirklichen lasse (Bericht

d. d. Paris den 16. October 1755). Wir bemerken hier erläuternd, dass Graf Broglie durch seine fortgesetzten Intriguen mit den Warschauer Missvergnügten sich schon damals dem Sächsischen Hofe sehr unangenehm gemacht hatte. Bald darauf führte dieses Zerwürfniss sogar zu der Bitte um seine Abberufung, welche auch erfolgte.

Die beiden ersten Berichte des neuen Gesandten in Paris wurden, in Verbindung mit den Nachrichten über den ungünstigen Stand der Verhandlungen mit den Seemächten aus London und Hannover, den Conferenzministern ungesäumt zur Begutachtung mitgetheilt.

„Je zweifelhafter und untröstlicher — heisst es in dem Erlasse des Grafen Brühl an die Geheimen Räthe d. d. Hubertusburg den 27. October 1755 — die Aeusserungen des Königl. Englischen Ministerii wegen der verhofften Prolongation unserer Subsidien-Convention mit denen See-Puissancen ausfallen wollen, und je näher die Rückkunft des mit denen Französischen speciellen Vorschlägen chargirten Ambassadeurs Grafen von Broglie allhier bevorsteht, desto mehr will erforderlich sein, in Zeiten allhier mittelst einer vorgängigen soliden Ueberlegung aller bei einer so delicaten Situation einschlagenden wichtigen *considérations* sich auf dasjenige gefasst gemacht zu haben, was Ihro Königliche Majestät hierbei pflichtmässig anzurathen und wie diesseits sich gegen den Grafen von Broglie unanstössig zu betragen sein werde. Ew..... soll ich daher unverweilt ersuchen, dieselben möchten diese Vorliegenheit in baldige collegialische und geheime Berathschlagung nehmen und Dero ausfallendes Gutachten mir zu gehöriger Unterlegung an Ihro Königl. Majestät geneigt communiciren."

Es wird zugleich den Conferenzministern anheimgegeben, den damals in Dresden weilenden Grafen Flemming zu den Berathungen zuzuziehen und dann Folgendes hinzugefügt:

„Unterdessen habe ich dem Herrn Grafen von Keyserling (Russischen Gesandten in Wien) bei seiner jetzigen Anwesenheit allhier von dieser nur erwähnten Verlegenheit, worin uns die sich immer mehr ergebende Difficultirung einer gewierigen Entschliessung der Krone England versetzt, im Vertrauen zu informiren um so weniger angestanden, da nach des Herrn von Funk[1] letzten Berichten der Russische Hof dem Chevalier Williams die triftigste und angelegentlichste Anregung wegen baldiger Abschliessung unserer der gemeinen Sache so dienlichen und fast unentbehrlichen Subsidien-Prolongation zu thun nicht ermangelt, und mir nützlich geschienen hat, weil doch gewiss Niemand unserer wahren Freunde uns würde zumuthen können, vielleicht auf beiden Seiten zugleich uns des verhofften Soulagements verlustig zu machen, für alle Fälle im Voraus uns gegen unsere natürlichen Alliirte justificirt zu haben."

[1] Der Sächsische Geschäftsträger in Petersburg.

Die „ohnmassgeblichen Gedanken" der Conferenzminister wurden mittelst Schreiben d. d. Dresden den 28. October nach Hubertusburg gesendet. Da dieses Gutachten für die Sächsische Politik in dieser verhängnissvollen Krisis massgebend blieb und darin die geheimsten Gedanken des Cabinets zu finden sein werden, so heben wir die Hauptstellen wörtlich heraus.

Die Conferenzminister entsprachen den Königl. Befehle, indem sie ohne Umschweife ihr „pflichtmässiges allerunterthänigstes Gutachten" dahin eröffneten: Das geheime Consilium könne „in Betracht derer jetzt ungemein kritischen und weit aussehenden Zeitläufte" nicht umhin, zuvörderst dem Könige anheimzustellen, „ob es nicht das Sicherste sein dürfte, mit gar keinem Theile wenigstens vor der Hand in dergleichen Verbindungen zu treten." Frankreich und England — so wird dieser Rath des Näheren motivirt — ständen im Begriffe, über einen, dem Sächsischen Interesse ganz fremden Gegenstand in Krieg zu gerathen. Der „Fortgang dieses Kriegs" und „in wieweit das einmal angezündete Feuer um sich, auch ob solches nicht das Deutsche Reich ergreifen möchte," sei „eben so ungewiss als dessen Ausgang." Von Grossbritannien dürften nur unter weit beschwerlicheren Bedingungen, als bisher, Subsidien zu erlangen sein. Man verlange Englischerseits eine Anzahl Sächsischer Truppen in Sold zu nehmen. Daraus sei auf die Absicht zu schliessen, „das gesammte Deutsche Reich in den Krieg gegen Frankreich mit einzuflechten," um durch einen Reichskrieg die Deckung der Chur-Braunschweigischen Lande zu bewirken. Sollte es nun ausser den an England in Sold zu gebenden Truppen noch zur Stellung des Reichscontingents kommen, so können sich die Conferenzminister nicht verhehlen, „dass die von Grossbritannien etwa zu hoffenden mässigen Subsidien" ausser allem Verhältniss stehen würden zu den Sächsischerseits zu bringenden Geldopfern; insbesondere da ja, falls sich Preussen öffentlich und mit Nachdruck für Frankreich erkläre, „die Sächsischen Erblande trotz aller Englischen, auch Römisch und Russisch Kaiserlichen Garantieen sehr ernstlichen Gefahren ausgesetzt seien." Andererseits könne man sich aber auch nicht verhehlen, dass ein mit Frankreich zu schliessender Subsidienvertrag, „er sei so unschuldig als er wolle," bei den Seemächten sowohl als bei den beiden Kaiserhöfen „einiges Aufsehen, Misstrauen, auch wohl Odium erwecken würde" und wenn dann vollends, „nachdem man sich die alten Freunde abgeneigt und kaltsinnig gemacht," Preussen, dessen Betragen zeither noch zweideutig gewesen, wider Vermuthen auf die Englische Seite zu treten für gut finden sollte, so würde sich der König August III. nicht nur „von seinem alten Alliirten verlassen sehen, sondern auch unverhofften bedürfenden Falles von Frankreich gar wenigen und entfernten Beistandes zu getrösten haben, mithin im doppelten *impegno* sich befinden." Hiernach scheine es im Interesse des Königs, wenigstens noch eine Zeit lang abzuwarten, wie sich die Conjuncturen ergeben möchten, und inmittelst freie Hand zu behalten, „um nach ereigneten *évènements* diese oder jene Partei nehmen," und „bessere Bedingungen als jetzt zu hoffen, zu erlangen, auch in der Folge wohl einigen realen Vortheil erhalten zu können."

Man sieht, das Abwarten war der eigentliche Rath des geheimen Consiliums. Indessen wollten die Herren doch nicht verfehlen, falls der König bereits eine positive Entschliessung gefasst, mit dem einen oder andern Theile abzuschliessen, die Vortheile noch einmal gegen einander abzuwägen. Wolle England „die Sache aus vorwaltender Sparsamkeit noch zur Zeit nur auf die lange Bank schieben" und vielleicht auch seinerseits abwarten, ob es nicht indessen zum Frieden kommen und der Sächsische Beistand entbehrlich werden könnte und „wolle dagegen Frankreich die blosse Inaction der Sächsischen Truppen, wodurch mit Grund sich ja Niemand beleidigt erachten könne, mittelst eines sofort abzuschliessenden Tractats zu bezahlen sich anheischig machen," so würde man, wenn man Letzteres abweisen wollte, bloss um auf die Verzögerungen des Grossbritannischen

Hofes noch zu warten, allerdings Gefahr laufen, vielleicht auf beiden Seiten derer Subsidien müssig zu gehen."

Uebrigens setzt das geheime Consilium, wie ausdrücklich betont wird, als selbstverständlich voraus, dass von der Krone Frankreich keine Bedingungen „auch nur in Vorschlag gebracht werden würden," welche den reichsständischen Pflichten des Königs und seinen mit andern Mächten bestehenden Verträgen zuwiderlaufen könnten. Es wird dabei insbesondere an den Vorbehalt erinnert, welcher im Art. 3 des Tractats vom 21. April 1746 gemacht worden und sehr entschieden hervorgehoben, wie man dem entgegen irgendwie Verbindlichkeiten zu übernehmen dem Könige durchaus nicht rathen könne. Die geheimen Räthe billigen daher ausdrücklich, dass der Russische Gesandte von den bisherigen Vorschritten der Französischen Regierung unterrichtet worden und stellen anheim, demselben auch fernerhin von den zu erwartenden positiven Vorschlägen, „wenn auch nur *en gros* und *ad notitiam*" vertraulich Kenntniss zu geben. Vor Allem seien Broglies „*Ouvertures*" anzuhören und könne ja der König, um Zeit zu gewinnen, diesem Botschafter gegenüber ausdrücklich hervorheben, wie er „über diese in den inneren Wohlstand Dero Deutschen Lande so tief eingreifende Sache" sich mit seinem geheimen Consilium zuerst vornehmen müsse, bevor er einen Entschluss fassen könne.

Nach Eingang dieses Gutachtens ward nun der Gesandte in Paris, unter Billigung seiner bisherigen Haltung, nur vorläufig davon unterrichtet, dass man Broglie's Ankunft abwarte, um sich irgendwie zu äussern. Ziemlich trocken weist Brühl die Entschuldigungen zurück, welche der Französische Botschafter bezüglich seiner Polnischen Intriguen angebracht hatte: Davon wisse man was zu halten und werde sich sehr freuen, wenn der gedachte Diplomat sein Benehmen in Zukunft bessere.

Am 26. October meldete nun Vitzthum Broglie's Abreise von Paris und zugleich eine zweite Unterredung mit demselben, worin dieser im Widerspruche mit seinen früheren Aeusserungen bereits hatte fallen lassen, dass, wenn England Truppen verlangt habe, Frankreich sich auch nicht entbrechen werde, ein ähnliches Ansinnen zu stellen. Der Sächsische Gesandte macht sein Cabinet auf diesen Widerspruch mit dem ausdrücklichen Bemerken aufmerksam, dass die Auslassungen des Botschafters mit der Sprache seines Chefs nicht im Einklang ständen, da Rouillé noch an dem Tage, wo Vitzthum seine Antrittsaudienz gehabt (21. October), diesem die Versicherung in Versailles wiederholt habe, Frankreich werde Alles gewähren, was man von England erhalten könne, ohne irgend eine Truppenstellung Seitens Sachsens zu verlangen.

Graf Broglie in Hubertusburg.

In der Ministerialdepesche d. d. Hubertusburg, den 8. November, wird nun dem Grafen Vitzthum die Ankunft Broglie's mitgetheilt und zugleich, bevor man noch mit diesem in Verhandlung getreten, der Verdacht betont, welchen die eingemeldeten Widersprüche erregten. Mit grosser Bestimmtheit wird hervorgehoben, dass, wenn Frankreich Leistungen, wie Broglie zuletzt angedeutet, oder mit den bestehenden Verträgen in Widerspruch stehende Bedingungen verlangen sollte, die ganze Verhandlung durchaus keinen Erfolg haben könne. Am Tage darauf, den 9. November, resumirt nun Graf Brühl in einer an Graf Vitzthum gerichteten chiffrirten Depesche seine erste längere Entrevue mit dem Französischen Botschafter.

„Derselbe hat Alles — schreibt Brühl — desavouirt, was er oder Herr von Rouillé Ihnen gesagt. Er will unsern jetzt abgelaufenen Tractat mit England (von 1751) als Basis genommen wissen. Er nennt die Französischen Minister, die den alten Subsidienvertrag (von 1746) mit uns abgeschlossen, geradezu Narren. Uebrigens findet er, dass unsere Vertheidigungsbündnisse sich durchaus nicht mit demjenigen vereinigen lassen, welches man uns Französischer Seits anbietet. Mit Einem Worte, anstatt der unschuldigen und durchaus nicht lästigen Bedingungen, mit denen man uns geschmeichelt, von welchen Herr von Lynau hier, Herr von Rouillé und der

Botschafter selbst Ew. Excellenz in Paris gesprochen hatten, findet es sich, dass dieser Botschafter nichts Geringeres verlangt, als ein völliges Aufgeben unserer alten Verträge und Verbindungen mit den Höfen von Wien und Petersburg und ein vollständiges Preisgeben an die freundschaftliche Leitung von Frankreich. Ew. Excellenz wissen — setzt Brühl hinzu — dass dergleichen Principièn bei uns keinen Eingang finden können. Sprechen Sie daher mit Herrn von Rouillé, sagen Sie ihm, dass der König nicht weiss, was er von einem solchen Benehmen denken soll, und dass durch den Widerruf desjenigen, was früher vorangestellt worden, der König nur glauben kann, Frankreich wünsche eine Verbindung mit Ihm nicht mehr und man habe nur die Gallerie amüsiren wollen. Ew. Excellenz werden fühlen, dass Sie selbst in gewisser Beziehung durch das Désaveu des Französischen Botschafters compromittirt sind. Uebrigens können Sie Herrn von Rouillé versichern, dass, was auch aus dieser Verhandlung werden möge, der König immer die möglichsten Rücksichten auf Frankreich nehmen und die Freundschaft Seiner Allerchristlichsten Majestät, so weit es die Umstände gestatten, pflegen und hegen werde."

An demselben Tage ward dem Gesandten auch ein Protocoll über die Eröffnungen des Französischen Botschafters, ebenso die schriftliche Antwort, welche man dessen Secretär in die Feder dictirt, zu seiner Information übersendet.

Der Gang der Verhandlung wurde natürlich auch, und zwar am 11. November, den Geheimen Räthen mitgetheilt. Es heisst in dem Erlasse Brühls: Nach den gewöhnlichen vorgängigen Versicherungen der freundschaftlichsten Gesinnung des Königs von Frankreich habe der Herr Ambassadeur zu erkennen gegeben: dass bei der ihm jetzt anvertrauten Subsidien-Negociation ihm ausdrücklich aufgegeben worden sei, nicht, wie man vermuthet, den Anno 1746 zwischen dem Sächsischen und Französischen Hofe geschlossenen Subsidienvertrag, sondern vielmehr lediglich den Anno 1751 Sächsischer Seits mit den Seemächten abgeschlossenen Tractat zu Grunde zu legen; dass er alle darin stipulirten Bedingungen ebenfalls verlange und dem Sächsischen Hofe die von Seiten der gedachten Puissancen bisher genossenen Vortheile nur dann gleichfalls zugestehen könne. — Natürlich sei dem Botschafter sofort „das grösste Befremden über diese ganz unerwarteten Anträge" zu erkennen gegeben worden; und habe man sich überzeugt, dass die in dem Subsidienvertrage von 1751 enthaltenen Stipulationen, namentlich dessen 3. und 4. Artikel, auf eine mit Frankreich abzuschliessende Convention durchaus nicht anwendbar. Broglie sei jedoch bei folgenden Bedingungen beharrt:

1) Die bisher von Sächsischer Seite den See-

mächten versprochene Anzahl Auxiliartruppen sollten auch Frankreich zugestanden werden; falls man sich Sächsischer Seits hierzu gar nicht verstehen wolle, würden vielleicht andere Gegenstipulationen ausfindig zu machen sein.

2) Dass die mit den beiden Kaiserlichen Höfen bestehenden Defensiv-*Engagements* neben der mit Frankreich anzuknüpfenden Verbindung nicht bestehen könnten, wie man denn auch Französischer Seits geglaubt, dass erstere bereits zu Ende wären, daher er auch

3) auf „ein beständiges *Concert* mit denen Französischen *Ministris* nicht nur auf dem Reichstage, sondern auch an denen fremden Höfen zu bestehen hätte."

Brühl hält es für gänzlich überflüssig, die gleich in die Augen fallende „Unschicklich-, Verfänglich- und Unmöglichkeit" dieser Conditionen des Näheren zu beweisen und begnügt sich, die dem Botschafter auf Befehl Sr. Maj. gegebene Erklärung dahin mitzutheilen: „Dass, da diese *Propositiones* von den ersten Französischen Aeusserungen gänzlich abwichen und so mannigfaltige unannehmliche Bedingungen enthielten, man Diesseits ausser der nicht zu verbergenden Befremdung nicht anders vermuthen könne, als dass der Französische Hof von den ersteren Anträgen einer unschuldigen mit unseren übrigen Verbindungen gegen unsere natürlichen Alliirten bestehen könnenden und sonst überhaupt vortheilhaften *Neutralitäts-Convention* in der Folge abgegangen sein müsse, an welche wir uns jedoch annoch lediglich zu halten gemeint und in etwas Mehreres und obstehenden *Principiis* entgegenlaufendes einzugehen nicht vermögend wären."

Mit dieser Antwort habe nun der Botschafter, welcher gestern von Hubertusburg nach Dresden gereist (also am 10. November), einen Courier nach Paris expedirt; zugleich sei auch der Graf Vitzthum von diesen „befremdlichen Anträgen und der zurückgegebenen Erklärung" belehrt worden.

Die bis auf diesen Punkt gediehene Verhandlung wurde, in der Hoffnung, die in London damals noch nicht ganz in das Stocken gerathene dortige Negociation zu activiren, der Sächsischen Gesandtschaft am Britischen Hofe mitgetheilt. Auch beeilte sich Brühl, den Russischen Gesandten in Wien Grafen von Keyserling dnrch Privatschreiben d. d. Hubertusburg den 23. November davon zu unterrichten. Brühl hebt dabei hervor, wie der König einer Erneuerung des Englischen Subsidienvertrags, obgleich dazu wenig Aussicht, immer noch vorziehen würde. Er giebt anheim, ob es nicht im Russischen Interesse sein möchte, die Londoner Verhandlung zu unterstützen; Frankreich gegenüber habe man sich die Hände völlig frei erhalten, ohne die Verhandlungen ganz abzubrechen. Des Grafen Keyserling Antwort, d. d. Wien den 3. December, giebt einigen Einblick in die damalige politische Situation.

„Ew. — schreibt Keyserling — danke ich auf das Allerverbindlichste vor die höchst geneigte Mittheilung dessen, was in Betracht der Subsidiensache seit meiner Abreise von dort fürgegangen. Es ist allerdings sehr unangenehm, wann in Angelegenheiten, die in so genauer Verbindung mit dem so beliebten Hauptsysteme[1] stehen, Verzögerungen Platz greifen. Allein Ew. Excellenz kann dieses in Ansehung Englands nicht befremdlich fallen. Die Ursache lieget in dieser Krone Staatsverfassung. Selbst das, was das ganze Volk in Bewegung setzet, was der Gegenstand allgemeinen Verlangens ist, was den Staat mit einer je länger je mehr zunehmenden Gefahr bedroht, ist oft einem unvermeidlichen und nicht selten unersetzlichen Zeitverlust und Aufschub unterworfen. Dass indessen des Königs und des *Ministerii* von England wahrer Ernst sei, diese in das errichtete System so tief einschlagende Sache in Richtigkeit zu bringen, ist wohl nicht der mindeste Zweifel. Nur will die freie Denkart des Volkes auf eine demselben besonders eigene Weise vorbereitet und zur Absicht gelenket sein. Ich schreibe dieser Ursache allein zu, dass der König in seiner Rede ans Parlament nur der Subsidien vor Russland und vor Hessen-Cassel gedacht. Dieses war ein neuer Antrag, dessen Bestätigung noch manchen Widerspruch besorgen liess.

[1] Die grosse Allianz gegen Frankreich und das damals mit dieser Macht verbundene Preussen.

Er hat aber zugleich zu einem Versuch der Gesinnung des Parlaments gedient und da er mit so zahlreicher Uebereinstimmung glücklich durchgedrungen, so giebt diess einen sicheren Grund der Hoffnung, dass durch die Bestätigung die zu continuirenden Subsidien als eine ältere und nun zu erneuernde Sache desto leichter einen erwünschten Ausgang finden werden. Diese mit guter Hoffnung begleiteten Betrachtungen bewegen mich, Ew. Excellenz auf das inständigste zu ersuchen, nur noch etwas Zeit der Geduld zu widmen. Ich aber habe schon auf die von Denenselben an die Hand gegebene Weise an meinen Hof geschrieben und Ew. Excellenz können sich im Voraus vollkommen versichert halten, dass von Russlands Seiten, was nur immer zur Sache Beförderung werkstellig gemacht werden kann, nicht unterlassen werden wird. Ich führe keine Bewegungsgründe an. Es betrifft die Beibehaltung des Hauptsystems. Was bei dessen Errichtung als nützlich, als nothwendig angesehen worden, gilt auch in Betracht der Beibehaltung desselben. Jede Veränderung und Abgliederung hat auch andere Folgen nach sich und wie ungewiss ist nicht ihre künftige Beschaffenheit? Uebrigens u. s. w."

Die Verhandlungen mit Frankreich zerschlagen sich.

Graf Vitzthum war nicht der Mann, sich die Desavouirung dessen, was er der Wahrheit gemäss berichtet, gefallen zu lassen. Er eilte, auf die erste Nachricht von dem „befremdlichen Auftreten" des Grafen Broglie in Hubertusburg, zu Herrn von Rouillé und wusste sich vollständige Genugthuung, sowie Aufklärung über den Grund der Französischen Winkelzüge zu verschaffen. Auch die neuen, auf Grund der Courier-Expedition vom 10. November dem Grafen Broglie ertheilten, freilich ebenso unpractischen Instructionen waren dem Sächsischen Gesandten in Versailles vertraulich mitgetheilt worden.

In seinem Berichte vom 22. November recapitulirt Vitzthum zuerst seine Unterredungen mit Rouillé und fährt dann fort:

. ...Comment l'Ambassadeur, qui certainement n'en peut ignorer le fond, ose-t-il entreprendre de me désavouer si hardîment? et sans y donner même la moindre tournure, qui pourroit le mettre à couvert de reproches d'un pareil procédé? —

Mais ce qui naturellement le doit confondre, *c'est l'aveu que Mr. de Rouillé m'a fait Mardi passé, non seulement, que les termes de mes rapports du 16. Octobre et des suivants, que je lui ai lûs, étoient les mêmes dont il s'étoit servi; mais qu'au surplus il ne vouloit pas me cacher la cause du désaveu de l'Ambassadeur. Que le bruit s'étant repandu de la marche d'un corps de troupes Russiennes par la Pologne pour venir en Allemagne, le Comte de Broglie avoit eu ordre de tâcher d'engager le Roi, notre maître, à ne pas accorder le passage par la Pologne. Qu'on avoit cru pouvoir profiter de l'occasion de ce nouveau traité à faire, pour qu'en réhaussant les conditions par la demande des troupes accordées à l'Angleterre, on pût du moins, en se relâchant sur cet article, se stipuler du Roi la condition de ne pas permettre aux Russes le passage par le Royaume* (sc. de Pologne).

Que d'ailleurs pour ce qui me regardait dans le désaveu du Comte de Broglie, on trouverait ici moyen par les dépêches du premier (sc. prochain) courrier de mettre toute chose si bien en évidence, que j'aurois tout lieu d'en être satisfait" ......

Letzteres Versprechen ward durch eine ostensible Depesche an Broglie erfüllt. Das Gerücht, welches die Französischen Widersprüche veranlasst hatte, war bekanntlich falsch. Chevalier Williams hatte, wie schon erwähnt, am 30. September 1755 zwar einen Subsidienvertrag mit Russland abgeschlossen, um 55,000 Mann zum Schutze Hannovers in Bewegung zu setzen, aber der Vertrag ward bekanntlich nicht ratificirt. Doch ist es aus andern Quellen ebenso bekannt, dass jenes Gerücht damals die Besorgnisse des Königs von Preussen im höchsten Grade erregte, Besorgnisse, welche dieser seinem damaligen Alliirten Frankreich einzuflössen nicht vergessen hatte.

Es stellte sich übrigens in dieser vertraulichen Unterredung sehr deutlich heraus, dass der Wunsch Brühls, den Vertrag von 1746 zur Basis zu nehmen, unter den gegenwärtigen Verhältnissen ganz unerfüllbar war. Nach langen Berathungen im Französischen Conseil waren die dem Sächsischen Gesandten mitgetheilten, neuen Instructionen Broglie's dahin festgestellt worden:

1) Die Basis von 1746 sei *„inadmissible."*
2) Frankreich werde zwar von dem Verlangen

einer Sächsischen Truppenstellung absehen, aber nur dann, wenn der König sich verpflichte, den Durchmarsch der Russischen Truppen durch Polen zu verweigern.

3) Die Geldfrage solle keine Schwierigkeit sein, Frankreich wolle nicht nur die im Tractat mit den Seemächten von 1751 gewährten 48,000 Pfd. Sterl. versprechen, sondern auch so viel mehr, als die Seemächte erweislich zu gewähren geneigt seien.

4) Wolle Frankreich nur insoweit ein Zusammengehen in den Reichsangelegenheiten stipuliren, „als Frankreich nichts, was den Freiheiten und Rechten des *Corps germanique* entgegen," verlangen würde.

5) (und dieser Punkt ward in den Französischen Depeschen als *conditio sine qua non* bezeichnet) müsse die Mittheilung der mit Wien und Petersburg abgeschlossenen Tractate erfolgen, da Frankreich daraus allein werde ermessen können, ob und in wie weit dieselben mit dem neu abzuschliessenden Subsidienvertrage vereinbar seien oder nicht?

Es ging daraus klar hervor, dass der Französische Hof damals noch ganz in Preussischem Interesse handelte; wahrscheinlich war „des Pudels Kern" der Wunsch, aus den Sächsisch-Russischen und den Sächsisch-Oesterreichischen Allianzverträgen, welche man natürlich weder in Berlin noch in Paris kannte, den Grad des Schutzes zu bemessen, welchen Sachsen im Fall eines Preussischen Angriffs finden würde. Rouillé fragte den Sächsischen Gesandten, nachdem er ihm Zeit gegeben, diese Instruction zu lesen, ob seiner Ansicht nach einige Aussicht vorhanden sei, mit diesen Bedingungen den Sächsischen Hof zufrieden zu stellen. Vitzthum bezweifelte es, indem er sehr entschieden hervorhob, dass in einem Subsidienvertrage mit Chursachsen jede Einmischung Polnischer Angelegenheiten ungehörig und man sich in Dresden nie entschliessen werde, älteren Verpflichtungen untreu zu werden.

Diese Voraussicht ward vollkommen bestätigt. Der gedachte Französische Courier erreichte Dresden am 4. December. Der Geheime Legationsrath Saul wurde wiederum beauftragt, sich zum Botschafter zu begeben. Graf Broglie las Herrn von Saul nicht nur seine Instruction vor, sondern gestattete ihm auch, das Wesentliche daraus zu notiren. Dieses Notat ward am 6. December den Conferenzministern zur Begutachtung vorgelegt. Wir kennen die Hauptpunkte der Instruction und gehen daher sofort auf das Gutachten über, welches die Conferenzminister an demselben Tage, wo sie dazu aufgefordert worden, überreichten.

1755 December.

Die vom Französischen Botschafter, heisst es in diesem Gutachten, mitgetheilten Vorschläge ständen im vollsten Widerspruche mit den Voraussetzungen, unter welchen das geheime Consilium am 28. October[1] die Möglichkeit eines Vertragsabschlusses mit Frankreich überhaupt ins Auge gefasst hätte. Es könne daher die in Uebereinstimmung mit jenem ersten Gutachten dem Französischen Botschafter ertheilte Antwort[2] nur als ganz im Einklange mit der Auffassung der Geheimen Räthe bezeichnet werden. Die neuerlichen Vorschläge unterschieden sich von den am 28. October begutachteten nur darin, dass Frankreich zwar:

ad 1) von der verlangten wirklichen Hilfsleistung abstrahire, dagegen aber auf dem Ansinnen beharre, dass Sachsen

ad 2) keine Truppen „in irgend einigem Falle, das bei einem Reichskriege von allen Reichsständen zu stellende Contingent allein ausgenommen, gegen Frankreich oder dessen Bundesgenossen" stellen und mithin allen dem entgegenstehenden Bündnissen entsagen solle, auch:

ad 3) „in das Französische Interesse völlig eingehe."

Unter diesen Umständen vermöge das geheime Consilium die Acceptation dieser, als *„conditiones sine quibus non"* hingestellten Vorschläge nicht anzurathen. Die Geheimen Räthe fügten ihrem als „sehr gründlich" erachteten Gutachten den Entwurf einer dem

[1] S. oben S. 269 u. ff.
[2] S. oben S. 277.

Französischen Botschafter zu ertheilenden Antwort bei. Dieser Entwurf ward genehmigt, in das Französische übersetzt und als Verbalnote dem Grafen Broglie am 11. December zugestellt. Der Französische Text ist jedenfalls verständlicher als der mit: „wannenhero" und „solchemnach" allzusehr verquickte Deutsche. Wir geben daher die Note, wie dieselbe dem Botschafter „*pour en faire prendre copie*" von dem Geheimen Legationsrathe von Saul überreicht worden ist:

Que l'offre de S. M. Très-Chrétienne pour une alliance plus particulière ne pouvait qu'être très-agréable à S. M. Polonaise, qui ne demandait pas mieux que de donner dans toutes les occasions des preuves de sa considération personnelle pour le Roi T. C. et de son désir pour reserrer de plus en plus le lien qui subsiste déjà heureusement entre Elles. Mais que S. M. Pol. devait avouer ingénuement que les propositions que Mr. l'Ambassadeur faisaient aujourd'huy étaient aussi peu conformes aux premières ouvertures de Sa Cour, qu'elles étaient *incompatibles avec les engagements suffisamment connus à la France dès la conclusion du Traité de Subsides de l'An 1746, dans lesquels S. M. se trouvait d'ailleurs, nommément avec les Cours de Vienne et de Russie, desquels il seroit contre Sa parole Royale de Se départir, sans que les autres parties Contractantes y donnassent de justes sujets, et qu'une conduite contraire concilieroit peu de confiance auprès de la Cour de France même. Que ces Traités suffisamment connus, ne tendoient à l'offense de personne, étant pûrement défensifs, et engageant le Roi à la préstation d'un corps auxiliaire de troupes, seule-*

ment en cas que l'une ou l'autre des Puissances alliées vint à être attaquée. Que dans la paix parfaite qui regnoit actuellement entre les deux Cours Impériales et S. M. T. C., S. M. Pol. espéroit, que ni S. M. T. C. ni aucun de ses alliés ne voudroit hostilement attaquer aucune des dites Cours et que par conséquent le *Casus foederis* n'existeroit pas. Qu'aussi S. M. Pol. ne prétendoit-Elle point dans un Traité de subsides à faire avec la France, Se reserver sans aucune distinction des cas la liberté d'envoyer des troupes auxiliaires contre Elle ou ses alliés. Mais qu'Elle ne sauroit se dispenser d'insister sur la même reserve exprimée à la fin du 3. Article du Traité de 1746 savoir, de fournir son contingent, si contre meilleure attente le *casus foederis* susmentionné existoit.

Que si au contraire le but de la France n'eût été, ainsi qu'on l'a cru du commencement, de n'exiger du Roi, que d'observer d'ailleurs une exacte neutralité, et nommément à l'égard des différents qui existent actuellement entre les couronnes de France et d'Angleterre, et de n'accorder aucunes troupes à la partie adverse de la France, ç'auroit été un objet dont on auroit pû convenir.

Que le traité de 1751 avec les Puissances maritimes, conclu au milieu d'une paix profonde, et dans de toutes autres vues qu'une guerre imminente, ne pouvoit aucunement servir de base dans des conjonctures tout à fait différentes.

Que ces principes ainsi exposés, on abandonnait à M. l'ambassadeur si, puisqu'on étoit aussi éloigné en France de prendre le Traité de 1746 pour base de la négociation, qu'on l'étoit icy d'admettre celuy de 1751, sa Cour voudroit faire dresser un autre projet de convention, en conformité des principes susmentionnés; sur quoi S. M.

Pol. ne manqueroit pas de se déclarer d'une manière, compatible avec ses engagements antérieurs, et avec son obligation, en qualité de membre de l'Empire, et conforme à la considération et à l'amitié sincères qu'Elle a pour S. M. T. C et à son désir de Luy complaire en tout ce qui est faisable.

Tags darauf beeilte sich Brühl, diese Note vom 11. December dem Gesandten in Paris mit dem Bemerken mitzutheilen, dass die Französischen Vorschläge sich als unvereinbar mit den Verpflichtungen eines der ersten Churfürsten des Reichs sowie mit denen, welche der König gegen seine älteren Alliirten eingegangen, herausgestellt hätten. Da sich die Dauphine für diese Verhandlung sehr lebhaft interessirt hatte, so ward Vitzthum ermächtigt, ihr die Gründe auseinanderzusetzen, welche den König, ihren Vater, verhinderten, darauf einzugehen.

Schon am 14. December, also bevor er diese Expedition erhalten, war Vitzthum in der Lage gewesen, eine vertrauliche Insinuation des Kaiserlichen Gesandten in Paris einzuberichten, welche auf den bisherigen Gang der Verhandlungen das hellste Schlaglicht wirft.

Graf Starhemberg hatte nämlich geradezu gesagt, er sei von Wien aus von der Sächsisch-Französischen geheimen Negociation vollkommen unterrichtet und halte es für seine Pflicht, den Sächsischen

Gesandten darauf aufmerksam zu machen, wie Niemand anders als der König von Preussen die Schwierigkeiten hervorgerufen, welche den Abschluss verhindert. Starhemberg halte es zugleich für wahrscheinlich, dass eine der Hauptaufgaben des damals eben nach Berlin abzusendenden Herzogs von Nivernois darin bestehen würde, in Berlin selbst den König für die Sächsische Allianz günstiger zu stimmen. Vitzthum, der erst später erfuhr, dass man dem Kaiserlichen Hof in Wien von jenen Verhandlungen mit Frankreich ebenso wenig ein Geheimniss gemacht hatte, wie dem Russischen, war natürlich vorsichtig und begnügte sich, Starhemberg zu antworten, wie er sich nicht denken könnte, dass der König von Preussen sich so zu demaskiren wagen und soweit gehen würde, Frankreich geradezu zu verhindern, sich in Deutschland Freunde zu erwerben. Offenherziger war der Gesandte jedoch seinem eigenen Hofe gegenüber. Er bezeichnete die Insinuation Starhembergs, deren Richtigkeit ihm später von Rouillé selbst bestätigt wurde, schon damals als sehr wahrscheinlich; er fügte sogar die prophetische Bemerkung hinzu, es würde hiernach nur die Vermuthung übrig bleiben, dass der König von Preussen irgend etwas gegen Sachsen im Schilde führe und dass er darauf hinarbeite, im Hinblick auf einen in Deutschland zu entzündenden Krieg jedes Hinderniss hinwegzuräumen, welches Sachsens Allianz mit Frankreich seinen ehrgeizigen Plänen entgegenstellen würde.

Résumé der Sachlage im December 1755.

So standen die Dinge im December 1755. Preussen — um uns kurz zu resumiren — hatte Frankreich vermocht, in Dresden zu versuchen, ob sich der dortige Hof von seinen alten Engagements abwendig machen lassen würde. Preussen hatte insbesondere gewünscht, die Verträge selbst zu kennen, welche Sachsen an Oesterreich und Russland banden. Preussen endlich hatte, als die Sächsischen Minister die ihnen gelegte Falle durchschauten, wiederum Alles aufgeboten, um die von ihm selbst eingefädelte Verhandlung scheitern zu machen; sei es in der Hoffnung, durch die gegenseitige Verstimmung, welche eine solche Negociation, wenn sie sich zerschlägt, in der Regel zurücklässt, die verwandtschaftlichen Beziehungen zwischen beiden Höfen zu neutralisiren; sei es, weil Friedrich II. seinen Anschluss an England bereits unabänderlich beschlossen hatte, somit natürlich wünschen musste, Frankreichs Allianzen in Deutschland zu schwächen.

Charakterisirung des Englisch-Preussischen Bündnisses von Westminster.

Der am 16. Januar 1756 im Palaste zu Westminster unterzeichnete Englisch-Preussische Neutralitätsvertrag bildet bekanntlich den Wendepunkt des grossen Revirements, welches in den Europäischen Allianzen kurz vor Ausbruch des siebenjährigen Krieges eintrat. Wir werden später sehen, dass die Bestrebungen des

Grafen Kaunitz, eine Annäherung zwischen Wien und Versailles im Interesse des Friedens herbeizuführen — seit dem Aachener Frieden der Grundgedanke des Wiener Cabinets — schon im September 1755 greifbar hervorgetreten, also nicht provocirt worden sind durch den Preussischen Schachzug vom Januar 1756. Dass aber dieser Letztere die Plane des Grafen Kaunitz gezeitigt und namentlich auf die Entschliessungen des Französischen Hofes den allerentschiedensten Einfluss ausgeübt hat, ist ganz unzweifelhaft. Sehr wahrscheinlich würde das Bündniss von Versailles am 1. Mai nicht zu Stande gekommen sein, so sehr dasselbe dem wahren Staatsinteresse beider Höfe entsprach, wäre es im Januar gelungen, sich über Verlängerung des im Mai ablaufenden Preussischen Subsidienvertrages zwischen Versailles und Berlin zu verständigen. Die Beweggründe, welche England veranlasst haben, sich mit Preussen zu verbinden, liegen auf der Hand. Es galt, in einem Weltkriege mit Frankreich die Deutschen Erblande des Königs zu schützen. Versprach Preussen, diesen Schutz zu übernehmen, so ersparte man Subsidien, über welche das Unterhaus längst murrte und erlangte die beste Garantie für Hannover, denn dieses war doch nur von Preussen bedroht, und sehr ernstlich bedroht, wenn Preussen, wie seit 1744 — Europäisch betrachtet — Frankreichs Vasall blieb.

Nicht so einfach lassen sich die Beweggründe errathen, welche den König von Preussen zu dem

Warum begab sich Friedrich II. unter Englands Schutz?

Neutralitätsvertrage mit England bestimmten. Er giebt bekanntlich an, er habe sich von dem ihm lästig gewordenen Abhängigkeitsverhältnisse zu Frankreich emancipiren und bei England Schutz gegen Russland suchen wollen. Ueber die Erbitterung der Kaiserin Elisabeth gegen seine Person mochte er allerdings durch sehr sichere Canäle, nämlich durch die Grossfürstin Catharina, deren Gemahl und den Vicekanzler, Grafen Woronzoff, Gewissheit erlangt haben. Da er aber unzweifelhaft von dem am 30. September 1755 abgeschlossenen Subsidienvertrage — Williams nicht ratificirtes Meisterstück — genau unterrichtet, auch wusste, dass die Kaiserin Elisabeth im October so schwer erkrankt war, dass man deren Auflösung erwartete, so kann die Furcht vor Russland nicht das Motiv gewesen sein, welches ihn aus dem Französischen in das Englische Lager trieb. Wir möchten vielmehr vermuthen, dass der Wunsch, sich mit Russland auszusöhnen, die Hoffnung durch Englands Vermittlung jene Aussöhnung zu bewirken, in Hinblick auf die Polnische *arrière pensée*, das wahre Motiv, — die Befürchtung eines Russischen Angriffs, nur der Prätext gewesen ist. Hätte Friedrich II. im December 1755 ahnen können, dass die Wiederaussöhnung zwischen Frankreich und Russland weit leichter war, als man damals in Petersburg selbst glaubte, so würde er wahrscheinlich die Französischen Fesseln, über deren Druck er sich beschwert, gern weiter getragen und jedenfalls die Sendung des Herzogs von Nivernois erst abgewartet haben, bevor er sich unter Englands Schutz begab. Wie er die Sachen ansah, erschien es ihm aber undenkbar, als Alliirter Frankreichs eine Aussöhnung mit Russland zu erlangen. Blieb die Kaiserin am Leben, so konnte diese Aussöhnung nur durch England geschehen, in dessen Solde Bestuscheff bekanntlich stand. Starb aber, wie Friedrich II. damals hoffen durfte, die Kaiserin Elisabeth, so konnte Preussen nur im Bunde mit England und mit Russland erwarten, ganz freie Hand für seine Eroberungsplane in Deutschland und in Polen zu erhalten, freiere Hand jedenfalls als durch eine Fortsetzung des Abhängigkeitsverhältnisses zu Frankreich. Uebrigens gesteht Friedrich selbst in seiner *Apologie*,[1] sich damals völlig über die Französische Politik getäuscht und die Möglichkeit einer so intimen Allianz zwischen Oesterreich und Frankreich, wie diejenige war, welche sein späteres Vorgehen schürzte, ganz ausser Berechnung gelassen zu haben.

Abbruch der Verhandlungen Sachsens mit den Seemächten, eine Folge des Westminster-Tractats.

Diess vorausgeschickt, kehren wir nach Dresden zurück, wo der Abschluss des Vertrages von Westminster zunächst die noch schwebenden Verhandlungen mit den Seemächten wegen Erneuerung des Subsidientractats von 1751 scheitern machte.

Der Hannover'sche Staatsminister von Münchhausen, den wir schon aus dem analysirten Berichte

[1] Oeuvres XXVII, pag. 279 sq.

des Grafen Flemming vom 19. April 1755 kennen, war mit diesem Staatsmanne in vertraulicher Correspondenz geblieben. Schon im Herbst, im Gefolge König Georgs II., nach London zurückgekehrt, hatte Münchhausen (14. October 1755) angedeutet, dass, — trotz der persönlichen Geneigtheit seines Herren, — für die Sächsischer Seits betriebene Erneuerung des inzwischen (Ende September) abgelaufenen Vertrags keine Aussicht vorhanden sei. Münchhausen hatte dabei einfliessen lassen: „qu'il avait trouvé après son retour (à Londres) un changement général dans les esprits de ces gens-ci (die Englischen Staatsmänner) par rapport à leur manière de penser sur les affaires étrangères..."

Ende Januar wieder in Hannover, hatte nun Münchhausen in einem anderweiten vertraulichen Schreiben vom 3. Februar 1756 an Flemming die erste authentische Nachricht von dem Abschlusse des Englisch-Preussischen Neutralitätsbündnisses nach Dresden gegeben. In Berlin scheint man Anfangs die Sache sehr geheim gehalten zu haben. Münchhausen hatte dabei bemerkt, durch jenes Bündniss sei glücklicherweise allen Französischen Unternehmungen in Deutschland die Spitze abgebrochen und nunmehr alle Ursache vorhanden, zu hoffen, der Friede in Deutschland werde nicht gestört werden. Am 26. Februar erfolgte durch denselben Canal die Mittheilung der definitiven Antwort des Englischen Premierministers, Herzogs von Newcastle, welche jede Hoffnung auf Erneue-

1756
Februar.

rung des Subsidienvertrags abschnitt. Newcastle, fügte Münchhausen hinzu, habe diese Ablehnung dadurch motivirt, dass die grossen Auslagen, welche die Britische Nation jetzt zu machen genöthigt sei, um ihre von Frankreich ungerechterweise angegriffenen Rechte und Besitzungen zu schützen und um den Krieg zu führen, welchen diese Macht jetzt vorbereite, dem Parlamente durchaus nicht gestatteten, ferner Subsidien, an wen es auch immer sei, zu zahlen; auch habe sich die Sachlage durch den zwischen England und Preussen neuerdings abgeschlossenen Vertrag völlig verändert: denn dadurch werde dem Reiche der Friede gesichert und England das Mittel geboten, diesen Zweck auf wohlfeilerem und wirksameren Wege zu erreichen. Münchhausen, für seine Person, bedauert, mit dem besten Willen nicht im Stande gewesen zu sein, die Englischen Minister umzustimmen. Wie aber die Consequenzen des Preussischen Vertrages vorauszusehen gewesen, so bewähre sich derselbe schon jetzt durch die Thatsache, dass Frankreich jeden Versuch, nach Deutschland zu dringen, aufgegeben habe u. s. w. Uebrigens sei dieser Vertrag ganz „unschuldig," da er an dem bisher befolgten politischen Systeme der Britischen Regierung durchaus nichts ändere und den König Georg nicht verpflichte, seine früheren Freunde und Bundesgenossen zu vernachlässigen oder gar aufzugeben. Selbst der Wiener Hof, meint Münchhausen, könne den Entschluss der Britischen Regierung nur ganz natürlich und heilsam finden, und müsse sich überzeugen, dass ja die Kaiserin selbst an allen Vortheilen Theil habe, welche mit der Zeit daraus erwachsen könnten, um das Gleichgewicht in Europa wieder herzustellen und die Macht Frankreichs minder gefährlich zu machen. Es sei daher dringend zu wünschen, dass man in Wien die Sachen einfach nehme, wie sie seien, und nicht Geheimnisse wittere, wo keine vorhanden. So Münchhausen am 26. Februar 1756. Wir bemerken nur noch, dass Wiedmarckter in London nicht unthätig gewesen war. Der Kaiserliche und der Russische Botschafter hatten auch seine Bemühungen bestthunlichst unterstützt, aber vergeblich, wie wir gesehen haben.

Man war begreiflicher Weise in Dresden sehr gespannt zu hören, wie der Französische Hof diese für die Nichtbetheiligten so überraschende Frontveränderung des Königs von Preussen aufgefasst habe: „Nous sommes extrêmement curieux," schreibt Brühl an den Grafen Vitzthum am 8. Februar, „d'apprendre comment la France aura reçu cet avis, dans le temps où elle croyait pour ainsi dire pouvoir disposer à Son gré du Roi de Prusse et où en effet l'assistance de ce Prince lui était le plus nécessaire. Voilà donc nos prognostics justifiés en grande partie. La suite du temps les vérifiera probablement encore davantage. *Quant à nous cet évènement doit à plusieurs égards nous être plutôt agréable que désagréable"* . . . .

Nachdem er ausdrücklich hervorgehoben, dass er den Vertrag selbst noch nicht kenne, und nur höre, Preussen habe sich dadurch verpflichtet, das Reich und insbesondere Hannover gegen jede Unternehmung einer fremden Armee zu schützen, fährt der Premierminister fort:

„Autant que le Ministère Britannique se glorifie, d'avoir mis par là tout l'avantage de la balance de son côté, et autant que cette mesure est généralement applaudie par la nation (Anglaise), autant la France doit-elle être piquée de cet abandon de son allié le plus favorisé, dans lequel elle semblait mettre une confiance illimitée. En attendant l'Ambassadeur Comte de Broglie affecte une indifférence surnaturelle sur cet évènement, prétendant, qu'il ferait peu d'impression sur sa cour, *vu qu'elle n'avait point voulu porter la guerre sur le continent.*"

Brühl hält diese Gleichgültigkeit nicht für aufrichtig; bemerkt, der Französische Hof werde wahrscheinlich dadurch in ganz neue Bahnen getrieben werden, und empfiehlt dem Gesandten schliesslich, sich weder für noch gegen das neue Bündniss auszusprechen, da noch nicht abzusehen sei, was sich daraus entwickeln könne.

Pariser Stimmungen. Vitzthum hatte in einem Berichte, der sich mit dieser Weisung gekreuzt, unterm 1. Februar bereits constatiren können, dass sich die Französischen Minister den Anschein der grössten Gleichgültigkeit über das

unerwartete Ereigniss gäben. Ja, sie erblickten darin
Anfangs eher eine glückliche Wendung, weil
sie die Hoffnung hegten, den Krieg mit England durch den auf Port Mahon geführten
Schlag in Europa zu beendigen und im Grunde
sehr erfreut waren, jeder Versuchung, Hannover anzugreifen und dadurch den Krieg nach
Deutschland zu spielen, zu entgehen. Dies war
durchaus nicht Heuchelei. Damals hatte Frankreich
noch Hoffnung, mit Hilfe Spaniens den Engländern
zur See die Spitze bieten und ihnen das Monopol
des Welthandels entreissen zu können. Es lag also
im wohlverstandenen Interesse Ludwigs XV., jede
Zersplitterung seiner Kräfte durch einen Continentalkrieg zu vermeiden. Wir haben hiernach einigen
Zweifel, ob das was Friedrich II. von der Sendung
des Herzogs von Nivernois (*Oeuvres* XXVII. S. 279)
erzählt, die Wahrheit ist. Jedenfalls hat die tugendhafte Entrüstung, mit welcher er die Zumuthung,
über Hannover herzufallen, zurückgewiesen haben
will, nicht lange vorgehalten, wie der Einfall in
Sachsen beweist. Der Herzog von Nivernois kam
zu spät. Preussen hatte sich bereits gebunden. Uebrigens beging Friedrich den Fehler, den frühern Bundesgenossen ganz unnöthiger Weise zu verletzen, wie
nachstehende, bisher noch nicht bekannte Anekdote
errathen lässt.

Der Französische Botschafter, Herzog von Niver-

Wie der Herzog von Nivernois in Berlin behandelt wurde.

nois, war bekanntlich am 12. Januar 1756 in Berlin eingetroffen, nachdem er Monate lang seine Abreise von Paris verschoben. Er war Anfangs, wie Vitzthum dem Grafen Brühl schreibt, sehr freundlich empfangen worden. Ein Courier, am 26. in Berlin expedirt, hatte den Bericht des Herzogs über eine fünfstündige Unterredung mit dem Könige von Preussen überbracht. Das Französische Cabinet schien sehr zufrieden, weil der König von seinem Vertrage mit England kein Wort hatte fallen lassen. Man schloss daraus, dass er noch keine Nachricht von der Unterzeichnung gehabt haben könne und schmeichelte sich, dass die ganze Angelegenheit noch nicht so weit gediehen sei, als man von anderer Seite gehört. Auf Grund dieser Mittheilungen nun hatte Rouillé, wie Vitzthum an dem Tage, wo jener Nivernois'sche Courier eintraf, am 1. Februar, bereits berichtet, zwar seine Spannung und Neugierde nicht verhehlt, zugleich aber *„bonne mine à mauvais jeu"* gemacht und bemerkt, man müsse sehen, wie die Sachen gingen, abwarten und nichts übereilen.

Inzwischen war aber eine zweite Expedition des Herzogs von Nivernois eingelangt, welche Rouillé's Optimismus bedeutend herabgestimmt hatte. *„Le nouveau traité du Roi de Prusse,"* meldet Vitzthum am 8. Februar, *„augmente de jour en jour l'embarras du Ministère de France sur le parti à prendre,"* und erzählt dann folgendes: Als sich der Herzog nach jener oben erwähnten fünfstündigen Audienz bei Friedrich II. hatte verabschieden wollen, war dieser aufgestanden und hatte von seinem Schreibtisch ein Schriftstück geholt. Es waren Verse, eine Dichtung Nivernois'. Der König lobt die Verse und giebt zu verstehen, dass er den Autor kenne. Geschmeichelt durch diese Anerkennung, bittet der schriftstellernde Herzog seinen Königlichen Bewunderer um die Erlaubniss, ihm ein neues Werk seiner Feder vorlegen zu dürfen. Der König nimmt diess an, „und wenn Sie morgen wiederkommen wollen, Herr Herzog," fügt Seine Majestät hinzu, „so will ich Ihnen *„une nouvelle pièce de ma façon"* zu lesen geben." Der Herzog erwartete in Abwesenheit Voltaire's wahrscheinlich über einige Französische Reimereien Friedrichs II. zu Rathe gezogen zu werden. Wie gross war sein Erstaunen, als er am andern Tage, anstatt holperiger Französischer Verse, den mit England abgeschlossenen Tractat erhielt.

Die Ueberraschung und Missstimmung des Französischen Hofes über diese verletzende Weise, dem bisherigen Alliirten den Kauf aufzusagen, wie über die *„défection du Roi de Prusse"* im Allgemeinen musste dem Augenzeugen allerdings klarer werden, als den Sächsischen Ministern. Obgleich ihn Graf Brühl am 18. Januar bereits instruirt hatte, die Verhandlungen über den Subsidienvertrag ruhen zu lassen, so glaubte Vitzthum doch nicht versäumen zu dürfen, jetzt, mit grosser Vorsicht, das Terrain zu sondiren. In einer vertraulichen Besprechung mit Rouillé warf er hin, er habe es ja immer voraus gesagt, wie wenig Verlass auf den König von Preussen sei. Wundern könne er sich daher nicht über die Nachricht. Jetzt wo die Preussische Allianz zu Ende, werde Frankreich sich wohl nach andern Alliirten in Deutschland umsehen müssen. Ja, er war so weit gegangen, die Frage aufzuwerfen, ob es denn nicht möglich sei, den ganzen jetzigen Krieg, der über die amerikanischen Differenzen ausbräche, von allen Verhandlungen mit Sachsen auszuschliessen? Diess könne vielleicht die Schwierigkeiten heben, welche einer Verständigung entgegenständen, da man ja von beiden Seiten denselben Wunsch hege, den Krieg nicht nach Deutschland zu versetzen. Rouillé war jedoch darauf nicht eingegangen. Er hatte erwidert, eine Ausnahme derart könne man nicht gestatten. Der jetzige Krieg mit England werde wahrscheinlich nicht lange dauern, ein anderer könne aber anfangen und Frankreich dürfe sich nicht mehr der Gefahr aussetzen, für Truppen Subsidien zu zahlen, die möglicherweise gegen Frankreich kämpfen könnten.

Auch eine andere Insinuation hatte Vitzthum aus freien Stücken gewagt, nämlich ob, da die Vermittlung oder die guten Dienste, welche Preussen zu einer Ausgleichung der Englisch-Französischen Differenzen früher angeboten, nunmehr kaum Aussicht auf Erfolg haben könnten, man nicht vielleicht dem dabei gar nicht betheiligten Könige von Polen die Mediation anvertrauen wolle.

Er erhält einen Verweis.

Letztere Insinuation ward, um diess gleich hier zu erwähnen, in Dresden nicht geradezu getadelt. Weniger wohlwollend beurtheilte Brühl den Wiederanknüpfungsversuch in der Subsidienfrage. Der Königliche Gesandte in Paris erhielt desshalb (15. und 22. Februar) ziemlich ernste Verweise.

„Ich kann Ihnen," schreibt der Sächsische Premierminister unter Anderm, „nicht bergen, wie sehr es mich überrascht hat, dass Sie, nach den durchaus unzweideutigen Instructionen, die ich Ihnen ertheilt, nicht die Gleichgültigkeit beobachtet haben, die wir bezüglich dieser Negociation uns hier zum Gesetz gemacht. Wenn Sie Ihre Anregung dadurch zu motiviren gesucht, dass Frankreich von Preussen verlassen worden und dass ihm dadurch die Erwerbung neuer Alliirter um so nothwendiger, so ist diess gerade der Grund, warum wir abwarten können, dass man uns aufsuche und jeden Vorschritt, jedes *Empressement* in dieser Beziehung vermeide. Ich ersuche Sie daher, Sich in Zukunft über diesen Punkt ganz still zu verhalten, es sei denn, dass das Französische Ministerium von selbst darauf zurückkäme, in welchem Falle Sie die Ihnen gemachten Eröffnungen einfach *ad referendum* zu nehmen haben würden."

Am 22. bemerkt Brühl: „Was unsere eingeschlafene Subsidienverhandlung mit Frankreich anlangt, so werden Sie aus den Instructionen, welche der König mir Ihnen zu ertheilen befohlen, schon entnommen haben, wie gut Sie gethan haben würden, jede neue Anregung dieser Sache zu vermeiden. Hätte Herr von Rouillé das von Ihnen erdachte *Expédient* angenommen, so würden Sie sich in der That durch Ihren guten Willen und zu grossen Eifer nur compromittirt haben, da in dem Kriege, zu welchem die gegenwärtigen Differenzen in Amerika Anlass geben könnten, unsere Vertragsverbindlichkeiten zu unsern alten Alliirten erforderlichen Falles aufrecht erhalten werden müssen. Ich muss Sie also von Neuem ersuchen, sich ganz still zu verhalten, bis sich die gegenwärtige Sachlage etwas mehr geklärt haben wird und die Befehle des Königs Sie zu neuen Insinuationen ermächtigen."

So sehr wir im Allgemeinen die Gewissenhaftigkeit, mit welcher die ehrliche Aufrechthaltung des Königlichen Wortes in diesen delicaten Verhandlungen als das Grundprincip der Sächsischen Politik festgehalten worden ist, zu schätzen und zu würdigen wissen, so möchte die Meinungsverschiedenheit, welche im Februar 1755 zwischen der Regierung und dem Gesandten in Paris hervortrat, dem staatsmännischen Blicke des Grafen Brühl eben nicht zur Ehre gereichen. Es handelte sich dabei selbstverständlich nicht um das Princip, sondern lediglich um eine Frage diplomatischen Tactes; und der an Ort und Stelle lebende

Augenzeuge hatte offenbar die Consequenzen der eingetretenen Wendung schneller übersehen, als der im Centralpuncte leitende Minister. Jedenfalls hat dieser Letztere den Werth der Sächsischen Allianz für Frankreich bedeutend überschätzt, und die Friedensgarantien unterschätzt, welche die Französische Allianz damals Sachsen geboten haben würde. Einem Zweifel kann es jetzt nicht mehr unterliegen, dass, wenn der Sächsische Gesandte in Paris damals ermuthigt, anstatt entmuthigt worden wäre, der Eintritt Sachsens in das Oesterreichisch-Französische Bündniss sich am 1. Mai von selbst gemacht haben würde.

„Ich habe bisher," so rechtfertigte sich der Graf Vitzthum,[1] „meine einzige Genugthuung darin gesucht, in jedem meiner Vorschritte bis in die kleinsten Umstände hinein die Billigung zu verdienen, welche Ew. Excellenz mir ausgesprochen. Ich brauche daher nicht erst hervorzuheben, wie schmerzlich es mir gewesen, aus Ihrem Erlasse vom 15. Februar zu entnehmen, dass meine Vorstellungen an Herrn von Rouillé nicht nach Ihrem Geschmacke gewesen sind. Auch brauche ich wohl nicht erst zu versichern, dass ich mir es während dieser ganzen Verhandlung zum Gesetze gemacht, jeden Schein zu vermeiden, als wäre uns an dem Abschlusse dieser Sache so besonders viel gelegen. Im Gegentheile, ich habe nie aufgehört, Herrn Rouillé daran zu erinnern, dass es Frankreich gewesen,

[1] Bericht vom 29. Februar 1756.

welches uns Anerbietungen gemacht, und dass es uns, nur unter der Voraussetzung, dass jene Anerbietungen durchaus harmlos, überhaupt möglich gewesen, sie anzuhören. Ich habe hervorgehoben, dass, so lange man nicht hier andere Saiten aufziehen wolle, man die Negociation gewiss nicht zum Abschlusse bringen werde. Wenn ich nun mit aller dieser Vorsicht und unter diesen Einschränkungen kein Argument verschmäht und unter andern das gebraucht habe, dass, nachdem man den König von Preussen verloren, unsere Allianz im Preise steige, so ist diess geschehen, um die hiesigen Minister von der Nothwendigkeit zu überzeugen, ihre unannehmbaren Zumuthungen und Bedingungen fallen zu lassen. Mein Irrthum ist nur daraus entstanden, dass ich die mir ertheilten Befehle nicht so strikt interpretiren konnte, als sie gemeint gewesen zu sein scheinen. Aus der durch meine Hände gegangenen Correspondenz zwischen dem Cabinetsminister Grafen von Loss und dem Marquis de Puysieulx sowohl, als aus verschiedenen Stellen in Depeschen, welche Ew. Excellenz selbst in den Monaten Januar und Februar an mich gerichtet, konnte ich nur die Ueberzeugung schöpfen, dass wir uns, falls gute Bedingungen zu erlangen, gern mit Frankreich verständigen würden; dass es daher meine Pflicht, ohne zu grossen Eifer an den Tag zu legen, kein Mittel unversucht zu lassen, um eine günstige Umstimmung herbeizuführen."

Diese Erläuterungen verfehlten nicht, den gewünschten Eindruck zu machen. „Ich habe nie," antwortete Graf Brühl am 15. März, „den geringsten Zweifel in die gute Absicht Ew. Excellenz setzen können, Frankreich wieder zu seinen ersten unschuldigen und uns vortheilhaften Bedingungen zurückzuführen; und es ist mir nicht schwer geworden, den König, unsern Allergnädigsten Herrn, zu bewegen, die Motive Ihrer Handlungsweise und Ihre darauf bezüglichen Vorschritte als vollständig gerechtfertigt ansehen zu wollen. Da aber Herr von Rouillé Ihnen, selbst nach der letzten Frontveränderung des Königs von Preussen, mehrmals erklärt hat, wie der König von Frankreich nicht davon abgehen könne, von uns das Aufgeben unserer alten Verbindungen zu verlangen und uns sogar zuzumuthen, den Durchmarsch der Russen durch Polen (wovon übrigens nicht mehr die Rede ist) zu verweigern, so werden Sie selbst ermessen, dass es unumgänglich nöthig war, Sie präciser als bisher von der Absicht des Königs zu unterrichten. Meine Depeschen hatten keinen andern Zweck, als Ihnen die Reserve zu empfehlen, welche uns in dieser Beziehung unabweislich erschien."

Wie übrigens das Sächsische Cabinet die durch das Bündniss von Westminster geschaffene Sachlage im Allgemeinen ansah, ergiebt sich am deutlichsten aus zwei Depeschen des Grafen Brühl.

„Quant au propos," schreibt er dem Grafen Vitzthum am 29. Februar, „que Vous avez hasardé, relativement à une médiation de paix, nous serions à la vérité bien aises, de nous en voir requis; mais nous n'osons guère nous en flatter; et il ne convient pas de la rechercher sans espérance de réussite. C'est pourquoi je recommande à V. E. d'aller bride en main, si Elle continue à sonder le terrain; d'autant plus qu'il semble que le Roi de Prusse s'est déjà assuré de cette médiation de la part de la France, et que ce n'est que de son sçû et agrément, sous l'espérance apparemment d'un accommodement raisonnable, qu'il serait d'autant plus à même de moyenner, qu'Il a contracté ses nouveaux engagements avec l'Angleterre. S'il n'en était pas ainsi, il semble que la France devrait ressentir tout différemment un tour de cette espèce."

Dass Brühls Vermuthung, Preussen habe, mit dem Einverständnisse und dem Vorwissen Frankreichs, den Vertrag von Westminster abgeschlossen, ganz unbegründet war, wissen wir bereits. Er selbst scheint kurz darauf zu dieser Erkenntniss gekommen zu sein, obgleich er noch immer die Bedeutung der Preussisch-Französischen Verhandlungen überschätzte.

Am 7. März schreibt er dem Gesandten in Paris:

„La position difficile et embarrassante, où selon toute apparence la Cour, où V. E. subsiste, se trouve à l'heure qu'il est, à l'égard du choix et de l'exécution des déterminations et entreprises auxquelles elle aurait à se résoudre, semble se manifester de plus en plus par les allures et tentatives de ses ministres aux différentes Cours.

Si l'on remarque d'un côté, que les communications entre les Cours de Versailles et de Berlin, au lieu de s'être ralenties par le dernier changement de celle-ci sont au contraire devenues bien plus fréquentes" ..... (Als Beleg wird hier des Breiteren erzählt, wie Nivernois fast täglich Couriere empfange und absende, und der Marquis de Valory seine Abreise nach Berlin, wo er Nivernois bekanntlich ersetzte, beschleunige.) ..... J'apprends de l'autre côté, que le ministre de France à Vienne, le Comte d'Aubeterre, n'y est rien moins qu'oisif, et qu'après différentes conférences qu'il a eues nouvellement avec le ministère Impérial il a dépêché un courrier à sa Cour. — Quoiqu'il soit difficile de déterminer par des conjectures moins douteuses le véritable objet de ces pourparlers et qu'il ne semble pas, que la Cour de Vienne voudra prendre dans la présente crise un parti décidé, toutes ses démarches et ménagements passés ayant surtout mis assez au jour son intention sérieuse pour la conservation de la paix et le rétablissement d'une bonne harmonie entre la France et l'Angleterre; il y a néanmoins des personnes qui croyent, que Mr. d'Aubeterre aurait été chargé de quelques propositions relatives à une Alliance particulière entre sa Cour et celle de Vienne, et qui présument même, que cette négociation aurait déjà gagné un premier acheminement de réussite. Comme un pareil évènement influerait essentiellement sur tout le système des affaires générales, l'on ne saurait être trop attentif aux moindres indices qui s'en présentent" . . . . .

Wir notiren diese erste Andeutung über das im Werden begriffene Versailler Bündniss, hauptsächlich, um zu beweisen, wie wenig das Sächsische Cabinet im Geheimniss der seit September 1755, wie gesagt, angeknüpften geheimen Verhandlungen war, welche Graf Starhemberg vorzugsweise mit dem Abbé Grafen von Bernis in Paris pflog. Bevor wir jedoch deren Resultat besprechen, ist ein kurzer Rückblick auf die Lage der Dinge in Sachsen unabweislich.

Die Sächsische Finanzlage Anfangs 1756. Wir haben gesehen, wie seit dem Herbst 1755 die Hoffnung, seit Februar 1756 auch der letzte Schein von Hoffnung verschwunden war, sei es von den Seemächten, sei es von Frankreich den seit zehn Jahren, bald von den Einen, bald von dem Anderen geleisteten Beitrag zur Erhaltung der Sächsischen Armee fernerhin zu beziehen. Der seit Michaelis 1755 hervorgetretene Ausfall von 48,000 Pfd. Sterl. — 320,000 Thlr. — in den baaren Jahreseinnahmen genügte, um dem lecken Fasse der Brühl'schen Finanzwirthschaft den Boden vollends auszustossen.

. Es wird hier der Ort sein, nur in kurzen Zügen anzudeuten, was die Brühl'sche Verwaltung dem reichen Lande gekostet hat. Wir müssen zunächst einem weit verbreiteten Vorurtheile entgegentreten, glauben aber bei Denen, welche die Sachen an den Quellen studirt, keinen Widerspruch zu finden, wenn wir den Satz aussprechen, dass die Erwerbung der Polnischen Königskrone in geringerem Masse, als man in der Regel annimmt, die 1755 hervorgetretene Zerrüttung der Sächsischen Finanzen veranlasst hat. Man vergisst gewöhnlich, dass August II. bei all seiner verschwenderischen Pracht, bei allen Verschleuderungen, zu welchen momentane Geldnoth zwang, aus den Polnischen Krondomänen jährlich mindestens Eine Million Thaler bezog, über welche er völlig frei verfügte. Es hatte aber dieser Fürst die Ertragsfähigkeit der Polnischen Krongüter, der sogenannten Oekonomien, während seiner 36jährigen Regierung bedeutend erhöht. August II. war überhaupt ein weit besserer Financier, als man glaubt. Die nach Brandenburgischem Vorbild im Jahre 1701 eingeführte, im Jahre 1713 völlig durchgeführte „General-Consumtions-Accise" war eine Finanzreform von den segensreichsten Folgen für Chursachsen. Der geniale und zugleich durchaus uneigennützige Cabinetsminister Adolph Magnus Graf von Hoym — der erste Generalinspector und zugleich Obersteuerdirector — hatte, wie der ältere Flemming im auswärtigen Departement, eine Schule tüchtiger Finanzmänner zurückgelassen, so tüchtig, dass selbst die Brühl'sche Missregierung die Keime einer späteren besseren Zeit nicht ganz ausrotten konnte. Es ist natürlich Alles relativ in dieser Welt. Dass die „Accise" auf gesunden national-ökonomischen Principien beruhte, soll nicht behauptet werden, aber verglichen mit der Unsicherheit und der Willkür, die früher herrschten, war die Einrichtung ein Fortschritt. Jedes System ist besser als gar keins. Diess mag erklären, dass bei Augusts II. Tode der Gesammtbetrag der Sächsischen Staatsschuld weit geringer war, als man annimmt. Die von dem Könige selbst im Lager bei Mühlberg gegen König Friedrich Wilhelm I. von Preussen ausgesprochene Finanzmaxime enthält jedenfalls viel Wahres: „Wenn Ew. Maj. einen Ducaten einnehmen, so legen Sie ihn in Ihren Schatz, ich aber gebe ihn aus und so kehrt er dreimal wieder zu mir zurück." Waren doch gerade durch die Verschwendungen Augusts II. die Hilfsquellen des kunstfleissigen und gewerbthätigen Landes in einer Weise entwickelt worden, welche es in dieser Beziehung allen übrigen deutschen Ländern voranstellte. Wie denn überhaupt die Erwerbung der Polnischen Krone bei allen sonst auf der Hand liegenden Nachtheilen den Vortheil gehabt hatte, den Horizont zu erweitern und die Chinesische Mauer einigermassen zu durchbrechen, welche Sachsen von seinen Nachbarn trennte. Es war ein Europäischer Luftzug in das Land gekommen. Und man darf in Sachsen heute, wenn man die Prachtbauten und die in ihrer Art einzigen Sammlungen, welche die

Auguste in Dresden zurückgelassen, betrachtet, nicht undankbar für diese Erbschaft sein. Hat doch Dresden dadurch eine Bedeutung erhalten, wie keine andere Stadt Deutschlands von gleicher Grösse. August III. hatte freilich, bei seinem Regierungsantritte sofort in den Polnischen Erbfolgekrieg verwickelt, damit anfangen müssen, im Jahre 1737 schon von den Sächsischen Ständen eine ausserordentliche Beihilfe von ungefähr achtmalhunderttausend Meissner Gulden zu verlangen. Im Jahre 1742 nach dem ersten Schlesischen Kriege, an welchem Sachsen sich leider betheiligt hatte, war die ausserordentliche Kriegssteuer schon auf 1,800,000 Thlr. gestiegen, endlich nach dem zweiten Schlesischen Kriege, im Jahre 1746, waren von den Ständen drei Millionen zu bewilligen gewesen. Im Jahre 1755 stellte sich die Unmöglichkeit mehr und mehr heraus, von den auf 7—8 Millionen beiläufig zu schätzenden Landesrevenüen die Zinsen der schon im Jahre 1749 auf $30\,^1/_2$ Millionen angeschwollenen Steuerschulden regelmässig zu decken. Die Eiterbeule barst. Brühl, leichtsinnig und verschwenderisch von Natur, und nur damit beschäftigt, seinem Herrn die Wahrheit zu verhüllen, musste fürchten, den Ständen die Zerrüttung der Finanzen nicht länger mehr verschweigen zu können. Da das hoch besteuerte Land höhere Steuern aufzubringen kaum im Stande war, so hatte man zu dem Auskunftsmittel der Verpfändung der Grafschaft Mansfeld seine Zuflucht genommen. Das von Georg II. als Churfürsten von Braunschweig und Lüneburg dadurch erzielte Darlehen von $3\frac{1}{2}$ Millionen Thaler war längst verausgabt. Lotterien wurden errichtet und schliesslich in der Verzweiflung dem bekannten Grafen von Bolza im Jahre 1755 sämmtliche Acciseinkünfte in Pacht gegeben. Sein Associé war Heinrich Karl Schimmelmann, Brühls Factotum, der nebenbei die Lieferungen für die Sächsische Armee übernommen hatte und bekanntlich gleichzeitig Hauptlieferant der Preussischen Invasionsarmee war. „Die Bedingungen des Generalpachts," sagt ein sachverständiger Zeitgenosse, „waren so beschaffen, dass Bolza selbigen im ordentlichen Laufe der Dinge schwerlich würde haben Genüge leisten können. Eine ausserordentliche Begebenheit musste ihm zu Statten kommen und diese war der siebenjährige Krieg, der im August 1756 ausbrach.[1]

Neben allen diesen Palliativen musste man daran denken, die Ausgaben zu beschränken. Natürlich traf diess vor Allem die Armee. Eingewiegt in die Illusionen einer unhaltbaren Neutralitätspolitik, glaubte man sich vollkommen berechtigt, nur soviel Truppen zu behalten, als man aus den bisherigen ständischen

---

[1] J. G. Hunger, Churfürstlich Sächsischer Finanzsecretär, Denkwürdigkeiten zur Finanzgeschichte von Sachsen. Leipzig 1790, S. 163.

Bewilligungen bezahlen konnte. Denn, hätte man den Ständen zumuthen wollen, den Ausfall der bisher vom Auslande bezogenen Subsidien durch ausserordentliche Beihilfen zu decken, so würde der Landtag natürlich zunächst Rechenschaft über die Finanzlage verlangt und den künstlich verschleierten Staatsbankerott entdeckt haben. Wie patriotisch die Stände Sachsens dachten und handelten, davon liefern die Landtage von 1763 und 1766 und die beispiellos rasche Wiederaufrichtung des Staatscredits nach dem Kriege die glänzendsten Beweise. Hätte Brühl 1756 gewusst und offen gesagt, dass die Existenz des Staates auf dem Spiele stand, so würde sich das nöthige Geld gefunden haben. Nach den damaligen Einrichtungen, wo es sich überall nur um geworbene Truppen handelte, wo man in Friedenszeiten die Cadres behielt, die dann, sobald Krieg drohte, schnell auszufüllen waren, wäre es im Frühjahre 1756 ein Leichtes gewesen, eine Achtung gebietende Armee von 40,000 Mann aufzustellen. Aber es fehlte an dem *„nervus rerum gerendarum,"* und so wurde gerade an demselben 1. Mai 1756, wo das Oesterreichisch-Französische Neutralitätsbündniss in Versailles unterzeichnet ward, die bereits auf 21,000 Mann reducirte Armee noch um 2000 Mann vermindert. Man hatte sonach, als der Krieg ausbrach, nicht mehr als 18,000 anstatt 40,000 Mann unter den Waffen. Und diese waren schlecht gehalten, unregelmässig besoldet, die Officiere nur mit Steuerscheinen, an denen sie 40—60 Procent verloren, bezahlt. Die Festungen waren vernachlässigt, es fehlte an Pferden, an Munition, an Allem, was ein Heer überhaupt brauchbar macht.

Die auf dem Papiere vortrefflichen Reformen, welche der 1749 zum Generalfeldmarschall ernannte Halbbruder des Königs, Graf Rutowski, eingeführt: „Die neue Ordonnanz von 1752," die „Exercier- und Dienstreglements für Infanterie und Reiterei von 1752—1753," das „Wirthschaftsreglement von 1754," das „Waffenreglement" u. s. w. waren aus Geldmangel nicht, oder doch nur stückweise zur Ausführung gelangt.[1]

Die Begehungs- und Unterlassungssünden der Brühl'schen Finanzwirthschaft sind bekannt. Sie sind durch die Untersuchung, welche nach des Ministers Tode zur Sequestration seines Vermögens führte, wenigstens zum Theil blossgelegt worden. „Leben und Lebenlassen," war sein Grundsatz, ein Grundsatz, der sich praktisch in das „Betrügen und Betrogenwerden" nur zu häufig übersetzen dürfte.

[1] König Friedrich Wilhelm I. von Preussen hatte in früherer Zeit schon (4. Februar 1735) den Organisationstalenten des Grafen Rutowski volle Gerechtigkeit widerfahren lassen; und in seiner eigenthümlichen Weise dem Grafen Seckendorf gesagt: „Die gute Einrichtung der Sächsischen Armee hat man mir zu danken; die Canaille der Rutowski hat mir Alles abgestohlen; lieb gehabt, Reglement gewiesen, hernach Abschied genommen." (Seckendorf, Journal secret, p. 34.)

Nicht genug wird in der Regel die Thatsache gewürdigt, dass Heinrich von Brühl, als August II. im Jahre 1733 starb, seit zwei Jahren neben dem Hofamte des Kämmerers schon Generalaccisdirector war. Nach Hoyms Austritt war bekanntlich der minder befähigte, aber ebenso ehrliche Graf Heinrich von Watzdorf an dessen Stelle getreten. Als Watzdorf 1729 starb, erklärte der König, Er wolle die Direction der Kasse selbst übernehmen, änderte aber diesen Entschluss schon 1731, indem er Brühl das hochwichtige Amt übertrug. Brühl war daher schon, wie wir heute sagen würden, Finanzminister, als August III. die Regierung übernahm. Bis 1740 ging die Maschine ihren regelmässigen Gang. Von dem Augenblicke, wo Friedrich II. den Thron bestieg und mit seiner bekannten Handelspolitik sein Land und seine Nachbarn bedrückte, datirt Brühls Allmacht und die Zerrüttung der Sächsischen Finanzen. Seine Verschwendungen und Bauten würde das Land noch ertragen haben, hätte nur Ordnung und Durchsichtigkeit im Staatshaushalte geherrscht. Aber man lebte von der Hand in den Mund. Niemand wusste wer Koch, wer Kellner war. Der Mann, der Alles in Allem sein wollte, der die Direction des Innern und des Aeussern, des Kriegs und der Finanzen an sich gerissen, musste seine Hauptaufgabe darin erblicken, seinen Königlichen Herrn niemals aus den Augen zu lassen. Die häufigen Reisen nach Warschau, — wo

Brühl, von den Sächsischen Ministern unbewacht, allein das Ohr des Königs hatte und Ihm als einziges Organ diente, — Feste, Jagden, Alles wurde benutzt, um dem allzu nachsichtigen Monarchen die wahre Sachlage zu verbergen. Ob und in wie weit Brühl, der bekanntlich stets in Geldverlegenheiten war, bei der Bolza-Schimmelmannischen Finanzspeculation persönlich interessirt gewesen, das lässt sich nicht nachweissen. Aber festhalten müssen wir, dass der Finanzbankerott unausbleiblich war, wenn der siebenjährige Krieg nicht ausbrach. Wir werden später sehen, ob Brühl Alles was möglich gethan, um den Ausbruch zu verhindern, und suspendiren bis auf Weiteres den Verdacht, dass der Premierminister absichtlich nicht verhindert, was den Finanzminister, freilich auf Kosten des Staats, momentan rettete. Wenn aber 1755 kein förmlicher Geschäftsbankerott ausbrach, so hat Sachsen diess einzig und allein der Treue und Gewissenhaftigkeit zu danken gehabt, welche trotz aller Brühl'schen Versuchungen und Verführungen dennoch im Sächsischen Beamtenstande lebendig geblieben waren.

Die auswärtige Politik Sachsens.

So unverantwortlich, ja gewissenlos die Politik des Grafen Brühl im Innern auch war, so würde es doch ein Trugschluss sein, daraus zu folgern, dass auch seine äussere Politik nothwendig habe verwerflich sein müssen. Wir haben schon oben auf einige Factoren aufmerksam gemacht, welche den Premierminister in Schach und Zaum halten mussten, und wir nehmen keinen Anstand, nach gewissenhafter Prüfung aller hier einschlagenden Momente den Satz auszusprechen, dass für Alles, was an der äussern Sächsischen Politik zu loben, das Verdienst dem Premierminister Grafen Brühl nicht zukommt, während für Alles, was an derselben zu tadeln, was namentlich in der Ausführung verabsäumt ward, dieser Minister einzig und allein verantwortlich bleibt.

Die Stellung zu dem Wiener Hofe. Friedrich II. beschuldigt bekanntlich den Grafen Brühl, den Fürsten Sulkowski, den ersten Günstling Augusts III., dadurch gestürzt zu haben, dass er dem Oesterreichischen Hofe die Pläne verrathen, welche später zum Theil durch Betheiligung Sachsens an dem Französisch-Bayerisch-Preussischen Bündnisse zur Ausführung gelangten. Durch diesen Verrath habe nun der Wiener Hof Brühl in seine Hand bekommen und ihn fortan als blindes Werkzeug am Dresdner Hofe verwendet. Wir halten es durchaus für irrelevant, die Wahrheit dieser Beschuldigung des Nähern zu untersuchen. Denn, was auch das subjective Motiv von Brühls Handlungsweise gewesen sein möge, der Staatsmann, der heute, auf die Erlebnisse eines Jahrhunderts gestützt, die damalige Sächsische Politik objectiv betrachtet, wird es nur als eine Rückkehr zu einem gesündern und den Interessen des Landes mehr entsprechenden Programm zu betrachten haben, dass

August III. im Herbste 1742 den Irrthum abschwor,
der Sachsen in das Lager der Feinde Oesterreichs und
Maria Theresia's geführt hatte. Ein Irrthum war diess
und ein politischer Fehler, den Sachsen schwer gebüsst
hat, obgleich, nachdem der Rausch etwa Ein Jahr
gedauert, die Ernüchterung nach dem Preussischen
Separatfrieden von Breslau nichts zu wünschen übrig
gelassen hatte. Zu rechtfertigen ist der Beitritt Sachsens zum Nymphenburger Bündnisse nicht. **Sachsen
hatte die pragmatische Sanction angenommen.**
Durch diese Thatsache allein war das Erbrecht
der Königin von Polen auf Maria Theresia übergegangen und konnte erst, falls Letztere kinderlos
starb, in der ältesten Tochter des Kaisers Joseph I.
wieder aufleben. Es war daher unbedingt Pflicht, im
Oesterreichischen Erbfolgekriege mindestens neutral
zu bleiben und neben dieser vertragsmässigen Pflicht
mussten die Rücksichten auf die wahren Interessen
des Landes jede Betheiligung an dem Versuche
verdammen, das letzte Einheitsband, welches die
Deutsche Nation noch besass, zu zerreissen. Dass das
Kaiserthum, so schwach es auch dem auf Betrieb
des Auslands durch den Westphälischen Frieden ge-
stärkten Reichsfürstenthume gegenüber dastand, als
Symbol einer über den Particularismus hoch er-
habenen Einheit, als höchste Instanz, bei welcher in ihren Freiheiten und Rechten gekränkte
Landstände gegen die Landesherrn und die

Willkür ihrer Minister Schutz suchen und finden konnten, für das Deutsche Volk ein Segen war, darf nicht übersehen werden. Dass aber nach Carls VI. Tode die Erhaltung dieses Segens nur durch die Erhaltung der Oesterreichischen Hausmacht überhaupt möglich, das beweist die traurige Rolle, welche der Französische Schattenkaiser aus dem Bayerischen Hause gespielt hat; das beweist vor Allem die Thatsache, dass es dem grössten Feldherrn, dem rücksichtslosesten Staatsmann seiner Zeit, Friedrich II., bei dem besten Willen nie gelungen ist, die Suprematie zu zerstören, welche eben nur das Erzhaus auszuüben vermochte.

Es lag daher die Stärkung und nicht die Schwächung dieser Macht in Sachsens wohlverstandenem Interesse, und alle jene Bestrebungen gegen Kaiser und Reich mussten auch die Hausmacht Sachsens mehr schwächen, als zweifelhafte Erwerbungen in Böhmen und Mähren dieselbe gestärkt haben würden. Das gute Recht war auf Seiten Maria Theresia's, das gute Recht allein konnte den Churfürsten von Sachsen, eines der mächtigsten Glieder des Reichs, in seiner Stellung schützen und erhalten. Wäre Sachsen im Jahre 1741 nach der Affaire von Mollwitz fest geblieben, wie es 1744 und 1756 fest blieb, so wäre wahrscheinlich die Quelle aller Deutschen Bürgerkriege, deren Urheber Friedrich II. war, verstopft worden und der Genius Maria Theresia's —

die wir, je mehr sie erkannt wird, immer mehr als die durchaus Deutsche Fürstin verehren müssen — würde vielleicht sogar Mittel und Wege gefunden haben, eine zeitgemässe Reform der wurmstichig gewordenen Reichsmaschine in das Leben zu rufen.

An das Ammenmährchen, welches noch heute in den protestantischen Schulen Deutschlands erzählt und immer wiederholt wird, dass Friedrich II. ein Beschützer der protestantischen Kirche gewesen, wird kein Unbefangener mehr glauben. Die protestantische Kirche war zu jener Zeit so unabhängig und durch die Reichsgesetze so ausreichend geschützt, dass sie der Preussischen Bajonnette zu ihrem Schutze wahrlich nicht bedurfte. Wie entschieden der kirchliche Kampf durchgefochten und beendet war, beweist kaum eine Thatsache schlagender als die neue Garantie, welche dem Westphälischen, die Rechte der protestantischen Reichsstände wahrenden Frieden in dem Versailler Bündnisse vom 1. Mai 1756 verliehen wurde. Denn ausdrücklicher konnten Oesterreich und Frankreich die Unantastbarkeit der Errungenschaften des Protestantismus, — eclatanter die vollendeten Thatsachen der Gleichberechtigung der evangelischen Reichsstände und der in Deutschland principiell durchgeführten Gewissensfreiheit kaum anerkennen, als dadurch, dass sie — die katholischen Mächte *par excellence* — sich genöthigt sahen, ihrem geheimen Separatbündnisse, welches jahrhundertjährigem Hader ein Ende zu machen bestimmt war, den Westphälischen Frieden zu Grunde zu legen.

Auch hat, um diess hier einzuschalten, die protestantische Kirche in Sachsen gerade dadurch, dass sie von dem Uebertritte des Herrscherhauses in ihrer Selbstständigkeit und Unabhängigkeit unangetastet und unangefochten blieb, den Beweis ihrer innern Kraft gegeben. Zugleich ist dieselbe dadurch, dass August der Starke und seine Nachfolger ihr durch die Reformation überkommenes Hoheitsrecht gewissenhaft nur durch die *in Evangelicis* betrauten protestantischen Minister ausüben liessen, bewahrt geblieben vor allen jenen willkürlichen Eingriffen der Staatsgewalt in die Freiheit der Kirche, vor jenen, wenn auch noch so gut gemeinten, Unionsexperimenten, welche in Preussen, anstatt zwischen Reformirten und Lutheranern Frieden zu stiften, zwischen den evangelischen Glaubensgenossen den heute noch wuchernden Samen der Zwietracht ausgestreut haben.

Der Marquis d'Argens, welchen Luther und Melanchthon schwerlich als Glaubensgenossen anerkannt haben würden, war bekanntlich zuerst auf den Gedanken gekommen, auf dem kirchlichen Gebiete für den Philosophen von Sanssouci politische Propaganda zu machen. Argens' Briefe „eines protestantischen Geistlichen" täuschten die Menge. In England hatte der ältere Pitt den König von Preussen, um das Parlament für Subsidien-Bewilligungen zu gewinnen, zum

„protestantischen Glaubenshelden" gestempelt. Wie Friedrich II. über diese seine angebliche Mission dachte, ist aus seinem Testamente, wie aus dem ganzen Geiste seiner Schriften bekannt. Wir empfehlen insbesondere die Bekenntnisse, welche ihm über seine kirchlich-reformatorischen Pläne, deren Apostel Rousseau und Voltaire in Deutschland werden sollten, in seinen Briefen an die geistreiche Herzogin von Gotha entschlüpft sind, und erlauben uns hier zur Charakteristik dieses Fürsten nur eine einzige Stelle aus den *„Principes généraux de la guerre," (Oeuvres Tom. 28, pag. 50)* zu übersetzen. Dort heisst es (Art. 16), nachdem der König seinen Generalen vorher empfohlen hat, wo möglich immer in der Offensive zu bleiben: „Wenn das Land (in welches ihr einrückt) protestantisch ist, wie z. B. Sachsen, so spielt man die Rolle *(on joue le rôle)* des Vertheidigers der lutherischen Religion; man facht im Herzen des Pöbels *(du vulgaire)* den Fanatismus an, da ja des Pöbels Einfalt leicht zu bethören. Ist dagegen das Land katholisch, so spricht man nur von Toleranz, predigt Mässigung und schiebt auf die Priester die Bitterkeit, welche noch zwischen christlichen Secten besteht; denn über alle Hauptpuncte des Dogma herrsche ja Einverständniss." Einen Fürsten, der solche Grundsätze offen ausprach, konnte das Sächsische Cabinet unmöglich als den Vorkämpfer des Protestantismus betrachten. Wie aber in Deutschland eine feste Anlehnung an Oesterreich den einzigen Halt, den einzigen Schutz gegen Preussische Eroberungsgelüste darbot, so war, so lange man in Petersburg im Grossen und Ganzen Peters I. Politik festhielt, nur durch einen festen Anschluss an Russland die Hoffnung vorhanden, Polen zu behaupten, Polen, welches, wie wir schon oben gezeigt, hauptsächlich durch Preussischen Ehrgeiz in seiner Existenz bedroht war.

So kläglich wir nun auch die Politik des Grafen Brühl in Polen desshalb nennen müssen, weil eine dreissigjährige, im Ganzen friedliche Regierung durchaus nichts geschaffen, was dem chaotischen Zersetzungsprocesse hätte entgegen wirken können, so vermögen wir doch das Bestreben des Sächsischen Hauses, sich in Polen erblich festzusetzen, an sich nicht zu tadeln. Man denke sich an die Stelle Augusts III. einen Fürsten, wie z. B. Churfürst Moritz, an die Stelle Brühls einen Staatsmann, wie z. B. Kaunitz oder nur wie der ältere Graf Flemming, und man wird leicht erkennen, welchen Dienst das Sächsische Haus Europa zu leisten vermocht hätte, wären die hochfliegenden Pläne Augusts II. practisch gestaltet, die Polnische Anarchie zu wahrer Freiheit erzogen, das Polnische Chaos in eine zwischen Riga und Dresden fest begründete Vormauer gegen slavische Ueberfluthungen umgewandelt worden. Ja, wir möchten sogar glauben, dass erleuchtete Russische Staatsmänner von heute es nur bedauern werden, dass Catharina II., Preussischen Einflüsterungen folgend und abgehend von der Politik Peters I. und Catharinas I., Polen vernichtet hat.

Alles diess kann nur flüchtig angedeutet werden, um unsere Auffassung, dass die Sächsische Politik im Jahre 1755 im Ganzen und Grossen vollkommen correct war, zu begründen. Freilich ward in der Ausführung Alles versehen. Die Ueberschätzung der schmalen Basis, auf welcher operirt werden musste, die vollkommene Unkenntniss, Trägheit und Sorglosigkeit, welche Brühls unglaubliche Illusionen kaum erklären, geschweige denn entschuldigen, die eigene Blindheit, die Gewissenlosigkeit, mit welcher der Hof getäuscht und hintergangen wurde, Alles diess kann nur aus den Acten entnommen werden, zu denen wir nach dieser Abschweifung zurückkehren, um daraus hauptsächlich den Beweis zu liefern, dass Brühl im Frühjahr 1756 noch — wäre er ein Staatsmann gewesen — das Mittel besass, leider aber versäumt hat, um Sachsens eigentlichen Zweck zu erreichen und das Hereinziehen Deutschlands in den siebenjährigen Krieg zu verhindern.

Wir machen dem Sächsischen Premierminister vor allen Dingen den Vorwurf, dass er in jener kritischen Zeit das Vertrauen des Kaiserlichen Hofes, — mit welchem zu gehen man entschlossen war, — nicht in ausreichendem Masse zu gewinnen gewusst hat. Hätte man es damals in Dresden verstanden, die Fühlung in Wien zu behalten, so hätte Brühl im Herbst 1755 oder wenigstens im Frühjahr 1756 von den Oesterreichisch-Französischen Verhandlungen genauer unterrichtet sein müssen, als er es war. Den Gesandten in Wien und Paris trifft desshalb kein Vorwurf. Der leitende Minister hatte deren Winke und Insinuationen nicht zu verwerthen verstanden. Schon am 21. December 1754 meldete Graf Flemming aus Wien, der Kaiser selbst habe ihm gesagt: „qu'Il se croyait obligé en ami et en bon allié du Roi, N. M., de m'avertir, *que le secret de ses correspondances* aux Cours étrangères, et principalement celles qui regardaient la Cour d'ici, de *Petersbourg et de Londres était mal gardé,* et qu'Il pouvait me donner pour certain, que tout ce que je mandais et ceux qui résidaient de la part du Roi dans les deux autres Cours mentionnées, *était exactement sû à Berlin par le moyen du Ministre prussien Baron de Maltzahn subsistant à Dresde, qui apparemment, avait trouvé un canal,* d'où il tirait tantôt des copies, tantôt des extraits des rapports et relations qui parvenaient au Roi des dits Ses ministres." Es entspann sich freilich eine Correspondenz darüber, aber Brühl versäumte es mit unbegreiflicher Sorglosigkeit, die sehr einfachen Vorsichtsmassregeln zu ergreifen, welche damals schon zur Entdeckung des treulosen Kanzlisten Mentzel hätten führen müssen.

Die Oesterreichische Politik. Graf Kaunitz.

Dass man in Wien unter diesen Umständen nicht geneigt sein konnte, dem Sächsischen Cabinet Confidencen zu machen, liegt auf der Hand.

Was nun die Kaunitz'sche Politik selbst anlangt, so darf dieselbe freilich nicht nach dem Erfolge allein beurtheilt werden. Dass dieselbe mit Oesterreichischem Particularismus verquickt war, soll nicht geleugnet werden. Erinnert man sich aber, dass Frankreich seit Jahrhunderten kein anderes Bestreben gehabt hatte, als Deutschland zu schwächen, die kaiserliche Autorität zu untergraben, jede Empörung der einzelnen Reichsfürsten wider Kaiser und Reich zu unterstützen, so wird man kaum überrascht sein, dass in Wien der Gedanke auftauchte, eine aufrichtige Aussöhnung und Verständigung mit diesem Erbfeinde zu suchen. Graf Kaunitz konnte für diese Idee eine alte Familientradition des Hauses Habsburg anrufen. Denn der mächtigste Habsburger, Kaiser Carl V., hatte ja ernstlich daran gedacht, sich mit König Franz zu verständigen, diesem die Rheingrenze zu opfern, um die kaiserliche Gewalt in Deutschland erblich, dem Jammer des Wahlreichs ein Ende zu machen.[1]

---

[1] Es hat sich hierüber im K. Sächsischen Hauptstaats-Archiv eine merkwürdige Urkunde erhalten: über eine geheime Mission des Churfürsten von der Pfalz an Churfürst August von Sachsen. Die Urkunde trägt das Datum: Dresden 1. December 1553. Im Actenstücke — einem Protokolle über die mündlichen Ausrichtungen des Pfälzer Abgesandten — wird erzählt: zwei hohe Personen hätten sich vereinigen wollen, „etzliche Theilung

Ja, wir möchten fast glauben, dass auch heute noch jeder Oesterreichische Staatsmann, der sich seiner Aufgabe bewusst ist, gut daran thun würde, die Kaunitz'schen Ideen im Gedächtniss zu behalten. Im Jahre 1859 hätte man vielleicht dem Kaiserhause ein jetzt verlorenes Königreich retten, die **Umgehung des linken Flügels der Deutschen Aufstellung in Italien, und dadurch die Blossstellung des rechten Flügels am Rhein verhindern** können, wenn man rechtzeitig eine Verständigung mit Frankreich gesucht und daran gedacht hätte, dass die Interessen des Staats schwerer wiegen, als persönliche Neigungen und Abneigungen.

Was Kaunitz mit einer, bessern Erfolges würdigen Consequenz seit dem Friedensschlusse von Aachen anstrebte, ist bekannt. Eine kleine nicht genugsam beachtete Schrift des verstorbenen K. Sächsischen Conferenzministers Albrecht Grafen von der Schulenburg (Klosterroda)[1] giebt darüber Aufschluss. Freilich sind die dort mitgetheilten Documente nur aus dem Zusammenhange gerissene Fragmente, welche die Ziel-

zu machen von der Deutschen Nation." Am Rande erläutert eine andere Hand: „Das ist Koenig Franciscus vnd Kaiser Karll, die haben sich mit einander In Teutschland theilen vnd also vergleichen wollen, das Franckreich Teutschland biss an den Reinstromb vnd der Kaiser das ander theill vber den Rein ein Jeder Erblich behalten solte."

[1] Einige neue Actenstücke über die Veranlassung des siebenjährigen Krieges. Aus den Papieren eines Staatsmanns. Leipzig, Teubner 1841.

punkte der damaligen Oesterreichischen Politik mehr ahnen lassen, als vollständig enthüllen. Indessen ergeben sich daraus folgende Thatsachen:

Der Besitz der entlegenen Niederländischen Provinzen sollte unter gewissen Bedingungen aufgegeben werden. Diese vom Centrum der Monarchie aus schwer zu vertheidigenden Länder waren im Spanischen und im Oesterreichischen Erbfolgekriege der schwache Punkt gewesen. Der leidige Barrièretractat hatte neuerdings zu unerquicklichen Reibungen mit den alten Alliirten des Hauses Oesterreich, mit England und den Niederlanden, Anlass gegeben, zu Reibungen, in denen die Hauptquelle der Spannung zu suchen ist, welche zwischen Wien und den Seemächten seit 1748 fühlbar geworden.

Kaunitz wünschte aber selbstverständlich dieses Opfer nicht umsonst zu bringen. Er wollte dadurch im Einverständnisse mit Frankreich und Russland den Europäischen Frieden auf festen Grundlagen erkaufen, in Italien: Sardinien, in Deutschland: Preussen, in Polen endlich wiederum Preussen unschädlich machen.

Luxemburg, Chimay und Beaumont sollten an Ludwig XV., Flandern und Brabant an den Infanten Don Philipp überlassen werden, Dieser dagegen die drei Italienischen Herzogthümer und die Anwartschaft auf Neapel, die er nach dem Aachener Frieden besass, der Kaiserin Königin cediren.

Frankreich sollte sich ferner anheischig machen, der Wiedererwerbung von Schlesien und der Grafschaft Glatz nicht entgegen zu sein, und „zur grössten Schwächung des Königs von Preussen concurriren." Erwägt man den Ursprung der neuentstandenen Preussischen Macht, bedenkt man, dass Friedrich II. sich, dem Zaunkönige gleich, „pour sauver l'Alsace" unter den Fittigen des Französischen Adlers über seine Mitfürsten erhoben hatte, dass man zu Wien in ihm den Schützling, den Protégé Frankreichs erblickte und respektirte, so wird der letztere Gedanke wenig überraschen können. Man glaubte sich am Einfachsten über die Wiedererlangung einer *vi, clam et precario* dem Kaiserhause entrissenen Provinz mit dem Beschützer Desjenigen verständigen zu können, der im Besitze geblieben war, nicht weil man seine Macht als ebenbürtig ansah, sondern weil man einen Europäischen Krieg, einen Krieg mit Frankreich wegen Schlesiens nicht hatte anfangen wollen. Es handelte sich also bei dem geheimen Plane des Grafen Kaunitz keineswegs ausschliesslich, sondern nur nebenbei auch um Schlesien. Man wollte die Quellen künftiger Continentalkriege verstopfen und glaubte, dass mit einem Reichsfürsten, wie Friedrich II., ein dauernder Frieden unmöglich sei.

Aber dieser Kaunitz'sche Plan, den wir so eben nach dem Protocollauszuge der Conferenz, welche im K. K. Staatsministerium zu Wien am 2. Juni 1756 gehalten worden, und nach den „Punkten für den *traité secret*" (Seite 27 und 29 der angezogenen Schrift) skizzirt haben, war eben nur ein Plan, nur ein Entwurf, nur die *arrière-pensée* des Wiener Cabinets.

Die am 1. Mai 1756 zu Versailles unterzeichneten beiden Verträge, deren Ratificationen am 28. desselben Monats ausgewechselt wurden, hatten nur die Grundlage bilden sollen zu jenem geheimen Tractate, der später auch wirklich abgeschlossen ward, aber erst am 1. Mai 1757.

1756 Mai.

Zufällig wurden bekanntlich die beiden Verträge von 1756 an demselben Monatstage unterzeichnet, wie der geheime Tractat von 1757, gerade wie das Englisch-Preussische Neutralitätsbündniss vom 16. Januar 1756 zufällig am 16. Januar 1757 zu dem Englisch-Preussischen Offensivbündnisse führte. Daraus sind mehrfache Verwechselungen entstanden.

Das Defensiv-Bündniss von Versailles.

Das am 1. Mai 1756 zwischen Oesterreich und Frankreich zu Stande gekommene Bündniss war ein reines Vertheidigungsbündniss. Eine Coalition gegen Preussen, Offensivbündnisse, sei es mit Frankreich oder mit Russland, existirten nicht, als Friedrich II. losschlug; und Sachsen hatte von den geheimen Planen des K. K. Staatskanzlers nicht die geringste Ahnung, als der Krieg begann.

Bei der Erörterung der Frage: ob Friedrich II. ein Recht hatte, im Jahre 1756 loszuschlagen, kann es aber selbstverständlich nur auf die vollendeten Thatsachen, nicht auf die Absichten dieser oder jener Macht ankommen. Denn wäre ein jeder Fürst berechtigt, einen Krieg anzufangen, bloss um feindseligen Absichten anderer Mächte zuvorzukommen, so wäre ja ein Friedenszustand überhaupt nicht denkbar. Wie weit war also die Verständigung mit Frankreich über die eben blossgelegten Absichten des Wiener Hofes gediehen, als der König von Preussen den Krieg begann? Das ist die zunächst zu erörternde Frage. Und auf diese Frage giebt uns ein ebenfalls von dem Grafen Schulenburg veröffentlichtes geheimes Actenstück so vollständige Auskunft, dass wir nicht verfehlen wollen, die hier einschlagende Stelle wieder zu geben.

Unter der Ueberschrift *„Réponse du Roi, remise le 29 Juin 1756"*[1] werden nämlich die dem König Ludwig XV. gemachten Oesterreichischen geheimen Anträge recapitulirt: 1756 Juni.

„Le Roi s'est déterminé à s'arranger avec la cour de Vienne *sur le plan proposé au mois de Septembre dernier* par S. M. l'Impératrice Reine d'Hongrie et de Bohème aussitôt qu'il a pu le faire sans blesser la fidélité, qu'il gardera toujours à ses alliés, tant qu'il n'aura pas de justes sujets de s'en plaindre."

Also: Frankreich hat auf gewisse geheime Vorschläge, welche im September 1755 durch den K. K. Gesandten gemacht worden, nicht eher antworten

[1] „Einige neue Actenstücke etc." S. 31.

wollen, als bis nach Ablauf des mit Preussen auf 12 Jahre, im Jahre 1744, abgeschlossenen, Ende Mai 1756 erloschenen Subsidien- und Allianz-Tractats.

Worin bestanden nun diese Oesterreichischen Vorschläge?

„S. M. l'Impératrice," so sagt Ludwig XV., *„n'a jusqu'ici demandé au Roi, que de renoncer à l'alliance du Roi de Prusse,* et réciproquement le Roi (de France) n'a demandé à l'Impératrice que de renoncer à l'alliance de l'Angleterre.

L'objet de S. M. T. C. en désirant de confirmer par un *traité secret* l'alliance *défensive* qu'Elle vient de contracter avec S. M. l'Impératrice Reine a été:

1) De rendre cette union inaltérable en détruisant tous les obstacles qui pourraient un jour s'opposer à sa durée.

2) D'assurer le repos de l'Italie et en particulier le sort et les établissemens des deux S^{mes} Infant Don Carlos, Roi des Deux Siciles, et Don Philippe, Duc de Parme, Plaisance et de Guastalle, en cherchant de bonne heure de prévenir les disputes et les brouilleries, qui pourraient naître un jour à leur sujet entre les deux Cours.

3) De trouver dans un arrangement également utile à la Cour de Vienne et à la France, de nouvelles ressources pour tirer une juste satisfaction de l'Angleterre, *sans que S. M. T. C. soit pour cela engagée, ni obligée à agir offensivement, contre le Roi de Prusse,*

ainsi qu'Elle l'a constamment déclaré par ses plénipotentiaires" . . . . .

Also: Oesterreich hat weiter nichts verlangt, als dass Frankreich seinem Bündnisse mit Preussen, der Quelle aller bisherigen Zerwürfnisse in Deutschland, entsage; Frankreich hat, wie aus dem Verlauf des Actenstücks hervorgeht, zwar nichts dagegen, wenn Oesterreich wieder in den Besitz von Schlesien gelangt, aber Ludwig XV. erklärt unumwunden: **dass er von einem Offensivbündnisse zu diesem Zwecke nichts wissen wolle.**

Irren wir nicht, so liegt hierin der Schlüssel zu dem Bündnisse vom 1. Mai 1756, mit welchem wir es hier allein zu thun haben.

Abgeschlossen ward dasselbe von Oesterreich als Grundlage zu einem später auszuführenden allgemeinen Pacificationsplane, in welchem unter Andern die Wiedergewinnung Schlesiens Platz finden sollte. — Hervorgerufen war dasselbe durch das Oesterreichische Staatsinteresse, dem Frieden in Deutschland und in Italien feste Garantieen zu verschaffen; denn dieser Friede war unmöglich, jeder Friedensvertrag, praktisch betrachtet, nur ein Waffenstillstand, so lange Frankreich dem immer gerüsteten Könige von Preussen gegen Kaiser und Reich Schutz und Hilfe zusicherte. Hierzu trat der Wunsch des Wiener Cabinets, wo möglich den zwischen England und Frankreich drohenden Seekrieg von den Grenzen des Reiches fern zu halten, ein Wunsch, den Frankreich aufrichtig theilte. In Deutschland gab es aber nur Einen, der diese Gelegenheit benutzen konnte und wahrscheinlich benutzen wollte, um neue Eroberungen zu machen. Für diesen Fall wünschte sich Oesterreich im Vorhinein offen mit Frankreich auszusprechen und keinen Zweifel darüber bestehen zu lassen, dass in diesem Falle eine Wiedererlangung Schlesiens eines der Objecte sein würde, für welches die Kaiserin Königin zu kämpfen bereit sei, ein Object, für welches Sie zugleich auch einzig und allein Sich entschliessen könnte in eine Cession der Oesterreichischen Niederlande zu willigen.

Frankreich aber hatte das Versailler Bündniss abgeschlossen, weil es dadurch hoffte, den König von Preussen in Schach zu halten, den Ausbruch eines Continentalkrieges zu verhindern und alle Kräfte auf den Seekrieg mit England concentriren zu können.

Dieser Gedanke dominirt offenbar im Frühjahr und Sommer von 1756 die Französische Politik.

Aber, wird man fragen, wenn auch zugegeben werden muss, dass Friedrich II. nicht berechtigt war, wegen der oben skizzirten geheimen Absichten des Hauses Oesterreich, so lange sie nicht zu Offensivallianzen und zu einem wirklichen Angriffe auf Preussen geführt hatten, so lange keine Thathandlungen vorlagen, zum Schwerte zu greifen, war es nicht ein Act politischer Klugheit, dass er das Prävenire spielen und Oesterreich überfallen wollte, so lange dieses noch nicht gerüstet war?

Die Geschichte antwortet ein entschiedenes „Nein" auf diese Frage. Vom Standpunkte der politischen Klugheit allein würde Friedrich II., vorausgesetzt, dass er keine Eroberungsplane gehabt hat, seines Losbruchs im Jahre 1756 wegen ebenso zu verdammen sein, wie vom Standpunkte der politischen Moral. Denn wie das Bündniss von Westminster das von Versailles zu Stande gebracht hatte, so hat erst die Preussische Schilderhebung diejenige Europäische Coalition geschaffen, welcher Friedrich II. zuvorkommen wollte. Er hat also gerade Das wirklich in das Leben gerufen, was er verhindern, die Gefahr muthwillig heraufbeschworen, der er vorbeugen wollte. Und wenn der König von Preussen, nachdem er sich und den von ihm beherrschten Staat mehr als einmal an den Rand des Abgrunds gebracht hatte, dennoch schliesslich lediglich durch den Tod der Kaiserin Elisabeth seinen ursprünglichen Einsatz zurückgewonnen hat, so hat er diess gewiss nicht seiner Schilderhebung von 1756 zu danken, sondern ganz andern Ursachen, die wir hier, da wir die Geschichte des siebenjährigen Krieges nicht schreiben, nicht näher darzulegen brauchen, um so weniger, da dieselben in dem in der ersten Studie mitgetheilten Briefe des Generals Grafen Vitzthum vom Jahre 1762 sehr klar angedeutet sind. Dass übrigens auch Russland, so feindlich es sich auch den Preussischen Intriguen in Constantinopel und in Polen entgegenstellte, als Friedrich II. in Sachsen einbrach, mit Oesterreich keine Offensivallianz hatte, ist bekannt und geht deutlich aus der Thatsache hervor, dass die Kaiserin Elisabeth erst nach dem Ausbruch des Krieges dem Versailler Bündnisse beitrat. Dass man aber in Wien im Frühjahr 1756 ein Offensivbündniss mit Russland allein nicht einmal wünschte, beweist unter Anderem die Depesche des Grafen Kaunitz an den Grafen Esterhazy (damals Kaiserlicher Botschafter in Petersburg) vom 22. Mai 1756.[1] Wie wenig übrigens Russland, von innern Parteiungen zerklüftet und durch ganz entgegengesetzte politische Strömungen neutralisirt, sein natürliches Gewicht in die Wagschale Europäischer Entscheidungen zu legen vermochte, das hat Dr. Herrmann (a. a. O. V. S. 125) actenmässig nachgewiesen. In den Petersburger Verhältnissen, welche dort aufgedeckt werden, liegt das Geheimniss der Preussischen Rettung, wie wir schon oben angedeutet.

Bevor wir nun, nachdem wir Dasjenige, was über die Motive der beiden Pasciscenten des Versailler Bündnisses von 1756 bisher bekannt geworden, zusammengestellt, zu der Erörterung der Wirkung, welche das Ereigniss auf Sachsen übte, übergehen, sei es noch gestattet, einer weit verbreiteten Sage zu gedenken, welche mit dieser Negociation in Verbindung

[1] „Einige neue Actenstücke etc." S. 37.

gebracht wird. Es heisst nämlich, und Friedrich II. ist wahrscheinlich der Erfinder, Kaiserin Maria Theresia habe, um den Französischen Hof für das Bündniss zu gewinnen, an die Marquise de Pompadour eigenhändig geschrieben und ihr die Anrede „*Ma Cousine*" gegönnt.[1] Wir freuen uns, diese gehässige Verleumdung einer auf ihre Frauenwürde mit Recht so stolzen Fürstin durch ein eigenhändiges Zeugniss widerlegen zu können, welches von dem Director des Königl. Sächsischen Hauptstaats-Archivs, Dr. Carl von Weber, in seiner Lebensbeschreibung der Churfürstin Maria Antonia von Sachsen an das Licht gezogen worden ist.

Die Kaiserin schreibt eigenhändig an die befreundete Churfürstin am 10. October 1763[2] unter Anderm:

Eine eigenhändige Rechtfertigung Maria Theresia's.

„Vous vous trompez si vous croyez que *nous avonts jamais eut des liaison avec la pompadour, jamais une lettre*, ni que notre ministre aye passée par son canal, ils ont dut lui faire la cour comme tout les autres, mais jamais aucune intimité. *ce canal ne m'auroit pas convenut.* je lui ais fais un present plutot

---

[1] Carlyle verfehlt natürlich nicht die Sage aufzunehmen und versichert, die Kaiserin habe der Marquise auch die Anrede „*Princesse et Soeur*" gegeben. „*History of Friedrich II. of Prussia*" by Th. Carlyle, Vol. IX. p. 224. Leipzig, B. Tauchnitz 1864.

[2] Maria Antonia Walpurgis, Churfürstin zu Sachsen u. s. w. von Dr. Carl von Weber. Dresden 1857. I. S. 144.

galant que magnifique, l'année 756, et avec la permition du roy, je ne la crois pas capable d'en accepter autrement."

Dass Graf Flemming in Wien von den geheimen Verhandlungen mit Frankreich im März einige Andeutungen gehabt haben muss, haben wir aus der oben wiedergegebenen Depesche des Grafen Brühl vom 7. März zu entnehmen gehabt. Auch Graf Vitzthum in Paris hatte, noch bevor er jenen Wink erhalten, am 14. März darauf aufmerksam gemacht, dass sich die Besprechungen des Grafen Starhemberg mit Herrn von Rouillé in auffallender Weise wiederholten. Man frage sich, ob jene langen Conferenzen einen Oesterreichischen Vermittlungsversuch zwischen England und Frankreich zum Gegenstande hätten; oder ob es sich um die Neutralität der Niederlande handle. Am 21. März wiederholt er, dass sich die Thätigkeit des Kaiserlichen Gesandten in das tiefste Geheimniss hülle. Es circulirten damals in Paris darüber allerhand Vermuthungen. Die Einen meinten, es handle sich wieder um einen ernsten Vermittlungsversuch, um die Absicht, den damals noch drohenden Krieg zwischen England und Frankreich im Keime zu ersticken. Andere glaubten, ein Vermählungsprojekt zwischen Erzherzog Joseph und der ältesten Tochter des Infanten Don Philipp sei im Werke. Wieder Andere behaupteten ganz bestimmt zu wissen, es werde ein Vertrag zwischen

Frankreich, der Kaiserin Königin und Spanien vorbereitet. Man wolle Port Mahon durch Französische Truppen nehmen, um es Spanien zu übergeben. Dafür solle Spanien 30 Linienschiffe bewaffnen, der Infant Don Philipp aber die Herzogthümer Parma und Piacenza der Kaiserin Königin cediren und dagegen die Oesterreichischen Niederlande erhalten.[1] Auch solle das Vertragsverhältniss der Kaiserin Königin mit dem Herzog von Modena, die eventuelle Succession des dritten Erzherzogs in die Staaten dieses Herzogs geregelt werden. Am 28. März schreibt Vitzthum: Die Verhandlungen mit Wien beschäftigten die Diplomaten, das Geheimniss werde aber so streng gewahrt, dass man nur von Conjecturen sprechen könne.

Im Monat April war Vitzthum in Folge einer ernstlichen Krankheit verhindert, die Geschäfte zu führen. Am 2. Mai greift er wieder zur Feder, um zu melden, „Starhembergs Thätigkeit habe nachgelassen, die Verhandlungen müssten daher entweder abgebrochen oder zum Schluss gediehen sein. Das Gerücht einer völligen Verständigung erhalte sich, so schwer es auch sei, an einen vollständigen Systemwechsel des Wiener Hofs zu glauben. Keinesfalls könne es sich um ein Offensivbündniss gegen England handeln, da ja dann die Kaiserin fürchten müsste, sich mit Russland zu überwerfen. Es bliebe

---

[1] Diejenigen, die das behaupteten, waren also am Besten unterrichtet.

daher nur die Vermuthung übrig, dass es sich um eine Neutralisirung der Oesterreichischen Niederlande handle und dass Frankreich aus Misstrauen gegen Preussen eine Annäherung suche; denn dass, wie Mehrere behaupteten, Frankreich der Kaiserin Königin eine Wiedererwerbung ihrer Besitzungen in Italien, alles Dessen, was sie in den letzten Kriegen dem König von Sardinien aufzuopfern genöthigt gewesen, gegen einige Districte in den Niederlanden zugesichert habe, das sei schwer zu glauben. Freilich könne nicht geleugnet werden, dass die bekannte Vorliebe der Kaiserin für Italien und ihre nicht minder bekannte Gleichgültigkeit für ihre Niederländischen Provinzen diesem Gerüchte Nahrung gäben. Bei alledem sei es aber doch kaum möglich, dass man sich in Wien schmeichle, ohne mit England zu brechen, den König von Sardinien angreifen zu können."

Am 16. Mai war nun Brühl laut einer von Leipzig datirten Depesche noch so vollkommen im Dunkeln, dass er die eben angedeuteten Notizen des Sächsischen Gesandten sehr skeptisch aufnahm. Es könne zwischen Wien und Paris unmöglich etwas Wesentliches verabredet worden sein. Wahrscheinlich wollten beide Höfe nur ihre gegenseitigen Eindrücke über die Bedeutung der Verbindung, welche Preussen mit England eingegangen, austauschen. Da Frankreich im Haag erfolgreich für die Neutralität der

Generalstaaten gewirkt, so könne es sich höchstens um die Neutralisirung der Oesterreichischen Niederlande handeln. So schlecht unterrichtet sich hiernach der Sächsische Minister über die Politik des Wiener Hofs zeigte, so vortrefflich war er dagegen von der damals ganz im Geheimen angeknüpften Verhandlung informirt, welche später die Aussöhnung Frankreichs mit Russland zur Folge hatte. Er signalisirt die Anwesenheit des Französischen Emissärs Chevalier Duglas in Petersburg und bezeichnet den neuen Residenten Frankreichs in Danzig als einen gewandten Diplomaten, der wohl nur desshalb in die Nachbarschaft Russlands versetzt worden, um den König von Preussen zu überwachen. Endlich konnte der nun von seiner Krankheit ganz wiederhergestellte Sächsische Gesandte in Paris am 23.[1] Mai die erste positivere Nachricht einmelden, dass ein aus vier Artikeln bestehender Vertrag zwischen Oesterreich und Frankreich abgeschlossen worden sei. Vitzthum hatte nicht verfehlt, den Französischen Staatssecretair sofort über das ihm aus guter Quelle

[1] Also bevor man in Paris die Nachricht von der Ratification haben konnte; denn diese wurde auf Grund der Starhembergschen Depesche vom 2. Mai, welche den Tags zuvor abgeschlossenen Vertrag begleitete, in Wien erst am 19. Mai in einer Conferenz beschlossen, welcher die Kaiserin beiwohnte. Maria Theresia hat, nach dem Protokolle, in jener Conferenz „mehrmals offenherzig bekennet, dass sie noch keine *convention* in Zeit ihrer Regierung mit so vergnügtem Herzen unterschrieben habe." „Einige neue Actenstücke etc.," S. 26.

zugekommene Gerücht zu befragen. Rouillé hatte zuerst den Geheimnissvollen gespielt, dann aber unter dem Siegel des engsten Vertrauens eingeräumt, dass der Abschluss eines solchen Vertrags allerdings möglich sei, und dabei die bedeutungsvollen Worte fallen lassen: er, Rouillé, hoffe, dass die intimen Beziehungen, welche bis jetzt zwischen Wien und Dresden obgewaltet, nun, da sich Frankreich mit Wien verständige, auch zu einer grösseren Intimität zwischen Frankreich und Sachsen führen würden. Ob der Oesterreichisch-Französische Vertrag wirklich unterzeichnet oder nur zum Abschlusse vorbereitet sei, darüber hatte sich Rouillé nicht bestimmt ausgelassen. Dass aber die wenigen in das Geheimniss Eingeweihten jene Annäherung nur als den Gegenzug in Antwort auf den von Preussen bereits ausgeführten Schachzug vom 16. Januar betrachteten, ergiebt sich deutlich aus diesem Berichte.[1] Die Befürchtung, die Kaiserin Königin habe sich nur desshalb Frankreich genähert, um eine Wiedereroberung Schlesiens zu ermöglichen, scheint allerdings schon damals aufgetaucht zu sein. Vitzthum glaubt nicht daran, weil nicht anzunehmen, „que

---

[1] „Le jugement le plus général des peu de personnes qui sont informées de cet évènement est, que cela regarde la neutralité des Pays-Bas, et que les deux Cours contractantes ont été bien aises de se venger: la France du Roi de Prusse, et la Cour de Vienne de l'Angleterre, toutes deux mécontentes des nouvelles liaisons de ces deux Princes."

l'on voulût changer tout le système de l'Europe."
Diess war die erste Nachricht, welche man in Dresden von diesem entscheidenden Ereignisse erhielt.
Bestimmteres meldet der gesandtschaftliche Bericht vom 2. Juni 1756:

„Ich hatte mich gestern nach Versailles begeben, um mit Herrn von Rouillé von Geschäften zu sprechen. Der Staatssecretair sagte mir, das Vertrauen, welches er mir schenke, habe ihn schon vor etwa 14 Tagen vermocht, bevor er irgend einem andern fremden Gesandten davon gesprochen, mir anzuvertrauen, dass eine Verhandlung zwischen dem Könige und der Kaiserin Königin im Werke sei. Jetzt könne er mir sagen, dass diese Verhandlung zum Abschlusse gediehen sei,[1] dass am 1. Mai ein Vertrag unterzeichnet worden, durch welchen man hoffe, den Frieden in Europa gesichert zu haben. Zwei verschiedene Instrumente seien unterzeichnet worden: Erstens eine Neutralitätsconvention, mittelst welcher die Kaiserin Königin sich anheischig mache, in den gegenwärtigen Zwistigkeiten zwischen Frankreich und England keine Partei zu ergreifen. Das zweite Instrument sei aber ein förmlicher Tractat zu gegenseitiger Vertheidigung und enthalte die Bestimmung, dass, unbeschadet der Neutralität der Kaiserin im gegenwärtigen Englisch-Französischen Kriege,

---

[1] Die Ratificationen waren drei Tage vorher, am 28. Mai, ausgewechselt worden.

beide Theile sich verpflichteten, im Falle der eine oder andere zu Lande angegriffen werden sollte, von wem es auch sei, und wäre es auch in Folge des jetzigen Krieges, dem Andern ein Hilfscorps von 18,000 Mann Infanterie und 6000 Mann Cavallerie zu stellen." Rouillé hatte dieser Mittheilung die Erwartung hinzugefügt, dass die Nachricht dem Dresdener Hofe nur angenehm sein könne, wie allen Mächten, welche die Aufrechthaltung des Friedens in Europa wünschten.[1] Bei dieser Stelle des Berichts findet sich die einzige Marginalbemerkung mit Bleistift, die von Brühls Hand sein dürfte; sie besteht in dem Worte „Oui."

Dass es auch geheime Artikel zu dieser Convention gebe, wurde im diplomatischen Corps in Paris damals behauptet; Rouillé hatte es aber ausdrücklich geleugnet und Vitzthum sich daher für ermächtigt gehalten, dem Französischen Minister zu erklären: wenn der Vertrag nur die Aufrechterhaltung der Ruhe und des Friedens in Europa bezwecke, so werde der König, sein Herr, den wärmsten Antheil an einem Werke nehmen, welches für das öffentliche Wohl so segensreich, den fried-

---

[1] „Que lui, Rouillé, ne doutoit pas que la réunion des deux Cours auxquelles le Roy, N. M., Se trouvoit lié par toutes sortes d'endroits, ne fût fort agréable à S. M. ainsi qu'à toutes les Puissances de l'Europe qui désirent et se trouvent intéressées au maintien de la paix."

lichen Absichten Sr. Majestät so vollkommen entsprechend zu sein scheine.

Gleichzeitig mit dieser Meldung erbat sich der Gesandte von dem Grafen Brühl Aufklärung über einige Zweifel, die ihm aufgestiegen waren. Werden Preussen und England, — so fragt er, — nicht diesen Zuwachs der Kaiserlichen Macht als bedenklich für Deutschland darstellen? Wird Frankreich, so eng mit Oesterreich verbunden, nicht gleichgültiger werden für die Freundschaft anderer Deutscher Höfe und sparsamer mit Subsidien? Endlich, könnte Oesterreich nicht die neue Allianz benutzen, um den Plan, dem Herzog Carl von Lothringen die Polnische Succession zuzuwenden, — ein Plan, von welchem Rouillé früher einmal gesprochen, — wieder vorzusuchen?

Noch bevor er darüber belehrt werden konnte, hatte er übrigens, schon am 6. Juni, über den Eindruck der neuen Allianz auf das Französische Volk Folgendes berichtet:

„Le traité conclu avec la Cour de Vienne cause dans le pays une joie infinie, et console parfaitement de l'abandon du Roi de Prusse, auquel on croit que cette alliance fera beaucoup de peine."

Was Graf Brühl von dem Versailler Bündnisse dachte.

Die Antwort Brühls liess nicht lange auf sich warten. Am 20. Juni bekannte er den Empfang der Berichte vom 2. und 6. Juni und beruhigte den Gesandten vollständig über die von ihm ausgesprochenen Bedenken. Er schreibt:

„Quoique V. E. ait déjà répondu par un compliment convenable aux ouvertures confidentes, que Mr. de Rouillé venoit de Luy faire au sujet des nouveaux engagements concertés entre l'Impératrice Reine et le Roi T. C., et constatés par la signature et ratification de la Convention d'une Neutralité et le Traité formel défensif et auxiliaire, Vous réitererez néanmoins encore, s'il Vous plaît, Mr., au susdit Secrétaire d'État nos remercîments sur cette communication et surtout sur la manière amiable et obligeante, dont Mr. de Rouillé s'en est expliqué. Comme nous avons effectivement désiré un pareil entendement entre les deux Cours contractantes, auquel nous avons même travaillé il y a plus de dix ans et dans différentes occasions et conjonctures avec beaucoup d'application et de ferveur, de quoi les actes de Mr. le Comte de Loss, Votre prédécesseur, et surtout les négociations secrètes, dont il a été chargé avant la conclusion de la paix d'Aix la Chapelle, rendent un témoignage authentique, — le présent accomplissement d'une intention aussi salutaire, et le but également désirable de la réunion des deux Cours, n'ont pu que nous faire beaucoup de plaisir. C'est ce que le Roi a donné Luy même à connoître à Mr. le Comte de Broglie, lorsque cet Ambassadeur s'est acquitté Vendredy passé de la communication qu'il avoit été autorisé de faire à Sa Majesté de cette nouvelle Alliance, par le Courrier, qui luy parvint vers la fin de la semaine passée..............

Nachdem hierauf bemerkt worden, der König habe sowohl den Botschafter als auch den Kaiserlichen Gesandten, Grafen von Sternberg, wegen eines Unwohlseins nicht gleich empfangen können, dann aber von Beiden an demselben Tage die Mittheilung der beiden Tractate vom 1. Mai entgegengenommen, fügt Brühl Abschriften dieser Piecen selbst seiner Depesche bei und fährt fort:

„L'un et l'autre nous ayant assuré, qu'il n'existoit aucun article secret, cette assertion diminue en quelque façon l'authenticité de l'avis, dont V. E. fait mention, de l'existence d'une couple de ces articles, étant d'ailleurs très probable, que les deux Puissances contractantes se seront réservé de s'entendre encore ultérieurement sur différents arrangements relatifs à leur nouvelle alliance.

Celle-ci ne sauroit assurément point manquer d'avoir une influence bien essentielle sur le système général de l'Europe, et en particulier aussi sur les affaires d'Allemagne. Je ne disconviens pas de la remarque que V. E. a faite, que le Roi de Prusse, secondé par l'Angleterre, cherchera à inspirer aux États de l'Empire beaucoup d'appréhensions sur l'usage, que la Cour Impériale pourroit faire de cette connexion avec la France, pour l'accroissement de son autorité et pouvoir en Allemagne, *mais il me semble qu'on aura toujours moins à craindre du pouvoir du Chef de l'Empire, que de celuy de Sa Majesté Prussienne, qui notoirement n'a manqué jusques ici aucune occasion pour se mettre au-dessus de toutes lois et Constitutions, et pour tâcher de soumettre au despotisme de ses vues et intentions la plupart des autres Princes et Membres de l'Empire.* Quant à ce qui regarde une autre réflexion de V. E., plus spécialement relative à l'influence possible de cette nouvelle alliance sur nos propres intérêts et affaires, et à laquelle Vous me paroissez, Mr., avoir été d'abord sensible, je suis bien aise de Vous dire pour Votre direction et tranquillité personnelle, que quoique ces liaisons entre les Cours de Versailles et de Vienne semblent mettre la première dans une situation, à nous avoir moins à rechercher, nous ne regrettons nullement, de n'avoir point pris des engagements précipités avec Elle, vu que les affaires n'en seroient peut-être pas venues alors là, où elles sont aujourd'huy, outre que nous ne sommes aucunement fâchés de n'être engagés ni avec la France, ni avec l'Angleterre, dans cette conjoncture et variation critique des affaires générales.

Nous ne craignons pas non plus que ces nouvelles liaisons puissent préjudicier à nos intérêts en Pologne, puisqu'il ne semble point probable que la France pousse jamais son amitié pour la Cour de Vienne au point de vouloir s'employer à procurer la Couronne de Pologne à un Prince de la Maison Impériale, tandis que ces mêmes circonstances pourroient au contraire favoriser nos propres vues, et faciliter que les deux Cours Impériales de Vienne et de Russie et celle de Versailles s'accordent d'autant plus tôt pour contribuer de concert à ce que la succession éventuelle en Pologne fût préparée et arrêtée en faveur de notre Prince Royal et Electoral" . . . .

Ein diplomatischer Schachzug des Grafen Vitzthum.

Nachdem nun Vitzthum so über seine Bedenken vollständig beruhigt war, erhielt er einen Erlass, der ihn nur in der Ansicht bestärken konnte, dass ein inniger Anschluss Sachsens an die durch das Versailler Bündniss verbundenen Mächte dringend zu wünschen sei. Brühl schrieb nämlich am 2. Juli: „Ich benutze den Courier, welchen der Französische Botschafter heute abzusenden beabsichtigt, um Sie davon zu benachrichtigen, dass nach unsern Berliner Nachrichten der König von Preussen die ernstesten und bedenklichsten Rüstungen und Vorbereitungen zum Kriege trifft. Man glaubt sogar, er werde sich nicht auf der Defensive halten, er werde zuvorkommen wollen und die Offensive ergreifen. Sie begreifen, dass diese Lage uns nur die grössten Besorgnisse einflössen kann, denn es könnte sich ereignen, dass der König von Preussen von Neuem seinen Durchmarsch durch unsere Lande nehmen und uns schlimmer behandeln könnte, wie im Jahre 1744. Da wir nicht in der Lage sind, uns zu widersetzen, so würden wir vorkommenden Falls nur gewähren lassen müssen, und unsere Truppen an einen sichern Ort zurückziehen. Suchen Sie unterdessen zu

1756 Juli.

erfahren, was das Französische Ministerium von einer solchen Schilderhebung des Königs von Preussen denkt, und benachrichtigen Sie uns, was etwa von Frankreich gegen diesen Fürsten zu erwarten sein könnte. Uebrigens muss die gegenwärtige Lage dem Hofe von London nicht geringe Verlegenheiten bereiten. Man rechnet, aber ich glaube fälschlich, am Meisten auf Russland. Man spricht von neuen Subsidienverträgen mit uns und Bayern. Man arbeitet an der Aussöhnung der Höfe von Petersburg und Berlin, um den König von Preussen über Russland zu beruhigen und in die Lage zu setzen, das Churfürstenthum Hannover zu vertheidigen, wenn, wie man es in England sehr fürchtet, Frankreich dort angreifen sollte. Ja, man scheint sogar dahin zu arbeiten, jenem Churfürstenthum Russische Hilfe zuzuführen, im Falle die Kaiserin-Königin den König von Preussen angreifen sollte. Letzterer hat zu diesem Zwecke durch seinen Gesandten in London Anerbietungen gemacht, wornach er nicht nur den Durchmarsch der Russischen Truppen durch seine Lande bewilligen, sondern ihnen auch Quartiere und alle möglichen Erleichterungen gewähren will." — Als Beilage zu dieser Depesche liegt uns ein Bericht aus London vom 11. Juni 1756 vor, dessen Uebersetzung wir uns nicht ersparen können.

„Mir scheint, dass man inzwischen anfängt, die

delicate und bedenkliche Lage zu fühlen, in welcher man sich befindet. Man scheint insbesondere entschlossen, sich die Freundschaft des Petersburger Hofes um jeden Preis zu erhalten. Man scheint auch geneigt, mit Sachsen und Bayern Tractate zu schliessen, falls diess von Russland gewünscht werden sollte. Ja, man hat sogar in dieser vollständigen Umwälzung der Dinge den Gedanken gefasst, den Russischen Hof mit dem Preussischen so gut auszusöhnen, dass dieser, von jener Seite beruhigt, sich jeder Unternehmung Frankreichs gegen das Churfürstenthum Hannover kräftig widersetzen könne. Wenigstens wünscht man, sollte ja Preussen von der Kaiserin-Königin angegriffen werden, und Hannover von Frankreich, der König von Preussen möge die Truppen, welche der Petersburger Hof zur Unterstützung der Deutschen Lande Sr. Grossbritannischen Majestät bestimmt, durchpassiren lassen. **Der Preussische Gesandte hat officiell erklärt, der König, sein Herr, sei bereit, den Russischen Truppen nicht nur den einfachen Durchmarsch zu gestatten, sondern ihnen auch alle Quartiere und alle möglichen Erleichterungen zu Fortsetzung ihres Marsches zu gewähren;**[1]

---

[1] Friedrich II. behauptet dagegen *(Oeuvres XXVII. p. 282)* in demselben Monat Juni in Magdeburg über dieselbe Russische Armee Nachrichten erhalten zu haben, die ihn hätten vermuthen lassen: „*que la Prusse avait à craindre une invasion de ce côté.*"

denn nichts liege Seiner Preussischen Majestät in diesem Augenblicke so sehr am Herzen, als das gute Einvernehmen mit Russland wieder herzustellen, während andererseits, um dieses gute Werk zu fördern, Seine Grossbritannische Majestät mit Freuden bereit wären, als Vermittler zu dienen." — Das, wie wir bereits gesehen haben, völlig aus der Luft gegriffene Gerücht, wonach Oesterreich und Frankreich damals schon ein Offensivbündniss geschlossen haben sollten, scheint nach einem Berichte Vitzthums vom 26. Juni Holländischen Ursprungs und erklärt sich einfach aus der Unbekanntschaft mit dem rein defensiven Charakter des Versailler Bündnisses, die noch allenthalben herrschte. Indessen fährt Graf Brühl fort, die Aufmerksamkeit des Gesandten in Paris auf die ungewöhnlichen Vorbereitungen und Rüstungen des Königs von Preussen zu lenken. „Was denkt man darüber in Paris?" fragt Brühl am 11. Juli. „Der König von Preussen verbirgt seine Absichten so geflissentlich, dass die verschiedenartigsten Conjecturen gemacht werden. Die Einen glauben, jene Rüstungen bedeuteten nichts als einfache Vertheidigungsmassregeln für seine eigenen Staaten und besonders Schlesien. Andere aber wiederholen, es handele sich um eine bevorstehende Schilderhebung dieses Fürsten. Wir sind bis jetzt noch nicht in der Lage, uns irgendwie eine bestimmte Vorstellung und ein sicheres Urtheil zu bilden. Wir wissen übrigens, dass die Annäherung der Höfe von Frankreich und Russland allem Anscheine nach guten Fortgang hat. Ausser den ersten Insinuationen und Vorschritten des Chevalier Duglas erfahre ich aus vertraulichen Quellen, dass man auch andere Canäle aufsucht, um eine Verständigung der gedachten Höfe herbeizuführen. Unter Andern ist auch der Französische Botschafter in den Niederlanden, der Marquis von Bonnac, mit dieser Negociation betraut, ja man will schon wissen, dass Graf Soltikow, der Russische Gesandte in Hamburg, sich demnächst nach Frankreich begeben werde, vorläufig als Reisender; dass aber der König von Frankreich bereits eine hervorragende Persönlichkeit designirt habe, um diese eventuelle Mission zu beantworten. Sie wollen sich dieser geheimen Notizen bestthunlichst bedienen, um uns über die wahren An- und Absichten des Französischen Hofes aufzuklären."

Bei Absendung seines Berichts vom 3. Juli hatte Vitzthum noch nicht Gelegenheit gehabt, Herrn von Rouillé im Sinne der Ministerialdepesche vom 20. Juni zu sprechen; unerwartet dieser Weisung aber schon im Sinne derselben gehandelt, seitdem er sich, wie er schreibt, überzeugt, dass man in Dresden mit der neuen Allianz nicht unzufrieden. Gleichzeitig insinuirt er, „ob es nicht angemessen erscheine, das bestehende gute Einvernehmen mit dem Wiener Hofe zu benutzen, um durch dessen

Vermittelung eine Annäherung Sachsens an Frankreich zu bewirken." Was Polen anlangt, so bittet er um bestimmtere Instructionen. In allen vertraulichen Besprechungen mit Herrn von Rouillé habe dieser Minister durchaus den Sächsischen Plänen günstig gestimmt geschienen und es sich namentlich angelegen sein lassen, dem Gerüchte, als beabsichtige Frankreich den Prinzen von Conty die Polnische Krone zuzuwenden, zu widersprechen. Auch habe Rouillé auf das Bestimmteste versichert, dass, wenn man früher dem Wiener Hofe die Absicht untergeschoben, dem Prinzen Carl von Lothringen die Polnische Krone zuzuwenden, weder vor noch nach dem letzten Tractate die geringste Andeutung darüber an Frankreich gelangt sei.

Ueber diesen Punkt verbreitet sich nun Brühl in der Depesche vom 18. Juli, indem er ausdrücklich hervorhebt, „der Zeitpunkt sei noch nicht gekommen, die Polnische Frage eingehend zu behandeln. Abwarten müsse man vor allen Dingen die weitere Entwickelung des Oesterreichisch-Französischen Bündnisses, abwarten auch, welche Erfolge die Einigungsversuche zwischen Frankreich und Russland haben würden. Ausserdem müsse ein günstiger Augenblick in Polen selbst erst eingetreten sein, bevor man der bisherigen Reserve entsage. Vorläufig könne nichts weiter geschehen, als die drei Höfe in ihren guten und freundschaftlichen Dispositionen zu erhalten." Nachdem nun Vitzthum am 10. Juli den glänzenden Sturm und die Einnahme von Port-Mahon eingemeldet und sich auch über die angebliche Absicht Frankreichs, die Canal-Inseln Jersey u. s. w. anzugreifen, des Weiteren ausgelassen, erwähnt er als ein Gerücht, welches ihm keinen Glauben zu verdienen scheine, auch das einer Französischen Expedition gegen das Churfürstenthum Hannover.

So vorbereitet, sei es nun gestattet, in die wichtigste Depesche, welche Graf Vitzthum in jener kritischen Zeit aus dem Hoflager zu Compiègne am 17. Juli zu erstatten hatte, einen Blick zu werfen. Am 11. nach Compiègne gekommen, hatte er dort mit Herrn von Rouillé sofort eine ausführliche Unterredung gehabt, welche über die Ansichten des Französischen Hofes bezüglich der Preussischen Schilderhebung, die man in Dresden, wie wir gesehen haben, befürchtete, nicht uninteressante Aufschlüsse giebt. Vitzthum schreibt: er habe Herrn von Rouillé von den in der Brühl'schen Depesche vom 20. Juni erwähnten Preussischen Rüstungen gesprochen, und fährt dann fort: „Herr von Rouillé bemerkte, wie ihm Graf Broglie dasselbe melde, man könne jedoch nicht glauben, dass ein Fürst, der seine Interessen so gut verstände, wie der König von Preussen, eine derartige Offensivbewegung beabsichtige. Denn wesentliche Vortheile könne er sich ja unmöglich davon versprechen, im Gegentheil, der Erfolg unzweifelhaft

1756
17. Juli.

nur gegen ihn sein. Müsse sich doch der König
von Preussen sagen, dass die Kaiserin-Königin,
nachdem sie von Frankreich nichts mehr zu
fürchten, ihm an Macht immer überlegen sein werde.
Angenommen auch, dass er im ersten Anlaufe einige
Vortheile erränge, so würde die Kaiserin-Königin
auf die Länge doch immer besser im Stande sein,
den Krieg auszuhalten als der König, dessen Macht
doch noch lange nicht so befestigt sei, wie die des
Hauses Oesterreich. Das einzige Motiv, welches ihn
sonach zu einer derartigen Erhebung veranlassen
könne, würde daher in der Befürchtung, Schlesien
zu verlieren, zu suchen sein, und doch müsse sich
der König sagen, dass es kein sichereres Mittel gebe,
um der Kaiserin die Wiedergewinnung dieses Landes zu ermöglichen. Uebrigens glaube man nicht,
dass es dieser Fürst darauf ankommen lassen werde,
sich Frankreich auf den Hals zu ziehen, ebenso wenig, dass er allein die ganze Last eines Krieges auf
sich nehmen könne, den er allein zu führen haben
würde, denn sein neuer Alliirter, der König von England, sei nicht in der Lage, ihn zu unterstützen und
jedenfalls würde lange Zeit vergehen, bevor irgend
eine wirksame Unterstützung von Russischer Seite
erfolge. Aus allen diesen Gründen könne man nur
annehmen, dass jene Rüstungen bloss auf die Defensive berechnet seien und vielleicht durch die Bewegungen einiger Oesterreichischen Regimenter ihre

Erklärung fänden. Unsere Befürchtungen, dass der König von Preussen einen Durchmarsch durch Sachsen verlangen könne, schienen ihm daher verfrüht, obgleich er es ganz natürlich und nothwendig findet, wenn wir in dieser Beziehung alle nur mögliche Vorsicht brauchten, denn Das fühle man hier wohl, dass wir uns mit Gewalt einem solchen Durchmarsche kaum würden widersetzen können." Vitzthum hatte nun alle Argumente hervorgesucht, welche die Vergangenheit ihm darbot, und namentlich auch das Moment des bösen Gewissens[1] zu betonen nicht versäumt, welches bei den Entschliessungen Preussens wohl in die Wagschale fallen könnte, da die Befürchtung, Schlesien zu verlieren, die Hoffnung, die Kaiserin zu überraschen und sie durch einen unerwarteten Angriff zu einem vortheilhaften Frieden zu zwingen, für ihn sehr wahrscheinliche Beweggründe sein dürften. Vitzthum hatte ausserdem hervorgehoben, wie er nur voraussetzen könne, dass Frankreich sich in einen Landkrieg nicht einzulassen wünsche, wenigstens gewiss nicht, so lange man nicht über Russland vollkommen beruhigt sei. Es sei daher ganz natürlich, dass Sachsen, welches das erste Opfer einer Preussischen Schilderhebung sein werde, viel daran gelegen sein müsse, über die Gesinnungen Frankreichs in dieser

[1] ... „Les effets extraordinaires que peut produire sur son esprit la crainte de perdre la Silésie" ...

Beziehung genau unterrichtet zu sein. Rouillé antwortete, noch sehe man nicht klar genug über ein so hochwichtiges Ereigniss, als dass der König von Frankreich einen bestimmten Entschluss fassen könne. „Was uns anlange, so wisse ich ja, dass Frankreich keine besondere Verpflichtung habe, uns durch irgend eine thatkräftige Intervention beizustehen. Er könne daher nur rathen, wir möchten uns vorläufig an den Wiener Hof wenden, denn sollte dieser Hof in Folge einer schlechten Politik des Königs von Preussen in seinen Erbstaaten angegriffen werden, so könnte ich darauf rechnen, dass der König von Frankreich nicht verfehlen werde, nicht nur die stipulirten 24,000 Mann Hilfstruppen zu gewähren, sondern auch weiter zu gehen, je nachdem die Ereignisse es erheischten." Der Unterschied, den der Französische Minister gemacht hatte zwischen den Beziehungen Frankreichs zum Kaiserlichen Hofe und denen zu Sachsen, veranlasste nun den Gesandten zu nachstehender vorsichtiger Insinuation:

„Obgleich allerdings kein directes Vertragsverhältniss zwischen Frankreich und Sachsen stattfinde," habe er Rouillé gesagt, „so müsse doch das alte Bündniss, in welchem Sachsen zu dem Hause Oesterreich stehe, jetzt, wo Frankreich mit diesem Hause so eng verbunden, die Folge haben, dass das Cabinet von Versailles Sachsens Schicksal nicht mit Gleichgültigkeit betrachten könne. Uebrigens seien unsere Verwandtschaft mit dem Französischen Könige, unsere Lage, dem König von Preussen gegenüber, die Möglichkeit, die wir hätten, eine bedeutende Armee aufzustellen, wenn wir nur einigermassen unterstützt würden, wesentliche Beweggründe, um die Aufmerksamkeit Frankreichs auf uns zu lenken. In kritischen Augenblicken seien ja ohnehin die Augen aller Europäischen Mächte hauptsächlich auf Frankreich und England gerichtet. Frankreich und England bestimmten die meisten Reichsfürsten, je nachdem ihre Interessen sie dem einen oder andern zuwendeten. Desshalb seien wir trotz unsers guten Einverständnisses mit Wien doch wesentlich dabei interessirt, zu wissen, in wie weit wir auf Frankreich zählen könnten. Dass England uns, wie Bayern, Anerbieten zu Subsidientractaten gemacht, hätte ich ihm nicht verborgen. Derartige Anerbietungen könnten mit der Zeit sogar Seiten des Königs von Preussen unterstützt werden, der natürlich versuchen würde, seine Partei zu verstärken." — So war man in dieser vertraulichen Unterredung von selbst wieder auf die abgebrochene Verhandlung zurückgekehrt. Ganz in allgemeinen Ausdrücken, unter der ausdrücklichen Reserve, dass er, durchaus nicht ermächtigt, über die Angelegenheit sich amtlich auszusprechen, nur seine Privatansicht nicht verhehlen wolle, hatte nun Vitzthum fallen lassen, „ob nicht der Zeitpunkt gekommen, Französischer Seits mit neuen Vorschlägen hervorzutreten?" Rouillé hatte mit grosser Aufmerksamkeit zugehört und nach einigem Nachsinnen die Frage gestellt, wie viel Truppen wir dermalen hätten? „24,000 Mann," war die Antwort, „aber leicht könnten wir sie auf 40,000 und darüber bringen, wenn wir unterstützt würden." „Rouillé bestrebe sich nun," so fährt Vitzthum fort, „darzuthun, wie sehr es in unserem Interesse sei, unsere Verbindung mit Wien nicht aufzugeben, wie wenig wir daran denken könnten, unter den gegenwärtigen Umständen mit dem Britischen Hofe ernstlich in Unterhandlung zu treten. Wir könnten nichts Besseres thun, als über die Preussischen Angelegenheiten uns mit Wien zu vernehmen, auch er seinerseits werde mit dem Grafen Starhemberg das hierauf Bezügliche besprechen."

Vitzthum hatte den Eindruck von dieser Unterredung, dass seine vorsichtigen Fühlungen den Französischen Minister zu ernstem Nachdenken angeregt hätten. Er fügte noch Folgendes hinzu:

„Aus dieser Unterredung, so wie aus der Sprache des Grafen Starhemberg und einer andern Person, welche sehr wohl unterrichtet ist, deren Namen ich aber der Post nicht anvertrauen kann, kann ich nur schliessen, dass man im Begriff steht, uns hier Vorschläge zu machen in der Absicht, uns an einem Abschlusse mit England zu verhindern. Eine bestimmte Entschliessung ist in dieser Beziehung noch nicht gefasst. Graf Starhemberg hat mir über die offensiven Absichten des Königs von Preussen dieselben Zweifel, wie Rouillé, ausgesprochen und zugleich zu verstehen gegeben, dass, wenn wir uns mit **Frankreich verbinden wollten**, wie unser Interesse es erheische und zwar weit mehr als mit England und unserm natürlichen Feinde, man hier geneigt wäre, die Negociation wieder anzuknüpfen, dass man aber noch einige Zeit gewinnen müsste, weil er und sein Hof kein Misstrauen erregen wollten dadurch, dass sie die Sachen zu sehr betrieben. Es dürfe durchaus nicht so scheinen, als hätten wir uns mit Wien über die hier zu thuenden Vorschritte verständigt, da diess den Erfolg nur schwieriger machen könnte." Vitzthum hatte der Wahrheit gemäss geantwortet, er habe nur den Auftrag, zu erforschen, wie man in Frankreich eine Schilderhebung des Königs von Preussen ansehen würde. Sei Starhemberg überzeugt, dass eine nähere Verbindung zwischen Frankreich und Sachsen im Interesse des Wiener Hofes liege, so müsse der Sächsische Gesandte es seinen Collegen überlassen, Frankreich zu näheren Eröffnungen in dieser Richtung zu bestimmen. Der, den er nicht nennen dürfe, nun (wohl kein Anderer, als der Abbé Graf Bernis) sei bestimmter hervorgetreten: „**Niemals werde Frankreich es gestatten, dass wir uns mit England** einigten. Leicht sei es, die Negociation wieder anzuknüpfen, wenn Vitzthum nur den geringsten Versuch mache."

Auch diesem Ungenannten antwortete der Gesandte: „er sei zu einer solchen Eröffnung nicht ermächtigt. Halte man aber ein Bündniss mit Sachsen im Französischen Interesse, so brauche man sich ja nur hier oder durch Graf Broglie in Dresden näher auszusprechen."

Aus allen diesen vertraulichen Vernehmungen zieht der Gesandte nun folgende Conclusion: „Will man mich ermächtigen, hier nur anzudeuten, dass wir nicht abgeneigt wären, uns mit Frankreich zu verständigen, so ist jedenfalls etwas zu erreichen, ich werde unterdessen weitere Befehle abwarten, mich hier darauf beschränken, die Nützlichkeit unserer Allianz hervorzuheben und mit der Möglichkeit einer Wiederanknüpfung mit England zu drohen, und abwarten, was man Französischer Seits vorzuschlagen hat."

Diese Depesche war zur Absendung bereit, als Rouillé den Gesandten aufsuchte, um ihn von einer bevorstehenden Courierexpedition nach Dresden zu unterrichten. Ueber den Inhalt dieser Expedition erfuhr Vitzthum, dass man dem Botschafter im angegebenen Sinne über die Preussischen Rüstungen geschrieben, dass man hervorgehoben, wie Graf Starhemberg bisher durchaus nicht die geringste

Befürchtung vor einem Preussischen Angriffe geäussert und dass man, obwohl man an eine Schilderhebung Preussens nicht glauben könne, es in unserem Interesse halte, unsere Verbindung mit Wien fester zu knüpfen. „Alles diess," so schliesst Vitzthum seine Nachschrift vom 17. Juli, „und eine Menge anderer Aeusserungen, die ich nicht die Zeit habe, im Einzelnen wieder zu geben, bestärken mich in der Ueberzeugung, dass, wenn der Wiener Hof hier durch den Grafen Starhemberg den ernsthaften Wunsch aussprechen liesse, uns als Verbündete zu behalten, und ich ermächtigt würde, etwaige Vorschläge anzuhören, man mehr denn je geneigt sein würde, mit uns in Verhandlung zu treten und die Sparsamkeit und Zurückhaltung zu überwinden, welche bisher hier vorgeherrscht haben."

Bevor die durch diese Depesche provocirte Instruction des Grafen Brühl einlief, auf welche wir sogleich zurückkommen, hatte Vitzthum seinen Aufenthalt am Hoflager von Compiègne benutzt, um ausser Rouillé auch noch den Abbé de la Ville und den besonders einflussreichen Abbé Grafen Bernis zu sondiren. Ueber die Unterredungen mit beiden geben die Berichte vom 24. und 30. Juli ausführliche Auskunft.

Doch wir fürchten schon die Geduld des Lesers durch die anatomischen Sectionen so vieler verwester Berichte ermüdet zu haben. Es sei daher nur hervorgehoben, dass Graf Bernis, welcher, wie bekannt, das Versailler Bündniss vom 1. Mai 1756 als zweiter Französischer Bevollmächtigter mit Herrn von Rouillé und dem Grafen Starhemberg unterzeichnet hatte, die Opportunität eines Beitritts des Sächsischen Hofes zu jener Allianz weit entschiedener als Rouillé anerkannt hatte. Ja, der damalige Günstling der Marquise de Pompadour war so weit gegangen, seine Dienste anzubieten, und Vitzthum hatte mit Recht geltend gemacht, wie in Paris, wenn anders sein Hof ihn dazu ermächtigen wolle, weit günstigere Bedingungen zu erlangen sein würden, als in Dresden durch Verhandlungen mit dem Französischen Botschafter, denn dieser werde nothwendig an seine Instruction gebunden sein; hier könne durch die Dauphine persönlich auf König Ludwig gewirkt werden.

Fassen wir nun die Thätigkeit des Sächsischen Diplomaten noch einmal in kurzen Zügen zusammen. Er war aufmerksam allen Phasen der diplomatischen Krisis gefolgt. Schnell und gut unterrichtet, sieht und sagt er schon im December voraus, dass ein Anschluss an Frankreich das sicherste Mittel sein werde, Sachsen gegen die Eroberungsgelüste Friedrichs II. sicher zu stellen. Ohne Instructionen, ja gegen den Wortlaut derselben, ganz selbstständig ergreift er die Initiative, sobald das Preussisch-Englische Bündniss ihm bekannt geworden und knüpft die abgebrochenen Verhandlungen mit Frankreich vorsichtig wieder an. Er erntet dafür die Missbilligung seines Chefs. Dann giebt er seinem Hofe die erste Nachricht von dem Versailler Bündnisse und constatirt zugleich durch sachgemässe Anfragen, dass jenes Bündniss ganz im Einklange mit der damals befolgten Sächsischen Politik ist. Ueber alle Bedenken beruhigt, hat er nun den politischen Muth, wiederum auf eigene Faust, eine Wiederanknüpfung der früheren Verhandlungen mit Frankreich auf der neuen Basis des Versailler Bündnisses anzubahnen. War aber jener von ihm so consequent betriebene Anschluss an Frankreich damals an sich verwerflich? war es nicht undeutsch und unpatriotisch, denselben zu betreiben? — Politische Schachzüge können nur vom Standpunkte des Augenblickes, in welchem sie vorgenommen werden, beurtheilt werden. Wir hoffen gezeigt zu haben, dass das Versailler Bündniss **den Hauptzweck hatte, den Frieden in Deutschland und in Europa auf festen Grundlagen sicherzustellen.** Und zum ersten Male erschienen, nachdem der Krieg ausgebrochen war, Französische **Heere in Deutschland zum Schutze des Rechts.** Nicht um zu erobern, wie bisher, sondern als Garant des durch Friedrich II. verletzten Westphälischen Friedens überschritt Frankreich den Rhein, zum Schutze des Kaisers und des Reichs. Freilich traurig genug, dass Kaiser und Reich sich nicht selbst schützen konnten. Aber wie die Dinge lagen, konnte die neue Stellung Oesterreichs nur gestärkt werden, wenn es gelang, Sachsens Gewicht mit in die Wagschale zu werfen. Ganz irrelevant ist die Modalität. So unbegreiflich wir es heute finden würden, wollte ein deutscher Bundesstaat Subsidienverträge mit fremden Mächten eingehen, so natürlich war es damals. Kein deutscher Reichsfürst, Friedrich II. am wenigsten, verschmähte es, von fremden Mächten Subsidien zu nehmen. Wäre aber die von Vitzthum empfohlene Politik in Dresden damals befolgt worden, so würde Sachsen nach aller menschlichen Berechnung dadurch Schutz gegen Preussische Invasionsgelüste gefunden und Deutschland den Frieden bewahrt haben. Diess zu beweisen, wird es genügen, einen Blick auf die bekannte Staatsschrift zu werfen, welche der König von Preussen kurz nach der Schlacht von Kollin im Juli 1757 zur Rechtfertigung seiner Schilderhebung aufgesetzt hat.

„Hätte ich," sagt Friedrich II. in der *„Apologie de ma conduite politique,"*[1] „hätte ich die Königin von Ungarn in Schlesien angreifen wollen, so lag die Unmöglichkeit vor, ihr grossen Schaden zu thun, auch würde ich dem König von Polen, meinem gefährlichsten Nachbar, die Zeit gegeben haben, mit Hilfe von Subsidien, eine Armee von 40,000

[1] Oeuvres XXVII, p. 279.

Mann aufzustellen. Uebrigens, wenn es überhaupt möglich war, in Böhmen einen Erfolg zu haben, so war es von der Sächsischen Grenze aus, wo die Elbe und die Verbindung mit den Marken mir das Mittel bot, meine Armee zu erhalten. Diess waren in Wahrheit die Ursachen, welche mich veranlassten, diesen Plan anderen vorzuziehen. Wie konnte ich voraussehen, dass Frankreich 150,000 Mann ins Reich senden würde, wie voraussehen, dass sich das Reich gegen mich erklären, dass Schweden an dem Kriege Theil nehmen, dass Frankreich an Russland Subsidien zahlen, dass die Engländer das Hannoverische Land Preis geben, dass die Holländer sich ruhig durch die Franzosen und Oesterreicher einschliessen lassen, dass die Dänen den Russen und Schweden vorzugehen gestatten, mit Einem Worte, dass mich die Engländer verlassen würden? Die Politiker können nicht in der Zukunft lesen. Was der Pöbel Zufall nennt und der Philosoph die zweiten Ursachen, entzieht sich ihrer Berechnung. Wir haben Principien, um unsere Urtheile zu leiten, und diese bestehen in dem Interesse der Fürsten und in dem, was von ihnen die Allianzen fordern, in welchen sie sich befinden. Auch dieser letzte Punkt ist noch zweifelhaft. Nun war aber nach diesen Tractaten Frankreich nur verpflichtet, die Königin von Ungarn mit einem Hilfscorps von

24,000 Mann zu unterstützen. **Frankreich hatte keinen Vertrag mit dem Könige von Polen, durchaus keine Verbindung, welche es verpflichtete, ihm zu Hilfe zu eilen.** Ludwig XIV. hat Krieg geführt mit dem Herzog von Savoyen, dem Schwiegervater des Herzogs von Bourgogne. Niemals haben die Bande des Bluts die Politik der Könige beeinflusst. Wie konnte ich voraussehen, dass die Thränen der Dauphine, dass die Verläumdungen der Königin von Polen, dass die Lügen des Hofes von Wien Frankreich zu einem Kriege verführen würden, der seinen politischen Interessen so völlig entgegengesetzt war?"

Heisst das nicht mit andern Worten: „Hätte ich ahnen können, dass Frankreich sich in jenen Krieg mischen werde, so würde ich es mir zwei Mal überlegt haben, denselben zu beginnen?" Und ist die Vermuthung zu gewagt, dass, hätte der König von Preussen durch den pflichtvergessenen Sächsischen Kanzlisten Mentzel die Abschrift eines Schutz- und Trutzbündnisses erhalten, wie es Vitzthum in Paris abzuschliessen empfahl, der Einmarsch in Sachsen unterblieben wäre?

Wie mag Graf Brühl aus dieser „Apologie," als es zu spät war, die Unmöglichkeit erkannt haben, eine Apologie seiner Politik zu schreiben!

Hier seine Antwort auf die staatsmännischen Vorschläge des Gesandten in Paris:

Wird vom Grafen Brühl desavouirt.

„Ich habe," schreibt er am 1. August, „nach Empfang Ihrer Depesche vom 17. v. M. nicht ermangelt, alles Das reiflich zu erwägen, was Sie mir von den vertraulichen Unterredungen berichten, welche Sie in Compiègne mit Herrn von Rouillé, mit einer andern Vertrauensperson und mit dem Grafen Starhemberg gehabt haben. Obgleich ich die guten Absichten nicht in Zweifel ziehe, welche Ew. Excellenz bei jenen Insinuationen und Auseinandersetzungen geleitet haben, in welche Sie sich eigenmächtig eingelassen, so kann ich Ihnen doch nicht bergen, dass Sie viel weiter gegangen sind, als wir es gewünscht hätten und als es das System erheischt, welches wir in der gegenwärtigen Krisis angenommen. Wie ich Ew. Exc. schon gesagt, besteht unser System darin, uns für den Augenblick und bis dass die Dinge sich mehr entwickeln, einzig und allein an unsere harmlosen Vertheidigungsbündnisse mit den beiden Kaiserlichen Höfen zu halten.[1] Wir wünschen übrigens jeden Verdacht der Parteinahme zu vermeiden. Wir glauben, dass wir in dieser klugen Entschliessung durch die glückliche Lage, in der wir uns befinden, unterstützt werden. Das Glück dieser Lage besteht darin, dass wir vermieden haben, uns hier oder dort in engere Verbindungen einzulassen, die uns hätten

---

[1] Mit andern Worten, uns Illusionen zu machen, uns auf Andere zu verlassen, abzuwarten und es ja mit Niemand zu verderben.

geniren und in der Folge gar vielleicht zu gefährlichen Vorschritten verleiten können. Nach diesen Grundsätzen werden Ew. Excellenz leicht selbst ermessen, dass die vertraulichen Nachrichten, welche ich Ihnen von hier aus über die gegenwärtige Sachlage geben kann, Ihnen nur dazu dienen sollen, Ihre Aufmerksamkeit auf die Gesinnungen, Verbindungen und eventuellen Massregeln des Französischen Hofes zu lenken. So lange ich Ihnen daher keine weiteren Befehle Seiten des Königs zu ertheilen habe, werden Sie sich gefälligst darauf beschränken, im Allgemeinen nur die Freundschaft und guten Gesinnungen des Königs von Frankreich für uns zu erhalten. Für den Augenblick aber werden Sie sich einer jeden Insinuation, die uns als Empressement ausgelegt werden könnte, enthalten."

Wir wollen nur erwähnen, dass Vitzthum ebenso männlich, wie auf die früheren, so auch auf diesen Vorwurf antwortete, und auch, wie schon früher, damit durchdrang. Wie sehr die Ereignisse ihm Recht gegeben, ist bekannt. Denn kaum war der Preussische Einfall erfolgt, so bestürmte Brühl den Französischen Hof mit Bitten und Anträgen. Als ganz Sachsen in Feindeshand, mit Ausnahme des neutralisirten Königstein, als die Armee capitulirt hatte, da erst ward Vitzthum angewiesen, einen Subsidienvertrag abzuschliessen. Man antwortete selbstverständlich: „Warum habt Ihr nicht zugeschlagen, als wir Euch im Mai nach Abschluss des Bündnisses mit der Kaiserin Königin zum Beitritt aufforderten? Jetzt ist es zu spät. Ohne Land, ohne Armee kann der König von Polen keine Subsidien erwarten." Man war übrigens bereit, der Königin einen Jahresgehalt auszusetzen, die Mutter der Dauphine zu unterstützen, das Sächsische sogenannte *corps des transfuges* zu verpflegen und in Sold zu nehmen; aber der Augenblick, wo *de puissance à puissance* verhandelt werden konnte, war versäumt und kehrte nicht wieder.

<small>Graf Brühls Optimismus.</small> Die Blindheit und Sorglosigkeit des Grafen Brühl recht augenscheinlich zu machen, sei es noch gestattet, die Depesche wiederzugeben, welche dieser Minister am 29. August, an demselben Tage, wo Leipzig besetzt, die Sächsischen Cassen mit Beschlag belegt, drei Preussische Colonnen ohne Kriegserklärung bereits auf Sächsischem Boden standen, an den Sächsischen Gesandten in Paris richtete. „Die Depesche," schreibt Graf Brühl am 29. August, „welche Ew. Excellenz mir die Ehre erzeigt haben mir unter dem 13. dieses zu schreiben, um mir die guten Intentionen darzulegen, welche Sie veranlasst, mit dem Französischen Ministerium in einige Betrachtungen und in weitergehende Explicationen, als wir es gewünscht hätten, sich einzulassen, über eine engere Verbindung zwischen beiden Höfen, ist von mir dem Könige

<small>1756 29. Aug.</small>

vorgetragen worden und Se. Majestät zweifeln nicht, dass Sie sich, so lange Sie weiter keine Befehle erhalten, inmitten der gegenwärtigen, sehr delicaten Krisis in der weisen Reserve halten werden, die ich Ihnen anbefohlen. Se. Majestät erwarten, dass Sie sich an den Buchstaben der Instructionen halten werden, mit denen Ew. Excellenz bereits versehen sind oder in der Folge versehen werden..... Nach unsern letzten Depeschen aus Wien vom 21. war Herr von Klinggräff, der Preussische Gesandte, Tags vorher von der Kaiserin-Königin in einer Audienz empfangen worden, in welcher er sich, wie man vermuthet, mündlich und schriftlich des Auftrags entledigt hat, dessen ich bereits in einem früheren Erlasse erwähnt habe. Es ist wahrscheinlich, dass man diesem Gesandten unverzüglich die Antwort ertheilt haben wird, die man für angemessen erachtet. Wir kennen zwar den Inhalt noch nicht, aber andere, ziemlich authentische Notizen lassen uns vermuthen, dass diese Antwort dahin gegangen sei, Se. Preussische Majestät könne sich beruhigen, falls Sie nicht schon einen weniger friedfertigen Entschluss gefasst, da der Wiener Hof nicht aufgehört habe, zu erklären, und durch alle seine Gesandten im Auslande zu erkennen zu geben, wie die Massregeln, welche er zu nehmen für nothwendig erachtet, nichts als reine Vertheidigungsmassregeln seien. Ich höre, dass auch der König von Preussen seinerseits mittelst eines Rescripts an seinen Gesandten dem Reichstage ähnliche Erklärungen abgegeben. Nach diesen öffentlichen und gegenseitigen Versicherungen sollte man meinen, zu der Hoffnung berechtigt zu sein, der Friede werde erhalten werden."

So Graf Brühl am 29. August 1756.

VIERTE STUDIE.
DER „OHNSCHÄDLICHE DURCHMARSCH" DER PREUSSISCHEN ARMEE.
29. August bis 6. September 1756.

Graf Rutowski's Mahnungen, *Pro Memoria* vom 8. Juni und 2. Juli. — K. Rescript vom 5. Juli. — Rutowski's *Pro Memoria* vom 8. und 19. August. — Beschluss des Geheimen Consiliums vom 23. August. — Graf Brühl entschuldigt die Vorsichtsmassregeln in Berlin. — Eine Jagd und eine Soirée. — Herr von Maltzahns Eröffnungen. — Die Sächsische Verbalnote vom 29. August. — Graf Podewils *„marche involontaire"* und *„transitus innoxius."* — Leipzig besetzt. — Die Preussische Armee rückt ein. — General Meaghers Sendung. — Lord Stormonts Vermittlung. — König August schreibt nach Warschau, Brühl nach Paris und Petersburg. — Was Meagher aus dem Preussischen Hauptquartier brachte. — Die Geheimen Räthe erwägen die Sachlage und beschliessen etwas Unpraktisches. — König August geht nach Struppen in das Lager. — Die Preussische „Declaration." — Im Hauptquartier der Ausmarsch aufgegeben. — Der erste Schuss des siebenjährigen Krieges. — Lord Stormont zurück, hat nichts ausgerichtet. — Gute Nachrichten aus Wien vom 2. September. — Eine Preussische Antwort. — Die Minister beschliessen, die Verhandlungen mit Friedrich II. für erschöpft zu erachten. — Man schreibt nach Wien, Paris, Stockholm. — Baron Riedesels Aufträge an den K. K. Feldmarschall Grafen von Broune. — Die Expedition des Grafen Kaunitz vom 3. September. — Eine unangenehme Verwechselung und deren Folgen.

Parallelstellen zur Orientirung.

..... Il fut donc résolu qu'on porterait la guerre en Saxe, qu'on s'assurerait de l'Elbe, et qu'on tâcherait, pour peu que l'occasion s'en présentât favorable, de désarmer les troupes saxonnes.

Au mouvement que quelques régiments firent pour se rendre en Poméranie, les troupes saxonnes prirent position entre l'Elbe et la Mulde; elles entrèrent peu après dans leurs quartiers ordinaires, et bientôt elles se rassemblèrent de nouveau en cantonnements. Toutes ces marches et contre-marches ne donnèrent point le change: le Roi savait positivement que le dessein de la cour était d'assembler l'armée au camp de Pirna, où les Saxons, occupant une position inattaquable, croyaient pouvoir attendre en sûreté les secours que les Autrichiens leur avaient fait espérer, et d'où ils se flattaient d'amuser les Prussiens par de frivoles négociations; de sorte que, sans réfléchir aux différentes marches de ces troupes, on s'en tint au projet de se porter incessamment avec l'armée au débouché de la Bohême.

Le Roi divisa son armée en trois corps: la marche de ces trois colonnes se dirigea sur Pirna, qui fut le centre de leur réunion commune. La première partit de Magdebourg aux ordres du prince Ferdinand de Brunswic; elle prit le chemin de Leipzig et passa par Borna, Chemnitz, Freyberg et Dippoldiswalda, pour se rendre à Cotta. La seconde colonne, où se trouvait le Roi, marcha sur Pretzsch, tandis que le prince Maurice de Dessau se rendit maître de Wittenberg; après quoi ce détachement, réuni au reste du corps, passa l'Elbe à Torgau, d'où le Roi se porta par Strehlen et Lommatzsch à Wilsdruf. Ce fut là qu'on apprit avec certitude que toutes les troupes saxonnes s'étaient rendues à Pirna, que le Roi y était en personne, qu'il n'y avait point de garnison à Dresde, mais que la Reine y était demeurée. Le Roi fit complimenter la reine de Pologne, et les troupes prussiennes entrèrent dans cette capitale, en observant une si exacte discipline, que personne n'eut à s'en plaindre. L'armée campa près de Dresde, d'où elle s'avança le lendemain vers Pirna, et se posta entre l'Elbe, Sedlitz et Zehista. La troisième colonne, sous le commandement du prince de Bevern, traversa la Lusace, où ayant été jointe à Elsterwerda par vingt-cinq escadrons de cuirassiers et de hussards venant de la Silésie, elle se porta sur Bautzen, sur Stolpen, et enfin sur Lohmen. Le prince Ferdinand arriva en même temps à Cotta, de sorte que, par la jonction de ces trois colonnes aux environs de Pirna, les troupes saxonnes se trouvèrent entièrement bloquées. Cependant le voisinage de tant d'armées ne donna lieu à aucun incident: on ne commit aucune hostilité; les Saxons souffrirent avec beaucoup de civilité qu'on les affamât, et chacun de son côté tâcha d'assurer son établissement le mieux qu'il put. Le roi de Pologne, dans l'intention de gagner du temps, entama une négociation: il était plus aisé pour les Saxons d'écrire que de se battre; ils firent à plusieurs reprises des propositions qui, n'ayant rien de solide, furent rejetées. Leur but était d'obtenir une parfaite neutralité; c'était à quoi le Roi ne pouvait pas donner les mains, parce que les engagements du roi de Pologne avec la cour de Vienne, la Russie et la France lui étaient trop bien connus.

(Frédéric II. Roi de Prusse, Oeuvres IV, p. 80.)

Le manifeste de ce Prince (le Roi de Prusse) aura informé Votre Majesté sous quel prétexte spécieux il a envahi Mes États, et comme Sa reponse du 1er de ce mois prouve, que tout le mal qu'il Me fait n'est, que pour Me forcer de Me ranger de Son parti, auquel cas il promet d'avoir soin de Mes intérêts, il faut qu'Il Me connoisse fort mal, puisqu'il n'est pas persuadé d'avance que j'endurerois plustôt la ruine de Mon pays et toutes les extrémités, que de Me laisser forcer à participer à une guerre injuste contre une si bonne et fidèle Alliée, comme Votre Majesté.

> Lettre autographe du Roi Auguste III. de Pologne, Electeur de Saxe, à S. M. l'Impératrice Reine Marie-Thérèse (Struppen le 8 Septembre 1756).

Was Graf Brühl in Paris versäumt hat, um Sachsen gegen einen von ihm selbst vorausgesagten Preussischen Ueberfall zu decken, haben wir gesehen. Jetzt müssen wir die Vorsichtsmassregeln ins Auge fassen, welche der Premierminister inzwischen in Sachsen getroffen oder vielmehr nicht getroffen hatte.

Das Armee-Obercommando hatte seine Pflicht gethan. Die erste Nachricht vom Versailler Bündnisse war (mittelst Berichts der Königlichen Sächsischen Gesandtschaft in Paris vom 23. Mai) am 2. Juni, — die erste officielle Bestätigung dieser Nachricht aber (mittelst gesandtschaftlichen Berichts d. d. Paris den 2. Juni) am 12. Juni in Dresden eingetroffen.

1756 Juni.

Wir können es daher nur als einen Beweis schleuniger und treuer Pflichterfüllung erkennen, wenn der Generalfeldmarschall Graf Rutowski bereits am 8. Juni ein Promemoria[1] einreichte, worin ausdrücklich hervorgehoben ward, wie „die gegenwärtigen Bündnisse, Bewegungen und Anstalten aller benachbarten Staaten und Armeen ebenfalls einige Massreguln, Anstalten und Einrichtungen zu des Königs Dienst, der möglichen Sicherheit des Landes und vorzüglich zur Conservation der Armee zu erfordern schienen."

In diesem Promemoria wird der durch die Brühlsche Finanzwirthschaft so herabgekommene Zustand der Sächsischen Armee mit lobenswerther Offenheit dargelegt. Der Gedanke, an dessen Verwirklichung der damalige Königl. Sächsische Gesandte in Paris, wie wir gesehen haben, vergeblich arbeitete, der Gedanke: durch Bündnisse die fehlenden Mittel „zur Augmentation der Armee und des Militäretats" zu beschaffen, lag so nahe, dass es nicht überraschen darf, denselben auch in dieser Staatsschrift wiederzufinden. Der König reiste aber am 10. Juni nach Fraustadt und der Commandirende der Sächsischen Armee erhielt auf seine Eingabe keine Antwort. Erst als durch Berichte des Kaiserlichen Gesandten in Berlin, Grafen Puebla, die Aufmerksamkeit des Sächsischen Cabinets mehr und mehr auf die bedenk-

---

[1] S. Anhang am Schlusse dieser Schrift.

lichen Rüstungen des Königs von Preussen gelenkt worden war, erst im Anfang Juli dachte der Premierminister daran, nach wiederholten mündlichen Anregungen, den Generalfeldmarschall zu einem Gutachten über etwa zu treffende militärische Vorsichtsmassregeln aufzufordern. Nach gepflogener Vernehmung mit dem Commandirenden der Kavallerie, Chevalier de Saxe, entsprach Graf Rutowski dieser Aufforderung sofort, indem er am 2. Juli schon sein in 20 Punkten formulirtes zweites Promemoria überreichte (s. Anhang). Die dort in Vorschlag gebrachten *„précautions convenables et secrètes"* wurden nun durch das Königl. Rescript d. d. Dresden den 5. Juli genehmigt (s. Anhang) und das grösste Geheimniss anempfohlen, „damit in der Ungewissheit der gegenwärtigen Conjuncturen die harmlosen Vorsichtsmassregeln zu keinem Verdacht, zu keinen falschen Interpretationen veranlassen möchten."

  Auch für die Verpflegung der Armee, für die Herbeischaffung der nöthigen Geldmittel, für die Specificirung der vorhandenen Getreidevorräthe, für die Anlegung von Magazinen, für die Verproviantirung der Festungen war der Feldmarschall besorgt, indem er durch das ergebenste Promemoria vom 8. August alle diese Punkte dem Premierminister und General der Infanterie, Grafen von Brühl, ans Herz legte.

  Als endlich die Anzeichen des drohenden Sturmes immer deutlicher hervortraten, überreichten Graf

1756 Juli.

1756 August.

Rutowski und der Chevalier de Saxe am 19. August 1756 ein viertes Promemoria, worin sie mit einem Scharfsinne, der ihrem militärischen Blicke alle Ehre macht, bereits die Eventualitäten bezeichneten, unter welchen der Durchmarsch der Königl. Preussischen Armee durch die Chursächsischen Lande überhaupt geschehen könnte. Ihre Vaterlandsliebe wird durch dieses Schriftstück in ein Licht gestellt, welches die Brühl'schen Schatten nur noch dunkler erscheinen lässt. Nicht Sächsischer Patriotismus allein spricht aus diesen denkwürdigen Worten der Sächsischen Heerführer, sondern eine genaue Erkenntniss der Gefahren, mit welchen der particularistische Ehrgeiz des Königs von Preussen das ganze Deutsche Vaterland, „Kaiser und Reich" bedrohte. — Der Sächsischen Armee wird eine höhere Pflicht, als die der Selbsterhaltung und Selbstvertheidigung vindicirt, die Pflicht, sich, wenn nöthig, zu opfern für die Rettung des Ganzen; — die Pflicht, den Eindringenden so lange aufzuhalten, bis die Kaiserliche Armee sich in Böhmen zu sammeln Zeit gefunden. „Das erste und Hauptbedenken," sagen die Halbbrüder des Königs, „äussert sich, sobald durch die Kenntniss des Charakters eines so gefährlichen Nachbars man zum Grunde setzen muss, dass die Einräumung unserer Grenzfestungen gegen Böhmen, dass die Zerstreuung oder, was dasselbe ist, die Entwaffnung der Armee, dass endlich die grösste und schmählichste

Erniedrigung uns keine Art der Ruhe und Sicherheit versprechen, wohl aber den Staat, Land und Leute, der Willkür eines Hertzbezwingers in die Hände liefern kann. Es ist gewiss, dass, sobald er glaubt, Chursachsen und seine gegenwärtige Verfassung sei annoch im Stande, seiner Herrschsucht das mindeste Hinderniss in den Weg zu legen, er durch keine Niederlegung der Waffen sich abhalten lassen wird, unsern Staat gänzlich zu vernichten. Die darüber zu gewartenden mündlichen und schriftlichen Versicherungen können uns so wenig beruhigen, als sie bei seiner ersten Invasion in Schlesien die Kaiserin Königin, bei seiner zweiten Invasion in Böhmen den letztverstorbenen Kaiser, uns selbst ehedem in Mähren und Böhmen und endlich in Prag und Dresden ungeachtet der stipulirten Tractate und Capitulation daselbst in Sicherheit gesetzt haben. Wer ist es also, der uns vor seinem Hasse, vor der Verwüstung des Landes, vor dem Ruin des Commercii, vor der Verachtung unserer bisherigen Alliirten die Garantie leisten kann, sobald er Herr und Meister ist, eine zerstreute oder entwaffnete Armee in die Seinige zu incorporiren, wenn er auch Moderation genug hätte, solches nicht gleich anfänglich bewirken zu wollen? — Die Folgerungen[1] dieses vom Anfang gewiss alles überschwemmenden Ueber-

---

[1] „Folgen" würden wir heute sagen.

falls werden den äussersten Nachtheil einer schimpflichen Unterwerfung unwidersprechlich an den Tag legen. Diese Folgerungen sind der Sieg oder die Erniedrigung dieser fürchterlichen Macht. Der Sieg erhebt ihn auf den Gipfel der unumschränkten Gewalt und liefert ganz Deutschland seiner willkürlichen Botmässigkeit."

„Es ist besser," heisst es später, „und ohnfehlbar glorieuser, eine Armee durch die Schärfe des Schwerts, als durch Streckung des Gewehrs zu verlieren, sobald Eines wie das Andere dem Lande nicht mehr helfen als schaden kann. Die genereuse Wahl eines so gerechten als gezwungenen Widerstandes thut, auch ohne Rücksicht auf den Verlust der Zeit, dem Feinde wenigstens einen gleichen Abbruch, und die Folgerungen[1] des Sieges und die Erniedrigung des ungerechten *aggressoris* sind in diesem Falle sehr unterschieden, indem der Sieg unsern *état* nicht verschlimmern kann, seine Erniedrigung dagegen ihn nothwendig verbessern muss. Wir haben durch unsern Widerstand dann dem allgemeinen Feinde Abbruch gethan; wir haben uns für unsere Freunde aufgeopfert, wir haben fürs allgemeine Beste gelitten. Wie ist es möglich, dass sodann der Ueberwinder, wozu wir uns mit rechnen können, nicht auf unsere Schadloshaltung, ja vielleicht auf unsere Erhebung denken müsse?"

[1] Folgen.

Auch vergessen die Sächsischen Heerführer nicht, dem Könige zu empfehlen, schon jetzt mit dem in Böhmen commandirenden Kaiserlichen Feldmarschall, Grafen von Broune, Fühlung zu nehmen.

Beschluss des Geheimen Consiliums m 23. Aug.

Die Eingabe vom 19. August hatte zur Folge, dass man sich endlich entschloss, den Truppencommandanten versiegelte Ordres zuzustellen, nach welchen sie sich, **Falls die Preussische Armee die Grenze überschreite, nach Dresden hin repliiren** sollten. Schon im Promemoria vom 8. Juni hatte der Feldmarschall die Lagerstätte von Pirna als die passendste Localität bezeichnet, um die Armee zu concentriren. Am 22. August überreichte er ein neues Promemoria und liess auch durch seinen Generalstabs-Chef, den General-Quartiermeister Generalmajor Baron Georg Carl von Dyherrn, mündlich dem Grafen Brühl anheimgeben, ob man die Generale nicht ermächtigen wolle, die nurgedachten versiegelten Ordres schon dann zu erbrechen, wenn sich die Preussen dicht an den Grenzen Sachsens, ohne dieselben zu überschreiten, sammelten. Nur mit Mühe entschloss sich das geheime Consilium am 23. August, nach langen Berathungen, nachdem man lange auf die Rückkehr des Grafen Brühl vom Scheibenschiessen gewartet, „eventualiter" dazu, zu genehmigen, „dass die Ordres an den Herrn General Baron von Rochow, der in Mansfeld und Eisleben commandirte, wohl dahin gestellt werden könnten, „den entferntesten

Regimentern, als Prinz Xaver, der Garde zu Fuss und den Churprinzlichen Kürassieren ein Paar Märsche nach den bereits entworfenen Routen näher an die andern thun zu lassen, sobald die Preussischen Truppen sich *en Corps* dicht an die Sächsische Grenze zusammenziehen und allda campiren oder auch cantonniren sollten."

Endlich am 24. August, nach langem wiederholten Bestürmen des Premierministers, ward der Generalmajor und Geheime Kriegsrath von Zeutzsch mit den ihm schon im letzten Feldzuge 1745 anvertrauten Commissariatsgeschäften beauftragt. Auch wurde, da die Idee, Dresden zu vertheidigen, seit dem Promemoria vom 19. August aufgegeben war, Befehl ertheilt, die in Magazinen zu Dresden vorräthigen 1000 Scheffel Korn und 1000 Scheffel Hafer nach Pirna zu schaffen. Die sehr bescheidene Summe von beiläufig 4000 Thalern, welche zur Mobilisirung der Armee dringend nothwendig, war in der General-Kriegscasse nicht vorhanden und musste der König schliesslich am 31. August aus seiner Privatchatoulle die nöthigen Gelder anweisen.

Diese Andeutungen werden genügen, um die Vorkehrungen, welche für das am 25. August zuerst förmlich abgesteckte Lager bei Pirna getroffen worden, errathen zu lassen. Welche Angst Brühl hatte, durch dergleichen ganz nothwendig gebotene Massnahmen den Zorn des Königs von Preussen zu reizen, beweist unter anderem eine vertrauliche Nachschrift, die er am 10. August einer Depesche an den Königl. Gesandten in Berlin, Conferenzminister von Bülow, beifügte. „Da es kommen könnte," schreibt der Premierminister, „dass die falschen Gerüchte, die sich in diesem Lande unter den kleinen Leuten verbreitet haben, von einigen Bewegungen, die wir unsere Truppen thun lassen, und von der vermutheten Bestimmung derselben auch anderwärts auftauchen könnten, so freue ich mich, Ew. Excellenz zu grösserer Vorsicht davon unterrichten zu können, dass durchaus nichts daran ist und dass man, um dergleichen Nachrichten zu erfinden, Anlass genommen zu haben scheint von der Dislocirung einiger unserer Regimenter, einer Dislocirung, welche rein zufällig durch die Theuerung der Provisionen und Fouragen in ihren bisherigen Standquartieren veranlasst worden ist." Auch der Geheime Rath Freiherr von Zech, welcher der Regierung in Merseburg vorstand und pflichtschuldigst schon im Juli auf die drohenden Truppenbewegungen jenseits der Grenze aufmerksam gemacht hatte, ward durch einen Erlass des Premierministers d. d. Dresden, den 11. August, beruhigt. Man sei ihm dankbar für die ertheilten Nachrichten, bitte auch, bei sich ergebender Gelegenheit, „ferner geneigt damit zu continuiren," obgleich „aus verschiedenen neuen Datis es ja mehr und mehr den Anschein gewinnen wolle, als ob wenigstens in diesem

Jahre es auf keiner Seite zu einem vorher befürchteten wirklichen Ausbruche kommen dürfte. — Die getroffenen Veranstaltungen," fügt der Premier hinzu, „seien, um allem etwaigen *impegno* so viel als möglich aus dem Wege zu gehen, der behörigen Präcaution gewesen, und werde sich die dessfalls entstehende Apprehension nebst deren unvermeidlichen wenigen Inconvenienzen bald wiederum verlieren."

Der Conferenzminister Herr von Bülow in Berlin scheint sein Möglichstes gethan zu haben, um in seinen Berichten dem Optimismus seines Chefs Nahrung zu geben. „Wir wissen noch nicht," so schreibt er am 16. August, „ob der Wiener Hof dem Herrn von Klinggräff schon eine Antwort ertheilt und worin dieselbe besteht. Unterdessen haben drei Infanterieregimenter der hiesigen Garnison vorgestern Befehl erhalten, ihre Beurlaubten einzuziehen, um für die letzten Tage dieser Woche in Marschbereitschaft zu sein. Man hat ihnen aber nicht gesagt, welchen Weg sie nehmen würden. Man glaubt jedoch, sie seien nach Schlesien bestimmt. Zwei Compagnien des Artilleriecorps sind dieser Tage von hier aufgebrochen. Sie sind zuerst nach Spandau marschirt und finden jeden Abend, wenn sie in ihre Quartiere kommen, die nöthigen Befehle, wohin sie am andern Morgen ihren Marsch zu richten haben. So geht es auch allen übrigen Truppen. Jene beiden

Compagnien werden wahrscheinlich den Weg nach Magdeburg nehmen. Reisende, die von dort kommen, versichern, dass man aus dem dortigen Arsenal eine grosse Menge Munition und einen bedeutenden Artilleriepark gezogen. Mehrere haben sich bei dieser Disposition erinnern wollen an den Marsch der Preussischen Truppen nach Böhmen, den Lauf der Elbe entlang, wie vor zwölf Jahren. Indessen fährt man hier fort, immer nur von der Absicht zu sprechen, es solle ein Truppencorps im Halberstädtischen versammelt werden, um mit Hannoverischen und Braunschweigischen Streitkräften vereinigt ein Lager zu bilden, welches die Hannoverischen Lande gegen eine Französische Invasion decken solle, von der wahrscheinlich viel weniger im Ernste die Rede als Zeitungsschreiber meinen. Mit einem Worte, die verschiedenen widersprechenden Gerüchte, mit denen wir Tag für Tag hier behelligt werden, scheinen darauf berechnet, das Publicum irre zu führen. Das Geheimniss wird mit mehr Vorsicht denn je beobachtet. Es giebt Depeschen, welche der König nur eigenhändig schreibt, ohne dass auch der Vertrauteste von seinen Secretären nur Kenntniss davon erlangte. Bei alledem sind aber Diejenigen, welche die Ideen dieses Hofes am Besten zu kennen glauben, der Meinung, dass es sich durchaus um keine Aggression handele." Herr von Bülow fügt noch hinzu: „Das Preussische Ministerium hat mich vorläufig mündlich davon unterrichtet, dass der König von Preussen bereits die Stellung der Relais auf beiden Strassen genehmigt hat, welche zur Reise unseres Hofes nach Polen erforderlich sind; ebenso wie die Aufstellung der Uhlanen, welche zu Beschleunigung der Correspondenz zwischen Warschau und Dresden nöthig. Die erforderlichen Befehle sollen sofort ertheilt werden und morgen werde ich die schriftliche Antwort auf meinen diessfallsigen Antrag erhalten." Am 23. August ist Herr von Bülow noch nicht in der Lage, zu berichten, ob die vom Wiener Hofe erwartete Antwort in Potsdam eingelaufen oder nicht. Wir bemerken erläuternd, dass diese hier in Frage stehende Antwort erst am 28. August in Potsdam eintraf. Es ist damit die Erwiederungsnote des Grafen Kaunitz d. d. Wien 21. August gemeint, welche dem Preussischen Gesandten in Antwort auf sein am 20. August überreichtes Memoire d. d. Wien 18. August 1756 zugestellt ward. Bülow konnte daher am 23. August in Ermangelung von Telegraphen und Eisenbahnen allerdings nicht besser unterrichtet sein, als er es war. Er fährt fort: „Trotzdem hat das Regiment Itzenplitz sich gestern in Marsch gesetzt, heute ist das Regiment Meyrinck gefolgt, beide auf dem Wege nach Schlesien. Die übrigen Regimenter der Garnison sind marschbereit. Auf dem Wege nach Magdeburg wird mit Absendung des Geschützes, der Pontons und Kriegsmunitionen aus dem hiesigen

Arsenale fortgefahren. Die Nachrichten, welche uns über die geheimen Vorbereitungen in Magdeburg selbst und am Einflusse der Havel in die Elbe zugehen, sind so vag, dass man kein Gewicht darauf legen kann. Man vermuthet, der König werde sich Ende der Woche nach Magdeburg begeben. Ein Theil seiner Reitpferde ist dorthin gegangen, eine andere Partie diesen Morgen mit dem Regimente Meyrinck nach Schlesien. Die übrigen Regimenter sollen, wie man versichert, nach und nach nach Magdeburg gehen. Wie dem auch sei, sehr viele sind der Ueberzeugung, dass bis jetzt noch kein Entschluss gefasst ist, die Feindseligkeiten durch Offensivbewegungen zu eröffnen und dass man im Gegentheile im Grunde des Herzens nichts eifriger wünscht, als auf eine gute Manier aus der Verlegenheit zu kommen."

Zech meldet indess an demselben 23. August von Merseburg, „dass die Truppen um Halle herum sich täglich um ein Grosses verstärken," welches „desto mehr Aufmerksamkeit verdiene, als nicht abzusehen, wohin der Marsch der im Magdeburgischen versammelten so grossen Armee gerichtet sein könne, nachdem von dem Lager bei Hornburg nicht mehr gesprochen werde." Tags darauf, den 24., meldet er, fünf Regimenter Infanterie und ein Bataillon würden in Halle am folgenden Tage einrücken, wo auch der Prinz von Braunschweig eintreffen solle. In der

Stadt würden die Häuser mit 16, 20 und mehr Mann belegt werden; länger wie zwei Tage könnten die Truppen dort unmöglich erhalten werden. Von einem Lager sei nicht die Rede. Auch davon spreche man, dass der König von Preussen selbst am 26. in Halle sein werde und dass der Aufbruch der Armee Ende der Woche bevorstehe.

Wir übergehen eine Menge, meist durch Couriere eingesendete Notizen der Sächsischen Grenzbehörden und erwähnen nur, dass der in Heinrichswalde commandirende General der Cavallerie, Prinz Eugen von Anhalt, sich durch besondere Vigilanz auszeichnete und seine Spione bis nach Magdeburg gesendet hatte. Am 26. August musste nun auf Befehl des Grafen Brühl der Geheime Legationsrath von Saul den Preussischen Gesandten über die Sächsischen Truppenbewegungen — beruhigen! Der Premierminister, bemerkt Saul, sei dem Könige auf die Jagd gefolgt und habe den Grafen Maltzahn nur benachrichtigen lassen wollen, dass, da die Nachrichten von starken Preussischen Truppenzusammenziehungen an der Sächsischen Grenze sich immer mehr bestätigten, man für dienlich erachtet, die nächsten an der Preussischen Grenze stehenden Sächsischen Truppen von dort zurückzuziehen, um aller Gelegenheit sorgfältig aus dem Wege zu gehen, „welche zu einigem Verdrusse Anlass geben könnte," der ja leicht möglich, wenn diverse Truppen so nahe an einander

26. August.

ständen. „Man habe noch vor Ausrückung dieser wenigen Truppen dem Herrn Gesandten davon Nachricht geben wollen, damit diese ganz unschuldige *démarche* und *précaution* nicht etwa ungleich ausgelegt würde."

Der Preussische Gesandte begnügte sich, den Geheimen Legationsrath zu fragen, ob man denn so gewiss sei, dass sich so viele Preussische Truppen an der Sächsischen Grenze zusammenzögen; er habe davon gar keine Nachricht. Uebrigens beeilte sich Herr von Maltzahn, zwei an Herrn von Plothow, Preussischen Gesandten in Regensburg, erlassene Rescripte, das letzte vom 21. August, vorzulesen. Saul resumirt den Inhalt dahin: „Des Königs in Preussen Majestät wünschten nichts so sehr, als Ruhe und Frieden zu erhalten und mit Ihrer Majestät der Kaiserin in Freundschaft zu leben. An Kriegsrüstungen würden sie nicht gedacht haben, hätte die Kaiserin nicht durch ihre Präparatoria Anlass dazu gegeben. Der König hätte annoch den Weg einer freundschaftlichen Explication ergriffen und würde es daher von der Kaiserin abhängen, ob selbige Krieg oder Frieden verlange, letzternfalls aber alle bisherigen Kriegszurüstungen gleichsam in einem Augenblicke zu contremandiren leichte fallen." Auch werde in diesem Preussischen Rescripte von der beabsichtigten Zusammenziehung eines Corps in Pommern gesprochen, eine Zusammenziehung, die aber unterblieben, da, als die Russischer Seits befürchtete Bewegung gegen Liefland zu nicht erfolgt, der König von Preussen sofort die nöthigen Gegenbefehle erlassen habe.

Die Unterredung erfreute jedenfalls das Herz des geängstigten Premierministers. Da er wusste, dass die sogenannten „Präparatoria" der Kaiserin nur durch die Preussischen Rüstungen provocirt waren und dass man in Wien nichts wünschte als die Erhaltung des Friedens, nahm er die Preussischen Rescripte an Herrn von Plothow für baare Münze, steckte, wie Vogel Strauss, das Köpfchen in den Sand, um das Gewitter nicht zu sehen, welches sich am Nordischen Himmel zusammengezogen. Leute von Brühls Schlag sind nothwendig Optimisten und glauben immer an Alles, was sie wünschen. Oder stellte er sich nur so leichtgläubig? Meinte er das Gewitter zu beschwören, wenn er gute Miene zu bösem Spiel machte? — In einer kurzen Pause, welche zwischen [28. August.] zwei Hofjagden mitten inne lag, griff er zur Feder und sandte Herrn von Bülow die Registratur, welche Saul über seine Unterredung mit Maltzahn aufgesetzt. „Man habe gehört," setzt Brühl hinzu, „dass sich in der Gegend von Halle ein bedeutendes Truppencorps sammle und desshalb habe man für gut befunden, die an der dortigen Grenze stehenden Truppen zurückzuziehen, um jede Gelegenheit zu vermeiden, welche *„quelques bisbilles"* zwischen Sächsischen und Preussischen Truppen verursachen könnten. — Wie gross übrigens," fährt der Premierminister fort, am Vorabende des Preussischen Einfalles in Sachsen, „wie gross übrigens und wie ernst von beiden Seiten die Rüstungen, so schmeicheln wir uns dennoch immer noch, dass es nicht zum Bruch kommen werde; denn einerseits versichert der König von Preussen, dass er nichts so sehnlich wünsche, als die Aufrechthaltung des Friedens, dass alle seine Rüstungen nur Vertheidigungsmassregeln, andererseits hat die Kaiserin dem Grafen Flemming versichert, wie sie nichts so sehr wünsche, als die Aufrechterhaltung der Ruhe, dass alle ihre Vorbereitungen keinen andern Zweck als den der Selbstvertheidigung und eigenen Sicherheit hätten. Uebrigens wissen wir noch nicht, in welchen Ausdrücken die letzte Antwort der Kaiserin Königin auf das Klinggräffsche *mémoire* gefasst worden ist; aber wir können nicht zweifeln, dass diese Antwort nach allen den friedfertigen Gesinnungen, welche die Kaiserin und ihre Minister an den Tag legen, befriedigend gewesen."

Eine Jagd und eine Soirée. Brühl ging, wie schon oben erwähnt, an diesem Tage mit dem Könige auf die Jagd. Er kehrte Abends zehn Uhr nach Dresden zurück, wo der König zwei Stunden vor ihm eingetroffen war. Die Salons des Brühlschen Palais waren mit Neugierigen gefüllt, Herr von Maltzahn unter den Gästen. Eine

Besprechung scheint jedoch an diesem Abende nur verabredet worden zu sein, denn das „*précis de la commission du ministre de Prusse*," welches sich bei den Acten erhalten, trägt das Datum vom 29. August.

Herr von Maltzahns Eröffnungen. Hier der Hauptinhalt: Herr von Maltzahn eröffnete *29. August.* dem Grafen Brühl, dass die „*mauvais procédés*" und „*desseins dangereux*" des Wiener Hofs den König von Preussen genöthigt, einen Entschluss zu fassen, den er gern vermieden; — dass diese *procédés* ihn in die Nothwendigkeit versetzten, mit seiner Armee nach Sachsen zu rücken, um dann nach Böhmen zu marschiren; — dass er seinen Truppen die strengste Disciplin einschärfen, das Land, so sehr es die Umstände nur gestatteten, schonen, insbesondere alle nur möglichen Rücksichten für das Königliche Haus haben werde; — dass man es ihm aber, wenn man sich an Dasjenige erinnere, was in den Jahren 1744 und 1745 geschehen, nicht verdenken könne, wenn er einige Vorsichtsmassregeln ergreife, um nicht in dieselbe Lage wie damals zu gerathen; — dass er übrigens nichts sehnlicher herbeiwünsche, als die schleunige Wiederherstellung des Friedens, und den Augenblick, wo er Sr. Majestät dem König von Polen wieder den ruhigen Besitz Ihrer Staaten zurückgeben könne, gegen welche er übrigens nichts habe. Sachsen müsse Alles, was ihm gegenwärtig begegne, einzig und allein auf Rechnung der Nothwendigkeit schreiben, in welche das Verfahren des Wiener Hofes Se. Preussische

Maj. versetze. — Uebrigens habe er, Maltzahn, Befehl, sich dieses Auftrags in den allerfreundschaftlichsten Ausdrücken Seiten des Königs, in den allerehrfurchtsvollsten von seiner Seite zu entledigen." Maltzahn verweigerte jeden schriftlichen Antrag, wiederholte aber in einer erbetenen Audienz dem Könige die Requisition für den *„transitus innoxius,"* und erhielt folgende im Geheimen Consilium redigirte, von Sr. Majestät — wie Brühl die Conferenzminister eigenhändig benachrichtigt — genehmigte schriftliche Antwort; — eine Verbalnote, wie wir heute sagen würden:

<small>Die Sächsische Verbalnote vom 29. Aug.</small> „Ihro Königl. Maj., welche nichts mehr als Ruhe und Frieden vornehmlich im Teutschen Reiche wünschten, hätten sehr ungern vernommen, dass zwischen Ihrer Königl. Maj. in Preussen und Ihrer Maj. der Kaiserin in Oesterreich und zu Hungarn und Böhmen Königin sich dergestaltige Irrungen, welche in den von Ihrer Königl. Maj. in Preussen vorzunehmenden Marsch nach Böhmen ausbrechen sollten, ergeben hätten. Ihro Königl. Maj. würden jedoch auf Ihrer Königl. Maj. in Preussen beschehene Requisition denen Königl. Preuss. Truppen den unschädlichen Durchmarsch durch Dero Lande nicht verwehren. Sie acceptirten aber auch Ihrer Königl. Maj. Erklärung, dass Dero Völker gute Disciplin halten sollten, als zu welchem Ende die Nothdurft und gute Ordnung erfordere, dass von Ihrer Königl. Maj. in

Preussen Ort und Zeit, wo und wann, auch wie
stark der Durchmarsch geschehen solle, Nachricht
ertheilt werde, damit zu Führung Dero Truppen
gewisse Commissarien ernennet, wegen deren Instra-
dirung mit den benöthigten Befehlen versehen werden könnten; wobei Ihro Königl. Maj. sich bedinge,
auch von Ihrer Königl. Maj. in Preussen freundnach-
barlicher Gesinnung sich gewiss versehe, Sie würden
nicht allein auf den bei der Entblössung von Vor-
räthen und heurigen Misswachs ohnehin gar dürftigen
Zustand Ihrer hiesigen Lande und Unterthanen die
freundschaftlichste Rücksicht nehmen, sondern auch
Alles, was ihnen zur Subsistenz und an Fourage
geliefert werden würde, um marktgültigen Preis, auch
den Vorspann richtig und baar bezahlen und die
durchmarschirenden Truppen sowenig Nacht- und
Stilllager, als nur immer möglich, nehmen lassen.
Im Uebrigen sei Ihro Königl. Maj. die angehängte
Aeusserung, dass Se. Königl. Maj. in Preussen, in
Erinnerung Dessen, was ao. 1744 vorgegangen, Dero
Sicherheit, damit Ihnen dergleichen nicht wieder geschehe, in Berücksichtigung zu nehmen gedächten,
um so mehr unerwartet und befremdlich gewesen,
je grösser der Unterschied der damaligen und gegenwärtigen Situation der Affairen sei und je gewisser
und fester Ihro Königl. Maj. Sich an den Dresdener
Frieden hielten, nach welchem Selbigte mit Ihrer
Königl. Maj. in Preussen alle gute Freund- und

Nachbarschaft bishierher auf das sorgfältigste zu erhalten und zu befestigen beflissen gewesen" u. s. w. Es wurde schlüsslich, "wie schon vorher zum öftern geschehen," die Erklärung wiederholt: "Dass Ihro Königl. Maj. an Ihrer Königl. Maj. in Preussen jetzigen Misshelligkeiten und Irrungen mit Ihrer Maj. der Kaiserin Königin nicht im Mindesten Theil nehmen wollten," mithin überzeugt seien, der König von Preussen werde dabei Seine "volle Beruhigung und Sicherheit finden," — auch (von dem Könige von Polen) "nichts verlangen, noch gegen Dero Lande und Unterthanen verhängen, was der reichsständigen Freiheit entgegen laufen und welches Ihro Königl. Maj. nöthigen könnte, an das gesammte Reich und an die Garants derer allgemeinen und besondern Friedensschlüsse zu recurriren."

<small>Graf Podewils „marcho involontairo" und „transitus innoxius."</small>

Während man mit dem Preussischen Gesandten in Dresden diese Verhandlungen pflog, war bereits von Berlin gleichzeitig mit dem König von Preussen, der bekanntlich am 28. August von Potsdam aufbrach, ein Courier des Sächsischen Gesandten abgegangen, der folgenden Bericht überbrachte:

"Ich sende diesen Courier," schreibt Herr von Bülow dem Grafen Brühl, d. d. Berlin den 28. August, "um zu melden, dass Se. Excellenz Graf Podewils mich heute gegen 1 Uhr Nachmittags zu sich beschieden und mir zu erkennen gegeben, er habe vom König, seinem Herrn, Befehl, mich davon zu unterrichten und mir mündlich zu erklären, Se. Maj. hätten bereits auf directem Wege meinen Hof von der Nothwendigkeit unterrichtet, in welche das Verfahren des Wiener Hofes Ihn versetze, mit Seiner Armee nach Böhmen zu marschiren und dabei durch die Staaten Sr. Maj. des Königs von Polen seinen Durchmarsch zu nehmen. Disciplin und gute Ordnung sollten bei den Truppen auf das strengste beobachtet, alle ehrfurchtvollsten Rücksichten und nur denkbaren *ménagements* für den Hof genommen werden, damit ja nichts geschehe, was Sr. Maj. dem Könige, unserm Herrn, Ursache zu Missvergnügen geben, oder die geringste Schwierigkeit seiner Reise nach Polen in den Weg legen könnte. Die *relais* auf beiden Strassen nach Schlesien seien bestellt und der König könne sich auf seiner Reise aller nur möglichen Aufmerksamkeit versehen."

„Il (le Comte de Podewils), so schreibt Bülow, finissoit par me dire, que comme cette *marche involontaire et transitus innoxius ne devoit donner aucunement atteinte à l'amitié et bonne intelligence entre les deux cours, le Roi, son Maitre, l'avoit chargé en particulier de me donner l'assurance, que je pourrois continuer mon ministère en toute tranquillité et qu'on auroit toujours la même considération attachée à mon caractère public:* Je me suis contenté de reserver le rapport de ce propos inattendu, puisque toute replique aurait été inutile et que du reste nous ignorons ici la reponse de la Cour de Vienne dont on se plaint."

Wir haben die *ipsissima verba* des Preussischen Ministers wiedergegeben. Die Erklärung ist so sonderbar, dass man den eigenen Augen kaum traut. Bülow erwähnt noch, man wisse nicht, warum die Stadtthore Berlins am Tage vorher geschlossen worden; ein Oesterreichischer Courier, den Graf Puebla expedirt, sei allerdings aufgehalten, aber wieder frei gegeben worden.

„Alle Infanterieregimenter der Berliner Garnison, der Gensdarmerie und die Husaren seien am Morgen um 5 Uhr aus verschiedenen Thoren ausmarschirt. Man mache aus den Marschrouten und den *Rendezvous* das grösste Geheimniss. Die Garnison von Potsdam sei gleichzeitig aufgebrochen und man sage, der König werde am andern Morgen früh 3 Uhr in Person nach Belitz gehen." [1]

Leipzig besetzt. Gleichzeitig mit diesem Berichte erreichte nun am 30. August früh der vom Bürgermeister Gottfried Wilhelm Küstner im Namen des Raths zu Leipzig an Se. Maj. erstattete Bericht d. d. Leipzig, den 29. August, die Hauptstadt. Hiernach war Nachmittags 4 Uhr der Oberstlieutenant Brunitz den bereits Nachmittags 2½ Uhr eingerückten Preussischen Husaren gefolgt, um Quartier für 8 Bataillone Infanterie, 2 Regimenter Grenadiere, 2 Escadrons Husaren, 6—800 Stück Artilleriepferde zu bestellen. Zuletzt

---

[1] Friedrich II. brach bekanntlich am 28. in Potsdam auf und stand am 29. schon in Jüterbogk auf Sächsischem Boden.

war auch Herzog Ferdinand von Braunschweig, der Führer dieses Armeecorps, selbst auf das Rathhaus gekommen und. hatte „gemeldet" — wie es im Bericht heisst — Er sei „auf Ihrer Königl. Maj. von Preussen Befehl mit denen unterhabenden Truppen anhero gekommen." Der König von Preussen versichere dem Rathe und der gesammten Bürgerschaft Seine Gnade und hoffe, es werde für die Truppen gehöriges Quartier geschafft und für deren Unterhalt gesorgt werden.

Der nach Dresden erstattete Bericht schliesst mit der Bitte, der König möge sich seiner getreuen Stadt Leipzig annehmen und die nöthigen Massregeln treffen, damit selbige von der Last der Preussischen Einquartierung aufs schleunigste befreit werde. Beilagen dieses Berichts bilden die mehrfach abgedruckten Ordres des Herzogs von Braunschweig an den Magistrat von Leipzig vom 29. August. Der Herzog hatte bekanntlich bereits um 7 Uhr Abends einer Deputation des Handelsstandes erklärt, die Kaufmannschaft habe von nun an Ihro Königl. Maj. den König in Polen weiter keine Abgaben, sie möchten Namen haben, wie sie wollten, zu entrichten.[1]

---

[1] Der im Bericht als „Herzog" bezeichnete war bekanntlich damals noch Erbprinz. Als Herzog sollte ihn fünfzig Jahre später, als er bei Jena den Kopf, die ihm anvertraute Armee und den Staat, den er hatte gründen helfen, in Einer Schlacht verlor, die Nemesis in Person erreichen. *Respice finem!* —

Die Preussische Armee rückt ein.

So war denn am 29. August 1756 von Halle aus das Corps des Erbprinzen Ferdinand von Braunschweig — der rechte Flügel der Preussischen Armee — in Leipzig; der König von Preussen aber, der das Centrum führte, an demselben 29. August gleichzeitig in Jüterbogck eingerückt, während der Herzog von Braunschweig-Bevern mit dem dritten Armeecorps — dem linken Flügel — am 22. August in Pommern aufgebrochen, durch die Kurmark marschirt, über Köpnik und Zossen am 30. August bis Neugolsen in der Sächsischen Niederlausitz und den 31. bis Trebus vorgedrungen war. Jedes dieser drei Corps marschirte, wie bekannt, in drei Colonnen und erreichte am 10. September, ohne Widerstand gefunden zu haben, das *Rendez-vous* bei Pirna. Dort war das Hauptquartier des Königs von Preussen in Gross-Sedlitz, das des Herzogs von Braunschweig in Gross-Cotta, das des Herzogs von Bevern in Doberzeit. Die Gesammtstärke dieser Invasionsarmee kann beiläufig auf 70,000 Mann geschätzt werden.

Wir bitten nun, um die actenmässige Darstellung der Verhandlungen nicht weiter zu unterbrechen, sich diese drei Preussischen Armeecorps fortwährend im Marsche zu denken, bis sie die Einschliessung des Sächsischen Lagers vollendet hatten.

General Meaghers Sendung.

Kaum war in der obgedachten Unterredung zwischen dem Grafen Brühl und dem Preussischen Gesandten in Dresden und in der Audienz, welche der

König von Polen diesem Diplomaten darauf ertheilte, der officielle Antrag auf Gestattung des „ohnschädlichen Durchmarsches" erfolgt, so beschloss man die Absendung eines Sächsischen Generals in das Preussische Hauptquartier. Die Wahl fiel auf den Generallieutenant Thaddäus O'Meagher, in den Acten immer „de Meagher" genannt. Er war Schweizerhauptmann, d. h. Commandant der hauptsächlich aus Irländern bestehenden Schweizer Trabantenleibgarde. Meagher ward mit folgendem Handschreiben [1] des Königs Augusts III. an den König von Preussen betraut:

Monsieur mon Frère. Le Ministre de V. M. à Ma Cour, venant de faire la réquisition pour le passage de Ses troupes par Mes Etats pour aller en Bohème, Je l'ai accordé, espérant que V. M. fera observer une exacte discipline. Aussi envois-je vers V. M. Mon Lieut^t Général

---

[1] Wir bemerken ein für alle Mal, dass alle Sächsischen Handschreiben aus den bei den Acten von König August paraphirten Concepten, die Handschreiben Friedrichs II. aber aus dessen bei den Acten befindlichen Originalien entnommen sind. Leider können wir den Leser nicht auf die *Oeuvres de Frédéric le grand*, *Tom. IV, pag. 233 ff.* abgedruckte Correspondenz zwischen beiden Königen verweisen, da nach genauer Vergleichung es sich ergeben hat, dass keine einzige jener *Piecen* dort ganz correct wiedergegeben worden. Der Herausgeber gesteht selbst, dass er dieselben nicht dem Berliner Archive, sondern aus Druckschriften entnommen. Wir können daher nur vermuthen, dass sich inmitten der damaligen Kriegswirren die Preussischen Originalurkunden und Concepte nicht erhalten haben.

et Commandant du Corps de Suisses Sr de Meagher, pour mieux concerter tout ce qui est relatif à cette marche et en régler l'exécution. Je n'ai d'ailleurs pû qu'être fort surpris de quelques déclarations inattendues et peu conformes au Traité de paix et à l'amitié qui subsiste entre nous, que le Baron de Maltzahn y a ajoûtées au nom de V. M., mais J'espère qu'Elle voudra bien S'expliquer envers le susdit Lieut^{t.} Général Sr. de Meagher d'une façon à Me rassûrer entièrement là dessus. Je m'y attends en toute confiance; et suis etc.

 à Dresde   A. R.
ce 29 d'Août 1756.

 Ganz im Einklange mit diesem Königlichen Handschreiben ward General Meagher mit einer Instruction, d. d. Dresden den 29. August, Seiten der Minister, mit einer andern, von demselben Datum, Seiten des Feldmarschalls Grafen Rutowski versehen. Ein Rescript vom 30. August ergänzte diese Instructionen. Der General war in der Nacht vom 29. zum 30. abgereist. Erst am Morgen nach seiner Abreise gelangte die Besetzung Leipzigs und Merseburgs zur Kenntniss des Sächsischen Hofes. Es ward daher Meagher durch jenes Rescript nachträglich beauftragt, die sofortige Räumung aller von Preussen occupirten Sächsischen Städte zu verlangen.

 Meagher ward, als er sich in Leipzig am 30. August, Abends 7 Uhr, beim Erbprinzen von Braunschweig melden liess, arretirt, bald darauf jedoch freigegeben und in Begleitung eines Preussischen

Officiers nach Wittenberg gesendet. Dort hatte er mit dem Prinzen Moritz von Dessau eine charakteristische Unterredung.

Der Prinz hatte gefragt, ob der König noch in Dresden? welche Partei Er ergreifen werde? ob Er Preussens Freund sei? Meagher antwortete, er habe den König bei seiner Abreise in Dresden verlassen und zweifle nicht, dass Seine Majestät noch dort sei. Der König habe für Niemand Partei genommen, Er sei aller Welt Freund und verlasse sich auf den Dresdener Frieden wie auf die Reichsverfassung.[1]

Den dem General Meagher mit dem Rescript vom 30. August nachgesendeten Feldjäger hielten die Preussen in Leipzig auf und liessen ihn nicht eher weiter gehen, als bis man von seinen Depeschen Kenntniss genommen, die man ohne Weiteres öffnete.

Der König von Preussen empfing den Sächsischen General am 1. September auf dem Schlosse zu Pretzsch. In Sayda, wo er Seiner Majestät zuerst begegnet, war er nicht vorgelassen worden. Die erste Unterredung war kurz und unerquicklich. Auf die Versicherungen des Generals Meagher, dass sich beide Könige im Dresdener Frieden beständige Freundschaft und Vergessenheit aller frühern Misshelligkeiten angelobt, versetzte Friedrich II. sarkastisch: „*Et depuis?*"

[1] Meaghers Bericht d. d. Wittenberg 31. August.

In einer zweiten Audienz Abends 5 Uhr schien der König von Preussen besserer Laune. "Mon Général," sagte er, "je suis fâché de faire Votre connaissance dans les conjonctures présentes. J'espère qu'il s'en trouvera de plus gracieuses. J'ai ouï dire beaucoup de bien de Vous. Tenez, Voilà la réponse au Roi, V. M. Je me flatte qu'Il en sera content. C'est tout ce que puis (faire) dans les circonstances. D'ailleurs ce n'est point cupidité, ou désir de m'agrandir qui m'ont déterminé à la démarche que je fais. Mes ennemis m'y ont forcé et pour obvier au mal qu'ils voulaient me faire, j'ai été obligé d'agir comme je fais."

Das Wort *„démarche"* zur Bezeichnung eines gewaltsamen Einbruchs in des Nachbars Haus verdient in dem Lexikon der Eroberer, die bekanntlich immer in denselben Fehler verfallen, das *„qui s'excuse — s'accuse"* zu vergessen — einen Ehrenplatz. Wir danken es dem braven Irländer, diesen klassischen Ausdruck aufbewahrt zu haben. Er verschluckte jedoch jede Kritik und begnügte sich, die Versicherung zu wiederholen, dass der König, sein Herr, sicher nicht unter die Feinde des Königs von Preussen zu rechnen, da er ja nichts als Frieden und Ruhe und nur treues und unverbrüchliches Festhalten an den Verträgen wünsche.

"Je le crois de la part de Votre Maître," versetzte Friedrich II. *„Il est droit et honnête homme.*

Mais il n'en est pas de même de ses serviteurs, qui pensent autrement et . . . . . . Enfin, Monsieur, Vous avez la lettre. C'est tout ce que je puis dire au Roi. Faites-lui mes Complimens."[1]

Diess war jedoch nicht der einzige Versuch des Sächsischen Cabinets, sich mit dem plötzlich Eingedrungenen zu verständigen. Am Morgen nach der Abreise Meaghers am 30. August richtete Brühl ein vertrauliches Schreiben an den Englischen Gesandten Lord Stormont, um ihn zu ersuchen, sich in das Preussische Hauptquartier zu begeben und Friedrich II. zum Abschluss einer Neutralitäts-Convention mit dem König von Polen zu bewegen. Da der Dresdener Frieden unter Englands Vermittlung abgeschlossen worden, so hielt man den Englischen Diplomaten für den geeignetsten Kanal und den nachträglichen Beitritt zum Tractat von Westminster vielleicht noch für möglich.

Der junge Lord war erst vor wenigen Monaten mit dem Dresdener Posten vertraut worden. Er scheint, nach den Berichten der Sächsischen Gesandtschaft in London, in der Diplomatie ein Neuling, in seinem eigenen Lande nur geringes politisches Gewicht gehabt zu haben. Man verdachte es ihm dort ursprünglich, dass er sich überhaupt auf die Sendung eingelassen. *„Lord Stormont a fait l'Ambassadeur de Votre Cour auprès du Roi de Prusse,“* bemerkte spot-

[1] Meaghers Bericht d. d. Pretzsch, 1. September 1756.

tend der Staatssecretär Lord Holdernesse dem Sächsischen Geschäftsträger am 16. September. Später jedoch, als der Verdacht immer deutlicher hervortrat, dass der Einfall in Sachsen, wenn auch nicht von England gebilligt, so doch mit diesem Hofe vorher verabredet worden, fand man es sehr bequem, die resultatlose Vermittlung Lord Stormonts als einen Beweis nicht ganz feindseliger Gesinnung geltend zu machen. Wir werden am geeigneten Orte über die Mission Stormonts das Nöthige nachtragen und übergehen seine irrelevanten Zwischenberichte über die Audienzen, welche ihm der König von Preussen ertheilte.

König August schreibt nach Warschau, Graf Brühl nach Paris und Petersburg.

Gleichzeitig hatte der König durch Handschreiben an den Grosskanzler des Königreichs Polen, Grafen Malachowski, vom 30. August, durch Handschreiben an den Primas des Königreichs, an den Castellan von Krakau, an den Oberhofmarschall der Krone und an den Palatin von Reussen etc. die Polnischen Kronbehörden davon unterrichtet, dass Er zu Seinem Bedauern die auf den 13. September festgesetzte Abreise zu Eröffnung des Polnischen Reichstags verschieben müsse. Wir heben aus diesen Handschreiben nur hervor, dass Seine Majestät den Einbruch des Königs von Preussen als: *„un incident"* bezeichnet, welches Ihm nicht gestatte, Seine Erblande in diesem kritischen Augenblicke zu verlassen. Graf Malachowski wird beauftragt, sich sofort zum Könige zu begeben.

[1756.] DER OHNSCHÄDLICHE DURCHMARSCH DER PREUSSISCHEN ARMEE. 409

„Die Sache," schreibt Seine Majestät, „ist von der höchsten Wichtigkeit, die Zeit drängt, ich erwarte Sie mit Ungeduld." Bevor Meagher zurückkehrte, ward am 1. September der Generalmajor von Fontenay nach Paris gesendet mit einem Beglaubigungsschreiben Brühls an Rouillé, worin Fontenay als „*l'homme de confiance*" bezeichnet wird, auf dessen mündliche Vorstellungen das Französische Cabinet verwiesen wird. An demselben 1. September ward auch ein Courier nach Petersburg expedirt, welcher dem dortigen Sächsischen Geschäftsträger, Legationssecretär Prasse von dem Einmarsch, den Preussischen Manifesten und den Sendungen Meaghers und Stormonts mit dem Bemerken unterrichtet: wie die Preussische „Declaration" unverholen die Absicht des Königs in Preussen kundgebe, „anstatt eines in der dabei zu *observiren* gewesenen Ordnung erlaubten und unversagten Durchmarsches das hiesige Churfürstenthum und übrige Lande zu *occupiren* und nach Gutdünken an sich zu behalten." — Anträge an Russland werden übrigens nicht formulirt, da es den Verträgen gemäss genügte, die Thatsache der Vergewaltigung zu constatiren.

1. Sept.

Am 2. September in früher Morgenstunde kehrte General Meagher nach Dresden zurück. Er überbrachte das nachstehende Antwortsschreiben des Königs von Preussen:

2. Sept.

as Meagher aus dem reussischen Hauptquartier brachte.

Monsieur Mon Frère. Les inclinations que J'avois pour la Paix sont si notoire que tout ce que Je pourrois dire à Votre Majesté, ne le prouveroit pas d'avantage que la Convention de Neutralité que J'ai signée avec le Roy d'Angleterre. Depuis ce tems par différents revirements de Système la Cour de Vienne a cru trouver le moment favorable pour mettre en exécution des desseins que depuis longtems elle couvoit contre Moy. J'ai employé la voye de la Négociation, la croyant la plus convenable pour dissiper des soupçons réciproques auxquelles différentes démarches de la Cour de Vienne avoient pu donner lieu. La prèmiere réponse que J'ai recuë de la Cour de Vienne[1] est aussi obscure et enigmatique qu'aucun Prince qui veut pourvoir à Sa seureté ne peut s'en contenter. La seconde[2] etoit conçuë avec tant de hauteur et de mépris qu'elle devoit offenser l'Indépendance de tout Prince qui a Son honneur à coeur, et quoique Je n'avois insisté que sur des assûrances que J'exigeois de l'Impératrice Reine d'être seur contre les entreprises qu'elle pourroit faire contre Moy cette année-ci et l'année qui vient, Elle n'a pas daigné répondre à une demande aussi importante. Ce refus M'a obligé malgré Moy de prendre le parti que J'ai cru les plus propre pour prévenir les desseins de Mes Ennemis; cependant tant pour l'amour de la Paix, que

---

[1] Die mündliche Antwort der Kaiserin Maria Theresia, Herrn von Klinggräff in der nachgesuchten Audienz vom 26. Juli ertheilt, lautete: „*Les circonstances critiques des affaires générales M'ont fait regarder comme nécessaires les mesures que Je prends pour Ma Sûreté et la Défense de Mes Alliés, et qui ne tendent d'ailleurs au préjudice de qui que ce soit.*"

[2] Es ist die Antwort gemeint, welche Herrn von Klinggräff am 21. August auf dessen Memoire vom 18. August schriftlich ertheilt ward. Das Actenstück bildet die III. Beilage des Oesterreichischen Manifestes vom 20. September 1756, darf daher als bekannt vorausgesetzt werden.

par esprit d'humanité J'ai encore ordonné à Mon Envoyé à Vienne de faire des nouvelles représentations à cette Cour, en lui faisant sentir, que sa dernière réponse etant non-seulement conçuë en termes très peu mesurés, mais encore remplie d'une mauvaise dialectique, qui ne répondoit point à ce que Je Lui demandois, *Je Me mettois en mouvement d'un côté*, mais que, si encore l'Impératrice vouloit Me donner la seureté, que Je Lui demandois pour cette année et l'année qui vient, Elle pouvoit compter que Je sacrifierois volontiers toutes les dépenses d'un commencement de guerre à la tranquillité publique, mais que de plus je consentirois incessament à mettre les choses sur le pied de la Paix. Voici la véritable situation où Je me trouve. *Ce n'est ni la cupidité, ni l'ambition* qui dirigent Mes démarches, mais la protection que Je dois à Mes peuples et *la nécessité* de *prévenir des Complots* qui deviendroient plus dangereux de jour en jour, *si l'Epée ne tranchoit ce noeud Gordien*, lorsqu'il en est tems encore. Voila à peu près toutes les explications que Je suis en état de donner à V. M. Je ménagerai Ses Etats autant que Ma situation présente le permettra. J'aurai pour Elle et pour Sa Famille toute l'Attention et la Considération, que Je dois avoir pour un Grand Prince, que J'estime, et que Je ne trouve à plaindre qu'en ce qu'il Se livre trop *aux Conseils d'un homme, dont les mauvaises tentinions Me sont trop connuës* et dont Je pourrois prouver *les noirs Complots* papier sur table.

J'ai fait toute Ma vie une profession de probité et d'honneur et sur ce caractère qui M'est plus cher que le titre de Roy, que Je ne tiens que par le hazard de la naissance, J'assûre V. M. que quand même dans quelques moments surtout du commencement les apparences Me seront contraires, qu'Elle verra en cas qu'il soit impossible de parvenir à une réconciliation, *que Ses intérêts Me seront sacrés, et qu'Elle trouvera dans Mes procédés plus de ménagement pour Ses Intérêts et pour ceux de Sa Famille que ne Lui veulent insinuer des personnes qui sont trop au dessous de Moy, pour que J'en daigne faire mention.* Je suis avec la plus parfaite Estime et Considération

à Pretsch
le 1 de Septembre M. R.
1756.

Monsieur Mon frère
De Votre Majesté
Le bon frere
(signé) Federic R.

Die Geheimen Räthe erwägen die Sachlage und beschliessen etwas Unpraktisches.

Diese Antwort hätte das Sächsische Cabinet über die eigentlichen Absichten der Invasion schon vollkommen aufklären müssen. Die „*noirs complots,*" welche dem Sächsischen Premierminister vorgeworfen wurden, standen mit den freundschaftlichsten Zusicherungen für die Person des Königs in einem seltsamen Contraste. Da jene „*noirs complots*" nicht existirten, so konnte man sich kaum darüber täuschen, dass die Absicht des Königs von Preussen keine andere sein könne, als die Entfernung Brühls, einen vollkommenen Systemswechsel, den Anschluss Sachsens an Preussen, mit Einem Worte eine Offensiv-Allianz gegen Oesterreich zu erzwingen.

Die Geheimen Räthe, welchen die Preussische Antwort am 2. September zur Begutachtung und zur Erwägung der Frage: „Was nun?" mitgetheilt wurde, scheinen in ihrem mit gewohnter Gewissenhaftigkeit erstatteten Gutachten die Hauptsache übersehen zu haben. Sonst hätten sie kaum dazu gelangen können, dem Könige einen Rath zu ertheilen, der so unpraktisch war, dass die Ausführung zwei Tage darauf aufgegeben werden musste.

Ueber die erste Frage: soll der König in Dresden bleiben? war man bald einig. Einstimmig wurde dieselbe und zwar mit vollem Rechte verneint, da man den König den Avanieen und Beleidigungen nicht aussetzen könne, welche zu befürchten, nachdem man — am 19. August, wie wir oben gesehen — den ganz sachgemässen Beschluss gefasst hatte, die Residenzstadt nicht zu vertheidigen. Man beschloss daher, Seine Majestät zu ersuchen, Sich zu Seiner Armee zu begeben, welche an demselben Tage schon grossentheils im Lager bei Pirna versammelt war. Die Dresdener Garnison rückte ebenfalls am 2. aus und die Bürgerwehr übernahm die Bewachung der Stadt.

Die zweite Frage: ob der König im Lager bleiben und dort die Ereignisse abwarten solle? verursachte mehr Kopfzerbrechens. Dafür spreche:

dass die Generale versicherten, die Position sei vortrefflich,

dass man im Falle eines Angriffes das Lager sogar gegen eine überlegene Macht wohl vertheidigen könne,

dass, so lange der König Selbst im Lager, ein Angriff desselben nicht wahrscheinlich, dass, falls die Armee dennoch angegriffen und geschlagen werden sollte, der König Sich immer noch auf den Königstein begeben könne.

Dagegen aber:

dass das Lager bombardirt werden könne,

dass, so gut die Position, dieselbe dennoch der Gefahr genommen — „*emportirt*" — zu werden, ausgesetzt sei,

dass also Ihro Majestät „in Gefahr des Lebens oder der Gefangenschaft" gerathen könnte,

dass ein Angriff um so wahrscheinlicher, als die Generale erklärt, auf die Preussischen Elbschiffe feuern zu müssen,

dass die Armee, wenn geschlagen, verloren, der König auf dem Königstein aber einem Bombardement ausgesetzt sei.

Man fand hiernach „die Ursachen *pro negativa*" überwiegend und rieth, der König möge mit der Armee sofort das Lager verlassen.

Jetzt gelangte man zur Erörterung der dritten Frage: Wohin?

Hierbei ergaben sich wiederum drei Möglichkeiten:

1) Man konnte nach dem Fränkischen Kreis über das Vogtland und das Gebirge marschiren.

Diess hielten die Minister für „das Beste," standen aber davon ab, „da die Generalität versichert, es sei bei den jetzigen Umständen nicht *practicabel*."

Man konnte:

2) **Nach Böhmen gehen, um sich dort mit der Oesterreichischen Armee zu vereinigen.**

Hiergegen hatten die Minister folgende Bedenken: „dass dieses den König in Preussen äusserst erbittern und ihm zum Prätext dienen würde, sein bisheriges Betragen rechtfertigen zu wollen,"

„dass der König in Preussen daher Anlass nehmen würde, die Sächsischen Lande noch feindseliger zu tractiren," endlich:

dass man dann „alle *Conditiones*, so von Seiten der Kaiserin Königin würden vorgeschrieben werden wollen, anzunehmen gezwungen sein würde."

Also aus Furcht, den bereits wider alles Völkerrecht gewaltsam eingedrungenen König in Preussen zu „erbittern" und in der Hoffnung in einer Krisis, wo die Existenz des Staates zweifelsohne auf dem Spiele stand, neutral bleiben zu können — neutral, nachdem mehrere Städte des Landes überrumpelt, einzelne Officiere arretirt, die Kassen mit Beschlag belegt worden waren! — wagten die Herren Conferenzminister noch immer nicht, das einzige Rettungsmittel anzurathen und dem Schutz- und Trutzbündnisse mit der Kaiserin Königin zu vertrauen, welches seit 1743 die Grundlage der Sächsischen Politik bildete. „So macht," wie Hamlet sagt, „Gewissen Feige aus uns allen und der gesunden Farbe der Entschliessung wird des Bedenkens Blässe angekränkelt!"

Was für „*Conditiones*" konnte denn die Kaiserin

stellen, die härter gewesen, als die vollendete Thatsache des Preussischen „Landfriedensbruches?" Was sollte denn der König in Preussen thun, um das Land „noch feindlicher zu tractiren?"

Nachdem man so den „Wald vor Bäumen" nicht zu entdecken vermocht, gerieth man auf den abentheuerliehen Gedanken:

3) Der König möge mit der Armee aufbrechen, um über Böhmen und Mähren nach Polen zu marschiren.

Bedenken hatte man freilich natürlich auch die Menge, denn auch hierdurch würde der König in Preussen „ungemein aufgebracht werden" und ausser Zweifel sei es, „dass die getreuen Lande, Diener und Unterthanen Ihro Königlicher Majestät den äussersten Bedrängnissen, Misshandlungen und respective *Devastationen* exponirt werden würden."

Aber bei so vielen Uebeln sei dasjenige zu wählen, „bei welchem man sich vor der ganzen Welt von allem Vorwurfe entledigen könne,"

auch „darthun, dass man dazu nur Nothgedrungen verschritten," endlich sich

„einer wirksamen Hilfe" der alliirten Höfe, des Reiches, der Garants des westphälischen Friedens „getrösten" dürfe.

Dass der König nach seiner Wahlcapitulation gar nicht das Recht hatte, die Armee nach Polen zu führen, da er dort nur 1200 Mann Sächsischer Truppen halten durfte, dass die Besoldung und Verpflegung aus Polnischen Kassen unmöglich, dass der Heranmarsch wahrscheinlich das Signal zu einem Aufstande, der Vorwand gewesen sein würde, andere fremde Truppen, namentlich die in Pommern stehenden Preussischen — die ein Auge auf Danzig hatten — nach Polen zu ziehen, Alles diess scheinen die Sächsischen Minister in ihren Neutralitätsträumen ganz ausser Acht gelassen zu haben. Denn bei alle dem sollten ja die Verhandlungen mit Preussen fortgesetzt, und wo möglich der Abschluss einer Neutralitätsconvention erwirkt werden.

Käme es dazu, so könne der König, sobald es die Polnischen Angelegenheiten gestatteten, wieder nach Sachsen zurückkehren, auch die Armee in die Erblande wieder einrücken lassen. Mit Recht heben übrigens die Geheimen Räthe hervor, wie kostbar die Zeit sei, wolle man den Marsch nach Polen unternehmen.

Gleichzeitig wurde im Einklang mit diesem Gutachten ein amtliches Requisitorium an die Kaiserin Königin gerichtet, d. d. 2. September, worin unter anderm gesagt wird:

„Da nun bei solchen bedenklichen Umständen Mir kein anderer Weg offen bleiben möchte, als dass Ich Mich zu Meiner in hiesiger Gegend zusammengezogenen Armee in Person verfüge und mit selbiger den Marsch durch Ihro Majestät Königreich Böhmen und

Markgrafthum Mähren nach Polen nehme, so habe Ich Ihro Majestät davon freundnachbarliche vertrauliche Eröffnung zu thun, keine Zeit versäumen wollen, mit dem freund-, brüder-, vetter- und nachbarlichen Ersuchen, Dieselben wollen nicht nur solchen unvermeidlichen Durchmarsch gestatten, sondern auch zu dessen Facilitirung schleunige Befehle ergehen zu lassen geruhen."

Auch wurden die Kaiserlichen Behörden in Prag von diesem Plane amtlich unterrichtet; beide Schreiben aber dem Grafen Sternberg, dem Kaiserlichen Gesandten am 2. September Abends 11 Uhr zur Beförderung übergeben.

König August geht nach Struppen in das Lager.   Schon am folgenden Morgen scheint man den kaum gefassten Beschluss beinahe wieder bereut zu haben. Es wurde, bevor das Tags zuvor redigirte Gutachten dem Könige unterbreitet ward, noch einmal erwogen, ob der Marsch der Armee durch Böhmen, selbst wenn die Vereinigung mit der Kaiserlichen Armee nicht erfolge, Preussischer Seits nicht als eine Verletzung der Neutralität betrachtet werden könnte. Indessen hatte man aus Lord Stormonts ersten Berichten von Torgau zu entnehmen gehabt, wie der König von Preussen sich noch immer so stellte, als wünsche Er eine Verständigung mit der Kaiserin Königin. Eine Kriegserklärung war noch nicht erfolgt. Deshalb glaubte das Sächsische Cabinet über jenes Bedenken hinweggehen zu können. Der

König begab sich daher in sein Lager und richtete noch vor seiner Abreise um 10 Uhr Vormittags folgendes Handschreiben an den König von Preussen, wodurch Er ihn von dem gefassten Entschlusse, sich zu Seiner Armee zu begeben, unterrichtete:

Monsieur Mon Frère. Le Général Meagher vient de M'apporter la lettre, que V. M. M'a écrite en réponse à celle dont Je l'avois chargé pour Elle. Je suis à la vérité fort sensible aux expressions affectueuses avec lesquelles V. M. M'assure de Son amitié pour Ma Personne; mais Je Me flatte, qu'Elle voudra bien Me faire sentir incessamment les effets de ces assurances qui Me sont très-prétieuses.

Les différends survenus entre V. M. et l'Imp$^{ce.}$ Reine ne Me regardent en aucune façon. De plus V. M. a fait faire, comme Elle M'en instruit, de nouvelles représentations à la Cour de Vienne, et Elle Se réglera en conséquence de la réponse qu'Elle en recevra. Mais J'aurois dû Me flatter qu'en prénant le passage innocent par Mes Etats suivant les constitutions de l'Empire, connues à V. M., Elle ne les occuperoit pas, et qu'en Se conformant à la déclaration qu'Elle a fait publier, qu'Elle n'a aucune intention de Me faire la guerre, ni de traîter Mes Etats comme des pays ennemis, Elle en agiroit au contraire avec les ménagemens d'un Prince ami et bien intentionné. Au lieu de celà les troupes de V. M. y font des exactions, s'emparent de Mes caisses, et les emportent, viennent de démolir une partie de ma forteresse de Wittemberg et arrêtent mes Officiers Généraux et autres quand elles les rencontrent. J'en appelle aux sentimens de justice et de probité, dont V. M. fait profession, et Je suis persuadé qu'Elle ne voudra pas que Moi et Mes Etats devions souffrir des différends de V. M. avec l'Imp$^{ce.}$ Reine. Je désirerois au reste que V. M. voulût Me donner à connoître les noirs complots dont Elle fait mention dans Sa lettre et que J'ai ignoré jusqu'à présent. Je prie donc V. M. de faire attention à Mes représentations, et d'évacuer Mes Etats, en en faisant sortir Ses Troupes le plus tôt possible. Je suis prêt, comme Je M'en suis déjà fait expliquer, de donner à V. M. toutes les sûretés qu'Elle poura exiger de Moi, convenables à l'équité et à Ma dignité. Mais comme le tems presse, et que Je ne saurois dans la position violente où Je me trouve, voir approcher encore de plus près des troupes, qui en quelque sorte agissent en ennemis, et qui Me font appréhender par là des suites encore plus fâcheuses, Je prends le parti de Me rendre à Mon Armée, pour y recevoir au plustôt les explications ultérieures de V. M. Luy protestant en même tems encore une fois, que Mon intention n'est nullement de M'éloigner d'une convention de Neutralité avec Elle, mais que plustôt J'y donnerai les mains avec une satisfaction parfaite. Je mets toute confiance dans l'amitié de V. M., Luy réitère les protestations de la Mienne et suis avec la plus parfaite considération etc.

à Dresde,   A. R.
ce 3 Septembre
1756.

Die beiden ältesten Söhne des Königs, Prinz Xaver und Prinz Carl, begleiteten Seine Majestät. Die Königin mit ihren jüngern Kindern, der Churprinz, die Churprinzessin und deren Kinder verblieben in Dresden. — Vor der Abreise hatte noch der

König den Chevalier de Saxe zum eventuellen Nachfolger des General-Feldmarschalls Grafen Rutowski im Armeecommando ernannt und den Geheimen Räthen während seiner Abwesenheit die Regierungsgeschäfte übertragen. Sämmtliche Landescollegia, die Gesandten und Minister an den auswärtigen Höfen wurden an den Geheimen Rath verwiesen, dessen Präsidium dem Geheimen Cabinets- und Conferenzminister Grafen Wackerbarth — zugleich Obersthofmeister des Churprinzen — übertragen ward. Uebrigens sollten mit dem Premierminister Grafen Brühl, der den König begleitete, „die erforderlichen schriftlichen Vernehmungen auch fernerhin gepflogen werden."

Kaum hatte Brühl Dresden verlassen, als ihm Wackerbarth schon durch den Legationsrath von Saul den Abgang des Grafen Salmour, seines Neffen, mit dem ebengedachten Königlichen Handschreiben berichtete, und zugleich über fünf Punkte die Befehle Seiner Majestät einzuholen bat. Diese Punkte sind für die unbeschreibliche Gewissenhaftigkeit bezeichnend, mit welcher man in so kritischen Zeiten, wie im tiefsten Frieden, Alles, selbst Irrelevantes, behandelte. Man wollte unter Anderm wissen, ob, falls der König von Preussen nach Dresden käme, ausser der Begrüssung im Namen ihrer Majestäten, durch die Obersthofmeister Wessenberg und Wackerbarth, die Prinzen Albert und Clemens sich in Person zu diesem Monarchen begeben? Aus welcher

Kasse die Staffeten und Courriere bezahlt werden sollten? u. s. w.

Brühl hatte diese Anfragen noch nicht erhalten, als er, kaum im Hauptquartier Struppen angelangt, dem Grafen Wackerbarth Folgendes schrieb:

„Glücklich hier angekommen, ist es meine erste Sorge, Ew. Excellenz zu ersuchen, im Falle der König von Preussen Garden vor das Schloss stellen sollte, zu verlangen, dass das Innere des Schlosses durch die Schweizer und nicht durch die Preussen bewacht werde. Diese Vorsicht ist durchaus nöthig, wegen des grünen Gewölbes und wegen anderer Gegenstände, die im Schlosse deponirt sind."

Warum man nicht vorzog, diese Gegenstände und namentlich die Cabinetsacten nach dem Königstein zu schaffen, würde ganz unbegreiflich sein, wenn die Illusionen, in denen man lebte, nicht jeden Entschluss, jedes Handeln gelähmt hätten.

Die Preussische „Declaration." Man erhielt auch an diesem Tage durch einen Bericht des Königlichen Gesandten in Berlin die amtliche Mittheilung des Preussischen Kriegsmanifestes, welches von Berlin datirt, vom König von Preussen sofort in Jüterbogk vertheilt worden war. Es ist diess die bekannte „Declaration derjenigen Gründe, welche Se. Königl. Maj. in Preussen bewogen, mit Dero Armee in Sr. Maj. des Königs von Polen Erblande einzurücken, Berlin 1756." Die **Pièce** ist mehrfach abgedruckt und erinnern wir daher nur daran, dass „das ungerechte von dem Wienerischen Hofe wider Se. Königl. Maj. in Preussen gehaltene Betragen und dessen wider Dero Staaten hegende gefährliche Absichten" als das Motiv des Einmarsches bezeichnet und dass zu gleicher Zeit der „unangenehme" Entschluss „in Sr. Königl. Maj. von Polen und Churfürstlichen Durchlaucht von Sachsen Erblande einzurücken," mit den freundschaftlichsten Versicherungen begleitet wird. — „Vor Gott und der ganzen Welt" bezeugt darin Friedrich II., dass er aus personeller für den König von Polen habender ausnehmender Freundschaft und Hochachtung sich nimmermehr zu Ergreifung dergleichen Massregeln resolvirt haben würde, wenn nicht die Gesetze des Krieges, die unglücklichen Zeitläufte und die Sicherheit seiner eigenen Lande Dieselben dazu gleichsam gezwungen hätten." Auch wird „vor dem Angesicht von Europa" auf das Bündigste erklärt, wie Preussen dabei „ebenso wenig wider den König von Polen, als wider Deren Lande die allergeringsten Offensivabsichten vor Augenmerk hätten," dass die Preussischen Truppen in letzteren „nicht als Feinde, sondern schlechterdings zur Sicherheit des Königs" August und Deren Lande einrückten, dass erwähnten Truppen aufgegeben worden, die beste Ordnung und strengste Mannszucht zu halten, und dass der König von Preussen „nichts sehnlicher wünsche," als dass die „glückliche Stunde bald herannahen möge, da Sie das Vergnügen haben würden, Ihrer Königl. Maj. in Polen Deren Churlande, als ein Depot wiederum zu übergeben, so Ihrer Preussischen Majestät jederzeit heilig sein und bleiben werde."

Diese Declaration ward sämmtlichen fremden Gesandten in Berlin, mit Ausnahme des Oesterreichischen, übergeben.

Herr von Bülow bemerkt, der Schluss sei *„dans des termes trop mystiques"* gehalten, um verständlich zu sein. In Leipzig sollten diese *„termes mystiques"* bald verständlich werden. Die Preussische Kriegskasse verlangte einen „Vorschuss" von 500,000 Rthlr., ein „Vorschuss," der natürlich nie zurückgezahlt werden sollte. Als die ersten 100,000 Rthlr. „in Abschlag" gezahlt und dabei vorstellig gemacht wurde, „dass die geforderte Vorschusssumme ganz aufzubringen unmöglich sei;" erfolgte der eigenhändige Marginalbescheid: „die Summe muss sein, davon kann ich nicht abgehen." — Das nannte man damals, allerdings mystisch genug einen: *„transitus innoxius."* [1]

---

[1] Es hat sich im Wölkauer Archive eine eigenhändige Berechnung d. d. Leipzig 5. Januar 1763 erhalten, in welcher der General Graf Vitzthum die Summen specificirt, welche Leipzig entrichtet hat. „*Au commencement de la guerre de 1756 on ignorait encore le terme de contribution. Le Roi de Prusse ne demanda à la ville de Leipzig que des emprunts et il promit même d'en payer les intérêts à 4 p. c. Il n'a cependant ni rendu le Capital, ni payé les intérêts.*" Mit Contributionen wurde erst am 25. December 1757 ein Anfang gemacht: 800,000 Thaler. Dafür stellte Friedrich II. eine *„décharge Royale"* aus und

Hauptquartier der marschgruben. Wir folgen nun dem Könige in das Hauptquartier Struppen. Am 4. September früh sandte Brühl dem Grafen Wackerbarth die Resolutionen auf die Tags zuvor gestellten Anfragen. „Ich kann," schreibt er, „in der Eile, in welcher wir uns befinden, nur soviel sagen, dass wir in diesem Augenblicke noch ungewiss sind, ob wir bleiben oder weiter gehen. Es wird eben darüber berathen, und ich werde nicht verfehlen, Ew. Excellenz von der gefassten Entschliessung durch einen zweiten Courier Kenntniss zu geben, um den jetzigen nicht aufzuhalten." —

4. Sept.

Worüber aber ward berathen? Ueber die Frage, ob der König mit seiner Armee nach Böhmen marschiren solle. Und was veranlasste Bedenken? Nach unsern handschriftlichen Quellen sass der König mit seinen beiden Prinzen bereits im Wagen, um nach Aussig zu fahren. In der Nacht vom 3. zum 4. war die Escorte bereits vorausmarschirt. Auch die Königlichen Equipagen unter der Leitung des Geheimen Kämmerirs Buresch, des Inspectors des grünen Gewölbes, waren in jener Nacht nach Prag vorausgegangen. Da tritt General von Rochow an den Wagenschlag und meldet, dass sich bereits einige Preussische Husaren auf beiden Elbufern gezeigt. Der König

versprach während des ganzen Krieges nichts mehr zu fordern. Es wurde aber nicht Wort gehalten und am 5. Januar 1763 hatte Leipzig allein, ohne die Ausgaben der Privatleute für Quartier und Verpflegung der Preussischen Truppen zu rechnen, 10,726,429 Thaler baar erlegt.

steigt wieder aus dem Wagen. Man fragt den Chevalier de Saxe, der die Escorte commandiren sollte, ob er dafür einstehen könne, dass keine verlorene Kugel den König treffen werde.[1] Dafür konnte natürlich Niemand einstehen. Man verschob die Abreise auf den 5. und gab sie später ganz auf. Ein Schreiben des Grafen Brühl an den Conferenzminister Grafen Loss, gleichzeitig mit dem nur gedachten an Graf Wackerbarth abgegangen, giebt über die Gründe des Aufschubes fernere Auskunft. — Loss hatte nämlich den Auszug einer Tags vorher eingegangenen, von dem Russischen Gesandten Baron von Gross mitgetheilten Depesche übersendet. In dieser Pièce, welche allein hinreichen würde, um die Nichtexistenz einer beabsichtigten Offensivbewegung Russlands und Oesterreichs gegen Preussen zu erweisen, wird ausdrücklich hervorgehoben: man habe in Liefland einige Truppen zusammengezogen, theils um im Fall der Noth schleunig bei der Hand zu sein, theils aber auch *„afin de retenir le **Roi de Prusse**, comme un **Prince entreprenant et hâtif**, des invasions qu'il pourrait méditer contre nos **Alliés**."* Da es nun ferner bekannt — fügt Bestuscheff hinzu — dass die Kaiserin Königin in gleicher Absicht einige Observationscorps aufstellen wolle, so stehe zu hoffen, dass der König von Polen für seine Erbstaaten nichts zu fürchten haben werde Seiten Preussens, wolle er nur unver-

---

[1] General Vitzthums Briefconcepte. Wölkauer Archiv.

brüchlich festhalten an seiner Allianz mit Wien und Petersburg.

Brühl in seiner Antwort an Loss dankt für diese Nachrichten und bemerkt zugleich, wie das Erscheinen Preussischer Husaren jenseits Pirna befürchten lasse, der König von Preussen werde die Feindseligkeiten sofort beginnen, sobald er gewahre, dass man sich nach Böhmen zurückziehe.

Der erste Schuss des siebenjährigen Krieges.

Der erste Schuss des siebenjährigen Krieges war allerdings Tags vorher gefallen und besitzen wir hierüber folgenden amtlichen Bericht des Commandanten von Stolpen, Generalmajor Johann Adolph v. Liebenau:

„Ew. habe ich hierdurch ganz unterthänigst zu melden, dass heute Abend gegen 6 Uhr von der Königlich Preussischen Armee Herr Oberstlieutenant und Commandeur vom Puttkammerschen Husarenregiment namentlich Warnery auf die Vestung mit einem Trompeter geblasen gekommen, sogleich die Schildwachten desarmiret und von mir verlanget, dass ich die vom Amtmann allhier gegebenen Bauern nach Hause schicken und die Festung ihm offen lassen solle. Als (ich) aber das, was wegen der Vestung verlanget worden, nicht sogleich bewilligen, die bei mir habende Mannschaft zu Hülfe gerufen und mich zur Wehre setzen wollte, habe ich von obbemeldten Herrn Oberstlieutenant Warnery von einer Pistohle eine *blessure* in die linke Seite empfangen. Nachhero sind obbemeldeter Herr Oberstlieutenant wieder herunter passiret, in einer kleinen Weile aber mit zwei Escadrons heraufgekommen und haben mich, benebst Herrn *Capitaine Holm* und Stück-*Lieutenant Lobedanck*, wie auch die übrige *Artillerie* und zurückgebliebene ganze *Invaliden* und kranke Mannschaft (die Ganz- und Halbinvaliden) gefangen genommen, jedoch mich und die andern beiden Offiziers auf Parole mit der Versicherung, dass weder mir und denen Offiziers, noch gemeinen Mannschaft nichts genommen, noch sonst etwas zu Leide geschehen solle (freigegeben). Ueberhaupt wird vom Herrn Oberstlieutenant Warnery gute Ordnung gehalten, habe auch Specification von den hier vorhandenen Geschützen und Munition geben müssen" etc.

Vestung Stolpen
den 3. September 1756.

Gez. Johann Adolph *von Liebenau.*

Brühl beeilte sich, mittelst Schreibens vom 4. September, dem Preussischen Gesandten Herrn von Maltzahn diesen Bericht im Original zu übersenden.

„Sie werden sehen — schreibt er dazu — wie Ihre Truppen schon offene Feindseligkeiten zu üben beginnen. Wir glauben, diess geschicht wider Wissen des Königs, Ihres Herrn. Ausser in Stolpen hat auch ein Husar der Vorposten auf den Major Hiller geschossen, der hier an der Schiffbrücke stand. Da unsere Truppen den Befehl haben, Alles zu vermeiden, was zum Bruche führen kann, so wird es unangenehm, *(fâcheux)* sein, wenn dergleichen *(de semblables libertinages)* zu ernsten Gefechten Anlass geben sollte, welche unsere beiden Monarchen, davon bin ich überzeugt, der eine, wie der andere, zu vermeiden wünschen."

Nachmittags erhielt Graf Brühl folgendes Schreiben des Französischen Botschafters:

Dresden, am 4. September. „Ich höre so eben durch den Grafen Wackerbarth, dass Seine Polnische Majestät heute Morgen den Entschluss gefasst haben, in dem Lager zu bleiben, welches Seine Armee jetzt einnimmt. Ich bringe Ew. Excellenz meinen aufrichtigen Glückwunsch zu dieser eben so weisen, als ehrenvollen Entschliessung. Ich ersuche Sie, Seiner Majestät zu versichern, dass, wenn meine Gegenwart im Geringsten angenehm sein könnte, ich ganz bereit bin, mich ins Lager zu begeben. Nur würde ich dann den Feldmarschall um eine genügende Escorte bitten, welche sich vielleicht morgen früh an dem Thore von Pirna einfinden könnte."

Brühl antwortet umgehend: „Ich sehe mit Vergnügen, dass Sie den Entschluss billigen, den wir gefasst haben, in unserm Lager zu bleiben. Ich habe den König von Ihrer guten Absicht unterrichtet; Niemand könnte ihm angenehmer sein. Aber abgesehen von dem Mangel an Lebensmitteln und an Fourage, ein Mangel, der sehr fühlbar werden wird, wenn wir hier bleiben, hat der König noch ein Bedenken; nämlich, dass, wenn die Preussischen Husaren, die sich schon diesen Nachmittag diesseits (also am linken Elbufer) gezeigt haben und die sich, ich weiss nicht wie, einer Fähre bemächtigt, die beiläufig zwanzig Personen fassen kann, die Escorte Ew. Excellenz angreifen wollten, diess zu Feindseligkeiten Anlass geben dürfte, die weit führen könnten. Auch glaubt der König, dass Ihre Gegenwart für den Fall, dass der König von Preussen nach Dresden kommen sollte, dort unsern Interessen sehr nützlich sein würde. — Später werden Sie wohl eine *sauvegarde* erhalten können, wenn Sie dem Könige aufwarten wollen. Er wird Sich immer sehr freuen, Sie zu sehen."

Endlich erhielt Brühl durch ein anderweites Schreiben des Grafen Loss vom 4., Abends 6 Uhr, folgende Notizen: „Mehrere *Escadrons* Preussischer Husaren haben sich dem schwarzen Thore genähert; sie streifen bis an die Pulvermagazine. Ein Bote, dessen sie sich als Wegweisers bedient, meldet, der ganze Wald sei voll. Wahrscheinlich sind es dieselben, die man jenseits Pirna bemerkt hat. Sie sollen unter Anderm unserer Armee die Lebensmittel abschneiden. Stormont ist noch nicht zurück. Man versichert, der König von Preussen lasse seine Artillerie bei Strehlen ausladen."

Diese Bestätigung der bereits erhaltenen Nachrichten scheint den definitiven Beschluss, im Lager zu bleiben, motivirt zu haben. Dass dieser Beschluss schon am 4. endgültig gefasst worden ist, beweist nachstehendes Billet, welches Graf Brühl an diesem Abende an den Königlichen Gesandten in Wien Generallieutenant Grafen von Flemming richtete: „Diese Zeilen sollen Ew. Excellenz nur davon unterrichten, **dass wir schon von Preussischen Husaren umringt sind, denen die Preussische Armee auf dem Fusse folgt; wir können daher nicht mehr wagen, uns von hier zu entfernen. So muss es denn bei dem ersten Plane bleiben, nämlich, uns auf unserm Misthaufen** *(notre fumier)* **zu halten, keine Feindseligkeiten zu unternehmen, aber uns bis auf den letzten Mann zu vertheidigen, wenn wir angegriffen werden.** Das ist Alles, was ich Ihnen heute in Eile sagen kann."

Am 5. September schrieb Brühl ausführlicher an den Königlichen Gesandten in Wien: „Sie werden es sich kaum denken können, dass wir noch immer in Ungewissheit sind über das, was der König von Preussen von uns verlangt. Er hat sich gegen Lord Stormont darüber nicht aussprechen wollen und sein Gesandter thut es auch nicht. Lord Stormont hat uns freilich nicht verhehlt, der König von Preussen werde sich wahrscheinlich gar nicht in Verhandlungen einlassen. Alles, was Er gethan, ist, dass Er alle mögliche Sicherheit für den König, die Königliche Familie und für mich insbesondere, wie auch für

5. Sept.

Alles, was zum Hofe gehört, mit Ausnahme des Militärs, versprochen hat. Er hat sich auch darüber nicht ausgesprochen, ob Er eine Garnison nach Dresden legen will oder nicht; aber es scheint, Er werde sich dafür entscheiden, denn er hat fallen lassen, Seine Truppen sollten unter die Befehle des Königs, unsers Herrn, gestellt werden. In dieser Lage, welche ihres Gleichen nicht hat, bleibt uns nichts übrig, als in unserm Lager das Aeusserste abzuwarten. Das Lager ist stark, aber da es doch auf die Länge nicht uneinnehmbar, so wird es nöthig sein, dass der Feldmarschall Broune sich beeile, uns zu Hülfe zu kommen. Ich habe ihm in diesem Sinne durch einen Offizier geschrieben. Heute übrigens fangen schon die Lebensmittel an uns zu fehlen. Wenn das über einen Monat dauert, so würden wir wünschen, einigen Proviant aus Böhmen zu erhalten. Da der König von Preussen uns alle Kassen aufgehoben und sogar auch den Unterthanen verbietet, irgend etwas an ihren Souverain zu zahlen, so werden wir bald ohne einen Heller sein. Wenn wir uns nun in dieser traurigen Lage nur in Folge unserer treuen Anhänglichkeit an die Kaiserin Königin befinden, so ist zu wünschen, dass Seine Majestät der Kaiser uns eine Anleihe von etwa 100,000 Rthlr. machen wolle, welche ihm getreulich wieder gegeben werden sollen. Suchen Sie uns daher bald trostreiche Nachrichten zu verschaffen."

Das hier erwähnte Schreiben Brühls an Feldmarschall Grafen Broune d. d. Hoflager, Struppen, den 5. September 1756, lautet:

„In der äusserst kritischen Position, worin wir uns dermalen befinden, soll ich Ew. Excellenz auf Seiner Königlichen Majestät, meines allergnädigsten Herrn, Befehl den Ueberbringer dieses, Herrn Major von Accaris, adressiren, mit der Bitte, dessen Anbringen geneigt anzuhören und uns, was wir uns Dero Orts zu versprechen haben, auf das schleunigste zurückwissen zu lassen."

An Wackerbarth hatte sich Brühl begnügt, in einem kurzen Billet auf die mündlichen Ausrichtungen des nach Dresden abgesendeten Legationsraths von Saul zu verweisen. Diesen sendete nun Wackerbarth am Abend des 5. wieder zurück mit einem *Précis* der mündlichen Mittheilungen, welche der aus Torgau zurückgekehrte Englische Gesandte über seine Negociation mit Friedrich II. den Sächsischen Ministern gemacht hatte.

Nach einer ersten ganz irrelevanten Audienz hatte der König in einer zweiten, in Torgau am 4. Abends sich in folgender Weise gegen Lord Stormont ausgelassen: Er, der König, bedauere, ihn so lange aufgehalten zu haben, die Sache, um die es sich handle, sei aber wichtig, und habe Ueberlegung erheischt. Die Sächsischen Propositionen seien zu vag. Er bedauere, zu der gegenwärtigen Unternehmung genöthigt gewesen zu sein, die Umstände hätten ihn dazu gezwungen. Dem Könige, der Königin und dem Königlichen Hause könne Stormont die freundschaftlichsten Zusicherungen überbringen; selbt mitten in der Preussischen Armee würde der König von Polen geehrt und verehrt bleiben, ebenso, wie in der Mitte seiner eigenen Truppen; aber sonst könne der König von Preussen von seinem Entschlusse nicht abgehen. Auf die Bitte Stormonts, die zu vag gefundenen Vorschläge näher präcisiren zu wollen, habe der König geantwortet, Er könne weder Vorschläge, noch irgendwie Bedingungen voranstellen, welche seine eigene Sicherheit erheischten. Ausdrücklich hatte Stormont hervorgehoben, wie wir schon aus Brühls Depesche an Flemming gesehen, dass von einer Schonung der Armee nicht die Rede sein könne. Auch hatte Feldmarschall Keith dem Englischen Gesandten zu verstehen gegeben, man könne die Sächsische Armee nicht im Rücken lassen; denn sei die Preussische einmal in Böhmen eingerückt, so könne jene entweder folgen oder den Uebergang über die Elbe verhindern und die Preussen dadurch von ihrer Operationsbasis abschneiden. Vergebens hatte der Gesandte irgend etwas Bestimmtes von den Garantieen zu erfahren gesucht, welche der König von Preussen möglicherweise verlangen werde.

Gleichzeitig waren am 5. September Depeschen eingegangen, d. d. Wien, den 2., deren Hauptinhalt hier folgt:

<small>Gute Nachrichten aus Wien vom 2. September.</small> Der Kaiserliche Staatskanzler schreibt an Graf Sternberg, den Kaiserlichen Gesandten in Dresden, dass der Eintritt der Preussischen Truppen in Sachsen, wie dieser berichtet, ganz Europa befremden würde, dass es dem Könige in Preussen um nichts zu thun sei, als die Chursächsischen Lande zu ruiniren und seine Geldgier zu sättigen. Der Hof zu Wien erkenne die Verlegenheit, in welcher man sich in Sachsen befinde und sei die Königliche Entschliessung, es eher aufs Aeusserste ankommen zu lassen, als sich in Preussische Hände zu werfen, desto grossmüthiger. Kaiserlicherseits werde man die äussersten Kräfte aufbieten, um Hilfe zu schaffen. Man habe bisher Alles vermieden, was Sachsen Preussen gegenüber hätte compromittiren können; jetzt brauche man keine *menagements* mehr zu nehmen und würden alle Kaiserlichen Minister angewiesen, für Sachsen zu arbeiten. Ein Courier gehe heute nach Paris, ein anderer nach Petersburg. Vor Allem sei des Königs Person in Sicherheit zu bringen und „wo möglich die Truppen zu salviren." Der König möge „sich nicht von den Truppen abschneiden lassen, sondern allenfalls dahin seinen Rückzug nehmen;" man könne auf Kaiserliche Hilfe und Beistand sicher rechnen.

Zugleich meldet der Feldmarschall Broune dem Grafen Sternberg von Collin am 4. September, er habe bereits 3000 Mann Grenadiere nach Utin und Melnick vorrücken lassen, werde thun, was nur möglich, und bedauere nur, dass er dermalen keine irregulären Truppen habe.

Diese Freundschaftszusicherungen wurden dem Grafen Brühl durch Privatschreiben des Oesterreichischen Gesandten vom 5. September nach Struppen gesendet und Brühl antwortete an demselben Tage: „*nous tiendrons fermes dans la position où nous sommes et attendrons jusqu'à la dernière extrémité tout ce qui pourrait nous arriver.*" Er bittet zugleich für Herbeischaffung von Lebensmitteln aus Böhmen zu sorgen, und beim Kaiser zu beantragen, Er möge die Vergewaltigung vor den Reichstag bringen.

Schliesslich wird Sternberg ersucht, ruhig in Dresden zu bleiben, da er ja nicht nur Seiten der Kaiserin Königin, sondern auch Seiten des Kaisers accreditirt, in dieser letztern Eigenschaft Schutz finden werde gegen die Schwierigkeiten, welche der König von Preussen wegen der Ersteren machen könnte.

Eine Preussische Antwort. In der Nacht vom 5. bis zum 6. war der am 3. von Dresden kurz nach der Abreise des Königs selbst abgegangene Kammerherr Graf Salmour aus Lommatzsch in das Hauptquartier Struppen zurückgekehrt. Er überbrachte die Antwort Friedrichs II. auf das Königliche Handschreiben vom 3. September. Dieselbe lautet:

Monsieur Mon Frère. Le Comte de Salmour M'a rendu la lettre que V. M. a eû la bonté de M'écrire. Quelque envie et quelque inclination que j'ai d'obliger

V. M., je me vois dans l'impossibilité d'évacuer Ses Etats, à cause de cent raisons de Guerre qu'il Lui seroit ennuyeux de Lui alléguer et qui cependant M'en empêchent, dont la principale est la seureté de Mes vivres. Je voudrois que le chemin de la Bohême passat par la Thuringe, pour que Je n'eus pas lieu de molester les Etats de V. M.; mais comme les raisons de guerre M'obligent de Me servir de la Rivière de l'Elbe, Je ne puis à moins que de faire des miracles choisir d'autres moyens que ceux que j'employe à present. J'assûre V. M. que Je fais toute la diligence imaginable; mais malgré cela il est impossible aux Trouppes de voler. Quant à ce que J'ai avancé à V. M. des mauvaises intentions et des procedés très contraires à l'esprit du Traité de Dresde de Son Ministre, Je suis très en état de le prouver et Je le ferois dès aujourd'hui, si *des menagements que Je Me crois obligé de garder ne M'en empéchoient;* [1] cela cependant ne Me fera jamais oublier ce que Je dois aux Têtes Couronnés, à un Prince Mon Voisin, qui n'est que séduit et pour Lequel, ainsi que pour toute Sa Famille Royale Je conserverai dans toutes les occasions, fut-Il même Mon plus cruel Ennemi, la plus haute Consideration et la plus parfaite Estime. Ce sont les Sentiments avec lesquels Je suis

à Lomnitz [2]   Monsieur Mon frère
ce 5ᵉ de Septembre   M. R.   de Votre Majesté
    1756.   Le bon frère
                               (signé) Federic R.

[1] Das heisst: „wenn ich die Beweise schon in Händen hätte, welche ich im Dresdener Archive zu finden hoffe. Die Mentzelschen Abschriften können abgeleugnet werden."

[2] sc. Lommatzsch.

Die Minister beschliessen, die Verhandlungen mit Friedrich II. für erschöpft zu erachten.

Der Eindruck, den dieses Schriftstück auf Graf Brühl gemacht, ergiebt sich aus dem Billet, welches er in frühester Morgenstunde an Graf Wackerbarth richtete.

„Graf Salmour, Ihr Neffe," schreibt Brühl, „hat uns so eben die sehr lakonische Antwort des Königs von Preussen überbracht, deren Inhalt Sie aus der beiliegenden Abschrift gefälligst des Näheren entnehmen wollen. Da diese Antwort doch neue Zusicherungen enthält und da es scheint, als ob der König nur der freien Communication auf dem Elbstrome versichert sein wolle, so bin ich beauftragt, das Gutachten des ganzen Ministeriums darüber zu verlangen, ob und was hierauf unsererseits geschehen könne. Uebrigens wird der König bei diesem Anlass auf der näheren Bezeichnung der *„noirs complots"* bestehen, deren ich angeklagt bin. Um Zeit zu gewinnen, schicke ich Ihnen einen Jäger mit diesem Briefe. Ihr Herr Neffe wird bald folgen, nachdem er dem Könige die Hand geküsst."

Billet nnd Anlage erreichten Dresden schon 7 Uhr früh, als Graf Wackerbarth gerade der Königin ihre Chocolade servirte. — So meldet Wackerbarth in seiner Antwort von demselben Tage bei Uebersendung des einstimmigen Gutachtens der Minister, hinzufügend: „Die Königin habe sogleich die Expedition selbst gelesen und Befehl gegeben, die Conferenzminister unverzüglich zu versammeln. Man werde nicht verfehlen, dem Kaiserlichen Gesandten, dem Französischen, sowie dem Russischen Botschafter die Antwort des Königs von Preussen mitzutheilen."

Das Gutachten nun lautet in Deutscher Uebersetzung wie folgt:

„Nachdem alle Umstände der Sachlage, wie sie heute vorliegt, reiflich erwogen worden und in Anbetracht:

1) der abschläglichen Antwort des Königs von Preussen auf die ihm durch Lord Stormont übersandten Vorschläge, und seiner Weigerung, Aufklärungen über seine Absichten zu geben; — in Anbetracht

2) dass der König von Preussen in seiner Antwort vom 5. erklärt, Er wolle die Staaten Sr. Majestät des Königs nicht räumen, vielmehr zur Sicherung Seiner Lebensmittel Herr der Elbe bleiben; — in Anbetracht

3) dass der König von Preussen nicht einmal auf die Beschwerden zu antworten geruht, welche in dem Königlichen Handschreiben vom 3. dargelegt worden, ebenso wenig auf die erneuerten Anerbietungen einer Neutralitätsconvention; in Anbetracht endlich:

4) dass der König von Preussen Sich über Seine Absichten bezüglich der Königlichen Armee nicht hat aussprechen, auch nicht einmal Auskunftsmittel hat vorschlagen wollen, welche zu einer Verständigung

über den ungehinderten Transport der Lebensmittel auf der Elbe hätten führen können, —

ist das Königliche Ministerium einstimmig der Ansicht, — insbesondere, weil man guten Grund hat zu glauben, der König von Preussen werde alle vernünftigen Vorschläge, welche man ihm noch machen könnte, gleichfalls verwerfen, — dass man sich für den Augenblick deren enthalten und einfach die Stellung behaupten müsse, in welcher man sich gegenwärtig befinde." Die Minister fügen jedoch noch hinzu: „Sollten uns jedoch Seiten Sr. Königl. Preussischen Majestät bezüglich der freien Passage auf der Elbe oder bezüglich deren Sicherstellung neue Eröffnungen zugehen, so würde in Folge dessen, was schon geschehen, und um den Anschein zu vermeiden, als wolle man zurücknehmen, was man angeboten, höchstens noch zu verstehen gegeben werden können, dass der König, unser Allergnädigster Herr, an dem festhalten wolle, was im 6. Artikel des durch General *Meagher* überreichten Deutschen *Mémoires*[1] bezüglich der Elbschifffahrt vorgeschlagen worden."

[1] Wir bemerken erläuternd, dass das deutsche *Mémoire*, welches Meagher dem König in Preussen überreicht hatte, nichts anders ist, als die Instruction, welche Feldmarschall Graf Rutowski unterm 29. August dem General mitgegeben hatte. Diese Instruction bezog sich namentlich auf das Anerbieten, den Durchmarsch der Preussischen Armee durch Marschcommissäre etc. zu regeln. Der 6. Artikel lautete: „In Ansehung Alles Desjenigen, so auf der Elbe zu transportiren, wird kein Hinderniss im Wege sein. Jedoch wird Se. Königl. Maj. in Preussen sich

Gezeichnet ist dieses Gutachten vom 6. September 1756 vom Grafen Wackerbarth und von den Grafen von Schönberg, Christian von Loss, Carl August von Rex und Wilhelm August von Stubenberg. In einem Postscriptum fügt Wackerbarth noch eigenhändig seinem Ueberreichungsschreiben hinzu, dass Ihre Majestät die Königin dem Gutachten ihre vollste Zustimmung ertheilt habe. Auch die Genehmigung des Königs liess nicht lange auf sich warten. Noch an demselben 6. September antwortet Brühl dem Grafen Wackerbarth: „Ich erhalte in diesem Augenblicke den Brief, den mir Ew. die Ehre erzeigt haben, durch einen Pagen des Königs zu senden mit dem Gutachten des Conseils über die Antwort, welche Graf Salmour uns vom König von Preussen zurückgebracht hat. Ich habe nicht verfehlt, dem Könige sofort Vortrag darüber zu erstatten. Seine Majestät haben das Gutachten genehmigt. Sie begreifen, dass nach einer solchen Genehmigung es nicht mehr die Frage sein kann, ob ich damit einverstanden bin; ich bin es vollkommen. Der König hat diesen Morgen einen Theil unseres Lagers besichtigt und Er wird

geneigt finden lassen, die Truppen, welche zu Sicherheit derer Schiffe auf selbigen etwa befindlich, aus der Gegend zwischen Dresden und Pirna zu Lande bis an die Böhmische Grenze über Zehista und Peterswalde, als bis dahin Se. Maj. in Polen alle Sicherheit und Facilität verspricht, marschiren und die Schiffe bloss durch Schiffsleute an den Festungen Sonnenstein und Königstein vorbeibringen zu lassen."

noch die zwei folgenden Tage damit fortfahren. Das Lager ist so vortheilhaft, dass der König von Preussen „*trouvera à qui parler*," sollte er sich ja unterfangen, uns hier anzugreifen. Ich zweifele aber, dass er es wagen wird. Der Preussische Gesandte hat beim Abgang des Pagen fragen lassen, ob Herr von Saul in der Stadt? Wir sind begierig zu hören, ob er vielleicht einige neue Befehle des Königs seines Herrn erhalten? Es haben uns heute mehrere Damen besucht, die wieder nach der Stadt zurückkehren.[1] Sie werden uns das Zeugniss geben, dass wir hier viel ruhiger und heiterer sind, als man es vielleicht in Dresden glaubt."

Man schreibt nach Wien, Paris, Stockholm.

Diess war der letzte Tag, wo von Entschliessungen des Sächsischen Cabinets überhaupt die Rede sein konnte, und es braucht wohl nicht erst hervorgehoben zu werden, dass die Entschliessung, durch die letzte Antwort des Königs von Preussen die Verhandlungen für abgebrochen zu betrachten, eine vollkommen gerechtfertigte war. Uebrigens hatte diese Entschliessung zugleich die praktische Folge, dass die Geheimen Räthe nunmehr, obgleich noch immer eine eigentliche Kriegserklärung nicht erfolgte, den Kriegszustand zwischen Sachsen und Preussen als thatsächlich bestehend betrachteten und Requisitionsschreiben an den

---

[1] Wie wir aus andern Correspondenzen sehen, die Gräfin Mniszech, Tochter des Grafen Brühl, und wahrscheinlich auch die Gräfin Brühl selbst.

Kaiser sowohl, als an die Garanten des Westphälischen Friedens richteten, nach Befinden ankündigten. Diese Schreiben sind sämmtlich vom 7. datirt, konnten aber, da Couriere benutzt werden mussten, erst in den darauf folgenden Tagen abgesendet werden.

Nach einer sehr breiten Darlegung des uns bekannten Thatbestandes lautet der Schluss des an den Kaiser gerichteten Schreibens: „Wannenhero Dieselben Wir hierdurch freundbrüderlich ersuchen, Sie wollen die Sache und deren Umstände alsobald mittelst Kaiserlichen *Commissions-Decrets* gesammten Reiche vorstellig machen und selbiges zu ohnverzüglicher werkthätiger Leistung der jedem Mitgliede des Reiches schuldigen *Societäts*mässigen Hilfe und Rettung, Entschädigung und Genugthuung kräftigst ermuntern und bewegen." Dieses Schreiben hatte bekanntlich den gewünschten Effect; denn, nachdem die vorgeschriebenen gesetzlichen Mahnungen und Erinnerungen erfolglos geblieben waren, ward der König in Preussen von Kaiser und Reich in die Acht erklärt und in seiner Eigenschaft als Churfürst von Brandenburg mehr als sechs Jahre lang gesetzlich als Rebell betrachtet und behandelt.

Auch die gleichzeitig an die Grafen Vitzthum in Paris und Sacken in Stockholm gerichteten Rescripte vom 7. hatten den Erfolg, Frankreich und Schweden, die Garanten des Westphälischen Friedens zur Kriegserklärung gegen den „Friedensstörer" zu veranlassen. Beide Gesandte wurden angewiesen, „in einer sofort zu erlangenden besondern Audienz" den Königen, bei denen sie beglaubigt waren, den Friedensbruch „zu erkennen zu geben," auch „derselben *bona officia*, werkthätige Hilfe, Rettung und Genugthuungs-Verschaffung feierlichst zu *reclamiren*, in deren Eigenschaft als „*garants* des Westphälischen Friedens." Sie mussten auch entschuldigen, dass bei der „*violenten Situation*," in welcher man sich befinde, diess nicht durch „feierliche Schreiben" geschehe. Diese „feierlichen Schreiben" wurden, und zwar in lateinischer Sprache, von Warschau aus im November erlassen.

Baron Riedesels Aufträge an den K. K. Feldmarschall Broune.

An demselben Tage kehrte aus Collin der am 3. zum Feldmarschall Grafen Broune entsendete Baron von Riedesel mit einem sehr freundschaftlich gehaltenen Billet des Feldmarschalls vom 5. September in das Sächsische Hauptquartier zurück; wie Broune auf Riedesels mündliche Auseinandertetzung verwiesen hatte, so that auch Brühl, indem er denselben Officier, kaum angekommen, wieder in das Oesterreichische Hauptquartier zurücksandte. Aus der Beilage eines von dem Letztern später erstatteten Rapports ist zu entnehmen, worin jene mündlichen Aufträge bestanden. Der Oberstlieutenant hatte, glücklich nach Collin gelangt, auf den Wunsch des Kaiserlichen Feldmarschalls, kein Bedenken tragen können, dort seine mündlichen Aufträge schriftlich zu formuliren.

I. „Die wahren Ursachen," heisst es in Riedesels vertraulichem *Promemoria*, „warum Seine Königliche Majestät die Entschliessung genommen, in dem Lager bei Pirna zu verbleiben, sind diese, dass die Armee nicht mit dem gehörigen Fuhrwesen, Pferden und anderen Requisitis versehen war, und da man allenthalben Preussische Husaren wahrnahm, so schien es bedenklich, die Armee in einem *Defilé*, wie die *Route* nach Peterswalde ist, durch welches sie einzig und allein marschiren konnte, zu engagiren. Ihro Königl. Majestät eigene höchste Person wären auch selbsten in Gefahr gewesen, in die herumschweifenden Feinde zu fallen, wesswegen denn nach einem gehaltenen *Conseil* der Entschluss gefasst worden, dass das zwischen Pirna und Königstein ausgesteckte Lager bezogen, bestens fortificirt und in selbigem alle *Evènements* mit grösster Standhaftigkeit abgewartet werden sollten. Damit man aber bei einem feindlichen Angriffe von dem glücklichen Successe desto gewisser versichert sein könnte, so sollte ich Ew. Excellenz dahin zu bewegen suchen, dass die des Herrn General von Wied Commando anvertrauten 24 Grenadiercompagnieen nach Peterswalde fortrücken und daselbst stehen bleiben dürften.

Es würde hierdurch vielerlei Nutzen geschafft werden, 1) würde die Communication zwischen beiden

Kaiserlichen und Sächsischen Armeen beständig offen erhalten und der Einfall nach Böhmen durch Peterswalde gänzlich abgehalten werden.

2) Würde es sehr schwer sein, dass die Preussische Armee in dieser Position einen Angriff wagen würde.

3) Sollte aber allenfalls die Attaque vor sich gehen und das Lager wider alles Vermuthen forcirt werden, so würde alsdann das Grenadiercorps der in das Königreich Böhmen sich retirirenden Sächsischen Armee die *Retraite* decken und die grösste Hilfe leisten können. Sollten nun die 24 Grenadiercompagnieen nach Peterswalde, da Posto zu fassen, beordert werden, so dürfte wohl nöthig sein, dem Generale Grafen von Wied die Ordre zu ertheilen, dass dieselben an Ihre Königliche Majestät von Polen höchste Ordre verwiesen würden, indem sonst wegen Entlegenheit Ew. Excellenz Hauptquartier und wegen der weiter her einzuholenden Ordres die beste Zeit versäumt werden und der Endzweck dieser genommenen Positionen fehl schlagen würde, wobei ich Ew. Excellenz beim heiligsten versichern sollte, dass man nicht anders, als bei den dringendsten Umständen, von dem erwähnten Grenadiercorps *usage* machen wird.

II. Von einem vorseienden Vergleiche ist weiter bisher keine Mention gewesen, es müsste denn die Neutralität darunter verstanden werden, von welcher der König von Preussen nichts hören will. Ew. soll ich auf das Allerkräftigste versichern, dass von Seiten des Hofes Hochdenenselben von Allem Nachricht gegeben werden wird, sofern von Verhandlungen die Rede sein sollte. Das ist Alles, was Ew. Excellenz zu eröffnen mir aufgetragen worden." —

Forschen wir nun nach dem Hauptmotiv, welches die Sächsischen Minister am 6. September in ihren Entschliessungen bestimmte, so werden wir solches in einer Courierexpedition finden, welche an diesem Tage aus Wien in Dresden eintraf. In Wien schlief man damals nicht. Unter den Staatsperrücken ihres Herrn Vaters hatte Maria Theresia aufgeräumt. Ein Mann stand der Kaiserin zur Seite, ein Mann und ein Staatsmann: Graf Kaunitz-Rittberg.[1] Wir haben schon Eine seiner Depeschen im Auszug mitgetheilt. Die nachstehende wirft auf das Verhältniss Sachsens zum Kaiserlichen Hofe, auf die Genesis des siebenjährigen Krieges so scharfe Schlaglichter, dass wir uns nicht versagen können, die Pièce ganz zu geben:

Graf Kaunitz an Graf Sternberg.

Wien, 3 *Septembris* 1756.

Ich erinnere hiermit den abermaligen richtigen Empfang Ew. Excellenz anderweit gefälligen vom 30. *elapsi,* so die mit besondern Freuden vernommene Nachricht in sich ent-

---

[1] Neuere schreiben „Rietberg;" und die meisten Historiker „Browne." Wir glauben jedoch, den uns vorliegenden Autographen folgend: „Rittberg" und „Broune" vorziehen zu sollen.

haltet, dass des Königs von Pohlen Maj. den vernünftigsten und standhaften Entschluss gefasset haben, für Ihre Höchste Person Sich zu Dero Armee als in die anständigste Sicherheit zu begeben.

Aus allen bishero einberichteten Umständen von dem feindseligen Betragen derer in dortige Landen eingetretenen Preussischen Truppen erhellet nunmehro ganz klar und deutlich, dass die Absicht des jetzt ernannten Königs eigentlich dahin gehe, Chur-Sachsen völlig zu entkräften, und ausser allen Stand zu setzen den vorseyenden Krieg hindurch sich zu rühren und seine Truppen zu unterhalten.

Die Zumutungen des Königs in Preussen, so dem Chur-Sächsischen Hof bey diesem zudringlichen Vorgange geschehen, sind um so gefährlicher, je ungezweifelter vorzusehn stehet, dass wenn Chur-Sächsischer Seits Sich nur in etwas mit jenem eingelassen würde, der ernannte König immer weiter gehen und endlich gar auf die Entwaffnung der Chur-Sächsischen Truppen antragen werde.

In solchem Nachgebungsfalle würde der König das aus denen Chur-Sächsischen Lande (zu) erpressende Geld so lange (als) möglich und bis Er nicht nur von dem dasigen, sondern auch von dem hiesigen Hofe alles würklich erhalten, was Er verlangt, in Handen behalten, und durch dieses Mittel darauf bestehen, dass Wir auch Unsere mit grösstem Aufwand zusammengezogene *Armée* wieder auseinandergehn lassen sollten, so Wir aber in Ansehung der dann noch immer fortdauernden Gefahr eines willkürlichen Preussischen Ueberfalls nicht thun können, noch werden. — Erfolglich Verbliebe Chur-Sachsen alsdann alle Zeit, nicht nur in den gegenwärtigen übelsten Umständen, sondern verlierte (verlöre) überdas noch die Hoffnung in Zukunft und zwar, allem Menschlichen Ansehen nach, gar bald mit Ehre und mehrerer Sicherheit davon vollkommen befreyet und gerettet zu werden.

Es kommt demnach einzig und allein darauf an, dass die Chur-Sächsische *Armée* in aufrechtem Stand erhalten und die Absicht (aus) geführt werde, Sich im Nothfalle mit selbiger zu der unsrigen in Böhmen zu retiriren, und zu solchem Ende mit dem diesseitigen Commandirenden Generalen eine genaue Einverständniss zu pflegen.

Das leydige Ungemach, so denen Chur-Sächsischen Landen für dermalen dadurch zugezogen wird, können die zukünftigen Zeiten durch einen dauerhaften Ruhestand und auf andere Weise hinlänglich ersetzen. Zumalen an der Russischen und Französischen Hülfe und mehr andern ausgebigen Rettungs-Mitteln nicht der mindeste vernünftige Zweifel obwaltet; und was Uns betrifft, so werden Wir gewiss es an nichts erwinden (fehlen) lassen, was nur immer eine Möglichkeit heischet, um Geld und Hilfs-Truppen in thunlichster Eyl aufzubringen und herbey zu schaffen.

Ihro K. K. Maj. Unsere allergnädigste Frau versichern solches in dem hier angeschlossenen Allerhöchst eigenhändigen Schreiben an des Königs in Polen Maj., so Ew. Excellenz alsofort behörig zu bestellen und allenthalben mit den Triftigsten Vorstellungen zu begleiten haben.

Ich beharre etc.

Gez. Graf zu *Kaunitz-Rittberg.*

Post-Scriptum.

Das in meinem Schreiben angezogene Allerhöchste Hand-Schreiben kann heute unmöglich beischliessen, da Ihro May^t Sich allschon nach Nikolsburg unterweges befinden und Morgen Mittag um 2 Uhr in Schönbrunn einzutreffen gedenken.

Um also keinen Augenblick Zeit zu versäumen, so lasse ich gegenwärtigen Courier ablaufen, und Morgen gedenke einen andern nachzusenden, wenn anders derselbe noch sicher durchkommen kann.

Inzwischen ist Ew. vorgestriges Schreiben mit der Nachricht, dass dem König in Preussen die *Neutralität* angetragen werde, hier eingetroffen; und so sehr wir wünschen, dass Ihro Maj. der König in Pohlen Sich aus der gegenwärtigen ungemein grossen Verlegenheit auf eine anständige Art herausziehen möchten, So sehr ist hieran nach den bisherigen Preussischen Vorgange zu zweifeln und vielmehr zu besorgen, dass ohne die Entwaffnung der Sächsischen Truppen, und ohne Sich völlig der Preussischen *discretion* oder vielmehr *indiscretion* zu überlassen kein billiger Ausweg zu hoffen sey.

Nachdem aber das Letztere sonder Zweifel unter allen zu ergreifenden *partie*en die übelste wäre und für das Zukünftige wie für das gegenwärtige alle Hoffnung eines bessern Schicksals benehmen würde, So ist auch auf diesen Fall der Inhalt meines Schreibens und *Post-Scripti* zu Verstehen und Ew. ... werden nach eigenem erleuchtem Ermessen dero Vorstellungen so einzurichten beflissen seyn, d a s s k e i n e e i g e n n ü z i g e A b s i c h t, s o n d e r n w i e e s i n d e r T h a t i s t, d a s h i e s i g e r e i n s t e V e r l a n g e n v o r d i e w a h r e W o h l f a h r t d e s C h u r - S ä c h s i s c h e n H o f e s i n d i e A u g e n f a l l e und auf alle von hieraus zu leistende mögliche Hülfe sicherer Staat gemacht werde, wie es denn nur darauf ankommt, Uns offenherzig an Hand zu geben, worin diese Hülfe bestehen solle und wie solche zu vollstrecken seye.

Die darüber von Ew. ... dem dortigen Hofe zu machende triftigste und nachdrucksamste Vorstellungen werden hoffentlich um so eher die erwünschte Würkung nach sich ziehen, weilen Ew. ... des Königs Maj. und des Hrn. Grafen *von Brühl Excellenz* vest versichern können, dass der Feldmarschall Graf *von Broune* bereits solche Anstalten und *Dispositionen* getroffen, dass es dem König in Preussen unmöglich fällt, der sichern Vereinigung der Chur-Sächsischen mit der K. K. *Armée* das geringste Hinderniss im Wege legen zu können.

Zudem können Ew. ... die unbedenkliche Zusage von sich geben, dass die eröffterten (mehr erwähnten) Chur-Sächsischen Truppen Sobald dieselbe zu den Unsrigen in Böhmen werden gestossen sein, mit Verpflegung, Vorrath, Lebens Mitteln, Geld und allem benöthigten auf das beste werden versehn werden.

Ut in literis.

Gez. Graf zu *Kaunitz-Rittberg*.

Diese hochwichtige Pièce wurde durch den Kaiserlichen Gesandten mittelst Billets (vom 6. September früh 10 Uhr) in Abschrift dem Grafen Brühl nach Struppen gesandt und hatte jedenfalls den Ministern in Dresden ebenfalls vorgelegen. — Brühl dankte dem Grafen Sternberg noch an demselben Tage: „Die Expedition sei sehr *à propos* gekommen, da Riedesel, der am 5. Nachmittags das Kaiserliche Hauptquartier Kollin verlassen, eingetroffen, und — wie wir oben gesehen — sofort wieder dahin zurückexpedirt werden solle."

„Les assurances dont le Comte de Kaunitz charge V. E.," bemerkt Brühl unter Anderem in dieser Antwort, „de la part de S. M. l'Impératrice servent de lénitif à la déplorable situation dans laquelle tout le pays se trouve.. " und am Schlusse vergisst er nicht zu betonen: „*Nos troupes ici sont tout aussi utiles à S. M. l'Impératrice, que si elles étaient avec Son armée en Bohême, puis qu'elles arrêtent le Roi de Prusse.*" —

Unannehme echsec- und Folgen.

In jene ersten Tage des Lagerlebens fällt ein Vorgang, welchen der Generallieutenant Graf Vitzthum aufbewahrt hat,[1] ohne das Datum anzugeben. Obgleich irrelevant an sich, so enthält die Anekdote doch einige charakteristische Pinselstriche zu dem düstern Bilde der Brühlschen Finanzwirthschaft.

„Sie wissen," schreibt der General, „dass der Geldmangel in Sachsen manche gute Disposition vereitelt hat. Weil es an Geld fehlte, konnte Vieles, was den Preussen in die Hände gefallen ist, nicht auf den Königstein geschafft werden. Aus diesem Grunde war auch diese Festung nicht in Vertheidigungsstand gesetzt und nicht verproviantirt worden. Für unnöthige Ausgaben haben sich jedoch immer die Mittel gefunden. Hier ein Beispiel. Der König hatte der Königin von Struppen aus ein Paket geschickt. Was es enthielt, weiss ich nicht, jedenfalls kein Geld. Graf Brühl benutzte die Gelegenheit, um der Opernsängerin Albuzzi, ebenfalls ein Paket zu senden. Letzteres enthielt 4000 Ducaten. Der Oberschenk von Bose hatte das Unglück, diese Pakete zu verwechseln, und der Königin das für die Albuzzi,

[1] Briefconcepte des Generallieutenants Grafen Vitzthum vom 16. und 20. September 1756, Wölkauer Archiv.

der Albuzzi das für die Königin bestimmte zu übergeben. Baares Geld war damals in Dresden schon so rar geworden, dass sich die Königin über die 4000 Ducaten ebenso freute, wie über die Aufmerksamkeit Ihres Gemahls. Die Ueberraschung und die Entrüstung dieser Fürstin waren daher gross, als Herr von Bose Ihr das für Sie bestimmte Paket einhändigte und sich das der Albuzzi zugedachte wieder ausbat. Die Königin gab letzteres zurück, ohne Ein Wort zu sagen. Der Vorgang veranlasste aber eine Untersuchung .... Die Königin hatte sich nämlich später erkundigt, wofür die Albuzzi jene bedeutende Summe erhalten? Herr von Bose aber geantwortet: zur Berichtigung von verschiedenen Rechnungen, welche der Mann der Sängerin, der Hauptlieferant der Theatergarderobe war, zu fordern gehabt. Nun wusste die Königin, dass die Gehalte der Civil- und Militärbeamten seit längerer Zeit im Rückstand waren, sie befahl daher eine Kassenrevision. Die Kassen waren leer und es ergab sich, dass man die allernöthigsten Bedürfnisse für die Mobilmachung der Armee nicht zu bestreiten vermocht hatte. So erfuhr die Königin gleichzeitig den Zustand der Kassen und die Schuldenmassen aller öffentlichen Fonds. Bei dieser Entdeckung brach Sie in folgende Worte aus: *„Donc la chemise que je porte et le pain que je mange, ne sont pas payés."*

Druckfehler.

S. 114 Z. 6 v. o. lies den anstatt der (Churfürsten).
S. 147 Z. 6 v. u. lies au anstatt en (traité).
S. 189 Z. 15 v. o. lies 3. anstatt 5. (August).
S. 237 Z. 13 v. u. lies Westminster anstatt Westminister.
S. 249 Z. 5 v. u. lies stände anstatt stünde.
S. 303 Z. 6 v. u. lies Februar 1756 anstatt 1755.
S. 317 Z. 9 v. o. lies nachweisen anstatt nachweissen.
S. 342 Z. 10 v. o. lies Douglas anstatt Duglas.
S. 354 Z. 4 v. o. lies Douglas anstatt Duglas.
S. 358 Z. 12 v. o. lies Friedrichs II. anstatt Preussens.
S. 407 Z. 8 v. u. lies betraut anstatt vertraut.
S. 409 Z. 10 und 11 v. o. lies und der dortige Sächsische (Geschäftsträger) anstatt welcher dem dortigen Sächsischen (Geschäftsträger).